Einfache Datenauswertung mit R

Volker Gehrau · Katharina Maubach · Sam Fujarski

Einfache Datenauswertung mit R

Eine Einführung in uni- und bivariate Statistik sowie Datendarstellung mit RStudio und R Markdown

 Springer VS

Volker Gehrau
Institut für Kommunikationswissenschaft
Universität Münster
Münster, Deutschland

Katharina Maubach
Institut für Kommunikationswissenschaft
Universität Münster
Münster, Deutschland

Sam Fujarski
Institut für Kommunikationswissenschaft
Universität Münster
Münster, Deutschland

ISBN 978-3-658-34284-5   ISBN 978-3-658-34285-2   (eBook)
https://doi.org/10.1007/978-3-658-34285-2

Die Deutsche Nationalbibliothek verzeichnet diese Publikation in der Deutschen Nationalbiblio-grafie; detaillierte bibliografische Daten sind im Internet über http://dnb.d-nb.de abrufbar.

Planung/Lektorat: Barbara Emig-Roller
Springer VS ist ein Imprint der eingetragenen Gesellschaft Springer Fachmedien Wiesbaden GmbH und ist ein Teil von Springer Nature.
Die Anschrift der Gesellschaft ist: Abraham-Lincoln-Str. 46, 65189 Wiesbaden, Germany

Vorwort

Warum schreiben wir im Jahr 2022 ein Statistik-Buch, obwohl es davon bereits etliche gibt? Um dies zu erläutern müssen wir kurz ausholen. Im Sommer 2018 haben wir an der Uni Münster den Bachelor Kommunikationswissenschaft, genauer gesagt das Modul Datenanalyse und Datendarstellung, auf das Statistikprogramm R umgestellt. Zuvor wurde das Programm SPSS genutzt, welches jedoch unterschiedliche Probleme verursachte. Zum einen gab es immer wieder Probleme mit den Lizenzen und unterschiedlichen Versionen von SPSS. Zum anderen, und das war letztendlich wichtiger, gab es große Probleme dabei, mit SPSS Grafiken und Tabellen zu erzeugen, die sowohl ästhetischen Ansprüchen als auch wissenschaftlichen Vorgaben für die Darstellung und Präsentation von Daten entsprechen. Oft war es für die Studierenden zwar relativ unproblematisch, mit SPSS eine Syntax auszuführen, demgegenüber aber extrem schwer, die wichtigen Kennwerte im Output zu finden und diese angemessen darzustellen. Dem wollten wir entgegenwirken und ein Programm verwenden, welches nicht nur rechnen, sondern auch präsentable Outputs erzeugen kann. Diese Möglichkeit sehen wir in dem Programm R. Dieses bietet zudem weitere Vorteile: als Open Source Programm ist R frei zugänglich und kann von den Studierenden auch nach ihrem Studium kostenfrei verwendet werden. Des Weiteren wird das Programm weltweit von Anwender*innen kontinuierlich erweitert und verbessert.

Als wir uns in R eingearbeitet haben, ist uns ein Problem aufgefallen, welches uns so ähnlich bereits für SPSS bekannt war. Es gibt gute Einführungen in die statistischen Verfahren, diese behandeln jedoch die Umsetzung mit R meist nur oberflächlich und wenig benutzerfreundlich. Auf der anderen Seite liegen gute Einführungen in die Programmiersprache R, die Benutzeroberfläche RStudio, sowie zentrale Pakete in R vor. Diese konzentrieren sich jedoch auf die Programmierungen und widmen dem mathematisch-statistischen Hintergrund wenig oder gar keine Aufmerksamkeit. Zudem legen insbesondere die Bücher, in denen die Programmierungen vorgestellt werden, oft keinen Wert auf präsentable Outputs. Ziel unseres Konzeptes ist daher, die statistischen Grundlagen, deren Umsetzung anhand von Anwendungsbeispielen und eine ansprechende Darstellung der Ergebnisse gleichberechtigt zu behandeln.

Die Umsetzung dieses Konzeptes ging allerdings nicht reibungsfrei von statten. Wir wollten eine sanfte Umstellung von SPSS zu R erreichen. Dazu haben wir verschiedene Möglichkeiten ausprobiert. Wir starteten den ersten Jahrgang mit R Commander und endeten schlussendlich bei R Markdown. Die Erfahrungen aus dieser Umstellung – und die Überlegung R einfach zugänglich zu machen – bündeln sich in dem vorliegenden Buch. Damit hat sich das Buch an vielen Stellen sowohl inhaltlich als auch konzeptionell von der Vorlesung und den dazugehörigen Tutorien im Modul Datenanalyse und Datendarstellung gelöst und zu einem eigenständigen Buch entwickelt. Wir haben bewusst den Leitgedanken des Buches weder auf die eigentliche Statistik noch auf ein bestimmtes Fach ausgerichtet, sondern auf die Erstellung von ansprechenden Forschungsergebnissen und -berichten. Diese Ausrichtung geht einher mit der Entscheidung für R, RStudio und insbesondere R Markdown. Mit R Markdown lassen sich die Programmierungen, die statistischen Operationen und deren Darstellung in Text, Tabellen und Grafiken in einem Dokument vereinen und so präsentations- und druckfähige Endprodukte erstellen. Wir sind der Überzeugung, dass die Beschäftigung mit Fragen und Problemen der Statistik mehr Spaß bringt, wenn dabei ein sowohl inhaltlich als auch gestalterisch ansprechendes Dokument entsteht.

Unseren Weg dahin haben viele Menschen begleitet, denen wir an dieser Stelle ganz herzlich danken möchten. Zunächst danken wir Anna-Lena Herforth, die bei der Korrektur des Textes geholfen und vor allem einen entscheidenden Beitrag zur Erstellung und Beschriftung der Screenshots und Abbildungen geleistet hat. Dann gilt unser Dank dem Springer Verlag und namentlich Frau Emig-Roller, die unser Projekt sehr unterstützt hat. Wir danken den studentischen Hilfskräften, die in den Tutorien mit unseren Markdowns gearbeitet und stets zu deren Verbesserung beigetragen haben. Des Weiteren danken wir allen Personen, die an unserer Befragung teilgenommen haben und denen wir unseren Datensatz verdanken. Nicht zuletzt danken wir den Studierenden, die unseren Weg mitgehen mussten. Durch ihre Rückmeldungen in den Veranstaltungen haben sie uns wichtige Hinweise darauf geliefert, welche unsere Ideen und Vorgaben noch schwer nachvollziehbar sind. Auch haben sie in einer Art Feldtest Probleme innerhalb der Markdown-Dateien entdeckt, die gelöst werden mussten, um eine problemlose Umsetzung der Beispiele und Anwendung in der Praxis zu ermöglichen.

Zu Beginn dieses Projektes hätten wir niemals gedacht, wie viele Stolpersteine und Probleme – beispielsweise alleine durch verschiedene Betriebssysteme – bei der Arbeit mit R auftreten können. Zum Glück war uns dies damals nicht bewusst, sonst wäre dieses Buch wohl nicht entstanden. Nichtsdestotrotz sind wir sehr froh und auch ein kleines Stück stolz das vorliegende Buch zu veröffentlichen.

Münster   Volker Gehrau
im Frühjahr 2021   Katharina Maubach
                                                            Sam Fujarski

Inhaltsverzeichnis

Abbildungsverzeichnis

Tabellenverzeichnis

Einführung

1

Zusammenfassung

Im Kapitel Einführung wird der Aufbau des Buches sowie jedes Einzelkapitel anhand einer kurzen Zusammenfassung vorgestellt. Der Forschungsprozess, an dem sich die Kapitel orientieren, wird ebenfalls erläutert. Zudem wird eine Entscheidungshilfe bei der Auswahl eines geeigneten statistischen Verfahrens für die Datenanalyse präsentiert. Zuletzt erläutern wir das Vorgehen im Buch, um Ihren Umgang mit verschieden Buchmaterialien zu erleichtern.

Schlüsselwörter

Forschungsprozess • Entscheidungshilfe • Vorgehen im Buch

1.1 Zum vorliegenden Buch

Uns ist bewusst, dass gerade für Studienanfängerinnen und Anfänger die erste eigene Datenanalyse eine große Herausforderung darstellt. In dem Variablendschungel, den ein erhobener Datensatz darstellen kann, stellt sich beispielsweise die Frage, welche Variablen nun mit welchen Analysemethoden ausgewertet werden sollen. Anschließend müssen die Ergebnisse korrekt interpretiert und berichtet werden. All diese Punkte möchte das vorliegende Buch beachten und Sie vom Datenmanagement bis zum fertigen Forschungsbericht begleiten.

Wir haben den Aspekt des korrekten Berichtens der Ergebnisse bewusst in das Buch mit aufgenommen, da das Erstellen des Forschungsberichtes oftmals in Statistikbüchern vernachlässigt wird. Unserer Meinung nach stellt jedoch das korrekte Berichten der Ergebnisse Forschende vor eine weitere Hürde in der Datenauswertung. Denn zum Schreiben des Forschungsberichtes werden nicht nur

© Der/die Autor(en), exklusiv lizenziert durch Springer Fachmedien
Wiesbaden GmbH, ein Teil von Springer Nature 2022
V. Gehrau et al., *Einfache Datenauswertung mit R*,
https://doi.org/10.1007/978-3-658-34285-2_1

methodische und fachliche Kompetenzen vorausgesetzt, sondern auch die Fähig-
keit, komplexe statistische Ergebnisse in eine einfache und inhaltlich korrekte
Form zu bringen.

Üblicherweise werden Forschungsberichte mit Textverarbeitungsprogrammen
verfasst. Der Vorteil dieser Programme ist die leichte Bedienung nach dem „What
you see is what you get"-Prinzip. Dies bedeutet, die Nutzenden sehen direkt, was
sie dargestellt haben und verfügen somit über die Möglichkeit, die Texte, Tabellen
und Abbildungen nach ihrem Wünschen zu gestalten.

Für wissenschaftliche Forschungsberichte sind Textverarbeitungsprogramme
aber nur eingeschränkt geeignet. Abbildungen und Ergebnisse aus den Statistik-
und Analysesoftwaren müssen mit Copy und Paste hinzugefügt und formatiert
werden. Auswertungstabellen müssen mühsam nachgebaut werden und sind deswegen anfällig für Übertragungsfehler. Ändert man die Berechnungen, müssen
diese Copy-Paste und Anpassungsprozesse wiederholt werden.

R und RStudio bieten für die Gestaltung von Forschungsberichten eine effizi-
entere Alternative an, welche wir Ihnen in dem vorliegenden Buch näherbringen
möchten: R Markdown, ein Tool zur automatischen Erstellung von Berichten und
Präsentationen. R Markdown erlaubt, Funktionen des Texteditierens wie Überschriften, Fett- oder Kursivsatz mit statistischen und grafischen Operationen so zu
verbinden, dass am Ende Ihrer Arbeit ein Forschungsbericht in Form von WORD-
, HTML- oder PDF-Dateien entsteht. R Markdown ermöglicht Ihnen somit, direkt
ein flexibles, reproduzierbares und publikationsfähiges Dokument zu erzeugen.

Insofern beschäftigen wir uns innerhalb des Buches mit statistischen Auswertungen, aber auch mit Aspekten, welche die Darstellung und Gestaltung von
Forschungsberichten verbessern. Zudem wird innerhalb jeden Kapitels diskutiert, wie die ausgewerteten Ergebnisse aufbereitet, mit welchen Diagrammen sie
visualisiert und wie sie in einem Forschungsbericht getextet werden können.

Um den Einstieg in R und R Markdown zu erleichtern werden neben Beispiel-
dateien (die sog. Beispielskripte) zusätzlich individuell anpassbare Musterskripte
als Dateien online zur Verfügung gestellt. Somit bietet dieses Buch nicht nur die
statistischen theoretischen Hintergründe, sondern auch das praktische Werkzeug
zur Datenauswertung und Erstellung ansprechender Forschungsberichte. Wir hoffen sehr, mit unseren „Ready-to-Use" R-Dateien zu einer größeren Verbreitung
und Nutzung von R als kostenloser Statistik Software beizutragen.

1.2 Forschungsprozess

Das Buch orientiert sich an der Logik des Forschungsprozesses, der sich idealtypisch in sechs Schritte einteilen lässt (in Anlehnung an Döring & Bortz, 2016):

1. *Fragestellung und Hypothesen*
   Ausgangspunkt einer empirischen Studie ist eine konkrete Fragestellung zu individuellen oder sozialen Phänomenen unserer Gesellschaft. Zu der Fragestellung werden Ansätze und Theorien gesichtet, um konkrete Aussagen über den Untersuchungsbereich abzuleiten. Die Aussagen werden in Hypothesen formuliert, die stellvertretend für die Theorien und Ansätze getestet werden.
2. *Operationalisierung und Stichprobe*
   Anschließend wird eine Menge aller Untersuchungsobjekte (z. B. Personen, Fälle) festgelegt, die zur Beantwortung der Fragestellung potenziell relevant sind. Diese Menge nennen wir die Grundgesamtheit. Jedoch ist es aus Durchführbarkeits- oder ökonomischen Gründen oftmals schwierig, die gesamte Grundgesamtheit zu untersuchen. Deshalb werden einige Objekte der Grundgesamtheit untersucht, welche die Grundgesamtheit möglichst repräsentieren sollten. Diese Objekte bilden die sogenannten Stichproben, die mit verschieden Methoden ausgewählt werden können (siehe auch Kap. 9). Zum Erhebungsverfahren wird festgelegt, welche Merkmale (Variablen) für die Beantwortung der Fragestellung relevant sind und nach welchem Prinzip (Operationalisierung) diese untersucht werden sollen.
3. *Datenerhebung (Feldphase)*
   Es folgt die sogenannte Feldphase, in der die Datenerhebung durchgeführt wird. Dabei wird das festgelegte Erhebungsverfahren auf die ausgewählte Stichprobe angewendet. Am Ende der Feldphase bekommen wir Daten in unaufbereiteter Form (Rohdaten).
4. *Datenerfassung und Datenmanagement*
   Danach schließen sich die Datenerfassung (siehe Kap. 3) sowie die Aufbereitung der Rohdaten an. Zunächst werden die Daten erfasst und eingegeben. Die Aufbereitung beinhaltet eine Bereinigung von Eingabefehlern oder Inkonsistenzen in den Daten. Zusätzlich müssen die Daten so vorbereitet werden, wie es für die geplante statistische Analyse notwendig ist (siehe Kap. 4).
5. *Datendarstellung und Datenanalyse*
   Nun beginnt die Datenanalyse. Dabei werden die einzelnen Variablen zunächst mit deskriptiven Kennwerten und Diagrammen beschrieben, sodass Sie einen

Tab. 1.1 Forschungsprozess und Buchkapitel im Überblick

Forschungsprozess	Kapitel im Buch
Schritt 1: Fragestellung und Hypothesen	Nicht im Buch enthalten
Schritt 2: Operationalisierung und Stichprobe	Nicht im Buch enthalten
Schritt 3: Datenerhebung (Feldphase)	Nicht im Buch enthalten
Schritt 4: Datenerfassung und Datenmanagement	Datenerfassung, Datenmanagement
Schritt 5: Datendarstellung und Datenanalyse	Häufigkeiten, Verteilungen, Kreuztabellen, Korrelationen und Mittelwertvergleiche
Schritt 6: Fazit und Forschungsbericht	Forschungsbericht

Eigene Darstellung

Überblick über die Daten erhalten und diese darstellen können. Zudem werden die aufgestellten Hypothesen mit entsprechenden statistischen Verfahren untersucht (siehe Kap. 7 bis 12).

6. *Fazit und Forschungsbericht*
   Abschließend werden die ausgewerteten Ergebnisse zusammengefasst und dokumentiert. Dazu werden sie bezogen auf die anfänglichen Hypothesen interpretiert und daraus Schlussfolgerungen gezogen, die zur Beantwortung der Forschungsfragen beitragen (siehe Kap. 13).

Im vorliegenden Buch beschäftigen wir uns vorwiegend mit den letzten drei Schritten im Forschungsprozess (für die weiteren Schritte siehe bspw. Döring & Bortz, 2016). Deshalb gehen wir davon aus, dass Sie die Datenerhebung abgeschlossen haben und Ihre Rohdaten bereits vorhanden sind. In Tab. 1.1 werden die Buchkapitel aufgelistet und zu den jeweiligen Schritten des Forschungsprozesses zugeordnet.

1.3   Kapitel des Buches

Folgende Themenbereiche, welche sich am Forschungsprozess orientieren (siehe Tab. 1.1), werden im vorliegenden Buch behandelt:

- *RStudio und R Markdown*
  Das Buch beginnt mit einer kurzen Einführung in RStudio und R Markdown. Dazu werden die Installation nötiger Programme und die Arbeitsweise mit der Nutzeroberfläche von RStudio erklärt. Zudem wird Markdown als ein Instrument der Datendarstellung und -analyse eingeführt. Am Ende des Kapitels sollten Sie in der Lage sein, mit RStudio und den zur Verfügung gestellten Markdowns zu arbeiten.
- *Datenerfassung*
  Im Kapitel Datenerfassung wird die Vorgehensweise der Datenerfassung mit dem Paket *DataEntry* dargestellt, also wie vorhandene Daten in einen R-Datensatz überführt werden. Zunächst werden Variablen mit festgelegten Ausprägungen oder Wertebereichen definiert. Dann werden die konkreten Angaben mit einer Eingabemaske erfasst und die Angaben als Datenmatrix gespeichert. Am Ende liegt ein Rohdatensatz zur weiteren Bearbeitung vor.
- *Datenmanagement*
  Im Kapitel Datenmanagement werden Operationen und die dazugehörigen R-Funktionen erläutert, mit denen die eingegebenen Rohdaten zu korrekt formatierten Datensätzen aufbereitet werden können. Im Zentrum stehen der Import vorhandener Daten, das Umkodieren von Daten, das Gruppieren von Daten, das Berechnen von neuen Variablen, die Erstellung von Teildatensätzen sowie das Zählen bestimmter Ausprägungen in mehreren Variablen. Am Ende des Kapitels liegt ein an die statistischen Anforderungen angepasster Analysedatensatz vor.
- *Exkurs tidyverse*
  In diesem Exkurs wird das Paket *tidyverse* vorgestellt, das Alternativen des Datenmanagements zur Verfügung stellt.
- Grafiken mit *ggplot2*
  In diesem Kapitel wird das Paket *ggplot2* dargestellt. Dieses stellt eine Vielzahl von Diagrammen und Anpassungsmöglichkeiten zur Visualisierung von Daten zu Verfügung.
- *Häufigkeiten*
  Die univariate Darstellung nominalskalierter Variablen ist Gegenstand des Kapitels Häufigkeiten. Die Ausprägungen der Variablen werden mit Anzahl und Prozentwerten in Häufigkeitstabellen sowie Säulen- oder Balkendiagrammen dargestellt. Zusätzlich können die Häufigkeiten mehrerer Variablen mit denselben Ausprägungen in einer Häufigkeitsübersicht zusammengefasst werden.

- *Verteilungen*
  Im Kapitel Verteilung werden Möglichkeiten der Darstellung metrischer Variablen diskutiert. Zunächst werden die wichtigsten Kennwerte der zentralen Tendenz sowie der Streuungsmaße behandelt. Anschließend wird die Darstellung dieser Kennwerte in Tabellen und im Text präsentiert. Histogramme, Dichteplots oder Boxplots als Visualisierungsmethoden von Verteilungen metrischer Daten werden ebenfalls vorgestellt.
- *Schätzen und Testen*
  In diesem Kapitel werden die Grundlagen der Inferenzstatistik erläutert und die zugrunde liegenden Verteilungen vorgestellt. Das Konzept von Schätzverfahren für unbekannte Parameter der Grundgesamtheit wird auf Basis von Kennwerten der Stichprobe dargestellt. Ferner werden die Logik und das Vorgehen von Testverfahren erläutert, mit denen sich Hypothesen überprüfen lassen. Abschließend wird dargestellt, wie sich mittels statistischer Signifikanz und Effektstärke die Relevanz von Testergebnissen einschätzen lässt.
- *Kreuztabellen*
  Das Kapitel widmet sich Kreuztabellen als Möglichkeit, Zusammenhänge zwischen zwei nominalskalierten Variablen zu analysieren. Dazu werden in einer Kreuztabelle die Anzahl und Prozentwerte aller Merkmalskombinationen beider Variablen untersucht. Anschließend wird der Chi-Quadrat-Test vorgestellt, mithilfe dessen wir auf Basis der Kreuztabelle den Zusammenhang zwischen diesen Variablen und dessen Relevanz prüfen können. Zum Schluss stellen wir Ihnen Mosaikplots vor, welche eine Möglichkeit der Visualisierung von Zusammenhängen zwischen nominalskalierten Variablen darstellen.
- *Korrelationen*
  Zusammenhänge zwischen zwei metrischen Variablen sind Gegenstand des Kapitels Korrelationen. Zunächst wird die Kovarianz als die gemeinsame Abweichung von Messwerten zu den jeweiligen Mittelwerten als Maß für den Zusammenhang von zwei Variablen vorgestellt. Diese wird anschließend in ein standardisiertes Maß – die Pearson's Korrelation – umgerechnet. Dann wird die Berechnung des Zusammenhangs zwischen ordinalskalierten Variablen mit der Spearman's Rho Korrelation präsentiert. Zum Schluss stellen wir Ihnen Scatterplots sowie die Scatterplotmatrix vor, welche eine Möglichkeit der Visualisierung von Zusammenhängen zwischen zwei oder mehreren metrischen Variablen bieten.
- *Mittelwertvergleiche*
  Das letzte Kapitel zu statistischen Verfahren befasst sich mit Mittelwertvergleichen. Vorgestellt werden drei unterschiedliche Varianten: t-Tests für

unabhängige Stichproben, t-Tests für abhängige Stichproben und die Varianzanalyse. Mit t-Tests für unabhängige Stichproben lassen sich Mittelwertdifferenzen zwischen zwei voneinander unabhängigen Gruppen analysieren. Die Analyse von Mittelwertdifferenzen zwischen zwei Messungen bei denselben Untersuchungsobjekten ist Gegenstand von t-Tests für abhängige Stichproben. Mittelwertunterschiede zwischen mehr als zwei Gruppen werden mit einfaktoriellen Varianzanalysen (one -way ANOVA) untersucht. Visualisiert werden Mittelwertvergleiche mit Fehlerbalken oder Boxplots.

- *Forschungsbericht*
  Das Kapitel Forschungsbericht zeigt, wie die einzelnen Schritte des Projektes in einem Bericht dokumentiert werden. Zudem behandeln wir, wie sich die ausgewerteten Ergebnisse aus den vorhergehenden Kapiteln in Form von Tabellen und Diagramme in den Text integrieren lassen.

1.4 Welches statistische Verfahren bietet sich für meine Daten an?

Oftmals ist bei den ersten Versuchen, Daten auszuwerten und Forschungsberichte zu erstellen, unklar, welche statistischen Verfahren und welche dazugehörigen Darstellungsmittel wofür in Frage kommen. Deshalb haben wir einen Entscheidungsbaum konstruiert, der helfen soll, richtige Entscheidungen bei der Auswahl der statistischen Verfahren und Darstellungsarten zu treffen. Der Entscheidungsbaum orientiert sich an drei grundlegenden Entscheidungen:

1. Sollten die Daten univariat beschrieben (deskriptiv) oder Zusammenhänge bzw. Unterschiede (analytisch) untersucht werden?
2. Wie viele Variablen werden in welcher Hinsicht untersucht?
3. Wie sind die Variablen skaliert?

Bei der deskriptiven Darstellung ist entscheidend, ob es sich um eine oder mehrere Variablen handelt. Bei der Analyse von Hypothesen ist demgegenüber ausschlaggebend, ob Unterschiede oder Zusammenhänge geprüft werden sollen. Sind diese Entscheidung getroffen, dann findet sich im Entscheidungsbaum jeweils ein statistisches Verfahren und eine Visualisierungsmethode, die für den jeweiligen Fall geeignet sind und deren Umsetzung in einem Unterkapitel im Buch dargestellt wird (siehe Abb. 1.1).

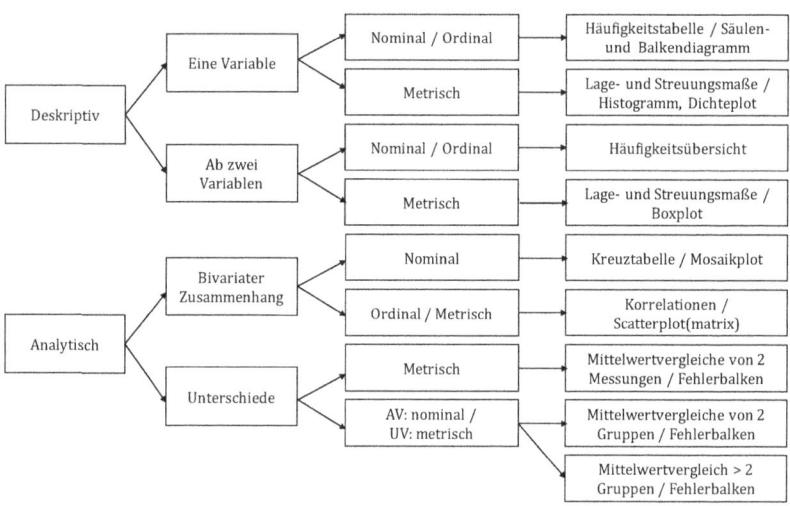

Abb. 1.1 Übersicht der statistischen Verfahren und deren Visualisierung. (Eigene Darstellung)

1.5   Vorgehen im Buch

Im vorliegenden Buch werden alle vorgestellten statistischen Themen in mehreren Schritten vorgestellt. Im ersten Schritt werden ihre theoretischen Grundlagen dargestellt und anhand von Berechnungsbeispielen mit einem kleinen Datensatz mit elf Fällen konkretisiert. Anschließend werden alle im Theorieteil diskutierten Berechnungen in R Markdown dargestellt. Für die Arbeit mit R-Markdown steht ein großer Datensatz mit 1200 Fällen zur Verfügung. Wir arbeiten mit zwei Versionen dieses großen Datensatzes. Die Version `daten_drecking.Rda` dient nur dazu, die Befehle des Datenmanagements zu üben. Der Name `daten_dreckig` soll verdeutlichen, dass Datensätze oft noch Fehler und Probleme enthalten, die durch Befehle bzw. Prozeduren des Datenmanagements behoben werden sollten, bevor die eigentliche Datenanalyse beginnt. Wenn alle Befehle des Datenmanagements richtig ausgeführt wurden, dann erhalten Sie den Datensatz `daten_sauber.Rda`, mit dem danach weitergearbeitet wird. Deshalb wird nur im Markdown Datenmanagement und tidyverse mit dem Datensatz `daten_dreckig.Rda` gearbeitet, in allen anderen Markdowns hingegen mit dem Datensatz `daten_sauber.Rda`. Ergänzend haben wir diesen online unter [Online material] zur Verfügung gestellt.

Die Datensätze entstammen einer Studie zur Mediennutzung und enthalten soziodemografische Variablen sowie Variablen zum Fernsehen-, Radio- und Internetkonsum. Im Buch werden alle Verfahren und Kennwerte anhand der Fernsehvariablen besprochen. Die Angaben zur Radionutzung sollten von Ihnen genutzt werden, um das Vorgehen zu üben.

Die R Markdowns sind nach Kapiteln systematisiert. Für jedes Kapitel stehen zwei R Markdowns zur Verfügung: ein Muster- und ein Beispiel-Markdown. Im Muster-Markdown werden die Befehle mit Stellvertreternamen wie `meineDaten`, `meineAV`, `meineUV` oder `Label V1` dargestellt, welche Sie in Ihrem eigenen Markdown mit den Namen Ihrer Variablen ersetzen können. Im Beispiel-Markdown werden demgegenüber die Namen der Variablen aus unserem Beispieldatensatz und deren Labels benutzt. Jedes Markdown besteht aus mehreren einzelnen Abschnitten – sprich Codechunks – für die einzelnen statistischen Kennwerte, Tabellen und Grafiken. Jeder Codechunk stellt eine Lösung für ein behandeltes Statistikproblem dar, z. B. die Erstellung einer Häufigkeitstabelle.

Die einzelnen Codechunks sind so aufgebaut, dass sie unabhängig voneinander ausgeführt werden können. Jeder einzelne Codechunk lädt automatisch alle R-Pakete und Daten, die zur Ausführung des Codechunks nötig sind. Somit laden wir innerhalb eines Markdowns unsere Daten und Pakete wiederholt neu. Normalerweise würde man solche Codezeilen vermeiden, da sie unnötig sind, wenn mehrere ähnliche Codechunks hintereinander ausgeführt werden. Wir haben jedoch zur einfacheren Bedienung die Codechunks so konzipiert, dass sie eigenständig funktionieren. Damit vermeiden wir typischen Fehlerquellen in R, welche oftmals darin bestehen, dass Datensätze oder einzelne R-Pakete nicht korrekt geladen wurden. Zudem können die Codechunks so in ein eigenes Markdown (z. B. ein Markdown für den gesamten Forschungsbericht) kopiert werden und es bleibt sichergestellt, dass die Kennwerte, Tabellen oder Grafiken unabhängig vom sonstigen Kontext richtig erzeugt werden.

Natürlich hoffen wir, dass Sie nach einer gewissen Zeit in der Lage sind, selbst R Markdowns mit funktionierenden Codechunks zu erstellen. Für die Anwendung der im Buch dargestellten Verfahren ist das aber nicht nötig. Die Markdowns sind so konzipiert, dass Sie mit nur wenigen Änderungen des zur Verfügung gestellten Markdowns problemlos eine Berechnung durchführen können. Um ein schnelles Ergebnis mit den Markdowns zu erhalten, müssen nur der Name des von Ihnen verwendeten Datensatzes sowie der zu untersuchenden Variablen plus ggf. die gewünschten Bezeichnungen (`Labels` für Variablen bzw. Ausprägungen) eingegeben werden. Wenn Sie mit dem Muster-Markdown arbeiten, müssen also im Codechunk die Angaben `meineDaten` durch den Namen Ihres Datensatzes, `meineV1` und `meineV2` ... durch die Namen der untersuchten Variablen sowie `Label V1` durch die gewünschte Bezeichnung ersetzt werden. Die Muster-Markdowns dienen somit als Vorlage für Ihre eigene Auswertung. Wenn Sie aber zu Übungszwecken mit dem von uns zur Verfügung gestellten Datensatz arbeiten, können Sie auch die Beispiel-Markdowns verwenden. In diesen ist schon der richtige Datensatz zum Laden eingetragen sowie die jeweilige Fernsehvariable (`tv_minuten`) mit den dazugehörigen Bezeichnungen spezifiziert. Zum Üben können Sie die Fernsehvariablen durch die Radiovariable (`radio_minuten`) ersetzen. Alle Dateien sind als Online-Materialien zum Download verfügbar und dürfen mit Hinweis auf die Urheber genutzt und bearbeitet werden.

Innerhalb des Buches finden Sie verschiedene Schriftarten, welche Ihnen die Orientierung erleichtern sollen:

- Formeln werden *im Formelsatz* dargestellt.
- Pakete und Sonderbegriffe werden *kursiv* dargestellt.
- R-Befehle werden durch eine `spezielle Schriftart` gekennzeichnet.

1.6   Auf die Plätze, fertig, los?

Bevor Sie mit den einzelnen Markdown-Dateien beginnen können, müssen Sie noch folgende Schritte ausführen:

1. Zunächst müssen die beiden Programme R und RStudio installiert werden. Zudem müssen gegebenenfalls weitere betriebssystemspezifische Anwendungen installiert werden (siehe Kap. 2).
2. Laden Sie unsere Dateien (Datensätze und Markdowns) aus dem Internet herunter und speichern Sie diese in einem Ordner.
3. Nach dem Start von RStudio muss einmalig der Paket *rmarkdown* installiert werden. Das machen Sie, indem Sie in die Konsole den Befehl `install.packages("rmarkdown")` eingeben oder die Oberfläche zum Management von Paketen nutzen (siehe Kap. 2).

Die Vorbereitung ist somit abgeschlossen. Wir wünschen Ihnen beim Lesen des Buches und Arbeiten mit RStudio und R Markdown viel Spaß.

Literatur

Döring, N., & Bortz, J. (2016). *Forschungsmethoden und Evaluation in den Sozial- und Humanwissenschaften.* Springer.

RStudio und R Markdown

2

Zusammenfassung

Das Kapitel RStudio und R Markdown umfasst eine Einführung in die Bedienoberflächen des Programmes RStudio sowie eine grundlegende Erläuterung des Paketes R Markdown. Es wird zunächst die Installation der Programme und anschließend die grundlegenden Arbeitsweisen mit den Programmen erläutert. Innerhalb von RStudio werden neben den einzelnen Schaltflächen und Menüleisten die grundlegenden Arbeitsweisen mit RStudio erklärt. Zudem werden die einzelnen Bereiche eines Markdown-Dokumentes dargestellt: der YAML-Header, die Codechunks und die Textbereiche. Nicht zuletzt werden neue Dokument erstellt oder ein bestehend geladen und diese Dokumente abschließend in eine Output-Datei überführt.

Schlüsselwörter

RStudio · R Markdown · Installieren und Laden von Paketen · Skripte · Codechunks

2.1 RStudio

2.1.1 Installation der Programme

R ist eine freie Programmiersprache, die sowohl auf Windows, als auch auf MacOS und Linux Betriebssystemen läuft. Das Programm ist online verfügbar und kann über die Website https://cran.r-project.org über den Download Button heruntergeladen werden. Dazu folgen Sie bitte jeweils den Schritten für Ihr jeweiliges Betriebssystem (siehe Abb. 2.1).

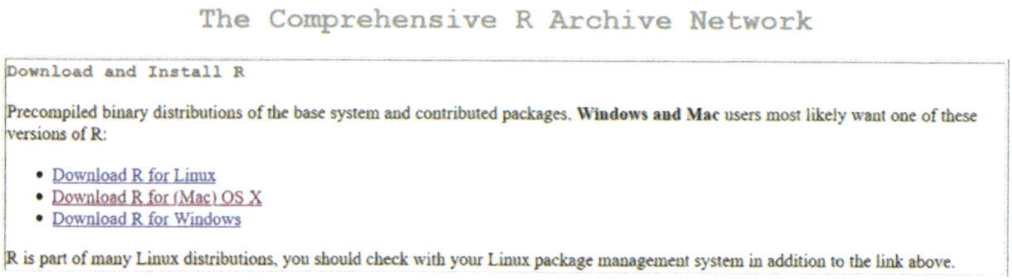

The Comprehensive R Archive Network

Download and Install R

Precompiled binary distributions of the base system and contributed packages. **Windows and Mac** users most likely want one of these versions of R:

- Download R for Linux
- Download R for (Mac) OS X
- Download R for Windows

R is part of many Linux distributions, you should check with your Linux package management system in addition to the link above.

Abb. 2.1 Screenshot der Website zur Installation von R

Die Datei, die Sie downloaden, ist eine Win.exe Datei, welche im Anschluss ausgeführt werden muss. Bitte folgen Sie den vom Installationsassistenten beschrieben Installationsschritten.

Sobald R installiert wurde, kann mit dem Programm gearbeitet werden. Da R jedoch wenig komfortabel in der Anwendung ist, empfehlen wir zusätzlich RStudio zu installieren. RStudio ist eine Benutzeroberfläche, welche die Arbeit mit R vereinfacht und auch für die Arbeit mit R Markdown benötigt wird. Bei RStudio handelt es sich ebenfalls um eine freie Open Source Software, welche über die Website https://rstudio.com/products/rstudio/ installiert werden kann. Bitte scrollen Sie zum Ende der Seite und folgen Sie der Schaltfläche *Download RStudio Desktop* zur Installation.

Wenn beide Programme installiert sind, wird R nicht mehr benötigt, muss aber auf dem Rechner installiert bleiben. RStudio kann mit einem Doppelklick geöffnet werden. Liegen Markdown, Skripte oder R-Dateien vor, können auch diese direkt mit einem Doppelklick auf die Datei in RStudio geöffnet werden.

Vor dem ersten Arbeiten mit R müssen Sie also nur R und RStudio installieren. Dann können Sie mit dem Programm starten.

2.1.2   Die Oberfläche von RStudio

Öffnen Sie das Programm zum ersten Mal, sehen Sie lediglich drei Schaltflächen (siehe Abb. 2.2).

Sobald Sie Dokumente wie Skripte oder Markdown-Dateien laden, öffnet sich oben links ein weiteres Fenster für diese Anwendungen (siehe Abb. 2.3).

RStudio besteht nun aus vier Oberflächen. Die Anordnung dieser Fenster ist jeweils variabel und kann via Drag and Drop geändert werden. Grundsätzlich empfiehlt sich jedoch die Grundanordnung. Zusätzlich können die einzelnen

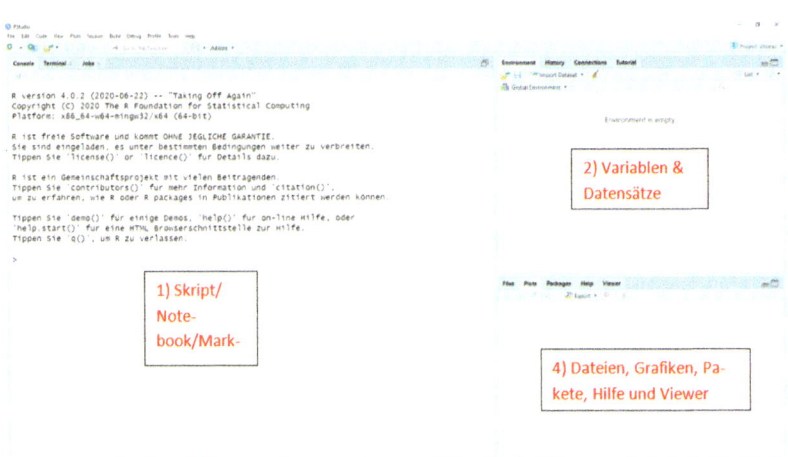

Abb. 2.2 Schaltflächen in RStudio

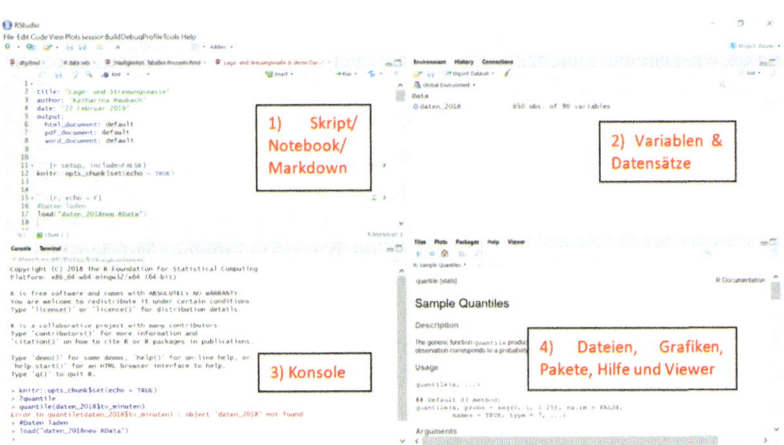

Abb. 2.3 Schaltflächen in RStudio unter Einbezug von R Markdown

Fenster an den Kanten jeweils größer oder kleiner gezogen werden. Dies kann hilfreich sein, wenn gerade lediglich in einem Fenster gearbeitet wird und dieses vergrößert dargestellt werden soll.

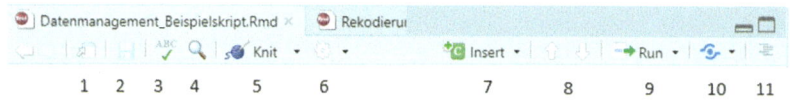

Abb. 2.4   Dateileiste in R Markdown

2.2   Schaltflächen von RStudio

1) Skript/Notebook/Markdown
In diesem Fenster steht üblicherweise ein Skript oder ein Textdokument mit
Codeanweisungen wie Notebook- oder Markdown-Dateien. Diese Formate haben
gemeinsam, dass sie als Sammlung von Auswertungsschritten dienen und als
solche abgespeichert werden können. Mehrere Skripte bzw. Markdowns können
dabei gleichzeitig geöffnet werden, diese werden an der Oberseite des Fensters
angezeigt. Darunter befindet sich eine Dateileiste (siehe Abb. 2.4).

In dieser finden sich verschiedene Funktionen schnell wieder. Mit dem Blatt
(1) kann ein Markdown in einem neuen Fenster geöffnet werden. Dies kann mitunter sehr hilfreich bei der Arbeit mit mehreren Markdowns sein, da so mehrere
Markdown-Dateien gleichzeitig betrachtet werden können. Mit dem Disketten-
symbol (2) können Markdown-Dateien gespeichert werden. Das ABC-Symbol
(3) ist eine Rechtschreibüberprüfung (das voreingestellte Wörterbuch ist Englisch). Die Lupe (4) ermöglicht das Suchen und Ersetzen in einem Dokument. Das
Wollknäuel (5) ist die Option zum Erzeugen (knitten) eines Output-Dokumentes.
Mit dem Zahnrad (6) können Dokumenteinstellungen vorgenommen werden. Das
Insert (7) lässt einen neuen Codechunk (Codebereich) einfügen. Mit den Pfeilen
(8) kann zu der letzten/nächsten Überschrift bzw. dem Codechunk navigiert werden. Mit dem Run (9) können Codechunks ausgeführt werden. Mit dem blauen
Button (10) können Markdown-Dokumente auf RPubs veröffentlicht werden,
einer kostenlosen, frei zugänglichen Website mit R-Skripten und Dokumenten.
Mit den Linien (11) lässt sich die Dokumentenstruktur anhand der Überschriften
anzeigen.

2) Variablen und Datensätze
Hier sind insbesondere die Reiter *Environment* und *History* relevant (siehe
Abb. 2.5). Unter *Environment* werden Daten, Variablen und erstellte Objekte
angezeigt. Dementsprechend gibt Environment einen guten Überblick über die
Daten. Unter dem Reiter *History* sehen Sie eine Historie aller zuletzt genutzten

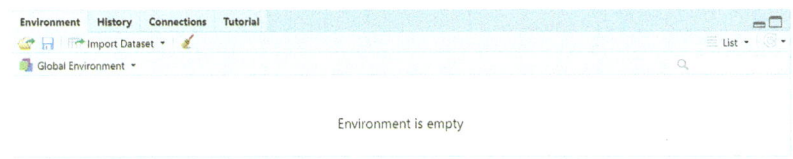

Abb. 2.5 RStudio, Reiter, Environment, History, Connections und Tutorial

Befehle. Diese können angewählt werden und anschließend mittels der Schaltfläche *To Console* direkt in der Konsole oder mittels der Schaltfläche *To Source* innerhalb eines Skriptes ausgeführt werden.

3) Konsole
Die Konsole stellt die ursprüngliche Schaltfläche von R dar. Hier können Befehle eingegeben werden und durch das Drücken der Entertaste ausgeführt werden. Die Befehle und deren Ergebnisse werden dabei chronologisch untereinander angezeigt. Falls die Konsole zu unübersichtlich erscheint, kann diese mittels der Tastenkombination Strg + L oder dem kleinen Besen an der rechten oberen Fensterseite gereinigt werden.

4) Dateien, Grafiken, Pakete, Viewer und Hilfe
Dieses Fenster besteht aus den Schaltflächen Files, Plots, Packages, Help und Viewer. Unter *Files* werden die aktuellen Dokumente (also beispielsweise genutzte Skripte/Markdowns oder Daten angezeigt). *Plots* zeigt in der Konsole erstellte Grafiken an. Unter *Packages* findet sich eine Übersicht aller installierten Pakete. Mit *install* können weitere Pakete installiert werden (einfacher geht dies über die Kommandozeile der Konsole oder eines Skriptes). Mit *update* können einzelne oder alle Pakete aktualisiert werden (es ist empfehlenswert dies regelmäßig zu tun). Unter *Help* finden sich Hilfestellungen zu einzelnen Funktionen. Diese Hilfestellung kann durch das Eingeben ?Name der Funktion innerhalb der Konsole oder des Skriptes abgerufen werden. Für eine Hilfestellung zur Funktion des Mittelwertes würde man beispielsweise ?mean eingeben. Für Hilfestellungen zu Paketen kann man hingegen die Eingabe ??Name Paket nutzen. Möchte man Informationen zu einem bestimmten Befehl aus einem Paket kann man die Eingabe ?Name Paket::Name der Funktion nutzen. Im *Viewer* wird jeweils der Output angezeigt, also beispielsweise ein geknittetes Markdown oder Notebook-Dokument.

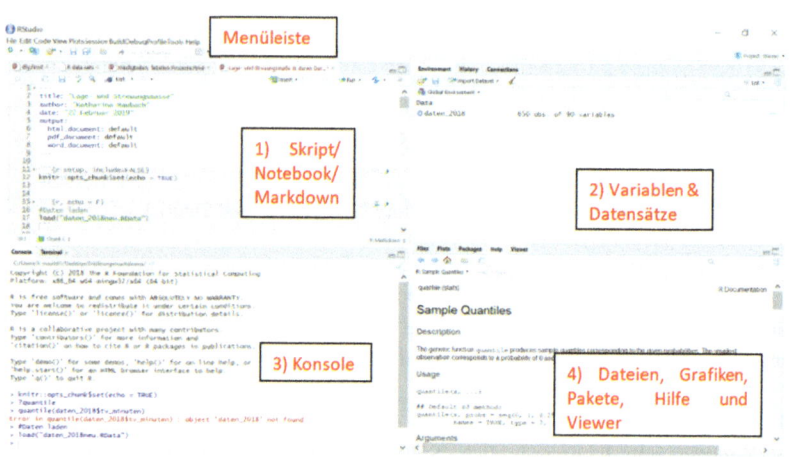

Abb. 2.6 Alle Schaltflächen in RStudio

2.3   Menüleiste von RStudio

Wie bei den meisten Office Programmen findet sich oben in RStudio die
Menüleiste (siehe Abb. 2.6).

Die Menüleiste besteht aus den Schaltflächen File, Edit, Code, View, Plots,
Session, Build, Debug, Profile, Tools und Help.

File
Unter File finden sich viele Grundfunktionen zum Arbeiten mit Dateien. Hier
können unter anderem neue Dokumente erstellt werden *(new file)*, Dokumente
gespeichert werden *(save)* und Daten importiert werden *(import dataset)*. Einzelne Funktionen (Erstellung eines neuen Dokuments/Projektes, Speichern eines
Dokuments) befinden sich des Weiteren unterhalb der Menüleiste als Schnell-
funktionen.

Edit
Unter Edit befinden sich typische Dokumentfunktionen wie Rückgängig *(undo)*,
etwas in Dokumenten suchen *(find)*, ausschneiden *(cut)*, kopieren *(copy)* und einfügen *(paste)*. Für diese Funktionen können wahlweise auch aus Office bekannte
Shortcuts (siehe auch Tab. 2.3) genutzt werden.

Code

Unter Code befinden sich je nach Dokumententyp (Skript, Notebook oder Markdown) verschiedene Funktionen. Hier kann beispielsweise Code ausgewählt werden oder bestimmte Zeilen Code ausgeführt werden. Dies kann jedoch auch alles innerhalb des Skripts/Markdown-Dokumentes erfolgen.

View

Unter *View* kann die Aufteilung der einzelnen Fenster geändert und einzelne Schaltflächen aufgerufen werden.

Plots

Unter dem Reiter *Plots* können zuvor erstellte Grafiken angezeigt und als Bilddatei gespeichert werden.

Session

Unter dem Reiter *Session* kann R gestartet, beendet und gespeichert werden.

Build, Debug & Profile:

Die Reiter *Build, Debug* und *Profile* beinhalten Sonderanwendungen, die in den meisten Fällen nicht benötigt werden. Hier kann beispielsweise eingestellt werden, was im Falle von Fehlermeldungen passiert oder wie schnell R einzelne Befehle ausführt, beziehungsweise für welche Codechunks wie viel Rechenleistung benötigt wird.

Tools

Unter *Tools* können Pakete installiert werden. Des Weiteren kann man sich mit *Keyboard Shortcut Help* eine Übersicht aller in R verfügbaren Shortcuts anzeigen lassen. Mit der Schaltfläche *Global Options* kann man verschiedene Optionen innerhalb von R ändern. So kann man beispielsweise die Darstellung, Schriftart und das Layout von RStudio ändern.

Help

Unter *Help* gibt es eine ganze Anzahl an Hilfestellungen. So finden sich dort die Shortcuts und sogenannte Cheat Sheets. Insbesondere hilfreich ist auch die Schaltfläche *R Help*, welche eine Übersicht über verschiedene Tutorials und Hilfsmaterialien bietet. Unter *Packages* gibt es zudem eine alphabetische Auflistung aller in R verfügbaren Pakete.

2.4   Arbeiten mit RStudio

2.4.1   Arbeitsverzeichnis, Projekte und Co

Sie können in R mit Dateien und Markdowns arbeiten, welche in unterschiedlichen Ordnern gespeichert sind. In diesem Fall müssen Sie jedoch immer innerhalb des Codes den vollständigen Dateipfad angeben. Um dies zu umgehen, gibt es verschiedene Möglichkeiten. Zunächst – und dies ist vermutlich der einfachste Weg – können Sie alle Dateien in einem Ordner speichern. So kann R auf die Dateien zugreifen, wenn Sie lediglich den Dateinamen eingeben.

Eine weitere Möglichkeit ist das Festlegen eines Arbeitsverzeichnisses (englisch *working directory*) mit dem Befehl setwd(). Innerhalb dieses Befehls können Sie dann Ihr Arbeitsverzeichnis mit dem gewünschten Pfad Ihrer R-Dateien festlegen. Dafür können Sie auf Ihrem Rechner schauen, wie dieser Pfad lautet und diesen dann in R kopieren. Wichtig ist dabei, dass innerhalb des Pfades lediglich sogenannte forward slashs (/), also Schrägstriche, genutzt werden. Mit getwd() können Sie wiederum Ihr aktuelles Arbeitsverzeichnis einsehen.

Eine dritte Möglichkeit ist die Arbeit mit Projekten. Über File -> New Project können Sie ein solches anlegen. Im Anschluss können Sie ein neues Arbeitsverzeichnis festlegen (new directory) oder ein bereits bestehendes Arbeitsverzeichnis wählen (existing directory). Wenn Sie ein Projekt erstellen, können Sie mit diesen Dateien arbeiten und müssen kein Arbeitsverzeichnis mehr festlegen.

2.4.2   Funktionen in R

In R können die einzelnen Statistikanwendungen über Befehle, sogenannte Funktionen abgerufen werden. Die Funktionen ergeben sich aus einem Befehl und einer anschließenden Klammer. In dieser müssen zunächst Daten und Variablen spezifiziert werden. Im Anschluss folgen bei den meisten Funktionen weitere Spezifikationen. Dabei haben die Befehle zumeist bereits bestehende Grundeinstellungen (sogenanntes default). Möchten Sie diese ändern, muss das innerhalb der Klammer angegeben werden. Innerhalb der einzelnen Kapitel nennen wir jeweils die genutzten Funktionen, sowie die für uns relevanten Spezifikationen. Natürlich können auch Funktionen ineinander verschachtelt werden, also innerhalb eines Befehls ein weiterer aufgerufen werden. Dabei müssen Sie lediglich darauf achten, dass jede öffnende Klammer auch eine schließende Klammer benötigt. Wichtig bei Funktionen und weiteren Anwendungen in R ist, dass R

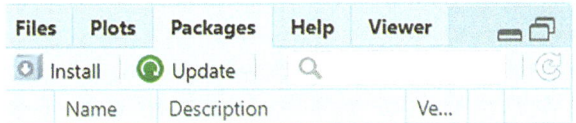

Abb. 2.7 Pakete installieren und updaten innerhalb der RStudio Oberfläche

„case sensitive" ist. Das bedeutet, ein Befehl muss genauso aufgerufen werden (inklusive korrekter Groß- und Kleinschreibung) wie er im Programm hinterlegt ist.

Innerhalb von Base R – also dem einfach installierten R – gibt es eine Vielzahl von Funktionen. Falls eine bestimmte Statistikanwendung nicht in R verfügbar ist, kann man auch selbst eine Funktion schreiben. Oftmals hat dies jedoch bereits jemand anderes gemacht, weswegen Sie sich diese Arbeit oft sparen können. Diese zusätzlichen Funktionen und Befehle sind in sogenannten Paketen gespeichert.

2.4.3   Pakete in R

Wenn Sie sich mit anderen Personen über R unterhalten, wird früher oder später der Begriff Paket fallen. Pakete sind Erweiterungsmodule für R. Das Programm funktioniert auch ohne sie, aber wenn Sie bestimmte Funktionen nutzen möchten, müssen Sie weitere Pakete installieren. Pakete müssen nicht extern von einer Website heruntergeladen werden, sondern können innerhalb von RStudio selbst installiert werden. Diese Installation muss lediglich einmalig erfolgen, doch bei jeder neuen Nutzung muss das Paket erneut geladen werden. Die einfache Installation der Pakete erfolgt jeweils mit `install.packages("Name des Paketes")`. Dabei muss der Name des jeweiligen Paketes in Anführungszeichen erfolgen. Wahlweise können die Pakete auch über den Reiter Packages installiert werden. In diesem Fall muss auf *Install* geklickt und den Anweisungen im Fenster gefolgt werden (siehe Abb. 2.7).

Die Pakete werden im Normalfall von einem Server namens CRAN heruntergeladen. Auf diesem Server existieren aktuell rund 16.500[1] Pakete (CRAN, 2020). Unter Umständen muss dieser CRAN-Server manuell festgelegt werden,

---

[1] Unter der Website https://cran.r-project.org/web/views/ (CRAN, 2021) findet sich eine Übersicht, welche Pakete für einzelne Themenfelder hilfreich sein können.

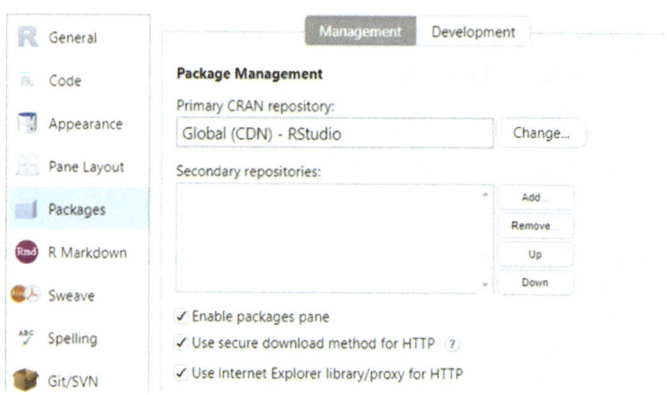

Abb. 2.8 Global Options in R

wobei es sich empfiehlt, den geografisch nächsten Server auszuwählen. Die Auswahl erfolgt unter *Tools -> Global Options -> Packages* über den *Change*-Button
(siehe Abb. 2.8).

Bereits installierte Pakete sollten in regelmäßigen Abständen aktualisiert werden, da die Pakete kontinuierlich verbessert werden. Zum Aktualisieren kann
wahlweise unter dem Reiter Packages der Button Update ausgewählt (siehe
Abb. 2.7) oder der Befehl `update.packages()` verwendet werden.

Zum Laden der Pakete können wir die Befehle `library(Name des
Paketes)` oder auch `require(Name des Paketes)` nutzen. `library`
ist ein gängiger Befehl und lädt vorab installierte Pakete. `require` wiederum
lädt ebenfalls Pakete, prüft jedoch vorab einmal nach, ob diese zuvor installiert
wurden. Bei beiden Befehlen benötigen wir innerhalb der Klammer keine Anführungszeichen. Für die Arbeit mit macOS müssen teilweise zusätzliche Dateien
geladen werden, damit die Pakete unter diesem Betriebssystem funktionieren
(Luhmann, 2015, S. 21). Die benötigten Erweiterungen ändern sich je nach R-
Version und Apple-Betriebssystem. Unter https://mac.r-project.org/tools/ (Mac R
Project, 2020) können die aktuell benötigten Erweiterungen eingesehen werden.

Innerhalb der nachfolgenden Skripte haben wir einen Befehl angelegt, der prüft, ob die Pakete installiert sind und diese automatisch bei
Bedarf installiert und lädt. Beispielhaft für das Paket *ggplot2* lautet der
Befehl `if(!require(ggplot2)){install.packages("ggplot2");
library(ggplot2)}`.

Der Befehl ist ein `if`-Befehl der aus zwei Teilen besteht: der erste Teil
(`!require(ggplot2)`) ist die Bedingung die erfüllt sein sollte, der zweite
Teil `{install.packages("ggplot2"); library(ggplot2)}` ist der
Part, der passieren soll, falls diese Bedingung nicht erfüllt wird. Der erste Part
stellt die Bedingung auf, dass das Paket *ggplot2* nicht installiert und geladen ist.
Dies erreichen wir durch den Befehl `require` und die vorherige Verneinung
durch das `!`. Der zweite Part installiert und lädt dann das Paket. Insgesamt kann
der Befehl also in Worte als „falls das Paket nicht installiert ist, installiere das
Paket und lade es" übersetzt werden.

Zusätzlich zu diesem Befehl können wir einen Paketmanager nutzen. Benötigen wir in einem Skript mehrere Pakete, müssten wir den obigen Befehl
für jedes Paket einzeln ausführen. Den Paketmanager installieren und laden
wir jedoch nur einmalig und können anschließend über einen kurzen Befehl
die Pakete installieren und laden. Wir benutzen in verschiedenen Skripten den
Paketmanager *pacman* (Rinker & Kurkiewicz, 2018). Diesen müssen wir einmalig mit `if(!require(pacman)){install.packages("pacman");`
`library(pacman)}` installieren und laden. Anschließend können wir den
Befehl `p_load()` nutzen und in der Klammer einfach durch Kommata getrennt
unsere benötigten Pakete aufführen.

Die jeweiligen Codes zur Installation und zum Laden der benötigten Pakete
sind in den Skripten bereits aufgeführt. Hier müssen Sie nicht selbst aktiv werden.

2.5   R Markdown

R Markdown ist ein Paket (Allaire et al., 2020a), mit dem vollständige Dokumente – Forschungsberichte oder Hausarbeiten bis hin zu ganzen Büchern oder
Dissertationen – erstellt werden können. Im Gegensatz zu einem Statistikout-
put – welches man anschließend in ein Textdokument einfügen muss – entsteht
so ein Dokument, welches bereits die Textteile und die Statistikteile beinhaltet.
Zudem können mit Markdown reproduzierbare Ergebnisse erstellt werden. In der
praktischen Arbeit kann es zuweilen vorkommen, dass man eine statistische Analyse durchführt und bei der erneuten Betrachtung der Ergebnisse die konkreten
Auswertungsschritte nicht mehr weiß. Mit Markdown hat man alle Auswertungsschritte in einem Dokument und kann diese auch zu einem späteren Zeitpunkt
nachvollziehen und bei Bedarf erneut ausführen.

2.5.1   Installation der Programme

Da Markdown ein Paket ist, muss es dementsprechend installiert werden (siehe
Abschn. 2.4.3). Im Gegensatz zu anderen Paketen müssen wir Markdown
lediglich einmalig installieren und nicht mehr einzeln laden. Dazu tippen wir
den Befehl install.packages("rmarkdown") in die Konsole (oder ein
Skript) ein und führen diesen aus.

2.5.2   Ein neues Markdown erstellen

Nachdem Markdown einmalig geladen wurde, können Markdown-Dateien erstellen und nutzen. Ein Markdown kann in Studio mit wenigen Klicks neu erstellt
werden. Dazu muss man auf *File ->New File ->R Markdown* klicken (siehe
Abb. 2.9).

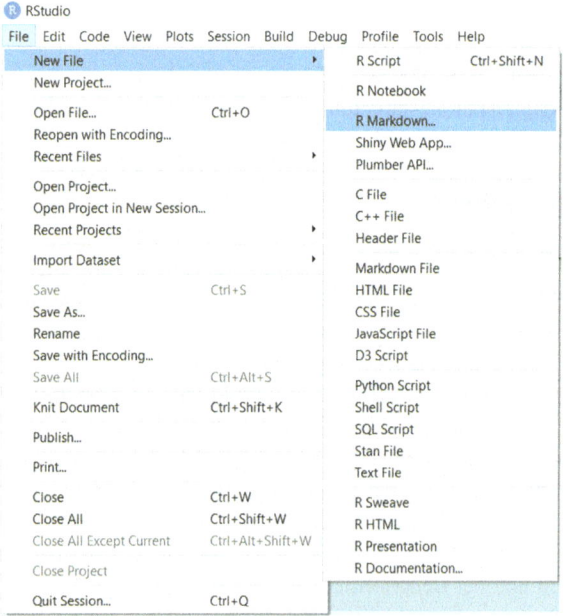

Abb. 2.9 Neues Markdown in der Dateileiste hinzufügen

Abb. 2.10 Neues
Markdown anlegen

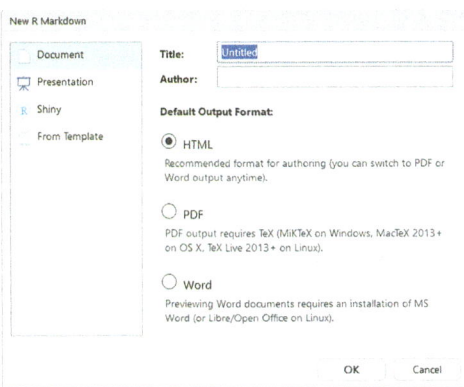

Im Anschluss öffnet sich das folgende Fenster (siehe Abb. 2.10). Hier kann der Titel des Markdowns unter *Title* sowie das gewünschte Output-Format festgelegt werden. Sowohl Titel als auch Ouput-Format sind noch nachträglich änderbar. Mit einem Klick auf *Ok* wird ein neues Markdown angelegt, welches sich in Studio im Fenster oben links befindet (siehe Abb. 2.3).

2.5.3   Ein bestehendes Markdown laden

Ein bestehendes Markdown (wie beispielsweise die von uns über [Online material] zur Verfügung gestellten Dateien) kann auf dem Rechner gespeichert und dann durch Doppelklick auf die Datei geladen werden. Zudem kann innerhalb von RStudio über den Reiter *File -> Open File* (siehe Abb. 2.11) oder die Tastenkombination Strg + O eine Markdown-Datei geladen werden.

Insbesondere bei der Verwendung von Umlauten und Sonderzeichen (ä, ü, ö, ß) können beim Öffnen eines Markdowns Fehler auftreten (Zeichen werden nicht oder nicht richtig dargestellt). Sollte dies der Fall sein, wurde das Dokument in RStudio mit einer falschen Kodierung geöffnet. Dieser Fehler lässt sich leicht über *File -> Reopen with Encoding* lösen. Hier sollte UTF − 8 ausgewählt werden.

Wenn in einem bestehenden Markdown gearbeitet wird, sind zumeist die folgenden Dinge zu ändern oder zu beachten:

- Die im Markdown genutzten Pakete müssen installiert sein.
- Daten müssen vorhanden sein, ggf. muss der Dateiname geändert werden.

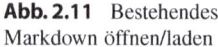

Abb. 2.11 Bestehendes
Markdown öffnen/laden

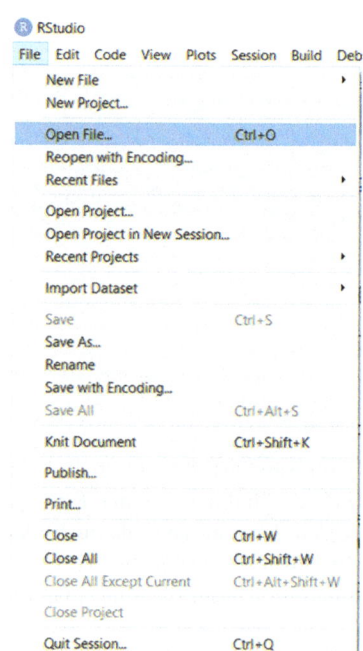

- Wenn vorhanden muss das working directory geändert werden. Optional können auch alle Dateien in einem Projekt *File -> New Project -> New Directory*
  (für neues Verzeichnis) oder *Existing Directory* (zum Speichern in einem
  bereits bestehenden Verzeichnis) gespeichert werden. Dieses hat den Vorteil, dass das Working Directory automatisch festgelegt und somit der Befehl
  setwd nicht mehr notwendig ist.

2.6   Bereiche eines Markdowns

Der Vorteil von R Markdown besteht darin, dass wir in einem Dokument auf
einfache Weise Text und Code-Bereiche kombinieren können. Daher besteht ein
Markdown zumeist aus diesen beiden Bereichen. Zusätzlich befindet sich zu
Beginn jedes Markdowns ein spezieller Markdown-Codechunk. In diesem sind
grundlegende Angaben zum Dokument (Autor, Titel, allg. Formatierungsanweisungen) enthalten.

```
 1 - ---
 2   title: "Häufigkeiten"
 3   author: "Katharina Maubach & Volker Gehrau"
 4   date: " `r format (Sys.time(), '%d.%B %Y')` "
 5   output: html_document
 6 - ---
 7
 8 - ```{r setup, include=FALSE}
 9   knitr::opts_chunk$set(echo = F, comments = NA, eval = T, message = F, warnings = F)
10 - ```
```

Abb. 2.12 Markdown-Code. (Metadaten zum Dokument und allgemeines Setup)

2.6.1 Markdown Code (Metadaten zum Dokument)

Zu Beginn eines Markdown-Dokuments legen wir in der Programmiersprache YAML die Metadaten des Dokumentes fest. Ein neuer Bereich in YAML wird mit `---` eingeleitet. Dementsprechend beginnt dieser Bereich mit drei Strichen (siehe Abb. 2.12). Wichtig dabei ist, dass wir in jedem Dokument – im Gegensatz zu den normalen Codechunks – nur eine YAML-Kopfzeile und ein allgemeines Setup haben dürfen.

In dieser YAML-Kopfzeile erfolgen wichtige Metadaten zum Dokument: Hier legen wir mit `title` den Titel des Markdowns und mit `author` den Autor des Markdowns fest. Der Text ist völlig frei wählbar, muss jedoch jeweils in Anführungszeichen stehen. Zusätzlich können wir mittels `date` ein Datum für unser Output-Dokument festlegen. Der in Abb. 2.12 dargestellte Code sorgt dafür, dass das Datum jeweils immer dem Tag der letzten Bearbeitung entspricht. Zuletzt können wir in dieser einfachen Form den `output` – Typ festlegen. Hier wurde beispielsweise als Output ein HTML-Dokument gewählt. Neben dem HTML-Format gibt es noch zwei weitere Formatoptionen: ein Output als Word-Dokument (`word_document`) oder als PDF-Dokument (`pdf_document`). Weitere Spezialfunktionen können bei solchen PDF-Outputs notwendig sein. Eine häufig genutzte Einstellung ist beispielsweise der Zusatz `classoption: landscape`, welcher das PDF-Dokument im Querformat ausgibt.

Neben den Informationen zum Dokument können wir in dem Markdown-Code auchunterschiedliche Dokumenteigenschaften festlegen. Dies ist ein gesonderter Codechunk und trägt den Titel `r setup` (siehe Abb. 2.12, Zeile 8). In R können wir für die einzelnen Codeblöcke verschiedene Anweisungen festlegen (siehe Tab. 2.1). Dabei ist es entscheidend, ob wir die einzelnen Parameter als nicht zutreffend (`FALSE` oder `F`) oder zutreffend (`TRUE` oder `T`) klassifizieren. Wir haben hier jeweils die Auswirkungen dargelegt, wenn die Parameter als nicht zutreffend (= `F`) behandelt werden. Für die gegenteilige Wirkung müssen die entsprechenden Befehle in `TRUE` geändert werden.

Tab. 2.1 Befehle zur Formatierung der jeweiligen Codechunks

Bereich	Code	Ergebnis
Ausführen & Anzeigen des Codes	{r, eval = F)	Der Code wird nicht ausgeführt
	{r, include = F)	Der Code wird ausgeführt, taucht jedoch im Enddokument nicht auf
	{r, echo = F)	Der Code wird ausgeführt, jedoch sind im Enddokument lediglich die Ergebnisse und nicht der Programmcode dargestellt
Fehler- und Warnmeldungen	{r, error = F)	Unterdrückt Fehlermeldungen im Dokument
	{r, message = F)	Unterdrückt Mitteilungen im Dokument
	{r, warning = F)	Unterdrückt Warnungen im Dokument
Anzeige des Outputs	{r, comment = NA)	Entfernt die ## vor statistischem Output
	{r, collapse = F)	Zeigt die Ergebnisse eines Code-Chunks jeweils als einzelnes Output Ergebnis an. Zum Zusammenfassen in einen Output-Chunk auf T ändern
Grafikoptionen	{r, fig.width = x)	Gibt die Breite x einer Grafik in Zoll an
	{r, fig.height = x)	Gibt die Höhe x einer Grafik in Zoll an
	{r, fig.align = „center"}	Gibt die Ausrichtung einer Grafik an (center = mittig; left = links; right = rechts)
	{r, fig.cap = "Test"}	Fügt eine Grafikbezeichnung hinzu (hier „Test")
Grafik- & Tabellenoptionen	{r, out.width = ‚x%')	Gibt die gezoomte Breite eines Outputs an
	{r, out.height = ‚x%')	Gibt die gezoomte Höhe eines Outputs an

Eigene Darstellung

Die jeweiligen Anweisungen können wir für einzelne Codeblöcke bestimmen, über knitr:: opts_chunk$set() jedoch auch für das gesamte Dokument festlegen. Wir empfehlen dies, da es einiges an Einzelarbeit spart und die Arbeit mit den Codechunks erleichtert. In unserem Beispiel oben haben wir beispielsweise für unser gesamtes Dokument (echo = F, comments = NA, eval = T, message = F, warnings = F) festgelegt. Übersetzt bedeutet dies, dass wir einen Output möchten, der den Code ausführt (eval = T), jedoch nicht den Programmiercode, sondern lediglich die Ergebnisse (echo = F) zeigt und Rauten vor dem Output weglässt (comments = NA). Zudem möchten wir keine Mitteilungen (message = F) und keine Warnungen (warnings = F) angezeigt bekommen. Wie in unserem Beispiel sind die einzelnen Anweisungen mit Kommata getrennt und lassen sich variabel miteinander kombinieren. Probieren Sie gerne aus, was die für Ihre Bedürfnisse idealen Einstellungen sind.

2.6.2 Codechunks

Codechunks beginnen mit drei Backticks und einem r in geschweiften Klammern "`{r} und enden mit drei Backticks "`. Um einen vollständigen Codechunk schnell zu erstellen, kann die Tastenkombination Strg + Alt + I genutzt werden. In den Codechunks wird „normaler" R Code geschrieben. Zudem können wir auch innerhalb der Codechunks mittels dem Rautezeichen (#) Kommentare einfügen, welche nicht als Code ausgeführt werden. Ansonsten werden einzelne Zeilen mit der Tastenkombination Strg + Enter ausgeführt. Der gesamte Codechunk kann hingegen durch Klicken des grünen Pfeils in der rechten oberen Ecke oder mit der Tastenkombination Strg + Shift + Enter ausgeführt werden.

Den einzelnen Codechunks können wir für mehr Übersicht einen Namen zuweisen. Hierfür muss lediglich der gewünschte Name des Codechunks nach dem r erfolgen. Ein Codechunk namens *Test* hätte demnach die Programmierung {r Test}. Bei der Benennung ist zu beachten, dass auf Punkte und Unterstriche lieber verzichtet werden sollte. Des Weiteren darf keine Benennung doppelt für zwei Codechunks vergeben werden, da sonst das knitten nicht korrekt funktioniert.

Ähnlich wie beim allgemeinen Setup können auch für einzelne Codechunks Markdown-Anweisungen programmiert werden, die das Ausführen und Erscheinen regeln. Diese stehen jeweils nach dem {r} zu Beginn eines Codeblockes in einer Zeile (siehe Abb. 2.13). Die Anweisungen für die einzelnen Codechunks entsprechen denen für das allgemeine Setup (siehe Tab. 2.1) und können ebenfalls untereinander kombiniert werden. Hat man Markdown-Anweisungen im allgemeinen Setup und in den einzelnen Codechunks, die sich widersprechen, so gelten die Anweisungen der einzelnen Codechunks.

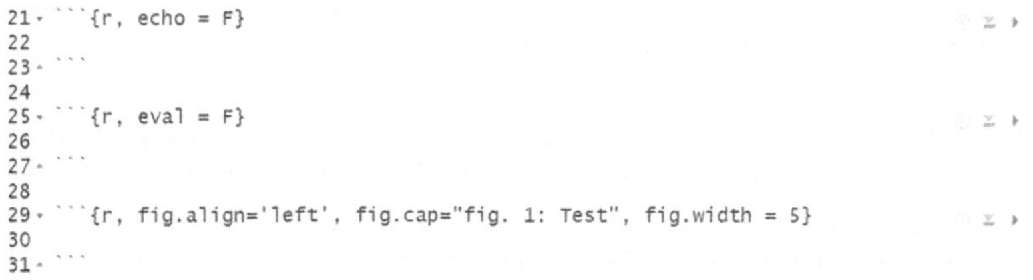

```
21▾  ```{r, echo = F}                                              ⚙ ▶
22
23▾  ```
24
25▾  ```{r, eval = F}                                              ⚙ ▶
26
27▾  ```
28
29▾  ```{r, fig.align='left', fig.cap="fig. 1: Test", fig.width = 5}    ⚙ ▶
30
31▾  ```
```

Abb. 2.13 Einzelne Codechunks mit Formatierungsanweisungen

2.6.3 Text

Text muss innerhalb eines Markdowns mittels Syntax verändert werden (siehe Tab. 2.2).

Hier lohnt es sich durchaus die unterschiedlichen Formatierungen selbst auszuprobieren. Ein Textblock in Markdown der folgendermaßen formatiert ist (siehe Abb. 2.14) sieht im vollständigen Dokument wie in Abb. 2.15 aus.

In der neuesten Version von RStudio (Version 4.1.1) gibt es zudem einen visuellen Editor für Markdown-Dokumente. Durch einen Klick auf das Stiftsymbol rechts in der Dateileiste (siehe Abb. 2.16) kann dieser visuelle Editorenmodus aufgerufen werden. Innerhalb des Editors können Textteile ausgewählt und anschließend – ähnlich wie in herkömmlichen Textverarbeitungsprogrammen – durch Klicken oder gängige Shortcuts geändert werden. Auch Formatierungen wie Überschriften, Aufzählungspunkte oder Tabellen können innerhalb des Editors umgesetzt werden. Um anschließend wieder in den vorherigen Source Editor-Modus zu wechseln, muss lediglich erneut auf das Stiftsymbol geklickt werden. Innerhalb des Source Editors wandelt RStudio die Formatierungen, die im Visual Markdown Editor getroffen wurden, automatisch in die entsprechende Syntax um.

2.7 Markdown knitten

Der Vorteil eines Markdown-Dokumentes ist, dass dieses in ein fertiges Textdokument (Word, HTML, PDF) umgewandelt werden kann. Dazu muss das Dokument *geknittet* (also „zusammengehäkelt") werden. Dabei wird das Dokument automatisch in dem ausgewählten Dateiformat im selben Ordner wie das Markdown gespeichert (Achtung, das Markdown wird ebenfalls beim Knitten automatisch

Tab. 2.2 Syntaxbefehle für die Formatierung von Text innerhalb eines Markdown-Dokumentes

Syntax	Text wird…
# Überschrift 1	Überschrift 1 (Wichtig: Leerzeichen zwischen Raute und Text)
## Überschrift 2	Überschrift 2 (Wichtig: Leerzeichen zwischen Raute und Text)
### Überschrift 3	Überschrift 3 (Wichtig: Leerzeichen zwischen Raute und Text)
kursiv / _kursiv_	*Kursiv*
fett / __fett__	**Fett**
~~durchgestrichen~~	~~Durchgestrichener Text~~
X~heruntergestellt~	X$_{\text{heruntergestellt}}$
--	Bindestrich
---	Gedankenstrich
\	Verhindert Formatierung um beispielsweise Sterne oder Rauten etc. darstellen zu können
Zum Quadrat^2^	Zum Quadrat^2
Zwei Leerzeichen am Ende der Zeile	Beginn eines neuen Absatzes
$Formel in LaTeX$	Einfügen von Formeln erfolgt durch $. Die Formel basiert dann auf LaTeX^2-Schreibweise (s. bspw. https://en.wikibooks.org/wiki/LaTeX/Mathematics)
>	Einfügen eines Blocksatzes
	Einfügen eines Bildes
[Anzuzeigender Text] (Link)	Einfügen eines Links
[^1] [^1]: Hier steht der Text der Fußnote	Einfügen einer Fußnote. Der Text der Fußnote kann irgendwo im Dokument stehen, dieser wird später als Fußnote formatiert
*Listenpunkt 1 *Listenpunkt 2	– Listenpunkt 1 – Listenpunkt 2
1. Punkt 1 2. Punkt 2	1. Punkt 1 2. Punkt 2

Eigene Darstellung

---

[2] LaTeX ist ein alternatives Programm zur Textverarbeitung.

```
In R können wir Text *kursiv*, **fett** oder auch ~~durchgestrichen~~
schreiben. Eventuell möchten wir auch etwas zum Quadrat^2^ darstellen, oder
eine besondere Variable X~besonders~ aufzeigen. Wir können natürlich auch
einen [Link zur R-Homepage](htpps://rstudio.com) in unser Dokument einbauen.
```

Abb. 2.14 Formatierter Text mittels Syntax

In R können wir Text *kursiv*, **fett** oder auch ~~durchgestrichen~~ schreiben. Eventuell möchten wir auch etwas zum Quadrat^2 darstellen, oder eine besondere Variable X$_{besonders}$ aufzeigen. Wir können natürlich auch einen Link zur R-Homepage in unser Dokument einbauen.

Abb. 2.15 Output des formatierten Textes

Abb. 2.16 Dateileiste mit visual markdown editor

Abb. 2.17 Verschiedene
Knit-Optionen eines
Markdown-Dokumentes

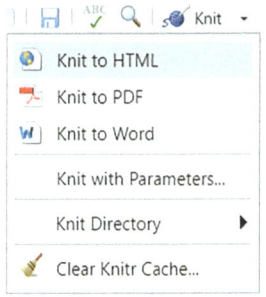

gespeichert). Knitten geschieht mit dem Befehl rmarkdown::render(„Name des Markdowns") oder durch Klicken auf den Button mit dem Häkelgarn, welches sich in der Befehlsleiste des Markdowns befindet. Hier kann erneut eingestellt werden, welches Output-Format das fertige Dokument haben soll (siehe Abb. 2.17).

Dabei können wir bei Textdokumenten (wer sich für Präsentationen oder Sonstiges interessiert siehe Xie et al., 2020a, b) zwischen drei Output-Formaten wählen: HTML, PDF und Word. Alle haben ihre Vor- und Nachteile, welche im Folgenden erklärt werden.

2.7.1 HTML

Die vermutlich einfachste Option des Outputs stellt eine HTML-Datei dar. Diese hat den Vorteil, dass unnötige Seitenumbrüche vermieden werden. Zudem gibt es manche Befehle, die nur innerhalb eines HTML-Outputs funktionieren.

2.7.2 WORD

Word-Dokumente bieten sich an, da innerhalb der erstellten WORD-Dokumente einfach weitergearbeitet werden kann. Zudem besteht die Möglichkeit ein sogenanntes Style-Dokument zu hinterlegen, damit die erstellte WORD-Datei direkt vorab festgelegten Formatierungen entspricht. Wir gehen hier nicht näher auf mögliche Spezifika ein, bei Interesse für diese Formatierungen können wir jedoch das Markdown Cookbook (Xie et al., 2020b) sehr empfehlen.

2.7.3 PDF

Um ein PDF zu erstellen, greift R auf LaTeX zurück. Dementsprechend muss eine LaTeX-Anwendung auf dem Rechner installiert sein. Ist dies nicht der Fall, können keine PDFs erstellt werden und es erscheint eine Fehlermeldung. Als PDF-Anwendung zum Erstellen empfehlen wir *tinytex* (Xie, 2020b) da dies eine bequeme und schlanke LaTeX-Installation darstellt. *tinytex* kann bequem über den Befehl `tinytex::install tinytex()`[3] innerhalb der R-Konsole installiert werden (siehe auch Xie et al., 2020a, Kap. 1). Die Installation dauert einige Minuten und man wird innerhalb der Konsole durch die Installation geführt. Hat man tinytex erfolgreich installiert, kann man Markdowns auch als PDF knitten. Dieser knit-Vorgang dauert dabei etwas länger als der der knit-Vorgang zu Word oder HTML. Zu beachten ist hier zudem, dass der Dateiname keine Sonder- oder Leerzeichen beinhalten darf. Innerhalb von PDF-Dokumenten können einige Spezialformatierungen vorgenommen werden (wie beispielsweise ein automatisches Inhaltsverzeichnis, Seitenumbrüche etc.). Wir gehen hier nicht näher auf mögliche Spezifika ein, bei Interesse für diese Formatierungen können wir jedoch R Markdown: The Definitive Guide (Xie et al., 2020a) und das R Markdown Cookbook (Xie et al., 2020b) sehr empfehlen.

---

[3] Falls der Error „Fehler in library(tinytex): es gibt kein Paket namens 'tinytex'" auftaucht, muss zuvor einmalig install.packages(„tinytex") in die Konsole eingegeben werden.

Abb. 2.18
Einstellungsmöglichkeiten
innerhalb eines
Markdown-Dokumentes

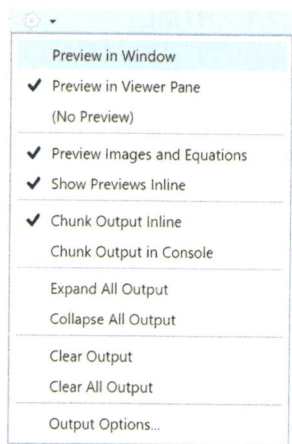

2.7.4 Optionen

Unter dem Zahnrad (in der oberen Befehlsleiste, siehe Abb. 2.18) können verschiedene Optionen der Darstellung gewählt werden.

Beispielsweise kann hier ausgegeben werden, ob der Output im Viewer *(Preview in Viewer Pane)* oder in einem separaten Fenster *(Preview in Windows)* dargestellt werden soll. Für die Arbeit mit Markdown ist es beispielsweise sehr hilfreich, die Option *Preview in Viewer Pane* auszuwählen, da dann das Output direkt neben dem Code betrachtet werden kann. Auch kann hier ausgewählt werden, ob der Output der einzelnen Codechunks innerhalb des Markdowns *(Chunk Output Inline)*, oder lediglich in der Konsole angezeigt werden soll *(Chunk Output in Console)*. Unter *Output-Options* können wir zudem Einstellungen für unser Markdown bestimmen. Hier können wir beispielsweise festlegen, wie unsere Syntax *(syntax highlighting)* oder unser gesamtes Dokument *(apply theme)* aussehen soll. Des Weiteren können wir auch, analog zu den Grafikoptionen im Codechunk, unter *Figures* die Breite und Höhe der Grafiken festlegen.

2.8 Fortgeschrittene Anwendung

Im Weiteren möchten wir Ihnen etwas fortgeschrittene Anwendungen von R Markdown aufzeigen.

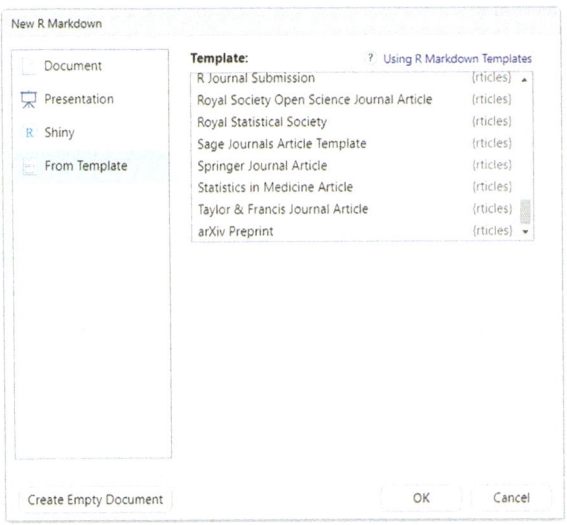

Abb. 2.19   Neues Markdown mit einer Dokumentenvorlage erstellen

2.8.1   Vorlagen nutzen

Innerhalb von R Markdown können wir auf eine Vielzahl von Vorlagen zurückgreifen. So können wir Vorlagen für einzelne Dokumente, ganze Aufsätze oder auch Bücher nutzen. Im Folgenden möchten wir ein Paket für einzelne Artikel namens *rticles* (Allaire et al., 2020b) vorstellen. Für die Formatierung von Büchern empfehlen wir das Paket *bookdown* sowie das gleichnamige Buch (Xie et al., 2020a), welches online unter https://bookdown.org/yihui/bookdown/ verfügbar ist.

Um *rticles* zu nutzen müssen wir dieses zunächst als Paket via `install.packages` („rticles") in der Konsole installieren. Im Anschluss können wir, wenn wir ein neues Markdown laden die Option *From Template* (siehe Abb. 2.19) auswählen.

Diese Vorlagen haben dann bereits einen voreingestellten YAML-Codebereich, welcher für das spezifische Design des Outputs verantwortlich ist. *rticles* Vorlagen können lediglich als PDF-Dateien gespeichert werden, insofern muss zuvor eine LaTeX-Anwendung installiert sein (siehe Abschn. 2.7.3). *rticles* kann beispielsweise genutzt werden, wenn Sie Ihrem Forschungsbericht ein professionelleres Aussehen verleihen möchten und ggf. schon etwas Erfahrung mit RMarkdown

Tab. 2.3 Shortcuts in R

Shortcut (Windows)	Shortcut (Mac)	Funktion
Alt + Shift + K	Option + Shift + K	Zeigt eine Übersicht aller Shortcuts in R
Strg + Alt + I	Cmd. + Alt + I	Erzeugt Codechunk
Strg + Shift + D	Cmd. + Shift + D	Kopiert eine Codezeile automatisch
Strg + C	Cmd. + C	Kopieren eines Bereichs
Strg + V	Cmd. + V	Einfügen eines Bereichs
F7	F7	Prüft auf Rechtschreibfehler (englisch)
Strg + Shift + M	Cmd. + Shift + M	Gibt automatisch eine Pipe (% > %) ein. Diese benötigt man für die Arbeit mit tidyverse
Strg + Enter	Cmd. + Enter	Führt die Zeile aus, in welcher der Cursor sich befindet
Strg + Shift + Enter	Cmd. + Shift + Enter	Führt einen gesamten Codechunk aus
Strg + Alt + R	Cmd. + Option + R	Führt alle Codechunks eines Dokumentes aus
Strg + Shift + O	Cmd. + Shift + O	Zeigt die Dokumentengliederung (Überschriften) des Dokuments an
Strg + Shift + K	Cmd. + Shift + K	Knittet das Dokument

Eigene Darstellung nach Xie (2020b)

besitzen. Wir würden empfehlen, das Paket und die einzelnen Vorlagen einfach mal auszuprobieren. Weitere Informationen zu *rticles* finden sich ansonsten auf Github, in den Spezifikationen zum Paket (https://cran.r-project.org/web/pac kages/rticles/rticles.pdf) oder in dem zuvor vorgestellten Buch bookdown (Xie, 2020a).

2.8.2 Nützliche Shortcuts für die Arbeit mit R

Siehe Tab. 2.3.

Literatur

Allaire, J. J., Xie, Y., McPherson, J., Luraschi, J., Ushey, K., Atkins, A., Wickham, H., Cheng, J., Chang, W., & Iannone, R. (2020a). *rmarkdown: Dynamic documents for r.* https://github.com/rstudio/rmarkdown.

Allaire, J. J., Xie, Y., Wickham, H., Vaidyanathan, R., et al. (2020b). *rticles: Article formats for R markdown.* R package version 0.14. https://CRAN.R-project.org/package=rticles.

CRAN. (2020). *Contributed Packages.* https://cran.r-project.org/web/packages/.

CRAN. (2021). Cran task views. https://cran.r-project.org/web/views/.

Luhmann, M. (2015). *R für Einsteiger: Einführung in die Statistiksoftware für die Sozialwissenschaften. Mit Online-Material* (Originalausgabe, 4., überarbeitete Aufl.). Beltz.

Mac R Project. (26. August 2020). *Tools – R for Mac OS X – Developer's page – GNU Fortan for Xcode.* https://mac.r-project.org/tools/.

Rinker, T. W., & Kurkiewicz, D. (2018). *pacman: Package management for R. version 0.5.0.* http://github.com/trinker/pacman.

RStudio. (2020). *Visual R markdown.* https://rstudio.github.io/visual-markdown-editing/#/.

Xie, Y. (2020a). *bookdown: Authoring books and technical documents with R markdown.* Chapman; Hall/CRC. https://bookdown.org/yihui/rmarkdown.

Xie, Y. (2020b). *Tinytex: Helper functions to install and maintain TeX Live, and compile LaTeX documents.* https://github.com/yihui/tinytex.

Xie, Y., Allaire, J. J., & Grolemund, G. (2020a). *R markdown: The definitive guide.* Chapman; Hall/CRC. https://bookdown.org/yihui/rmarkdown.

Xie, Y., Dervieux, C., & Riederer, E. (2020b). *R markdown cookbook.* Chapman and Hall/CRC. https://bookdown.org/yihui/rmarkdown-cookbook/#ref-R-rmarkdown.

Weiterführende Literatur & Online-Hilfen

Data Camp. (2020). *Reporting with R markdown [free course].* https://www.datacamp.com/courses/reporting-with-rmarkdown.

RStudio. (2020a). *Markdown basics.* https://rmarkdown.rstudio.com/authoring_basics.html.

RStudio. (2020b). *R Markdown Schummelzettel.* https://rstudio.com/wp-content/uploads/2015/06/rmarkdown-german.pdf.

RStudio. (2020c). *R markdown reference guide.* https://rstudio.com/wp-content/uploads/2015/03/rmarkdown-reference.pdf?_ga=2.228997916.1410422932.1597750665-1775870434.1597175570.

Datenerfassung

3

Zusammenfassung

Im Kapitel Datenerfassung werden zunächst die statistischen Datentypen und die entsprechenden Datenformate in R vorgestellt. Zwei Datensätze, mit welchen im Buch gearbeitet wird, werden anschließend vorgestellt. Zudem wird das Vorgehen der manuellen Datenerfassung per Hand erläutert. Abschließend wird die Datenerfassung mit dem R-Paket DataEntry dargestellt und umgesetzt.

Schlüsselwörter

Datenerfassung · Datentypen · Nominalskalenniveau · Ordinalskalenniveau · Intervallskalenniveau · Verhältnisskalenniveau · Faktor · Vektor · Charakter · Fragebogen · DataEntry

3.1 Grundlagen

Um Daten analysieren und darstellen zu können, werden zunächst Daten benötigt. Diese Daten können entweder eigenständig erhoben, oder aus bereits bestehenden Studien und Publikationen entnommen werden (sogenannte Sekundärdaten). Gemäß der Logik unseres Buches gehen wir davon aus, dass die notwendigen Schritte der Datenerhebung bereits vollzogen wurden.

Ergänzende Information Die elektronische Version dieses Kapitels enthält Zusatzmaterial, auf das über folgenden Link zugegriffen werden kann https://doi.org/10.1007/978-3-658-34285-2_3.

Innerhalb unseres Buches beschäftigen wir uns mit zwei Varianten der Datenerfassung: Variante eins beschreibt Studien, bei denen nur wenige Merkmale
weniger Objekte untersucht werden. Solche Studien können problemlos per Hand
ausgewertet und dargestellt werden. Variante zwei betrifft Studien mit vielen
Untersuchungsobjekten und oft auch vielen untersuchten Merkmalen. Dann ist es
sinnvoll die Analyse und Darstellung der Daten computergestützt durchzuführen.

Bevor wir mit der Dateneingabe beginnen, ist es sinnvoll sich die Daten
genauer anzuschauen. Dazu betrachten wir zunächst, welche *Datentypen* die
Daten aufweisen. Dabei orientieren wir uns an den Skalenniveaus der Variablen
im Datensatz, welche die für eine Variable annehmbaren Werte bzw. den Informationsgehalt einer Variablen angibt (Holling & Gediga, 2011, S. 41). Abhängig
vom Ausmaß des Informationsgehalts einer Variablen und ihrer Ausprägungen
lassen sich vier Skalenniveaus unterscheiden (Holling & Gediga, 2011, S. 42–54;
Stevens, 1946):

- *Nominalskalenniveau:* eine Nominalskala hat den niedrigsten Informationsgehalt. Nominalskalierte Variablen können nur Kategorien bzw. Ausprägungen
  annehmen, die sprachliche Bezeichnungen oder Symbole darstellen. Ein
  Beispiel für eine nominalskalierte Variable ist die Variable „Migrationshintergrund", welche zwei mögliche Ausprägungen annehmen kann: mit
  Migrationshintergrund und ohne Migrationshintergrund. Diese Ausprägungen
  können wir auch Zahlen zuweisen (ohne Migrationshintergrund = 0, mit
  Migrationshintergrund = 1). Diese Zahlen haben jedoch nur eine symbolische
  Funktion und sind für Rechenoperationen nicht sinnvoll. Diese Ausprägungen
  lassen sich dementsprechend nicht der Größe nach ordnen. Für jede Ausprägung einer nominalskalierten Variablen kann man jedoch die Häufigkeit, also
  wie oft die einzelnen Ausprägungen im Datensatz vorkommen, bestimmen.
- *Ordinalskalenniveau:* eine Ordinalskala hat einen höheren Informationsgehalt
  als das Nominalskalenniveau und besitzt dabei alle Merkmale einer Nominalskala. Für jede Ausprägung einer ordinalskalierten Variablen kann man die
  Häufigkeit, also wie oft diese im Datensatz vorkommt, bestimmen. Ordinalskalierte Variablen können Ausprägungen annehmen, die sich der Größe nach
  ordnen und eine Rangreihe bilden lassen. Ein Beispiel für eine ordinalskalierte Variable sind die Rangplätze in einem Wettbewerb. Der erste Rang ist
  besser als der zweite Rang, der zweite Rang wiederum ist besser als der dritte
  Rang. Jedoch lässt sich der Abstand zwischen dem ersten und dem zweiten Rang nicht sinnvoll interpretieren. Insofern können diese Zahlen nicht für
  Rechenoperationen genutzt werden.

- *Intervallskalenniveau:* eine Intervallskala hat einen höheren Informations-gehalt als das Ordinalskalenniveau und besitzt dabei alle Merkmale einer Ordinalskala. Für jede Ausprägung einer intervallskalierten Variablen kann man die Häufigkeit, also wie of diese im Datensatz vorkommt, bestimmen. Ausprägungen intervallskalierter Variablen lassen sich der Größe nach ordnen und ihre Abstände sinnvoll interpretieren. Ein Beispiel für eine intervallska-lierte Variable ist die Variable „Temperatur in Celsius". 30 °C ist fünfzehn Grad wärmer als 15 °C. Jedoch kann man nicht behaupten, dass 30 °C dop-pelt so warm ist wie 15 °C. Die Quotient zwischen den Ausprägungen einer intervallskalierten Variablen sind also nicht sinnvoll zu interpretieren. Diese Zahlen sind für sonstige Rechenoperationen sinnvoll. Intervallskalierte Varia-blen haben außerdem keinen natürlichen Nullpunkt. Ein natürlicher Nullpunkt bedeutet, dass 0 °C die niedrigste Temperatur wäre und keine weitere Werte unter diesem Wert liegen könnten. Das ist bei der Temperatur jedoch nicht der Fall.

- *Verhältnisskalenniveau:* eine Verhältnisskala hat den höchsten Informations-gehalt und beinhaltet Merkmale aller darunterliegenden Skalen, die bisher behandelt wurden. Ausprägungen einer verhältnisskalierten Variablen haben einen natürlichen Nullpunkt und die Quotienten zwischen den Ausprägun-gen sind sinnvoll zu interpretieren. Ein Beispiel für eine verhältnisskalierte Variable ist die Variable „Alter". Eine 30-jährige Person ist 15 Jahre älter als eine 15-jährige Personen und somit doppelt so alt. Des Weiteren besteht ein natürlicher Nullpunkt da die Altersangabe mit Null beginnt.

Anhand ihrer Merkmale lassen sich Intervall- und Verhältnisskala auch als metri-sche Skala zusammenfassen. Im weiteren Verlauf des Buches werden wir deshalb diese Bezeichnung durchgängig verwenden. Im Datensatz können neben den oben dargestellten Datentypen auch Daten in Form von offenen Texten vorkommen, welche wir als Zeichenketten (engl. String) bezeichnen. Zeichenketten werden oftmals verwendet, wenn Aussagen von Befragten offen erfasst werden.

In R werden diese Datentypen entsprechend in drei Datenformate eingeordnet. Das erste Datenformat ist der Faktor (engl. Factor), wozu nominalskalierte Varia-blen gehören. Ordinalskalierte Variablen lassen sich je nach Fragestellungen als Faktor oder Vektor (engl. Vector) kategorisieren. Interessieren wir uns nur für die Bezeichnungen der einzelnen Ausprägungen einer ordinalskalierten Varia-blen, können wir diese wie eine nomialskalierte Variable und somit wie einen Faktor behandeln. Das zweite Datenformat sind Vektoren, zu denen intervall-und verhältnisskalierte Variablen gehören. Vektoren lassen sich in integer und numeric unterteilen. Integer bezeichnet Variablen, die ganzzahlige Ausprägungen annehmen können, z. B. Alter (verhältnisskaliert) oder Monate (intervallskaliert). Numerics bezeichnen Variablen, die dezimalzahlige Ausprägungen annehmen, z. B. Temperatur (intervallskaliert) oder Größe (verhältnisskaliert). Der letzte Datentyp ist character, zu dem Zeichenketten zählen. In Tab. 3.1 haben wir eine Übersicht über die im Buch enthaltenen Datentypen und ihre Merkmale zusammengefasst.

3.2 Daten per Hand erfassen

Um das Vorgehen der Datenerfassung zu demonstrieren, stellen wir Ihnen ein Datenbeispiel vor, welches auf einer Umfrage zur Mediennutzung der deutschen Bevölkerung basiert. Bei den untersuchten Objekten handelt es sich um Personen im Alter zwischen 15 und 75 Jahren aus mehreren – nach Alter und Geschlecht kontrollierten – Quotenstichproben. Die interessierenden Untersuchungsmerkmale wurden durch einzelne Fragen operationalisiert, welche offene Antwortmöglichkeiten oder zuvor festgelegte Ausprägungen haben. Zunächst geben die Befragten an, wie viele Minuten sie typischerweise pro Tag fernsehen, Radio hören, Internet nutzen bzw. Zeitung lesen. Medien, die die Befragten normalerweise nicht nutzen, werden bei der Nutzungszeit mit null erfasst. Erfolgt eine Nutzung (Nutzungszeit > 0), dann wird zusätzlich mit Prozentwerten der Anteil der Nutzungszeit festgehalten, der üblicherweise allein, d. h. ohne die Anwesenheit anderer Personen erfolgt. Im zweiten Befragungsblock wird jeweils angekreuzt, ob die Befragten ein Medium normalerweise mindestens einmal pro Woche gemeinsam mit bestimmten anderen Personengruppen nutzen. Für jedes Medium werden folgende drei Personengruppen abgefragt: Partner, Verwandte und Freunde. Abschließend werden soziodemografische Angaben wie z. B. Geschlecht, Altersgruppe, Familienstand und Anzahl der weiteren Personen im Haushalt, erhoben. Befragte, die zu einzelnen Fragen keine Angaben machen können oder wollen, lassen die entsprechenden Felder frei. Das betrifft zum Beispiel den Anteil der alleinigen Mediennutzung oder die Personengruppen gemeinsamer Mediennutzung, wenn die Befragten angegeben haben, das entsprechende Medium gar nicht zu nutzen (siehe Abb. 3.1). Die eigentliche Befragung umfasst noch weitere Angaben, die zur Vereinfachung der Darstellung hier nicht dargestellt werden.

Die Datenerhebung fand in drei Befragungswellen in den Jahren 2017, 2018 und 2019 in Form von Telefoninterviews statt. Diese Telefoninterviews wurden von Studierenden durchgeführt, welche die Angaben der Befragten in einem

Tab. 3.1 Übersicht von Daten, Skalen und Datenarten

Skalenniveau/Datentyp	Merkmale der Ausprägungen	Datenformat in R
Nominal	• Nur sprachliche Bezeichnungen oder Symbole • Aufzählung von Häufigkeiten möglich • Keine Rechnenoperationen sinnvoll	Factor
Ordinal	• Lassen sich der Größe nach zuordnen • Aufzählung von Häufigkeiten möglich • Zumeist keine Rechnenoperationen sinnvoll	Factor/Vector
Intervall	• Abstände zwischen den Ausprägungen lassen sich sinnvoll interpretieren • Lassen sich der Größe nach zuordnen • Aufzählung von Häufigkeiten möglich • Haben keinen natürlichen Nullpunkt • Rechnenoperationen, bis auf Quotenbildung sinnvoll	Vector (integer oder numeric)
Verhältnis	• Haben einen natürlichen Nullpunkt • Quotienten/Verhältnis zwischen den Ausprägungen sinnvoll • Abstände zwischen den Ausprägungen lassen sich sinnvoll interpretieren • Lassen sich der Größe nach zuordnen • Aufzählung von Häufigkeiten möglich • Rechnenoperationen sinnvoll	Vector (integer oder numeric)
Zeichenketten	Offene Texte	Character/string

Eigene Darstellung

Quotenvorgaben: (#1)

Mann, Fr~~au~~

15-2~~4~~ Jahre, 25-34 Jahre, 35-44 Jahre, 45-54 Jahre, 55-64 Jahre, 65-74 Jahre, 75-84 Jahre

---

Angemessene Begrüßung, dann Überleitung zur Befragung.

Zunächst interessiert uns, wie lange Sie folgende Medien an einem normalen Tag nutzen. Denken Sie dabei bitte an typische Tage und nicht an besondere Zeiten wie Urlaub, Ferien oder Krankheit. Sie können die Angaben in Stunden oder Minuten machen. Zudem interessiert uns, wie viel Prozent der Nutzungszeit Sie typischerweise allein verbringen. Werte nahe null sagen aus, dass fast immer andere bei der Mediennutzung zugegen sind, Werte nahe 100 sagen, dass Sie während der Mediennutzung fast immer allein sind. Mit den Werten dazwischen können Sie Ihre Angaben abstufen.

Beginnen wir mit dem Fernsehen. Wie lange sehen Sie typischerweise pro Tag fern? Und wieviel Prozent dieser Zeit nutzen Sie typischerweise allein, ohne Anwesenheit anderer?

Wie lange …	Minuten:	Anteil allein:
.. sehen Sie fern?	_____180_____ min	___50_____ % allein
.. hören Sie Radio?	_____60 _____ min	___25_____ % allein
.. sind Sie im Internet?	_____180_____ min	___30_____ % allein
.. lesen Sie Zeitung?	_____15 _____ min	___100_____ % allein

Nun wüssten wir gern, mit wem Sie gemeinsam Medien nutzen. Sagen Sie bitte, ob Sie mit Ihrem Partner, mit nahen Verwandten, mit engen Freunden oder mit Bekannten normalerweise zumindest einmal die Woche gemeinsam Medien nutzen. Dazu gehen wir die Liste der Medien erneut durch.

Beginnen wir wieder mit dem Fernsehen. Sagen Sie mir bitte jeweils, ob Sie normalerweise mindestens einmal pro Woche mit Ihrem Partner fernsehen? Und wie ist das mit nahen Verwandten?

(Genanntes bitte ankreuzen)

	Partner	Verwandten	Freunden
Gemeinsam fernsehen mit …	☐	☐	☒
Gemeinsam Radio hören mit …	☐	☐	☒
Gemeinsam Internet nutzen mit …	☐	☐	☒

Zum Abschluss benötigen wir noch Angaben zu Ihrer Person *(Bitte jeweils eintragen)*:

In welchem Jahr sind Sie geboren? _____1999_____

Mit wie vielen Personen leben Sie in einem Haushalt? _____1_____

Leben Sie derzeit in einer festen Partnerschaft oder nicht? ☐ Partnerschaft ☒ Single ☐ keine Angabe

Das war's schon: Vielen Dank für Ihre Mitarbeit und noch einen schönen Tag.

Abb. 3.1   Fragebogen. (Eigene Darstellung)

Fragebogen vermerkt haben. Die Befragung fand im Rahmen einer Methodenvorlesung des Instituts für Kommunikationswissenschaft der WWU Münster in den Jahren jeweils im April statt. Mit der Umfrage sollen zwei Forschungsfragen untersucht werden:

- Wie lange nutzen Menschen in Deutschland täglich Fernsehen, Radio und Internet?
- Welchen Einfluss hat die soziale Konstellation (Partnerschaft, Haushaltsgröße) auf die Dauer der täglichen Mediennutzung?

Aus allen Fragebögen zusammen haben wir einen Datensatz mit 1200 Fällen erstellt, in welchem jeder Fragebogen in einer Zeile dargestellt wird. Die einzelnen Teilfragen (Items) des Fragebogens bilden die Spalten. Diese Datenspalten werden Variablen genannt und umfassen die Angaben aller Befragten in Bezug auf eine einzelne Frage. Zudem liegt ein kleiner Datensatz mit elf Fällen aus einem Pretest vor. Den großen Datensatz bearbeiten wir mit RStudio, den kleinen Datensatz berechnen wir per Hand zur Erläuterung der theoretischen Grundlagen. Um die Daten des kleinen Datensatzes zu erfassen, wird eine Tabelle vorbereitet, bei der in der Kopfzeile Kürzel für die einzelnen Fragen aufgeführt werden. In der Tabelle werden zunächst unter `id` die Nummer des Fragebogens, unter `altersgruppen` die Altersgruppe, unter `geschlecht` das Geschlecht, unter `soz_haushalt` die Anzahl der weiteren Personen im Haushalt und unter `soz_partner` der Beziehungsstatus festgehalten. Unter `tv_minuten` werden die durchschnittlichen täglichen Fernsehminuten erfasst und unter den Kürzeln `gem_tvp`, `gem_tvv`, `gem_tvf` aufgeschrieben, ob typischerweise Mediennutzung gemeinsam mit Partner, Verwandten bzw. Freunden stattfindet. Die entsprechenden Angaben werden auch für Radio (`radio_minuten`) und für Internet (`www_minuten`) protokolliert ebenso wie die Nutzungszeit der Zeitung (`tz_minuten`).

Viele der Variablen in unserem Datensatz sind als Faktoren definiert, dementsprechend finden sich in der Tabelle deren Ausprägungen. Als Zahlen werden nur die Anzahl der weiteren Personen im Haushalt sowie die Nutzungszeit in Minuten von TV, Radio, Internet und Zeitung erfasst. Eine Besonderheit ergibt sich bei den Personengruppen, mit denen gemeinsam Medien genutzt werden. Wenn eine Person nämlich angibt, das entsprechende Medium gar nicht zu nutzen (Nutzungszeit = 0), dann lässt sich über die Frage der gemeinsamen Mediennutzung mit Personengruppen keine Aussage treffen. Deshalb wäre es irreführend, bei den Personengruppen der gemeinsamen Mediennutzung ein Nein zu vermerken. Stattdessen wird an dieser Stelle, *NA* (not available) für nicht vorhanden bzw.

1	16-24	Frau	1	nein	180	nein	nein	ja	60	nein	nein	ja	180	nein	nein	ja	15
2	25-34	Mann	4	nein	30	nein	ja	ja	240	nein	nein	nein	300	nein	nein	nein	0
3	25-34	Frau	2	ja	120	ja	nein	nein	120	ja	nein	ja	180	nein	ja	ja	10
4	16-24	Frau	1	nein	240	nein	ja	nein	30	nein	nein	ja	60	ja	nein	ja	20
5	16-24	Frau	1	ja	180	ja	ja	ja	120	ja	nein	nein	180	nein	nein	ja	15
6	25-34	Mann	3	ja	0	NA	NA	NA	180	nein	ja	nein	300	nein	nein	ja	5
7	35-44	Frau	3	nein	60	nein	nein	ja	0	NA	NA	NA	180	nein	nein	ja	ja	30
8	16-24	Mann	2	nein	90	nein	nein	nein	120	nein	nein	ja	240	nein	nein	ja	15
9	16-24	Frau	1	ja	120	nein	ja	ja	45	ja	nein	nein	120	nein	nein	ja	45
10	25-34	Frau	1	ja	30	ja	nein	ja	240	nein	nein	nein	60	nein	ja	ja	30
11	16-24	Mann	4	ja	0	NA	NA	NA	60	nein	ja	nein	360	nein	nein	ja	0

Abb. 3.2 Datentabelle. (Eigene Darstellung)

nicht eingetragen vergeben. Diese Abkürzung steht für fehlende Daten und wird dann vergeben, wenn an entsprechender Stelle keine sinnvolle Aussage getroffen werden kann oder wenn die Daten fehlen sind. Mit den Angaben aus dem Pretest mit elf Fragebögen entsteht der kleine Datensatz (siehe Abb. 3.2).

Innerhalb des Buches konzentriert sich die Analyse auf die Angaben zum Fernsehkonsum. Die Angaben zu Radio- und Internetkonsum sind als Übungsbeispiele für das Selbststudium gedacht und können analog zum Fernsehen bearbeitet werden.

3.3   Daten mit DataEntry erfassen

Mit dem Paket *DataEntry* (Aquino, 2017) haben Sie die Möglichkeit, eine große Datenmenge einzugeben und diese direkt als R-Datensatz zu speichern.

3.3.1 Installation

Für die Dateneingabe in R sollte zunächst das Paket *DataEntry* installiert und geladen werden. *DataEntry* ist dafür gedacht, eine Eingabemaske (GUI) zur

```
21  #Installieren und Laden des Pakets DataEntry
22  if(!require("DataEntry")) {install.packages("DataEntry"); library(DataEntry)}
```

Abb. 3.3 Installation von DataEntry

Definition von Eigenschaften sowie Werten von Variablen und anschließend zur Eingabe von Daten zu ermöglichen (Aquino, 2017). Zur Installation dieses Pakets können Sie entweder das online verfügbare Markdown verwenden oder den folgenden Befehl (siehe Abb. 3.3) direkt in die Konsole eingeben und ausführen:

Während der Installation des Pakets kann folgende Anfrage erscheinen (siehe Abb. 3.4). Diese fragt, ob das Paket *GTK* und weitere Pakete, welche für die Erstellung der GUI notwendig sind, installiert werden sollen. Sie müssen hier durch Klicken auf OK zustimmen.

Das nun installierte Paket hat lediglich einen Befehl: DataEntry(). Diesen können Sie direkt in die Konsole eingeben und ausführen, um die GUI zu starten. Auf deren Oberfläche sind fünf Schaltflächen zu sehen, s. Abb. 3.5.

Abb. 3.4 Installation von
GTK

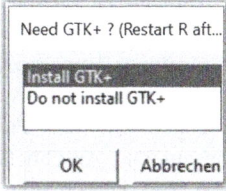

Abb. 3.5 Projekt anlegen

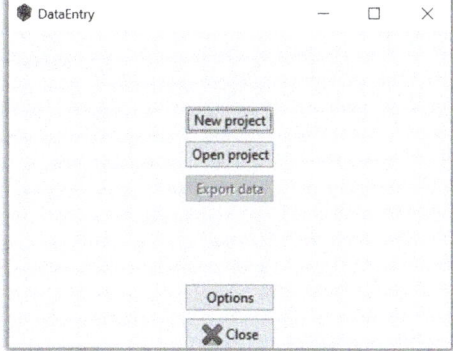

- `New project`: Sie legen ein neues Projekt an (in unserem Fall einen neuen Datensatz eingeben).
- `Open project`: Sie öffnen vorhandene Projekte.
- `Export data`: Sie exportieren Ihre eingegebenen Daten. Da noch keine Daten beim Starten der GUI eingegeben wurden, ist diese Schaltfläche noch deaktiviert.
- `Options`: Voreinstellungen, auf die werden wir im nächsten Abschnitt genauer eingehen.
- `Close`: GUI beenden.

3.3.2 Erstellung eines neuen Projekts (New project)

Für jeden Datensatz, den Sie eingeben, legen Sie mit `New Project` ein neues Projekt an (siehe Abb. 3.6). Sie können:

- `Name`: den Namen des Projekts eingeben. Bei der Festlegung des Projektnamens sollten Sie darauf achten, keine Sonderzeichen, Leerzeichen oder Umlaute zu verwenden.
- `In Ordner speichern`: den Speicherort für das Projekt festlegen oder
- `Ordner-Browser`: den Speicherort für das Projekt aussuchen und ändern.

Nachdem Sie den Projektnamen und Speicherort festgelegt haben, drücken Sie auf `OK`. Anschließend erscheint ein neues Menü zur Dateneingabe (siehe Abb. 3.7). Dieses Menü wird im Abschn. 3.3.4 genauer erläutert.

Abb. 3.6 Projekt
definieren

Abb. 3.7 Variablen
anlegen

3.3.3 Voreinstellungen (Options)

Die Abb. 3.7 präsentiert das Menü zur Dateneingabe. Im unteren Bereich dieses Menüs finden Sie die Schaltfläche Options. Beim Klicken dieser Schaltfläche erscheint das Menü Options, in dem Sie die gewünschten Voreinstellungen anpassen können (siehe Abb. 3.8).

Project options: Sie können hier die Einstellungen der Eingabemaske anpassen.

• Put valid values in dropdown list: Es sollte beim Einfügen von Faktoren eine Dropdown-Liste der Ausprägungen verwendet werden. Eine

Abb. 3.8 Optionen von
Variablen

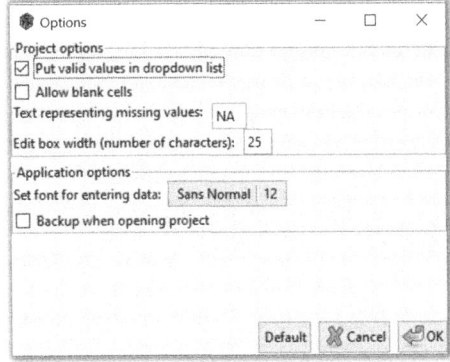

vorgegebene Liste der Ausprägungen dieses Faktors wird erstellt und abgespeichert. Die Verwendung von dropdown-Listen ist empfehlenswert. Somit müssen Sie nicht jedes Mal den Namen der einzelnen Ausprägungen eintippen.

- `Allow blank cells`: Hier sollten Sie entscheiden, ob leere Zellen in Ihrem Datensatz zugelassen sind. Diese Option empfehlen wir Ihnen nicht. Bei fehlenden Angaben sollten Sie diese entsprechend mit NA markieren, damit R diese auch als fehlende Werte erkennen kann.

- `Text representing missing values`: Fehlenden Werten sollten Sie eine Bezeichnung geben, damit Sie bei der Auswertung der Daten diese Werte entsprechend berücksichtigen können. Die Voreinstellung lautet NA und kann so beibehalten werden.

- `Edit box width (number of characters)`: Hier legen Sie die maximale Anzahl der Zeichen (charakter) einer Zelle fest. Die Voreinstellung beträgt 25 Zeichen. Sollten Sie längere Variablennamen vergeben wollen, können Sie das Maximum je nach Bedarf anpassen. Wir empfehlen Ihnen jedoch, um die Arbeit mit R zu erleichtern, kurze und prägnante Variablennamen zu wählen.

`Application options`: Sie passen hier die Einstellungen für die GUI an.

- `Set font for entering data`: Hier können Sie die Schriftarten und die Schriftgröße der GUI anpassen.
- `Backup when opening project`: Hier können Sie entscheiden, ob ein Backup beim Öffnen des Projektes automatisch erstellt werden soll. Dies vermindert die Gefahr des Datenverlustes.

Drücken Sie auf `OK` um die Änderungen zu speichern. Wenn Sie nur die Standardeinstellungen verwenden möchten, drücken Sie auf `Default`. Sollen keine Änderungen vorgenommen werden, drücken Sie auf `Cancel`.

Es gibt keine Schaltfläche zum Speichern des Projekts, da die Daten immer dann gespeichert werden, wenn eine neue Variable zur Liste der Variablen oder eine neue Zeile zum Datensatz hinzugefügt wird. Das Projekt wird ebenfalls automatisch gespeichert, wenn wahlweise eine Variable oder eine Zeile bearbeitet wird. Der Speicherort der Datensätze, ist dabei der zuvor von Ihnen bestimmte Ordner (siehe Abb. 3.6).

3.3.4 Definition von Variablen

Nachdem der Name und der Speicherort des Datensatzes festgelegt wurden, sollten die Eigenschaften Ihrer Variablen definiert werden (siehe Abb. 3.9). Mit dem Klicken auf `Set variables` wird das Menü `Attributes of variables` geöffnet. Dieses Menü gliedert sich in zwei Teile: `Variables` und `Attributes`. `Variables` ist eine Liste der zuvor definierten Variablen, `Attributes` ist eine Liste aller Eigenschaften einer ausgewählten Variablen aus der Liste `Variables` (siehe Abb. 3.10).

Mit der Schaltfläche `Add` können wir neue Variablen hinzufügen und deren Eigenschaften festlegen (siehe Abb. 3.10). Haben wir `Add` ausgewählt, erscheint die folgende Schaltfläche (siehe Abb. 3.11).

Abb. 3.9 Definition von
Variablen starten

Abb. 3.10 Definition von
Variablen

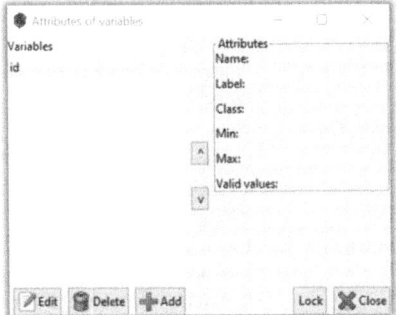

Abb. 3.11 Variablen
benennen

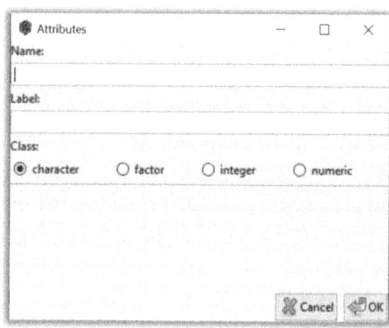

- `Name`: (Kurzer) Name der Variablen. Bei der Festlegung der Variablennamen sollten Sie darauf achten, keine Sonderzeichen, Leerzeichen oder Umlaute zu verwenden.
- `Label`: Vollständige Bezeichnung der Variablen. Dies dient der besseren Übersichtlichkeit bei der Arbeit mit dem Datensatz.
- `Class`: Datentyp der Variablen (siehe Abschn. 3.1). Bei jedem Datentyp müssen Sie bestimmte zusätzliche Angaben zu den Variablen machen.

Eine kurze Übersicht über diese zusätzlichen Angaben, welche Sie bei jedem Datentyp eingeben sollten, finden Sie in der folgenden Tabelle (siehe Tab. 3.2).

Wir haben zur Veranschaulichung zwei Variablen als Beispiel angelegt (siehe Abb. 3.12): einen Faktor `soz_partner` und einen Vektor `tv_minuten`. Wenn

Tab. 3.2 Arten von Variablen

Datentyp	Zusätzliche Angaben
`Character`	Keine zusätzlichen Angaben
`Factor`	Unter `valid values` sollten Sie alle Ausprägungen des Faktors eingeben
`Integer`	Unter `set valid` können Sie entweder den gültigen Wertebereich (`range`) oder die gültigen Werte (`values`) definieren. Das ist zu empfehlen, wenn Sie für die Variable nur einen konkreten Wertebereich oder konkrete Werte zulassen wollen
`Numeric`	Unter `valid range` können Sie den gültigen Wertebereich eingeben. Wie bei integer ist dies sinnvoll, wenn Sie für die Variable nur einen konkreten Wertebereich oder konkrete Werte zulassen wollten

Eigene Darstellung

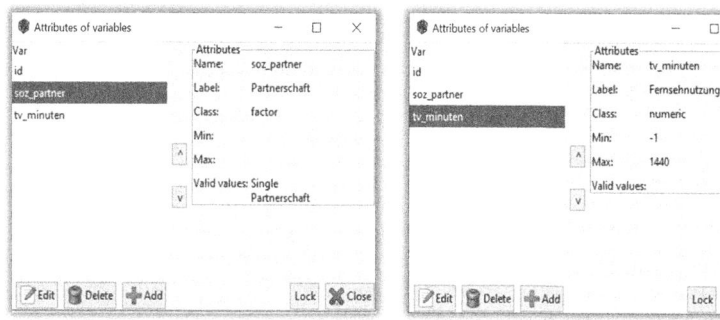

Abb. 3.12 Beispiele für Variablen

Sie mit einem Doppelklick die Variable soz_partner auswählen, wird der Name blau markiert und die Eigenschaften auf der Seite Attributes angezeigt. Diese Variable hat zwei Ausprägungen: Single und Partnerschaft und ist ein Faktor (Abb. 3.12 links).

Die Eigenschaften des Vektors tv_minuten können mit demselben Prozess angezeigt werden (Abb. 3.12 rechts). Dieser hat den kurzen Namen tv_minuten, einen Wertebereich zwischen 0 und 1440 (für 24 h), sowie die Zahl -1 (als Angabe für fehlende Werte) und ist eine numerische Variable. Für die Eingabe der Ausprägungen eines Vektors bei *DataEntry* sind nur Zahlen zulässig. Deshalb müssen wir statt NA eine Zahl verwenden, die nicht in unseren Daten vorkommt bzw. vorkommen kann. Für die Variable tv_minuten ist eine Ausprägung im negativen Bereich nicht möglich, da man nicht weniger als 0 min Fernsehen schauen kann. Deshalb haben wir -1 für die fehlenden Werte verwendet.

Falls Sie Änderungen oder Korrekturen der Angaben vornehmen möchten, können Sie auf Edit klicken. Mit der Schaltfläche Delete können Sie Variablen löschen. Sie haben ebenfalls mit Lock die Möglichkeit, die Variablenliste mit einem Passwort zu schützen. Dies kann nützlich sein, wenn Ihr Projekt später von einer anderen Person zur Dateneingabe verwendet wird und Sie verhindern wollen, dass die von Ihnen definierten Eigenschaften der Variablen versehentlich geändert werden. Sobald Sie mit der Variableneingabe fertig sind, drücken Sie auf Close, um den Eingabevorgang zu beenden und zurück zum Menü der Dateneingabe zurück zu kommen. Der erste Schritt der Dateneingabe ist mit dem Anlegen von Variablen abgeschlossen. Sie haben somit das Gerüst für Ihren Datensatz gebaut, in dem die Variablen fertig angelegt wurden. Jedoch fehlen

Ihnen noch die Inhalte, sprich die konkreten Daten für die jeweiligen Variablen. Mit der Schaltfläche `Edit Data`, welche wir im nächsten Abschnitt genauer beschreiben, können Sie den Prozess der Dateneingabe vervollständigen.

3.3.5 Dateneingabe

Nachdem alle Variablen definiert wurden, können Sie mit der Eingabe der Fragebogendaten starten. Auf der Schaltfläche des Dateneingabemenüs wählen Sie `Edit data` aus, damit Sie zum Menü `View and edit data` wechseln können (siehe Abb. 3.13). In diesem Menü sehen Sie einen Datensatz mit allen Variablen, die Sie zuvor angelegt haben. Die Variable `id` ist eine automatisch erzeugte Variable und taucht in der ersten Spalte Ihres Datensatzes auf. Jedoch können Sie diese nach Wunsch beim Exportieren ausblenden.

In einem R-Datensatz repräsentiert jede Spalte eine Variable und jede Zeile einen Fall bzw. im Beispiel eine befragte Person. Da wir die Variablen, also die Spalten, im letzten Schritt schon definiert haben, müssen wir jetzt nur noch die Zeilen, also die Daten jeder Person eingeben. Unter `Add row` fügen Sie eine neue Zeile hinzu, wobei jede Zeile einen Fall repräsentiert (siehe Abb. 3.14).

Wenn Sie mit der Eingabe fertig sind, drücken Sie auf `Add`, um die Angaben zu speichern. Diesen Vorgang wiederholen Sie für alle Fälle Ihres Datensatzes. Um die Dateneingabe zu beenden und zurück zum Menü der Dateneingabe zu kommen, drücken Sie in dem Menü `View and Edit data` auf `Close`. Der letzte Schritt der Dateneingabe ist das Exportieren des eingegebenen Datensatzes.

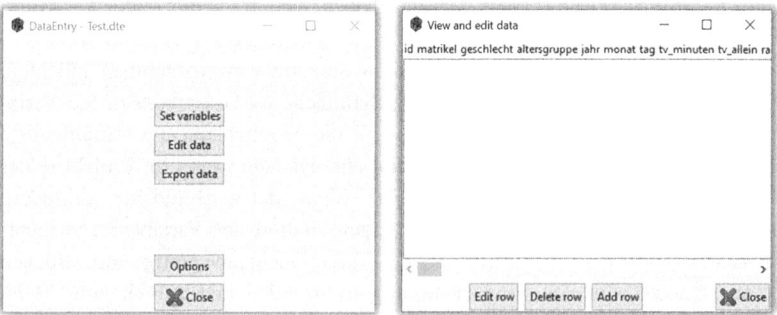

Abb. 3.13 Datenmatrix

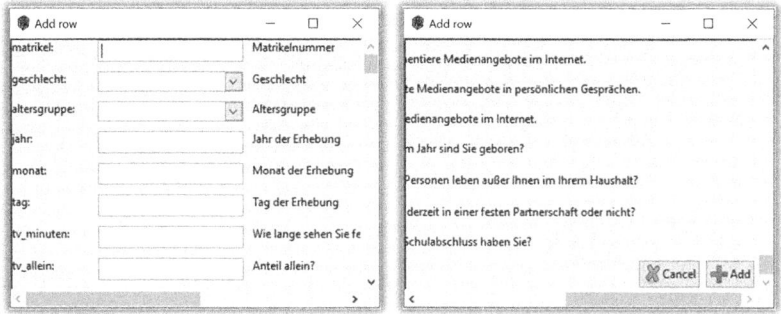

Abb. 3.14 Eingabeformular

3.3.6 Daten exportieren

In dem Menü der Dateneingabe finden Sie für das Exportieren der Daten die Schaltfläche Export data (siehe Abb. 3.15), um das Menü Export Data zu öffnen.

Sie haben die Möglichkeit, Ihren Datensatz als *csv-Datei (.csv)* zu exportieren, in einer *RData-Datei (.RData oder .Rda)* zu speichern oder in den R-Workspace zu kopieren. Wie bereits zuvor erwähnt, können Sie die automatisch erzeugte Variable id aus Ihrem Datensatz ausschließen, indem Sie kein Häkchen bei Include the column „id" machen.

Abb. 3.15 Datenexport starten

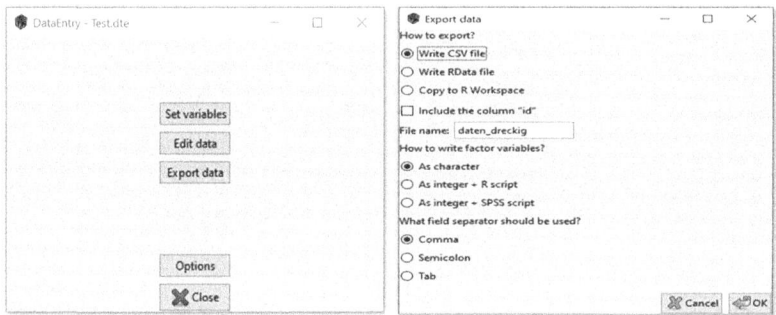

Abb. 3.16 Datenexport als CVS

3.3.7 Als csv-Datei exportieren

Wenn Sie Ihren Datensatz als csv-Datei exportieren möchten, geben Sie unter File name den Namen des Datensatzes ein (siehe Abb. 3.16). Bei der Festlegung des Datensatznamen sollten Sie darauf achten, keine Sonderzeichen, Leerzeichen oder Umlaute zu verwenden.

Sie werden ebenfalls gefragt, wie die Faktoren gespeichert werden sollten (How to write factor variables). Hier empfehlen wir Ihnen die Standardeinstellung as character zu verwenden, damit Faktoren nach dem Datenimportieren weiterhin als Faktor definiert werden. Sie werden auch nach Trennzeichen zwischen den Spalten gefragt (What field separator should be used). Sie können alle Trennmöglichkeiten gleich verwenden, wie haben in diesem Fall uns für Kommata (Comma) als Trennzeichen entschieden. Abschließend drücken Sie auf OK. Die *csv.Datei* finden Sie in dem Ordner, welchen Sie als Speicherort für Ihr Projekt festgelegt haben.

3.3.8 Als RData-Datei exportieren oder in Workspace kopieren

Wenn Sie Ihren Datensatz als Rda oder *RData*-Datei exportieren möchten, geben Sie unter Object name den Namen des Datensatzes ein, welcher im R-Workspace angezeigt wird. Am besten verwenden Sie einen kurzen Namen ohne Sonderzeichen und Leerzeichen. Wir nutzen für unseren Beispieldatensatz als

`Object Name` den Namen `daten_dreckig` Dies ist auch der Name, welcher im R Workspace angezeigt wird und innerhalb der Befehle in R genutzt werden muss. Unter `File name` können Sie den vollständigen Namen des Datensatzes angeben. Dies ist der Name unserer RData-Datei. Diese benennen wir einfachheitshalber auch als `daten_dreckig`. Da wir die Namen der Variablen schon beim Definieren der Variablen festgelegt haben (siehe oben Definieren von Variablen) müssen Sie hier nichts mehr verändern. Deshalb wählen Sie bei der Frage `What to do with variable labels` *Nothing* aus. Abschließend drücken Sie auf `OK` um den Datenexport zu beenden (siehe Abb. 3.17).

Wenn Sie Ihren Datensatz direkt in den R-Workspace kopieren wollen, geben Sie Ihrem Datensatz unter `object name` einen kurzen Namen ohne Sonderzeichen und Leerzeichen und wählen bei der Frage `What to do with variable labels` *Nothing* aus (siehe Abb. 3.17). Diese Art des Exportierens würden wir Ihnen nicht empfehlen, da der Datensatz so nicht separat gespeichert wird.

Nun ist ein Datensatz vorhanden, den Sie mit R oder RStudio weiterbearbeiten können.

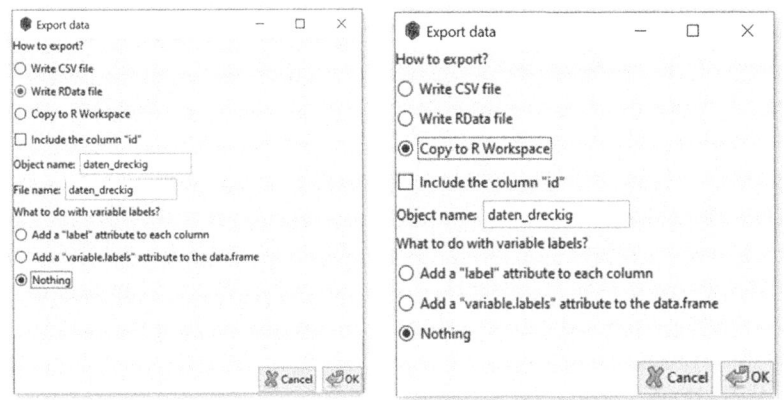

Abb. 3.17 Datenexport als RData oder Kopieren in R-Workspace

	Paket	Quelle	Funktion	Effekt
Tab. 3.3 Übersicht über die Pakete und Befehle des Kap. 3	DataEntry	Aquino (2017)	DataEntry()	Dateneingabe

Eigene Darstellung

3.3.9   Pakete und Funktionen des Kapitels Datenerfassung

Siehe Tab. 3.3.

Literatur

Aquino, J. (2017). *DataEntry: Make it easier to enter questionnaire data: R package version 0.9-3*. https://CRAN.R-project.org/package=DataEntry.
Holling, H., & Gediga, G. (2011). *Statistik – Deskriptive Verfahren* (1. Aufl.). Hogrefe.
Stevens, S. (1946). On the theory of scales of measurement. *Science, 103*(2684), 667–680. http://www.jstor.org/stable/1671815.

Datenmanagement

4

Zusammenfassung

Im Kapitel Datenmanegement lernen wir zunächst den Umgang mit und die Veränderung von Datensätzen und Variablen kennen. Anschließend wird das Datenmanagement mit R vorgestellt. Dazu werden Daten aus anderen Formaten eingelesen oder vorhandene R-Datensätze geladen. Anschließend behandeln wir das Datenmanagement am Beispiel eines fehlerhaften R-Datensatz. Hier geht es darum, die allgemeine Objekt-Logik in R kennenzulernen und sich einen Überblick über den Datensatz zu verschaffen. Nachfolgend werden einzelne Fehler korrigiert sowie einzelne Variablen gruppiert und rekodiert. Dann werden mittels mathematischer Operatoren neue Variablen aus vorhandenen Variablen berechnet oder bestimmte Ausprägungen vorhandener Variablen gezählt. Zuletzt werden Teildatensätze erstellt und die erstellten R-Datensätze gespeichert.

Schlüsselwörter

Datenmanagement · Gruppieren · Kodieren · Berechnen · Zählen · Variablen

4.1 Grundlagen

Das Datenmanagement betrifft alle Schritte, die nötig sind, um vorhandene Datensätze sinnvoll analysieren und die Ergebnisse darstellen zu können. Das Datenmanagement findet demnach vor der eigentlichen Analyse statt. In der Regel

---

Ergänzende Information Die elektronische Version dieses Kapitels enthält Zusatzmaterial, auf das über folgenden Link zugegriffen werden kann https://doi.org/10.1007/978-3-658-34285-2_4.

besteht das Datenmanagement aus vier Schritten: 1) Daten erfassen, 2) Daten sichten und Fehler korrigieren, 3) Variablen verändern und 4) bearbeitete Daten speichern.

Daten einlesen bedeutet bei kleinen Projekts, die per Hand bearbeitet werden sollen, in der Regel die vorhandenen Daten zusammenzutragen und in einer Tabelle zusammenzustellen. Wenn mit Computerdateien gearbeitet wird, heißt das, die Daten in RStudio zu laden bzw. zu importieren. Dazu müssen diese Daten in einem üblichen Dateiformat (.csv,.xls,.sav etc.) vorliegen.

Daten sichten und Fehler korrigieren dient dazu, die Datenstruktur kennenzulernen und offensichtliche Probleme zu korrigieren. In der Variante per Hand handelt es sich lediglich darum, per Augenschein Probleme zu erkennen und diese in der Übersicht zu korrigieren. Wenn mit größeren Datensätzen gearbeitet wird, ist das Sichten und Fehlerkorrigieren umso wichtiger, jedoch oft auch ziemlich aufwändig. Dabei muss geprüft werden, ob die Variablen die richtige Struktur aufweisen und deren Ausprägungen stimmen (können). Zeigen sich dabei Probleme oder Fehler, so müssen diese vor der Datenanalyse und Darstellung beseitigt werden.

Die Datenaufbereitung (engl. Data Wrangling) ist meist die umfangreichste Aufgabe beim Datenmanagement. Sie besteht aus vielen unterschiedlichen Schritten, die dazu dienen, die Daten optimal für die Analyse und Darstellung vorzubereiten (siehe Abb. 4.1). Zwei Aspekte stehen dabei im Vordergrund: Zunächst müssen die Daten für bestimmte Arten der Analyse bzw. Darstellung in einem bestimmten Datenformat vorliegen. Insofern müssen die einzelnen

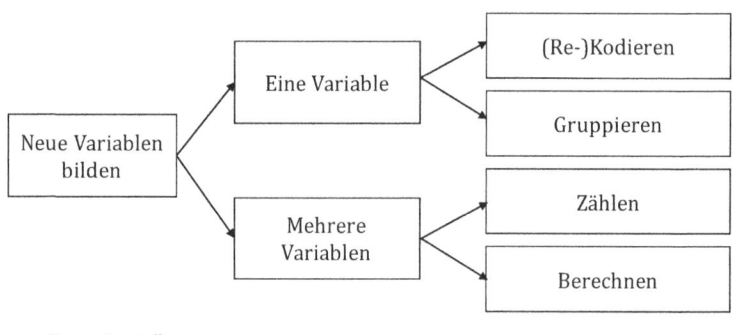

Eigene Darstellung

Abb. 4.1 Übersicht über die Schritte des Datenmanagements. (Eigene Darstellung)

Variablen in das entsprechende Format gebracht werden. Hier gibt es oft unterschiedliche Möglichkeiten, die wir in zwei Bereiche einteilen: Kodieren und Gruppieren. Des Weiteren ist es oft nötig oder sinnvoll, Angaben mehrerer Variablen in einer neuen Variablen zusammenzufassen, z. B. einen Index zu bilden. Auch hier gibt es ganz unterschiedliche Möglichkeiten, die wir in zwei Bereiche einteilen: Berechnen und Zählen.

- *(Re-)Kodieren* beschreibt ein Vorgehen, bei dem aus einer vorhandenen Variablen eine neue Variable erzeugt wird, bei der einzelne oder alle Ausprägungen der Originalvariable in neue Ausprägungen nach festzulegenden Regeln rekodiert werden. Oft dient das Kodieren dazu, einzelne Ausprägungen zu einer Ausprägung (z. B. „Sonstiges") zusammenzufassen. Diese Methode ist vor allem bei Faktoren gut geeignet, da Faktoren zumeist eine geringe Anzahl an Ausprägungen aufweisen. Das Kodieren ist jedoch extrem aufwändig, wenn die Ausprägungen aus genau gemessenen Zahlen bestehen, denn dann muss für jede einzelne Zahl eine Kodieranweisung festgelegt werden. Hier wäre es einfacher, die Daten zunächst zu gruppieren.
- *Gruppieren* beschreibt das Zuordnen eines Zahlenbereichs zu einer Ausprägung und löst somit das oben beschriebene Problem. In der Regel werden die Originalzahlen in gleich große Zahlenbereiche unterteilt, z. B. Minuten in Stunden. Dafür muss es sich bei der zu gruppierenden Variablen um einen Zahlenvektor oder nach der Terminologie von *DataEntry* um eine Variable der Klasse *integer* oder *numeric* handeln. Beim Gruppieren werden Zahlenbereiche definiert, die einzelnen Codes zugeordnet werden. Auf diese Weise lässt sich z. B. eine Altersangabe in Altersgruppen klassifizieren bzw. gruppieren.
- *Berechnen* erzeugt Ergebnisse mathematischer Berechnungen mehrerer numerischer Variablen. So können Summen, Differenzen, Produkte oder Quotienten aus den Werten verschiedener vorhandener Variablen als neue Variable berechnet werden. Oft dient das der Indexbildung. Es können aber auch komplexere Berechnungen vorgenommen werden, z. B. um Variablen zu zentrieren oder zu standardisieren (siehe bspw. Luhmann, 2015, S. 84–85).
- *Zählen* bietet die Möglichkeit, bestimmte Ausprägungen in verschiedenen Variablen zählen zu lassen. Zählvariablen sind immer ganzzahlig *(integer)*. In vielen Befragungsstudien wird z. B. in bestimmten Blöcken von Variablen gezählt, bei wie vielen Variablen keine Angaben (NA) oder extreme Angaben gemacht wurden.

Um das Vorgehen zu demonstrieren, greifen wir auf den kleinen Datensatz mit den Angaben zur Haushaltsgröße sowie der Mediennutzungsdauer für TV

Tab. 4.1 Veränderung von Variablen

		Kodieren		Klassifizieren	Zählen (Anzahl von 0 min)			Berechnen (tv_min + tz_min)		
Nr.	soz_hh	Haushalt	tv_min	TV Konsum	tv_min	tz_min	Anz. Part.	tv_min	tz_min	ges_min
1	0	1 Pers. HH	180	mittel	180	15	0	180	15	195
2	3	3-4 Pers. HH	30	niedrig	30	0	1	30	0	30
3	1	2 Pers. HH	120	mittel	120	10	0	120	10	130
4	0	1 Pers. HH	240	hoch	240	20	0	240	20	260
5	0	1 Pers. HH	180	mittel	180	15	0	180	15	195
6	2	3-4 Pers. HH	0	kein	0	5	1	0	5	5
7	2	3-4 Pers. HH	60	mittel	60	30	0	60	30	90
8	1	2 Pers. HH	90	mittel	90	15	0	90	15	105
9	0	1 Pers. HH	120	mittel	120	45	0	120	45	165
10	0	1 Pers. HH	30	niedrig	30	30	0	30	30	60
11	3	3-4 Pers. HH	0	kein	0	0	2	0	0	0

Eigene Darstellung

und Tageszeitung zurück (siehe Tab. 4.1). Daraus werden neue Variablen durch Kodierung, Gruppierung, Zählung und Berechnung gebildet.

- Beim Kodieren wird die Zählvariable für die Anzahl weiterer Personen im Haushalt (ohne die befragte Person) in eine Gruppierungsvariable umgewandelt. Dabei gelten eindeutige Zuordnungsregeln: 0 wird zu 1 Pers. HH, 1 wird zu 2 Pers. HH, 2 und 3 werden zu 3–4 Pers. HH und alle größeren Werte zu mehrPers. HH. In ersten Fall wird also für die 0 ein 1 Pers. HH codiert.
- Beim Gruppieren werden die Minuten Fernsehkonsum in eine gruppierte Variable überführt. In unserem Beispiel teilen wir die Variable nach Stunden ein und benennen diese dementsprechend. Dabei wird 0 als kein (TV-Konsum) klassifiziert und der TV-Konsum 1 bis 59 als niedrig, der von 60 bis 180 min als normal und der über 180 min als hoch. Im ersten Fall wird der Fernsehkonsum von 180 min als mittel klassifiziert.
- Beim Zählen möchten wir aufführen, wie viele Medien von einer Person nicht genutzt werden. In unserem Beispiel beziehen wir uns auf die Medien Fernsehen (tv_min) und Tageszeitung (tz_min). In den ursprünglichen Variablen bedeutet eine 0, dass das Medium nicht genutzt wurde, da die Nutzungszeit in Minuten abgefragt wird. Insofern schauen wir jeweils in den Variablen ob der Wert 0 vergeben wurde. Weisen beide Variablen eine 0 auf, so erhält unsere Zählvariable (Anzahl) den Wert 2 (für 2 nicht genutzte Medien). Weist

lediglich eine der ursprünglichen Variablen den Wert 0 auf, so erhält unsere Zählvariable den Wert 1. Weisen hingegen beide ursprünglichen Variablen Werte größer als 0 auf, so erhält unsere neue Zählvariable den Wert 0 (da beide Medien genutzt werden, gibt es kein ungenutztes Medium).

- Beim Berechnen wird ermittelt, wie lange die Befragten ferngesehen und Zeitung gelesen haben. Dazu wird bei jeder Person die Summe beider Minutenangaben gebildet.

Haben wir die Bearbeitung unserer Daten abgeschlossen müssen wir in einem letzten Schritt diese sichern. In RStudio müssen die erzeugten Dateien gespeichert werden. Zudem können auch Teildatensätze gespeichert werden, wenn beispielsweise zuvor bestimmte Fälle aus dem Datensatz herausgefiltert wurden.

4.2 Datenmanagement mit R

Um das Datenmanagement mit R umzusetzen, ist es sinnvoll, zunächst die Logik des Datenmanagements in R zu verstehen. R überschreibt im Normalfall die Datensätze nicht. Importieren oder laden wir einen Datensatz mit einem Markdown Skript, so können wir viele verschiedene Änderungen durchführen. Unsere Daten werden lediglich temporär verändert, doch wir verändern nicht unseren ursprünglich gespeicherten Datensatz.

Diese Logik hat ihre Vor- und Nachteile. Ein großer Vorteil dieses Vorgehens ist, dass wir unsere Daten flexibel verändern können, ohne dass wir uns Sorgen um unsere Datendatei machen müssen. Des Weiteren haben wir eine verbesserte Nachvollziehbarkeit, da unsere Datenmodifikationen Teil unseres Skripts sind. Der Nachteil dieses Vorgehens liegt darin, dass wir sehr lange Skripte erhalten, wenn wir pro Analyse jeweils ein eigenes Skript zum Datenmanagement benötigen. Hier hilft die Funktion save, welche am Ende dieses Kapitel dargestellt wird. Mit dieser können wir Datensätze speichern und so – wenn gewünscht – auch einen R-Datensatz überschreiben. Grundsätzlich sind mit R und Markdown alle Schritte des Datenmanagements möglich. Dennoch ist die Veränderung von Daten in R nicht ganz intuitiv, daher würden wir insbesondere Anfänger*innen raten die Daten bereits so sauber wie möglich in R zu importieren. Dazu bieten sich beispielsweise Programme wie Excel und SPSS an. Hat man in einem dieser Programme die Daten bearbeitet, kann man sie anschließend in R importieren.

4.3   Daten aus anderen Formaten importieren

Falls wir keinen R-Datensatz (.Rda- oder.RData-Datei) vorliegen haben, so können wir aus verschiedenen Statistikprogrammen Daten importieren. Dazu benötigen wir je nach einzulesendem Dateiformat unterschiedliche Pakete.

Zum Einlesen von Excel-Dateien benötigen wir das Paket *readxl* (Wickham & Bryan, 2019) und zum Einlesen von SPSS oder STATA-Dateien das Paket *haven* (Wickham & Miller, 2020).

Mit dem Paketmanager *pacman* (Rinker & Kurkiewicz, 2018; siehe auch Kap. 2) und dem Befehl p_load installieren und laden wir die Pakete.

Beim Einlesen der jeweiligen Dateien ist zu beachten, dass sich die Markdown-Datei und die einzulesende Datei im selben Ordner befinden oder wir ein korrektes Working Directory festgelegt haben (siehe Kap. 2; Arbeitsverzeichnis festlegen). So müssen wir innerhalb der Funktionen jeweils nur den Dateinamen angeben und nicht auf einen Dateipfad oder Ähnliches verweisen.

4.3.1   Textdateien

Zum Einlesen von Text-Dateien haben wir drei unterschiedliche Funktionen: read.csv(), read.delim() und read.table()[1]:

```
21  read.csv("meineDaten", stringsAsFactors = F)
22  read.delim("meineDaten", stringsAsFactors = F)
23  read.table("meineDaten", stringsAsFactors = F)
```

CSV steht für comma separated values. Die read.csv() Funktion nutzen wir dementsprechend für Textdateien, bei denen die einzelnen Angaben durch Kommata separiert sind. Die read.delim() Funktion nutzen wir wiederum für tab-delimited Dateien, also Dateien, bei denen die einzelnen Angaben durch Leertasten bzw. Tabs separiert sind.

Sollten die einzelnen Angaben durch andere Satzzeichen (beispielsweise Punkte oder Slash) getrennt sein, können wir die read.table() Funktion nutzen. Diese Funktion ist für eine Vielzahl unterschiedlicher Textformate (beispielsweise auch csv oder tab-delimited Dateien) nutzbar. Dazu können innerhalb

---

[1] Wir nutzen hier die Befehle aus Base R. Möchte man die Befehle aus dem Paket *readr* (Wickham et al., 2018) verwenden, so muss statt dem Punkt jeweils ein Unterstrich verwendet werden, also bspw. read_table statt read.table.

der Funktion verschiedene Parameter geändert werden. Durch `header = T` gibt man an, dass die erste Zeile der Datei die Namen der Variablen enthält. Mit `sep = "/"` kann man innerhalb der Anführungszeichen angeben, wodurch die Dateiangaben getrennt sind. Bei dem hier dargestellten Code beispielsweise durch einen Schrägstrich („forward Slash").

Alle drei Funktionen haben den Zusatz `stringsAsFactors = F` gemein. Dieser verhindert, dass alle Textteile automatisch zu Faktoren umgewandelt werden.

4.3.2 Excel-Dateien

Für Excel-Dateien nutzen wir die `read_excel` Funktion aus dem *readxl* – Package wobei wir lediglich den Dateinamen innerhalb der Klammer spezifizieren müssen:

```
25  #Daten aus Excel einlesen
26  read_excel("meineDaten.xlsx")
```

Die read_excel Funktion hat noch unzählige weitere Spezifikationen (einzusehen in der R Dokumentation; Wickham, 2021), die allerdings bei einer normalen Excel-Datei nicht zu berücksichtigen sind.

4.3.3 SPSS und STATA

Für Dateien aus SPSS oder STATA benötigen wir das Paket *haven*. Für SPSS-Dateien nutzen wir die Funktion `read_spss()`, für STATA-Dateien die Funktion `read_stata()`. Bei beiden Funktionen muss lediglich der Dateiname innerhalb der Klammern spezifiziert werden:

```
28  #Daten aus SPSS einlesen
29  read_spss("meineDaten.sav")
30
31  #Daten aus STATA einlesen
32  read_stata("meineDaten.ado")
```

4.3.4   Daten aus anderen Formaten via Klick importieren

Neben dem Einlesen mit Funktionen gibt es in R auch eine weitere, vergleichsweise einfache Möglichkeit die Daten einzulesen. Dazu muss das Markdown
lediglich im selben Ordner wie die einzulesende Datei gespeichert sein. Unter
dem Reiter *Files* (siehe oben) sollte dann die Datei, die man einlesen möchte,
angezeigt werden. Mit einem Klick auf die Datei erhalten wir zwei Optionen:
View File und *Import Dataset*. Klickt man nun auf *Import Dataset* öffnet sich ein
neues Fenster (siehe Abb. 4.2).

Unter `Data Preview` erhält man eine Vorschau der Variablen und Daten.
Bei den `Import Options` kann man zusätzliche Optionen auswählen. Unter
`Name` kann man den Datennamen in R wählen. Zudem kann man angeben,
wie viele Reihen der Import überspringen soll (`skip`) und beispielsweise, ob
in der ersten Reihe der einzulesenden Datei die Variablennamen (`First Row
as Names`) vermerkt sind. Rechts unten unter `Code Preview` wird anschlie-
ßend der automatisch von R erzeugt Code gezeigt. Wichtig für Textdateien
ist hier zudem die Auswahl bei `Delimiter`. Hier muss ausgewählt werden,
durch welches Satzeichen die Textdatei getrennt wird. Via `Import` kann man
den Datensatz in die Konsole importieren und von dort beispielsweise in ein
Markdown kopieren.

4.4   R-Datensatz laden

Wenn wir bereits einen R-Datensatz haben, benötigen wir keine der oben dargestellten Importfunktionen. Stattdessen können wir den Datensatz mit der Funktion
`load()` laden. Innerhalb der Klammer müssen wir lediglich unseren Datennamen spezifizieren. Sollten sich unser Markdown und unser Datensatz nicht im
selben Ordner befinden, müssen wir zusätzlich den Dateipfad (siehe Kap. 2)
angeben:

```
39  load("meineDaten.Rda")
40  daten <- meineDaten
```

Zu Übungszwecken stellen wir Ihnen den Datensatz *daten_dreckig* zu Verfügung. Dieser enthält einige fehlerhafte Daten, welche wir innerhalb dieses

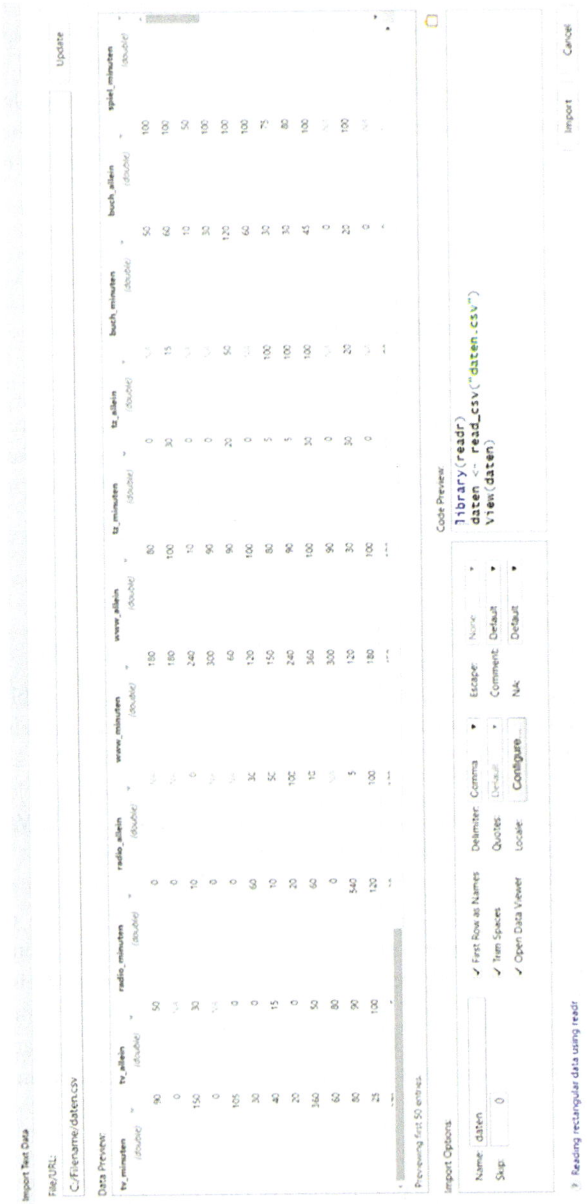

Abb. 4.2 Daten importieren mit RStudio Schaltfläche

Kapitels beheben werden. Am Ende des Kapitels soll dann ein sauberer Datensatz gespeichert werden, welcher auch für die Beispielskripte der nachfolgenden Kapitel genutzt werden kann[2]. Entgegen unserer sonstigen Logik in den einzelnen Kapiteln (siehe Kap. 1) soll in diesem Kapitel gerade nicht jeder Codechunk autonom funktionieren. Stattdessen laden wir am Anfang einmalig den Datensatz. Um zu unserem sauberen Datensatz zu gelangen, müssen wir nachfolgend alle Codechunks der Reihe nach einzeln ausführen.

4.5   Objekte festlegen und Variablen definieren

In R können wir sogenannte Zuweisungen mit einem Pfeil (<-) festlegen. Diese werden als Objekte gespeichert. Diese simple Zuweisung ist sehr hilfreich in der Arbeit mit R, insbesondere im Datenmanagement. Eine typische Zuweisung, welche sich durch viele Kapitel zieht, ist die Umbenennung des Datensatzes und einzelner Variablen:

```
39  load("meineDaten.Rda")
40  daten <- meineDaten
```

Wir können dabei im Prinzip alles Mögliche als Objekt speichern, unabhängig davon, ob es sich um Text, Zahlen, Variablen oder ganze Datensätze handelt. Dieses Speichern als Objekt können wir ebenfalls dazu nutzen, Variablen zu ändern, oder neue Variablen zu erstellen. Wenn wir unsere Variable als neue Variable anlegen wollen, verwenden wir einen anderen Namen. Wenn wir in dieselbe Variable speichern wollen, verwenden wir hingegen denselben Namen.

Möchten wir neue Variablen zu unserem Datensatz hinzufügen, müssen wir die neuen Variablen in Zusammenhang mit dem Datensatz speichern. Dazu nutzen wir das Dollarzeichen. Wir geben jeweils zuerst den Namen des Datensatzes an, dann ein Dollarzeichen und die neue Variable. Möchten wir beispielsweise eine neue Variable namens neueV in unseren Datensatz daten aufnehmen, so lautet das Objekt daten$neueV. Bei der Benennung von Daten und Variablen sollten wir jeweils möglichst kurze Namen ohne Umlaute wählen. Zudem sollte

---

[2] Der saubere Datensatz steht natürlich auch online zur Verfügung. So müssen Sie für die nachfolgenden Kapitel nicht zuerst dieses Kapitel bearbeiten.

bei mehreren Wörtern als Bezeichnung die Trennung der Wörter durch einen Unterstrich erfolgen.

4.6 Objekte, Zeilen und Spalten verbinden

Funktionen, die wir in den nachfolgenden Kapiteln häufig brauchen, sind c, rbind und cbind. c steht für combine, also auf Deutsch verbinden. Mit diesem Befehl können wir innerhalb von R Objekte miteinander verbinden. Objekte (siehe auch Abschn. 4.6) können in R viele Dinge sein. Mit c können wir wahlweise Textteile (hier auf die Anführungszeichen achten) oder auch Zahlenwerte verbinden. Dabei stehen die einzelnen Teile, die wir verbinden wollen, innerhalb der Klammer und sind durch Kommata getrennt.

Ähnlich verhält es sich mit rbind() und cbind(). rbind steht für row-bind (zu Deutsch Zeilen zusammenbinden), cbind wiederum für column-bind, also Spalten zusammenbinden. Dementsprechend können wir mit Hilfe von rbind() einzelne Zeilen verbinden und mit cbind() Spalten verbinden. Die zu verbindenden Elemente stehen dabei wie bei c innerhalb der Klammer und werden durch Kommata getrennt.

4.7 Überblick über die Daten erhalten

Es gibt in R eine Vielzahl von Befehlen, um sich einen (unbekannten) Datensatz näher anzuschauen. Hier sollen die aus unserer Sicht gebräuchlichsten dargestellt werden. Die Befehle zur Inspektion des gesamten Datensatzes sind die folgenden:

```
46  #Befehle zur Inspektion des Datensatzes:
47  str(daten)
48  names(daten)
49  summary(daten)
50  head(daten)
51  tail(daten)
52  View(daten)
53  nrow(daten)
54  ncol(daten)
```

str()gibt einen Gesamtüberblick über den Datensatz und ist hilfreich, wenn man mit einem unbekannten Datensatz arbeitet. Der Befehl gibt zunächst einen

Überblick über die Klasse der Daten insgesamt. Im Anschluss erfolgen die
Namen der einzelnen Variablen, sowie deren Klasse und ersten 10 Ausprägungen.
Allgemein unterscheidet R in verschiedene Klassen. Bei den einzelnen Variablen
ist diese Unterscheidung das jeweilige Datenniveau, also ob die Daten numerisch
als Vektor, als String oder als Faktor vorliegen (siehe Kap. 3). Diese Information ist insbesondere hilfreich um festzustellen, ob die Daten das richtige Niveau
für die geplanten Berechnungen haben. Bei der allgemeinen Klasse der Daten
können diese als Listen (list), Matrizen (matrix) oder Datensätze (data.frame)
vorliegen. Eine Liste ist eine Ansammlung von verschiedenen Einzelteilen, wobei
diese Einzelteile jeden Datentyp aufweisen können. Eine Matrix ist eine mindestens zweidimensionale Darstellung, dass bedeutet, wir benötigen mindestens zwei
Variablen und davon jeweils mindestens zwei Fälle. Ein Datensatz wiederum geht
noch darüber hinaus, hier benötigen wir mehrere Variablen und Fälle (zu Klassen
allgemein siehe auch Wollschläger, 2016, S. 18). Wenn wir mit Datensätzen in
R arbeiten, ist unsere allgemeine Klasse eigentlich immer ein data.frame. Eine
Ausnahme bildet hier das Einlesen von SPSS-Dateien. Werden diese mit dem
oben dargestellten Befehl eingelesen, so ist die Klasse tibble. Dies ist jedoch im
Prinzip auch nur ein data.frame. Da man bei einem bekannten Datensatz oftmals
nicht alle Informationen des `str()` – Befehles benötigt, stellen wir nachfolgend
noch andere Befehle dar.

`summary()` gibt je nach Datenformat die wichtigsten Kennzahlen aus. Bei
Vektoren gibt `summary()` die allgemeinen Lagemaße aus. Bei Faktoren wiederum gibt `summary()` eine Häufigkeitstabelle aus. Nutzen wir den Befehl für
den gesamten Datensatz ergeben sich somit für alle Variablen diese Kennzahlen.

`names()` gibt die Namen aller Variablen[3] aus, wie sie innerhalb des Datensatzes gespeichert sind. Zudem gibt die Funktion die Spaltennummer für die einzelnen Variablen aus. Diese Funktion ist sehr hilfreich, wenn man mit den Variablen
arbeiten möchte, aber nicht mehr genau weiß, welche Variablenbezeichnung man
verwendet hat.

`head()` gibt die ersten sechs Zeilen eines Datensatzes aus, `tail()` wiederum
gibt die letzten sechs Zeilen eines Datensatzes aus. Diese sechs Zeilen ist die
default-Option der beiden Befehle, man kann auch jede andere Anzahl an Zeilen
bestimmen. Dafür muss man lediglich innerhalb der Funktion eine Zahl bestimmen, für die ersten zehn Zeilen wäre dies beispielsweise `head(daten, 10)`.
Diese beiden Funktionen sind hilfreich, wenn man sich einen schnellen Überblick

---

[3] Möchte man seine Variablen und deren Ausprägungen noch spezifischer benennen, beispielsweise um anschließend auf eine solche Bezeichnung zurückgreifen zu können, so bietet
sich das Paket *sjlabelled* (Lüdecke, 2020) an.

über den Datensatz als Ganzes und die Daten innerhalb der einzelnen Variablen verschaffen möchte.

Mit `nrow()` erhalten wir die Anzahl der Zeilen, bzw. Fälle unseres Datensatzes. `ncol()` wiederum gibt uns die Anzahl der Spalten unseren Datensatzes (also die Anzahl der Variablen) aus.

Neben den Befehlen, die wir für den gesamten Datensatz nutzen können, gibt es auch Befehle, die zur Inspektion einzelner Variablen hilfreich sein können:

```
56  #Befehle zur Inspektion & Veränderung einzelner Variablen:
57  class(daten$meineV1)
58  levels(daten$meineV1)
59  summary(daten$meineV1)
60  daten$meineV1 <- droplevels(daten$meineV1)
```

- Der Befehl `class()` gibt für einzelne Variablen das Datenniveau der Variablen an. Somit können wir schauen, welches Datenniveau eine Variable besitzt und beispielsweise nach Rekodierungen (siehe unten) prüfen, ob die Rekodierung funktioniert hat und die Variable das gewünschte Datenniveau aufweist.
- Den Befehl `summary()` können wir auch nur für einzelne Variablen ausgeben. Ist die Variable als Faktor kodiert, erhalten wir eine Häufigkeitstabelle. Ist die Variable hingegen ein Vektor, so erhalten wir die Lagemaße.
- `levels()` ist eine Funktion, welche wir nur für Faktoren benötigen. `levels()` gibt dabei die Namen der einzelnen Ausprägungen eines Faktors an.
- Mit dem Befehl `droplevels()` können wir nicht genutzte Ausprägungen entfernen. Es kann zuweilen vorkommen, dass bei dem Anlegen einer Variable Ausprägungen erdacht werden, welche im Nachhinein nicht vorkommen. In den meisten Fällen ist es sicherlich sinnvoll in den Ergebnissen zu zeigen, dass eine Ausprägung nicht vorkommt. Wenn beim Anlegen jedoch Ausprägungen festgelegt wurden, welche im Nachhinein nicht mehr von Relevanz oder fehlerhaft sind, kann dieser Befehl z. B. hilfreich sein, um die Tabellen lesbarer zu gestalten.

In unserem Beispieldatensatz `daten_dreckig` ist die Variable `altersgruppe` enthalten. Beim Erheben dieser Variablen haben die Interviewer*innen ihre eigenen Daten zu Testzwecken in einer eigenen Altersgruppe

Interviewer*in erhoben. Diese Variable hat in unserem Datensatz keine Ausprägungen, das Level ist jedoch als solches immer noch erhalten. Um dieses zu entfernen nutzen wir den Befehl `droplevels(daten$altersgruppe)`. Damit diese fehlerhafte Variable im Datensatz überschrieben wird (siehe oben) speichern wir diese unter demselben Variablennamen. Unser Gesamtbefehl lautet dementsprechend `daten$altersgruppe <- droplevels(daten$altersgruppe)`.

4.8   Einzelne Fehler korrigieren

Es kommt vor, dass bei der Dateneingabe Fehler passieren. Wir stellen uns vor, wir haben einen Faktor mit den Ausprägungen 1 und 2. Dummerweise haben wir bei der Dateneingabe eine Null zu viel eingetippt und finden daher die Ausprägung 10 in unseren Daten.

Um Variablen zunächst auf Fehler zu überprüfen, können wir eine einfache Tabelle mittels `table()` ausgeben. Anders als in anderen Statistikprogrammen können wir mit R jedoch keine Datenansicht aufrufen um dort einzelne Felder zu bearbeiten. Stattdessen nutzen wir einen Befehl bzw. Code für solche Probleme. Wichtig ist dabei, sich R-Datensätze als Matrix aus Zeilen und Spalten vorzustellen. Jede Angabe innerhalb unserer Daten kann genau einer Zeilen- und Spaltennummer zugeordnet werden. Sobald wir diese Koordinaten kennen, können wir einfach eine neue Zahl, oder NA zuweisen. Insofern müssen wir zunächst die Spalte und Zeile der fehlerhaften Angabe herausfinden.

Die Spalte ist dabei relativ einfach zu ermitteln. In den Spalten befinden sich unsere Variablen, mit dem bereits bekannten `names()` Befehl können wir schauen, an welcher Spaltenposition sich die Variable befindet, in welcher wir fehlerhafte Werte haben. Für die Zeilennummerierung handelt es sich bei tatsächlich fehlerhaften Werten vermutlich um einen Wert, der bedeutend höher oder niedriger als die eigentlichen Werte ist. Diese Werte können wir mit der Funktion `which.max()` für den Maximalwert oder `which.min()` für den Minimalwert nutzen. Das Ergebnis der beiden Befehle gibt jeweils eine Zahl an. Diese Zahl ist nicht der Maximal- bzw. Minimalwert, sondern sagt aus, in welcher Zeile sich dieser Wert befindet:

```
69   #Spalte und Zeile herausfinden
70   names(daten)
71   which.max(daten$meineV1)
72   which.min(daten$meineV1)
```

Wenn wir die Zeilennummer und Spaltennummer wissen, müssen wir im Anschluss lediglich den Eingabefehler korrigieren:

```
74  #Eingabefehler korrigieren
75  daten[Nummer Zeile, Nummer Spalte] = wahlweise andere Zahl oder NA
```

Hierbei rufen wir zunächst den Datensatz auf. In unserem Fall heißt dieser daten. Anschließend verweisen wir in eckigen Klammern auf die Zeile und die Spalte. Zunächst geben wie dabei unsere zuvor ermittelte Zeilennummer ein. Nach einem Komma erfolgt die Nummer der Spalte. Nun weiß R, welche Zahl wir meinen. Mit einem Gleichheitszeichen können wir eine andere Zahl oder eine fehlende Angabe NA zuweisen. Anschließend können wir durch ein erneutes Aufrufen von `table()` schauen, ob unsere Korrektur erfolgreich war.

In unserem dreckigen Datensatz haben wir das Problem, dass wir Befragungsdaten aus den Jahren 2017–2019 vorliegen haben sollten. In unseren Daten zeigt sich jedoch, dass wir einen Fall haben, bei welchem das Befragungsjahr mit 2014 angegeben ist. Dies ist eine eindeutig falsche Angabe, welche wir daher korrigieren. Mittels `names(daten)` sehen wir, dass die Spalte Jahr die Nummer 18 hat. Mittels `which.min(daten$jahr)` können wir wiederum herausfinden, dass die niedrigste Ausprägung in Zeile 957 zu finden ist. Dementsprechend nutzen wir `daten[957, 18] = NA` um diese fehlerhafte Eingabe in NA zu verwandeln, da wir nicht wissen, welches Jahr eigentlich angegeben werden sollte.

4.9   Vektoren in Faktoren umkodieren und vice versa

Möchten wir Faktoren in Vektoren umkodieren, benötigen wir die Funktion `as.numeric()`. Teilweise können Umkodierungen von Faktoren und Vektoren jedoch Probleme bereiten, da falsche Zahlenwerte hinter den Faktoren hinterlegt sind. Daher kodieren wir unsere Faktoren zunächst als Text mittels `as.character()`, um sie anschließend mit `as.numeric` in Zahlenwerte zu kodieren. Dabei ist es wichtig, dass die Ausprägungen unserer einzelnen Faktoren als Zahlenwerte hinterlegt sind. Haben wir beispielsweise die Variable Geschlecht mit den Ausprägungen Mann und Frau, so müssen wir diese zunächst als Faktor mit den Ausprägungen 0 und 1 speichern (siehe unten):

```
84  #Faktor in Vektor rekodieren
85  daten$neuerVektor <- as.numeric(as.character(daten$meineV1))
```

Innerhalb der Funktion as.character() müssen wir unseren Datensatz und unsere Variable angeben. Zusätzlich haben wir in diesem Code mittels Pfeilzuweisung (siehe auch Abschn. 4.6) eine neue Variable erstellt.

In unserem dreckigen Datensatz liegt die Variable sozialer Haushalt als Faktor vor. Wir möchten diese behalten, jedoch zusätzlich eine Variable erstellen, welche die Haushaltsgröße numerisch als Vektor beschreibt. Daher bilden wir die neue Variable soz_haushalt_n, welche wir anschließend als Vektor rekodieren:

```
84  #Faktor in Vektor kodieren
85  daten$soz_haushalt_n <- as.numeric(as.character(daten$soz_haushalt))
```

Möchten wir wiederum einen Vektor in einen Faktor umkodieren, gibt es zwei Möglichkeiten. Welche wir nutzen, hängt von der zu kodierenden Variablen ab. Haben wir eine metrische Variable und möchten diese in einen Faktor mit verschiedenen Bereichen einteilen, so nutzen wir die cut – Funktion. Haben wir jedoch eine ordinale Variable, die nur noch nicht als Faktor mit Faktorstufen vorliegt, so nutzen wir die factor – Funktion.

Zunächst soll hier die Funktion cut erklärt werden. Die Funktion cut besteht innerhalb der Klammer aus drei Bestandteilen: der Angabe des Datensatzes sowie der Variablen, der Angabe breaks und der Angabe labels:

```
87  #Vektor in Faktor rekodieren (Metrische Variable)
88  daten$neuerFaktor1 <- cut(daten$meineV1,
89                        breaks = c(Zahl1, Zahl2, Zahl3, Zahlx),
90                        labels = c("Beschriftung 1", "Beschriftung 2",
91                                   "Beschriftung 3", "Beschriftung x"))
```

Zunächst muss in der Funktion cut der Datensatz und die Variable angegeben werden. Danach (Zeile 89) folgt nach einem Komma die Angabe breaks = . Break, also Bruch sind jeweils die Angaben, die als Unterteilung der Variablen dienen sollen, wobei die Zahlen bei den breaks jeweils die letzte Zahl des Abschnitts definieren. Die Zahlen für diese breaks müssen jeweils im Hinblick auf die zu kodierende Variable getroffen werden und können sich aus der Literatur oder eigenen Überlegungen ableiten. Die breaks werden nach dem Gleichheitszeichen mit dem combine Befehl c in Klammern angezeigt. Bei den

Breakpoints ist wichtig, dass der erste und letzte Punkt jeweils unter- bzw. oberhalb der Daten liegt. So ist der erste Breakpoint eine negative Zahl oder Null, der letzte Breakpoint eine Zahl, die größer als das Maximum der Daten ist. Die Zahlen dazwischen bestimmen dann jeweils die Abstände der jeweiligen Teile. Aufgrund der Start- und Endzahl muss bei den Breakpoints jeweils eine Zahl mehr als bei den Labels aufgeführt werden. Möchten wir einen Faktor mit 3 Ausprägungen, so haben wir 3 Labels, aber 4 Breakpoints.

Die `labels` (Zeile 90) geben dabei die Beschriftung der einzelnen Abschnitte an. Die einzelnen Beschreibungen werden mit dem combine -c zusammengefügt und müssen durch Kommata getrennt und in Anführungszeichen stehen.

In unserem dreckigen Datensatz möchten wir die Variable der Fernsehnutzung umkodieren. Die Variable ist eine metrische Abfrage der Fernsehnutzung in Minuten. Wir möchten stattdessen eine Faktor-Variable, welche in vier verschiedene Nutzungszeiten unterteilt ist: Personen die keinen Fernsehkonsum, Personen die wenig Fernsehkonsum (bis 59 min), Personen die mittleren Fernsehkonsum (60 bis 180 min) und Personen die viel Fernsehkonsum (alles über 180 min) aufweisen. Dementsprechend sieht unser Code aus:

```
88   daten$tv_konsum <- cut(daten$tv_minuten,
89           breaks = c(-1, 0, 59, 180, 1000),
90           labels = c("kein TV-Konsum", "niedriger TV-Konsum",
                        "mittlerer TV-Konsum", "hoher TV-Konsum"))
```

Wir speichern unsere Variable als neue Variable `tv_konsum`. Als Variable innerhalb der Funktion `cut` wählen wir dementsprechend die Variable `tv_minuten`. Die `breaks` sind jeweils so gewählt, dass sie unseren Vorgaben von oben entsprechen. Der erste Punkt -1 wurde gewählt, um unterhalb unserer Daten zu liegen, da unsere erste Gruppe der Nicht-Nutzer ja lediglich den Zahlenbereich bis einschließlich Null umfassen sollte. Die nächste Gruppe soll laut unseren Vorgaben alle Personen bis 59 min Fernsehnutzung umfassen. Dementsprechend lautet unser nächster Breakpoint 59. Die dritte Gruppe wiederum soll alles bis 180 min Fernsehnutzung umfassen, daher wurde als vierter Breakpoint die Zahl 180 verwendet. Unser letzter Punkt ist die Zahl 1000. Diese Zahl wurde gewählt, da sie größer als alle Daten der Variablen ist. Insofern umfasst unsere letzte Gruppe alle Fälle, deren Fernsehkonsum größer als 180 min ist.

Ähnlich wie die cut – Funktion ist auch die factor – Funktion aufgebaut:

```
93   #Vektor in Faktor rekodieren (Ordinale Variable)
94   daten$neuerFaktor2 <- factor(daten$meineV1,
95                      levels = c(Zahl1, Zahl2, etc.),
96                      labels = c("Auspräung 1", "Ausprägung 2", etc.))
```

Innerhalb der Klammer müssen der Datensatz und die Variable angegeben werden. Anschließend erfolgt der levels = Befehl. Hier müssen alle Ausprägungen angegeben werden, welche unsere ordinale Variable besitzt. Der labels = Befehl wiederum benennt die einzelnen Ausprägungen. Im Gegensatz zur cut – Funktion muss bei der factor- Funktion die Anzahl der levels der Anzahl der labels entsprechen. Des Weiteren muss die Reihenfolge der Labels der Reihenfolge der Level widerspiegeln.

In unserem dreckigen Datensatz haben wir die Variable geschlecht. Diese ist ein Vektor mit den Ausprägungen 1 und 2. Diese Variable hätten wir gerne als einen Faktor mit zwei Ausprägungen vorliegen: 1 = Mann, und 2 = Frau. Dementsprechend ist unser Code aufgebaut:

```
93   daten$geschlecht <- factor(daten$geschlecht,
94                      levels = c(1, 2),
95                      labels = c("Mann", "Frau"))
```

4.10   Variablen rekodieren: Faktorstufen ändern oder zusammenfassen

Um eine Variable zu rekodieren, müssen wir bestimmte Merkmale wie den Namen, die Klasse und die Ausprägungen der Variablen kennen. Hier können Befehle wie class(), names() und levels() oder auch table() hilfreich sein (siehe oben).

Anschließend können wir uns an die Rekodierung der Variablen begeben. Eine sehr einfache Rekodierung ist die Invertierung. Eine Variable können wir mit dem Recode-Befehl aus dem Paket *car* (Fox & Weisberg, 2019) invertieren, können jedoch wahlweise auch einfach die Summe aus der kleinsten und größten Ausprägung bilden und davon die Variable abziehen. Dieses Verfahren kann zum Beispiel bei umgekehrt abgefragten Likert-Skalen sehr hilfreich sein. Wir stellen uns vor, dass wir eine Skala von 1 bis 5 haben. Wir wollen die Bedeutung der Zahlenwerte jedoch umdrehen, also die Skala invertieren. Wenn wir 1 und 5 zusammenrechnen erhalten wir die Zahl 6. Ziehen wir von dieser die Werte ab, erhalten wir jeweils den invertierten Wert (6 minus 5 ist 1; 6 minus 1 ergibt 5 usw.).

Neben dieser sehr simplen Anweisung können wir auch komplexere Rekodierungen vornehmen. Hierzu nutzen wir den Recode – Befehl (Achtung der erste Buchstabe wird großgeschrieben) aus dem Paket *car* (Fox & Weisberg, 2019). Dieser Befehl besteht aus zwei Teilen: der Angabe der zu rekodierenden Variablen und nachfolgend die Rekodieranweisung:

```
110   #Rekodieren einer Variablen
111   daten$vneu <- Recode(daten$meineV1, "Rekodieranweisung")
```

In unserem Skript soll in eine neue Variable, hier benannt mit vneu, rekodiert werden. Daher erfolgt mittels Pfeiles die Zuweisung des Codes zu dieser neuen Variablen. Nachfolgend rufen wir die Funktion mit dem Befehl Recode auf. In der Klammer spezifizieren wir zunächst unseren Datensatz und unsere Variable. Wichtig ist hier, dass unsere Variable als Vektor mit Zahlenwerten vorliegen muss. Haben wir einen Faktor, so müssen wir diesen erst in einen Vektor ändern (siehe Abschn. 4.10).

Im Anschluss an die Spezifikation von Datensatz und Variable erfolgt die eigentliche Rekodieranweisung. Die zu rekodierenden Anweisungen stehen in Anführungszeichen und sind jeweils durch Semikolons getrennt. Das Prinzip der einzelnen Rekodierungen ist immer gleich. Zunächst erfolgt eine Angabe, anschließend ein Gleichheitszeichen und dann eine weitere Angabe. Die erste Angabe bezieht sich dabei auf die zu rekodierenden Daten. Die Angabe nach dem Gleichheitszeichen auf das gewünschte rekodierte Ergebnis. Dabei können wir in R eine Vielzahl unterschiedlicher Rekodierungen unterscheiden (siehe Tab. 4.2).

Nun haben wir im Prinzip unsere Variable rekodiert. Meist sollen solche Variablen als Faktor genutzt werden. Daher kombinieren wir in einem nächsten Schritt die Codeelemente von factor() und Recode(). Dabei nutzen wir innerhalb von factor() – zusätzlich zu unserer Variablen – deren Rekodieranweisung:

```
114   daten$fneu <- factor(Recode((daten$meineV1),
115                    "Recodieranweisung1; Recodieranweisung2"),
116                    levels = c(Zahl1, Zahl2),
117                    labels = c("Bezeichnung1", "Bezeichnung2"))
```

So erhalten wir in einem Schritt aus einem Vektor einen rekodierten Faktor mit korrekt beschrifteten Ausprägungen.

Tab. 4.2 Syntaxbefehle zum Rekodieren von Variablen

Sytax der Rekodierung	Bedeutung
x = x	Zahl x soll Zahl x bleiben
x = NA	Zahl x soll zu NA werden
c(x, y) = a	Die Zahlen x und y sollen zur neuen Zahl a werden
lo: x = b	Alle Zahlen von unten (lo für low) bis zur Zahl x sollen zur neuen Zahl b werden
x: hi = c	Alle Zahlen von x bis oben (hi für high) sollen zur neuen Zahl c werden
else = d	Alle anderen Zahlen, sprich alle Zahlen ohne konkrete Rekodieranweisung, sollen zur neuen Zahl d werden

Eigene Darstellung

In unserem dreckigen Datensatz möchten wir die Variable sozialer Haushalt als Faktor rekodieren. Die Variable gibt an, mit wie vielen Personen die Befragten zusammen in einem Haushalt leben und hat Werte zwischen 0 und 19. Aus dieser Variable soll eine rekodierte Variable mit vier Gruppen entstehen: Single-Haushalte (0 Personen im Haushalt), Paar-Haushalte (1 Person im Haushalt), Familien (2–4 Personen im Haushalt) und Großfamilien (alles über 5 Personen im Haushalt). Wir benutzen hier direkt `Recode` und `factor` in einem Schritt. Dementsprechend ist die folgende Syntax aufgebaut:

```
113  daten$soz_haushalt <- factor(Recode((daten$soz_haushalt),
114                      '0 = 1; 1 = 2 ; c(2, 3, 4) = 3; 5:hi = 4'),
115                      levels = c(1,2,3, 4),
116                      labels = c("1 Pers.HH", "2 Pers.HH",
117                      "3-4 Pers.HH", "Mehrpers.HH"))
```

Wir rufen zunächst die Funktion `factor` auf. Der erste Teil innerhalb der Klammer ist dann nicht die einzelne Variable, die wir rekodieren möchten, sondern unser gesamter `Recode` – Befehl. Gemäß unseren Vorstellungen der Zielvariablen wird die Zahl 0 zur neuen Ausprägung 1. Die Zahl 1 wird zur neuen Ausprägung 2. Die Zahlen 2, 3 und 4 werden zur neuen Ausprägung 3 und alles über 5 wird zur neuen Ausprägung 4. Anschließend legen wir in `levels` unsere neu geschaffenen Ausprägungen 1, 2, 3 und 4 fest. Unter `labels` haben wir diese dementsprechend mit 1 Pers. HH, 2 Pers. HH, 3–4 Pers. HH und Mehrpers. HH benannt.

4.11   Daten filtern und Fälle auswählen

Wir haben in R verschiedene Möglichkeiten unser Datenset zu filtern oder einzelne Fälle auszuwählen. Wir stellen im Folgenden zwei Möglichkeiten vor. Die Fallauswahl mit eckigen Klammern und die Fallauswahl mit dem `subset`-Befehl.

4.11.1 Fälle auswählen mit eckigen Klammern

Bereits aus dem Abschn. 4.9 (siehe oben) ist uns die Zeilen- und Spaltenlogik bekannt: Ein Datensatz besteht aus Zeilen und Spalten, denen jeweils Nummern zugeordnet werden können. Wenn wir diese Nummer kennen, können wir mittels eckiger Klammern auf die einzelnen Zeilen und Spalten zugreifen:

```
137   #Allgemeines Muster
138   daten_neu <- daten[Auswahl Zeile, Auswahl Spalte]
```

Wenn wir einen Teildatensatz auswählen möchten, müssen wir diesen zunächst benennen. Hier wurde der Name *daten_neu* gewählt. Mit einem Pfeil können wir diesem Datensatz dann unsere Auswahl zuweisen. Bei der Auswahl muss zunächst der Name des ursprünglichen Datensatzes aufgerufen werden. Anschließend erfolgt in eckigen Klammern die Auswahl. Dabei muss als erstes die Auswahl für die Zeilen des Datensatzes getroffen werden, nach einem Komma erfolgt die Auswahl der Spalten (siehe Tab. 4.3).

In unserem dreckigen Datensatz haben wir beispielsweise noch die Variable `jahr`, welche angibt, wann die Befragung durchgeführt wurde. Für unsere weiteren Berechnungen ist diese Variable jedoch nicht von Relevanz, weshalb wir diese ausschließen möchten. Dazu nutzen wir die eckigen Klammern und geben in diesen alle Spaltennamen bis auf den Namen der Variablen `jahr` an:

```
140   names(daten)
141   daten <- daten[,c("tv_minuten","radio_minuten","www_minuten", "tz_minuten",
      "buch_minuten", "spiel_minuten", "altersgruppe", "soz_haushalt", "soz_partner",
      "geschlecht", "gem_tvp", "gem_tvv", "gem_tvf", "gem_radiop", "gem_radiov",
      "gem_radiof", "sozinf_a",  "soz_haushalt_n", "tv_konsum","radio_konsum")]
142
143   daten1 <- daten[, c(1:17, 19, 20)]
```

Tab. 4.3 Auswahl-Optionen für Zeilen und Spalten

Auswahl-Option	Bedeutung
`[x, ]`	Keine Spaltenangabe (keine Angabe nach dem Komma) bedeutet, dass alle Spalten ausgewählt werden sollen. Hier möchten wir demnach die Zeile x aller Spalten
`[, x]`	Hier wurde keine Spezifikation für die Zeile getroffen. Wir möchten demnach alle Zeilen der Spalte x
`[x: z, ]`	Ein Doppelpunkt zwischen zwei Zahlen gibt an, dass diese Zahlen und alle dazwischen ausgewählt werden sollen. Keine Spaltenangabe (keine Angabe nach dem Komma) bedeutet, dass alle Spalten gewählt werden sollen. Diese Auswahl bedeutet demnach die Zeilen x bis z aus allen Spalten
`[, x: z]`	Hier wurde keine Zeilenangabe gemacht. Diese Angabe bedeutet demnach alle Zeilen aus den Spalten x bis z
`[, "Spaltenname x"]`	Es ist tendenziell immer einfacher und kürzer auf die Spaltenzahl zu verweisen. Alternativ können wir auch auf den Spaltennamen verweisen (Groß- und Kleinschreibung beachten). Hier wollen wir also alle Zeilen aus der Spalte mit dem *Spaltennamen x*
`[daten$VariableX == z, ]`	Neben der eher einfachen Auswahl können wir auch Bedingungen festlegen. Hier möchten wir alle Spalten, in denen die VariableX die Ausprägung z hat

Eigene Darstellung

Da diese Variante vergleichsweise viel Schreibarbeit erfordert, ist es in diesem Fall vermutlich sinnvoller, auf die Spaltennummer im Datensatz zu verweisen. Mit `names()` sehen wir, dass die Variable `jahr` sich an Spaltennummer 18 befindet. Nun können wir mittels der zuvor vorgestellten Optionen recht einfach die Spalten 1 bis 17 auswählen. Durch das combine-c sagen wir, dass wir diese Zeilen, sowie die Spalten 19 und 20 auswählen wollen (Zeile 143).

Beide Schreibweisen können genutzt werden, um einen Teildatensatz zu erstellen. Welche man wählt, hängt von den eigenen Präfenzen ab. Im Sinne einer „fauleren Programmierung" würde man eventuell zur zweiten Schreibweise tendieren, da diese weniger Schreibaufwand erfordert.

4.11.2 Fälle auswählen mittels subset-Befehl

Eine genauere Auswahl einzelner Fälle ermöglicht uns die Funktion subset:

```
160   daten_neu <- subset(daten,
161                subset = Bedingung,
162                select = c("Var1", "Var2", "Var3"...))
```

Diese wird mit dem Befehl subset aufgerufen und besteht aus drei Bestandteilen: der Angabe des Datensatzes, einer Bedingung (subset) und einer Auswahl (select).

Innerhalb des Befehls subset können Bedingungen festgelegt werden, das bedeutet, wir können hier bestimmen, inwiefern unsere Daten gefiltert werden sollen. Dazu können wir verschiedene Operatoren nutzen (siehe Tab. 4.4).

Für Faktoren, also für nominale Daten, bieten sich insbesondere die ersten beiden Bedingungen an. Hier könnte man beispielsweise alle Fälle filtern, die eine bestimmte Ausprägung haben. Ebenso kann das ungleich-Zeichen (! =) verwendet werden, wenn man alle Ausprägungen bis auf eine möchte. Statt einer Zahl können wir hier auch den Namen einer Ausprägung benutzen. Dieser muss dann lediglich in Anführungszeichen stehen, bspw. V1 = = „Männlich". Für Vektoren bieten sich insbesondere die größer- und kleiner-Symbole an. Hier könnte man filtern für alle Fälle die größer (gleich) oder kleiner (gleich) einer bestimmten Zahl sind. Zuletzt haben wir noch den Befehl select (englisch für auswählen). Dieser ist optional, das bedeutet wir benötigen diesen Zusatz nicht unbedingt. Innerhalb des Befehls select können wir zusätzlich zum Befehl subset weitere Einschränkungen treffen, indem wir angegeben, dass

Tab. 4.4 Mögliche Bedingungen zur Datenauswahl innerhalb des subset-Befehls

Bedingung	Bedeutung
V1 == x	V1 ist gleich der Zahl x
V1 ! = x	V1 ist ungleich der Zahl x
V1 > x	V1 ist größer als die Zahl x
V1 >= x	V1 ist größer oder gleich der Zahl x
V1 < x	V1 ist kleiner als die Zahl x
V1 <= x	V1 ist kleiner oder gleich der Zahl x

Eigene Darstellung

nur bestimmte Variablen angezeigt werden sollen. Die auszuwählenden Variablennamen müssen jeweils durch Kommata getrennt und in Anführungszeichen aufgeführt werden.

In unserem Beispiel wollen wir einen Teildatensatz erstellen, der lediglich Personen beinhaltet, die weniger als eine Stunde fernsehen. Zudem möchten wir lediglich die Variablen tv_minuten, radio_minuten und www_minuten angezeigt bekommen. Um dieses Ergebnis zu erreichen, benötigen wir den Befehl subset und den Befehl select, wie in der folgenden Syntax dargestellt:

```
159  daten_tv60 <- subset(daten,
160              subset = tv_minuten < 60,
161              select = c("tv_minuten", "radio_minuten", "www_minuten"))
```

4.12 Berechnen von Variablen

In R funktionieren die normalen mathematischen Operatoren (siehe Tab. 4.5). Insofern können wir uns diese auch beim Datenmanagement zu Nutze machen. Zunächst können wir mit mehreren unterschiedlichen Variablen rechnen. So können wir mit unserem dreckigen Datensatz eine neue Variable erstellen, welche die Gesamtmedienzeit ausgibt. Dazu addieren wir einfach die einzelnen Medienformen4:

```
190  daten$gesamt_medien <- daten$tv_minuten + daten$radio_minuten +
     daten$www_minuten + daten$spiel_minuten + daten$tz_minuten + daten$buch_minuten
```

Tab. 4.5 Mathematische Operatoren in R

Operator in R	Bedeutung
+	Addition
−	Subtraktion
*	Multiplikation
/	Division
^x	Potenz von etwas, beispielsweise ^2

Eigene Darstellung

Des Weiteren können wir auch innerhalb einer Variablen Berechnungen anstellen. Haben wir beispielsweise die Mediennutzungszeit in Minuten erhoben, können wir diese in Stunden umrechnen:

```
187  daten$tv_hour <- round(daten$tv_minuten/60)
```

Unabhängig von der Anzahl der zu berechnenden Variablen sind die mathematischen Operatoren jeweils dieselben (siehe Tab. 4.5).

4.13 Ausprägungen über mehrere Variablen hinweg zählen

Wir stellen uns vor, wir haben eine Befragung erstellt, in welcher wir mit verschiedenen Items ein Thema untersuchen möchten. Im Anschluss an die Befragung vermuten wir jedoch, dass manchen Personen sich nicht wirklich für unsere Befragung interessiert haben und daher einfach immer die höchste Ausprägung angekreuzt haben. Im Anschluss an unsere Befragung möchten wir gerne diese Personen bestimmen und ggf. aus unserem Datensatz herausfiltern. Hier interessiert uns demnach nicht, welche Items wie von einer Person angekreuzt wurden, sondern bei wie vielen Items ein bestimmter Wert vergeben wurde. Um diese Anzahl in R herauszufinden, können wir eine Kombination der zuvor erwähnten Methoden nutzen. In unserem Musterskript wurden die Ausprägungen über zwei Variablen hinweg betrachtet. Möchte man mehr Variablen vergleichen, müssen entsprechend mehr Variablen rekodiert und zusammengerechnet werden.

Zunächst müssen wir bestimmen, was wir zählen möchten, also welche Zahl oder welchen Zahlenbereich wir uns über verschiedene Variablen hinweg anschauen möchten. Hierzu nutzen wir die bereits bekannte Funktion `Recode` (siehe Abschn. 4.11). Dabei rekodieren wir in sogenannte Dummy-Variablen, wobei der uns interessierende Wert die Zahl 1 annimmt und wir mittels `else = 0` alle anderen Werte auf 0 setzen:

```
201  #Erstellen der Dummyvariablen
202  daten$v1n <- Recode(daten$meineV1, "x = 1; else = 0")
203  daten$v2n <- Recode(daten$meineV2, "x = 1; else = 0")
```

In einem nächsten Schritt können wir dann mittels mathematischer Operatoren (+ oder wahlweise der Funktion sum()) die neu rekodierten Variablen zusammenrechnen. Das Ergebnis spiegelt wider, wie oft die Personen über mehrere Variablen hinweg eine bestimmte Antwort gegeben haben:

```
205  #Zählen des Vorkommens
206  daten$zahl <- daten$v1n + daten$v2n
```

Auf diese Weise können wir Sonderfälle bestimmen, welche bezüglich mehrerer Merkmale Auffälligkeiten aufweisen. Ermitteln wir mit diesem Verfahren Fälle, welche nicht für unsere Analyse in Frage kommen, können wir diese beispielsweise mit der subset() – Funktion aus unserem Datensatz herausfiltern.

In unserem Beispiel suchen wir nach Personen, die weder das Fernsehen noch die Tageszeitung nutzen. Dafür rekodieren wir zunächst die Variablen tv_minuten und tz_minuten:

```
199  #Erstellen der Dummyvariablen
200  tv_auswahl <- Recode(daten$tv_minuten, "0 = 1; else = 0")
201  tz_auswahl <- Recode(daten$tz_minuten, "0 = 1; else = 0")
```

Im Anschluss addieren wir diese beiden Werte. Aufgrund der Rekodierung und unserer anschließenden Berechnung spiegelt unsere neue Variable die Medienvermeidung wider. Eine 0 der neuen Variablen steht daher für die Rezeption (=keine Vermeidung) der beiden Formate. Eine 1 bedeutet, ein Format wird nicht rezipiert, wohingegen eine 2 bedeutet, dass beide Formate vermieden werden.

4.14 R-Datensatz speichern

Wie bereits zu Anfang des Kapitels erwähnt, möchten wir nicht alle Datentransformationen in jeder Berechnung erneut wiederholen. Daher können wir nach erfolgtem Datenmanagement unseren Datensatz speichern, um auf diesen in der weiteren Berechnung zurückgreifen zu können. Dazu nutzen wir den Befehl save(). Innerhalb von save müssen wir zunächst den Namen unseres Datensatzes angeben. Anschließend erfolgt der Zusatz file = . Hier müssen wir den gewünschten Namen der Datei innerhalb von Anführungszeichen eingeben. Dieser endet jeweils auf .Rda als Zusatz für einen R-Datensatz. Ein save-Befehl könnte demnach wie folgt aussehen:

```
213  save(meinDatenname, file = "meinDatenname.Rda")
```

Um unseren dreckigen Datensatz abzuspeichern, müssen wir noch einen
Zusatzschritt hinzufügen. Der Datensatz in den weiteren Kapiteln heißt
daten_sauber. Daher müssen wir unseren zuvor umbenannten Datensatz
daten nun in daten_sauber umbenennen. Anschließend speichern wir
diesen als daten_sauber.Rda:

```
210  daten_sauber <- daten
211  save(daten_sauber, file = "daten_sauber.Rda")
```

So können wir in den weiteren Buchkapiteln diesen bereinigten Datensatz nutzen.

4.15   Pakete und Funktionen des Kapitels Datenmanagement

Siehe Tab. 4.6

Tab. 4.6 Übersicht über die Pakete und Befehle des Kap. 4

Paket	Quelle	Funktion	Effekt
base	R Core Team, 2020	`as.numeric(as.character())`	Verwandelt eine Variable in einen Vektor
		`class()`	Zeigt die Klasse einer Variablen an
		`cut()`	Teilt eine metrische Variable
		`droplevels()`	Bereinigt nicht genutzte Ausprägungen eines Faktors
		`factor()`	Verwandelt eine Variable in einen Faktor
		`head()`	Zeigt die ersten Zeilen eines Datensatzes an
		`levels()`	Zeigt die Ausprägungen eines Faktors an
		`load()`	Lädt R-Dateien
		`names()`	Zeigt die Namen der Variablen an
		`ncol()`	Zeigt die Anzahl der Spalten an
		`nrow()`	Zeigt die Anzahl der Zeilen an
		`read.csv()`	Liest CSV-Dateien ein

(Fortsetzung)

Tab. 4.6 (Fortsetzung)

Paket	Quelle	Funktion	Effekt
		`read.delim()`	Liest tab-delimited Dateien ein
		`read.table()`	Liest Textdateien ein
		`round`	Rundet eine Variable
		`save()`	Speichert einen R-Datensatz
		`str()`	Gibt einen Überblick über den Datensatz und die einzelnen Variablen
		`subset()`	Wählt einen Teildatensatz aus
		`summary()`	Gibt die wichtigsten Kennwerte zu den einzelnen Variablen
		`tail()`	Zeigt die letzten Zeilen eines Datensatzes an
		`View()`	Öffnet eine Datenansicht in einem neuen Fenster
		`which.max()`	Zeigt die Zeile mit dem Maximum an
		`which.min()`	Zeigt die Zeile mit dem Minimum an

(Fortsetzung)

Tab. 4.6 (Fortsetzung)

Paket	Quelle	Funktion	Effekt
car	Fox & Weisberg, 2019	Recode()	Rekodiert Variablen
haven	Wickham & Miller, 2020	read_spss	Liest SPSS-Dateien ein
		read_stata	Liest Stata-Dateien ein
pacman	Rinker & Kurkiewicz, 2018	p_load	Installiert und lädt Pakete
readxl	Wickham & Bryan, 2019	read_excel	Liest Excel-Dateien ein

Eigene Darstellung

Literatur

Fox, J., & Weisberg, S. (2019). *An R companion to applied regression* (3. Aufl.). Sage. https://socialsciences.mcmaster.ca/jfox/Books/Companion/.

Luhmann, M. (2015). *R für Einsteiger: Einführung in die Statistiksoftware für die Sozialwissenschaften. Mit Online-Material* (Originalausgabe, 4., überarbeitete Aufl.). Beltz.

Lüdecke, D. (2020). *sjlabelled: Labelled Data Utility Functions. R package version 1.1.7.* https://CRAN.R-project.org/package=sjlabelled.

R Core Team. (2020). *R: A language and environment for statistical.* Vienna, Austria. R Foundation for Statistical Computing. https://www.R-project.org/.

Rinker, T. W., & Kurkiewicz, D. (2018). *Pacman: Package management for R. version 0.5.0.* http://github.com/trinker/pacman.

Wickham, H. (2021). *R Documentation: Read_excel function.* https://www.rdocumentation.org/packages/readxl/versions/0.1.1/topics/read_excel.

Wickham, H., & Bryan, J. (2019). *Readxl: Read excel files. R package: version 1.3.1.* https://CRAN.R-project.org/package=readxl.

Wickham, H., Hester, J., & François, R. (2018). *readr: Read rectangular text data: R package version 1.3.1.* https://CRAN.R-project.org/package=readr.

Wickham, H., & Miller, E. (2020). *haven: Import and Export 'SPSS', 'Stata' and 'SAS' Files.: R package version 2.3.1.* https://CRAN.R-project.org/package=haven.

Wollschläger, D. (2016). *R kompakt: Der schnelle Einstieg in die Datenanalyse* (2. Aufl.). *Springer-Lehrbuch.* Springer Spektrum. https://doi.org/10.1007/978-3-662-49102-7.

Exkurs tidyverse

5

Zusammenfassung

Im Exkurs tidyverse besprechen wir eine alternative Vorgehensweise des Datenmanagements. Zunächst werden das Paket tidyverse und das dahinterliegende Universum vorgestellt, wobei wir insbesondere auf die Unterschiede in der Struktur der Codes zwischen Base R und tidyverse eingehen. Anschließend stellen wir fünf wichtige Methoden des Datenmanagements mit tidyverse vor: Rekodieren von Faktoren, Erzeugen von Teildatensätzen, Berechnen und Sortieren von Variablen sowie Umgang mit fehlenden Werten.

Schlüsselwörter

tidyverse • Rekodieren • Teildatensätze • Berechnen von Variablen • Sortieren • fehlende Werte • select • filter • mutate • arrange • drop_na

5.1 Das tidyverse Universum

Sie haben bisher das Datenmanagement mit Base R kennengelernt und wie Sie mit den vorinstallierten Base R-Funktionen einen unbereinigten Datensatz für Ihre Auswertungen aufbereiten können. Tendenziell können Sie Base R mit selbst geschriebenen Funktionen beliebig erweitern und so alle Schritte des Datenmanagements abdecken. Jedoch würde dies vergleichsweise viel Aufwand und Expertise erfordern. Aus diesen Gründen verwenden die meisten R-Nutzer*innen bereits vorhandene R-Pakete. *tidyverse* wurde von Hadley

---

Ergänzende Information Die elektronische Version dieses Kapitels enthält Zusatzmaterial, auf das über folgenden Link zugegriffen werden kann https://doi.org/10.1007/978-3-658-34285-2_5.

89

Wickham und Kollegen (2019) entwickelt und ist ein mächtiges Tool für verschiedene Aufgaben des Datenmanagements. Das Paket kann für die Aufbereitung, Bereinigung, Transformation, Programmierung und Visualisierung von Daten genutzt werden (Wickham et al., 2019). *tidyverse* ist dabei kein einzelnes Paket, sondern der Zusammenschluss verschiedener Pakete, welche alle derselben Programmierlogik folgen. Somit lassen sich die Befehle der einzelnen Pakete gut miteinander – und mit Base R – kombinieren (Hadley, 2017). Mit dem Befehl `if(!require("tidyverse")){install.packages("tidyverse"); library(tidyverse)}` können Sie alle zum *tidyverse* zugehörigen Pakete installieren. Die folgende Infografik (siehe Abb. 5.1) verschafft einen Überblick über die Eigenschaften und Aufgaben der Pakete von *tidyverse*.

Neben den zusätzlichen Funktionen der einzelnen Befehle nutzt der *tidyverse*-Code die Verwendung von *Pipes* (in R gekennzeichnet durch `%>%`) und damit eine andere Art der Syntax. Diese Syntax muss zunächst neu eingeübt werden, lässt sich aber im Vergleich zu Base R-Codes schneller schreiben und leichter nachvollziehen. Somit bietet *tidyverse* ebenfalls eine effektive Vorgehensweise des Datenmanagements, welche wir zumindest in Teilen auch innerhalb der weiteren Kapitel nutzen. In diesem Kapitel werden wir uns mit den Paketen *dplyr, tidyr* und *forcats* beschäftigen. Weitere Details zu anderen Paketen finden Sie bei Wickham und Grolemund (2017) oder unter *tidyverse.org*. Dem Grafikpaket *ggplot2* wiederum haben wir ein eigenes Kapitel gewidmet (siehe Kap. 6), da wir innerhalb des Buches wiederholt auf *ggplot2*-Grafiken verweisen.

Abb. 5.1 Das tidyverse-Universum

Eigene Darstellung nach Wickham et al., 2019

Obwohl *tidyverse* weit verbreitet ist und wir das Paket oftmals nutzen, sollte *tidyverse* nicht als Ersatz für Base R betrachtet werden, sondern als Ergänzung. Darüber hinaus müssen Sie sich nicht für die eine oder andere Art der Syntax entscheiden. Stattdessen können beide Arten, Base R und *tidyverse,* kombiniert werden, um das Beste aus beiden Programmierwelten zu nutzen. Innerhalb der späteren Kapitel nutzen wir *tidyverse*-Codes vorrangig bei der Erstellung von Grafiken mit *ggplot2.*

5.2   Aufbau des R-Codes nach tidyverse-Prinzip

In den vorherigen Kapiteln haben Sie einige Base R-Codes kennengelernt und eine Vorstellung ihres Aufbaus bekommen. Der R-Code ist nach dem Zwiebel-prinzip aufgebaut (Vries & Meys, 2015, S. 43–44). Das bedeutet, Sie müssen ein Argument nach dem anderen und von außen nach innen lesen. Jedes Argument bildet eine Schicht und diese Schichten sind ineinander verschachtelt. Die Berechnung erfolgt jedoch in umgekehrter Reihenfolge. Das heißt, die letzte bzw. innere Schicht wird zuerst berechnet und die erste, bzw. äußere Schicht zuletzt. Zur Veranschaulichung zeigen wir Ihnen folgendes Beispiel zur Berechnung der relativen Häufigkeitstabelle für die Variable `v1` aus dem Datensatz `daten` mit der Funktion `prop.table()` und `table()` aus dem Base R Paket (R Core Team, 2020):

```
kable(prop.table(table(daten$v1))*100)
```

Innerhalb des Befehls berechnen wir zunächst eine absolute Häufigkeitstabelle mit `table(daten$v1)`. Dann wird aus dieser Tabelle mit `prop.table()` eine relative Häufigkeitstabelle berechnet. Die Ergebnisse der relativen Häu-figkeitstabelle werden mit 100 multipliziert, um die Prozentwerte zu erhalten. Zuletzt wird die erstellte Häufigkeitstabelle mit der Funktion `kable()` aus dem Paket *knitr* (Xie, 2020) verschönert.

Für Personen mit geringem Programmierwissen kann dieses Zwiebelprinzip und der Aufbau des Codes verwirrend wirken. *tidyverse* bietet einen anderen Aufbau des R-Codes. Innerhalb von *tidyverse* werden alle Argumente einzeln dargestellt und in der geschriebenen Reihenfolge berechnet. Dies erleichtert das Lesen und Nachvollziehen der einzelnen Codebestandteile (Wickham & Grole-mund, 2018, S. 57). Die Codebestandteile oder Argumente werden durch eine sogenannte Pipe `%>%` getrennt, welche beim Lesen des Codes als „dann" ausge-sprochen wird (Wickham & Grolemund, 2018, S. 58). Diese Pipes sind zentral für *tidyverse,* da sie die verwendeten Codes strukturieren. Eine Pipe kann durch die Kombination von Prozentzeichen und größer Zeichen oder mit dem Shortcut Strg + Shift + M (Mac: Cmd + Shift + M) erzeugt werden.

Die Pipe stammt aus dem Paket *magrittr* von Milton und Wickham (2014) und wird beim Laden des Paketes *tidyverse* automatisch mitgeladen (Wickham & Grolemund, 2018). Unser Beispiel der `prop.table()` kann nach diesem Prinzip wie folgt umgeschrieben werden, wobei wir zur besseren Lesbarkeit jeden Schritt in einer eigenen Zeile darstellen:

```
tabelle <- daten %>%
  select(v1) %>%
  table() %>%
  prop.table() %>%
  "*"(100) %>%
  kable()
```

Die kombinierten Funktionen werden nicht mehr von außen nach innen, sondern von vorne nach hinten gelesen. Der Code fängt dabei immer mit unserem Datensatz `daten` an. So müssen wir den Datensatz nur einmalig definieren und nicht wie in Base R vor den einzelnen Variablen aufrufen. Danach wird die untersuchte Variable mit dem Befehl `select()` ausgewählt. Im nächsten Schritt wird die absolute Häufigkeitstabelle mit dem Befehl `table()` erstellt und die Häufigkeitstabelle mit Prozentwerten mit dem Befehl `prop.table()` und `"*"(100)` berechnet. Zuletzt wird mit der Funktion `kable()` aus dem Paket *knitr* (Xie, 2020) die erstellte Häufigkeitstabelle verschönert. Diese Art der Syntax stellt die einzelnen Berechnungsschritte und Aktionen in den Vordergrund mit denen Argumenten durchgeführt werden (Wickham & Grolemund, 2018, S. 246). Da die Schritte nicht mehr ineinander verschachtelt sind, ist auf einen Blick ersichtlich, was in jedem Schritt berechnet wird. Zudem werden mehrfache Klammerzeichen gespart, welche eine Fehlerquelle in R darstellen können. Nach dem alle Schritte durchgeführt wurden, müssen wir die Veränderungen abspeichern. In unserem Beispiel möchten wir die erzeugte Häufigkeitstabelle unter dem Namen `tabelle` speichern. Deshalb haben wir in der ersten Zeile vor dem den Zuweisungspfeil < - den Namen `tabelle` verwendet (`tabelle <- daten %>%...`). Somit signalisieren wir R, dass wir ein neues Objekt (in diesem Fall eine Häufigkeitstabelle) erzeugen möchten.

In den nächsten Abschnitten zeigen wir Ihnen *tidyverse*-Alternativen für die Base R-Codes des Kapitels Datenmanagement. Für die Arbeit mit R bietet sich sowohl Base R, als auch *tidyverse* an. Welche Art des Datenmanagements Sie nutzen, müssen Sie für sich entscheiden. Oftmals ist es auch sinnvoll, beide Arten miteinander zu verbinden.

5.3   Faktoren rekodieren: Faktorenstufen ändern oder zusammenfassen

Sie haben eine Variable in Form eines Faktors, dessen Ausprägungen nicht sinnvoll kodiert sind. Ein Beispiel für solch eine Variable wäre zum Beispiel die folgende (siehe Abb. 5.2).

Eigentlich sollte ein höherer Wert eine höhere Lebenszufriedenheit bedeuten. Die ursprüngliche Kodierung dieses Faktors könnte jedoch zu einer gegensätzlichen Interpretation führen. Solche Faktoren sollen vor Ihrer tatsächlichen Auswertung invertiert bzw. umkodiert werden. Mit der Funktion recode_factor() aus dem Paket *dplyr* (Wickham et al., 2020) können Sie in wenigen Schritten die Faktorstufen eines Faktors umkodieren. Beim Umkodieren von Variablen ist es zu empfehlen, eine neue Variable zu erzeugen. Um mit *tidyverse* eine neue Variable zu erstellen und diese in Ihren vorhanden Datensatz hinzuzufügen, müssen Sie die Funktion mutate() (verändern oder mutieren) verwenden (Wickham et al., 2020). Diese Funktion erlaubt es, vorhandene Variablen zu verändern oder neue Variablen zu erstellen. Wenn Sie eine Variable v1 duplizieren möchten und diese unter dem Namen v2 im Datensatz speichern möchten, verwenden Sie mutate() wie folgt:

```
daten <- daten %>%
  mutate(v2=v1)
```

Innerhalb der Funktion mutate() definieren Sie zunächst den Namen der neuen Variablen und anschließend die Methode, wie diese Variable berechnet werden soll. In unserem Beispiel möchten wir eine neue Variable v2 erstellen, welche identisch mit der vorhanden Variable v1 ist. Dieser Funktion verwenden Sie im Laufe dieses Exkurses öfters begegnen. Möchten Sie die neu erzeugte Variable

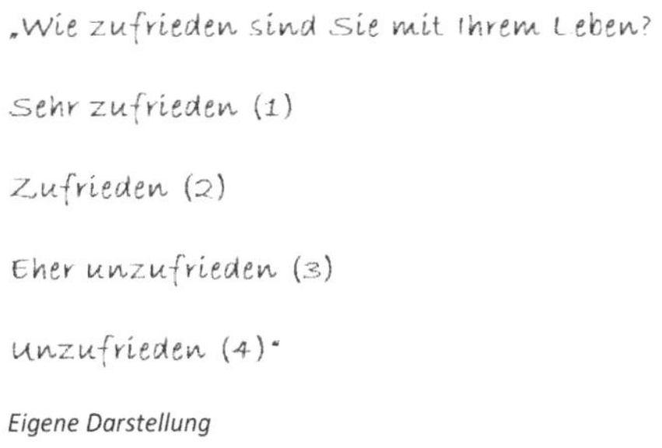

Abb. 5.2 Beispiel einer invertierten Variablen. (Eigene Darstellung)

„Wie zufrieden sind Sie mit Ihrem Leben?

Sehr zufrieden (1)

Zufrieden (2)

Eher unzufrieden (3)

Unzufrieden (4)"

Eigene Darstellung

Ihrem vorhandenen Datensatz hinzufügen, so müssen Sie diese ihrem aktuellen Datensatz (hier `daten`) durch einen Pfeil zuweisen: `daten <- daten %>% mutate(v2 = v1)`. Wenn Sie hingegen Ihrem Datensatz keine neuen Variablen hinzufügen möchten, müssen Sie vor dem Pfeil einen anderen Namen, bspw. `daten_neu` nutzen.

Im Folgenden wird das Vorgehen des Umkodierens mit *tidyverse* erläutert. Sie sollten zunächst den Datensatz und die Variablen laden. An Stelle von `meine Daten` geben Sie den Namen Ihres Datensatzes ein (Zeile 20). Um weitere Schritte der Berechnung zu vereinfachen, empfehlen wir Ihnen, den Datensatz in `daten` und die umzukodierende Variable als `v1` umzubenennen (Zeile 21 & 22).

```
16  #Installieren und Laden der Pakete
17  if (!require("tidyverse")) {install.packages("tidyverse"); library(tidyverse)}
18
19  #Laden und Auswahl der Daten und Variablen
20  load("meineDaten.Rda")
21  daten <- meineDaten
22  daten$v1 <- daten$meineV1
23
24  #Faktorstufen ändern
25  daten <- daten %>%
26    mutate(meineneueV1 = recode_factor(v1,
27                  "meine alte Ausprägung1" = "meine neue Ausprägung1",
28                  "meine alte Ausprägung2" = "meine neue Ausprägung2",
29                  "meine alte Ausprägung3" = "meine neue Ausprägung3",
30                  "meine alte Ausprägung4"= "meine neue Ausprägung4"))
```

Beim Umkodieren der Variable `v1` ist es sinnvoll, eine neue Variable zu erzeugen. Dafür verwenden Sie die Funktion `mutate()`. Als erstes Argument in `mutate()` müssen Sie den Namen der zu erzeugenden Variablen eingeben (Zeile 26). Falls Sie den Namen der umzukodierenden Variable beibehalten und diese mit neuen Werten überschreiben möchten (also Umkodieren in dieselbe Variable), geben Sie statt `meineneueV1` den Namen Ihrer alten Variablen (hier `v1`) wieder ein (Zeile 26). Möchten Sie jedoch eine neue Variable erzeugen (Umkodieren in eine andere Variable), so geben Sie anstelle von `meineneueV1` einen anderen Variablennamen an.

Nachdem Sie mit `mutate()` die Variable erzeugt haben, müssen wir im nächsten Auswertungsschritt festlegen, dass wir `v1` umkodieren möchten. Die Funktion `recode_factor()` wird für diese Umkodierung genutzt. Nach der Angabe des zu rekodierenden Faktors (Zeile 26) folgen die Ausprägungspaare. Diese sind alle nach dem folgenden Prinzip aufgebaut: alte Ausprägung =

neue Ausprägung. Diesen Vorgang wiederholen Sie für jede Ausprägung Ihrer Variablen (Zeile 27–30):

```
24  #Faktorstufen ändern
25  daten <- daten %>%
26    mutate(meineneueV1 = recode_factor(v1,
27              "meine alte Ausprägung1" = "meine neue Ausprägung1",
28              "meine alte Ausprägung2" = "meine neue Ausprägung2",
29              "meine alte Ausprägung3" = "meine neue Ausprägung3",
30              "meine alte Ausprägung4"= "meine neue Ausprägung4"))
```

Neben dem Ändern von einzelnen Ausprägungen, möchte man auch oftmals Ausprägungen zusammenfassen oder ändern. Die Funktion `fct_collapse()` aus dem Paket *forcats* (Wickham, 2020) ermöglicht Ihnen diese Transformation. Diese Funktion ist für die Zusammenfassung von Faktorausprägungen gedacht und deshalb nur für den Datentyp Faktoren geeignet (Zeile 33–41).

```
32  #Faktorstufen zusammenfassen
33  daten <- daten %>%
34    mutate(meineneueV2 =
35          fct_collapse(meineneueV1,
36                  neueAusprägung1 =
37                      c('meine neue Ausprägung1',
38                       'meine neue Ausprägung2'),
39                  neueAusprägung2 =
40                      c('meine neue Ausprägung3',
41                       'meine neue Ausprägung4')))
```

Anhand des folgenden Beispiels möchten wir Ihnen das Zusammenfassen von Faktorausprägungen mit der Funktion `fct_collapse` genauer erläutern. Wir möchten den Faktor `altersgruppe` umkodieren, welchen wir als `v1` bezeichnet haben (Zeile 22). Dieser umfasst in seiner ursprünglichen Form sechs Ausprägungen: `"15-24 Jahre"`, `"25-34 Jahre"`, `"35-44 Jahre"`, `"45-54 Jahre"`, `"55-64 Jahre"` und `"65-74 Jahre"`. Die Anzahl der Ausprägungen möchten wir beibehalten, jedoch die einzelnen Ausprägungen als Zahlenwerte (von 1 bis 6) umkodieren. Um die alte und neue Variable im Vergleich darstellen zu können, haben wir eine neue Variable `altersgruppe_n` erzeugt:

Abb. 5.3 Ergebnis der	altersgruppe	altersgruppe_n
Umkodierung der variablen	<fct>	<fct>
v1	1 15-24 Jahre	1
	2 25-34 Jahre	2
	3 35-44 Jahr	3
	4 15-24 Jahre	1
	5 45-54 Jahre	4
	6 55-64 Jahre	5
	7 15-24 Jahre	1
	8 35-44 Jahr	3
	9 55-64 Jahre	5
	10 15-24 Jahre	1

```
16  #Installieren und Laden der Pakete
17  if (!require("tidyverse")) {install.packages("tidyverse"); library(tidyverse)}
18
19  #Laden und Auswahl der Daten und Variablen
20  load("daten_dreckig.Rda")
21  daten <- daten_dreckig
22  daten$v1 <- daten$altersgruppe
23
24  #Faktorstufen ändern
25  daten <- daten %>%
26    mutate(altersgruppe_n = recode_factor(v1,
27                "15-24 Jahre" = "1",
28                "25-34 Jahre" = "2",
29                "35-44 Jahr" = "3",
30                "45-54 Jahre"= "4",
31                "55-64 Jahre" = "5"))
```

Das Ergebnis[1] der Umkodierung sieht wie folgt aus (Abb. 5.3):

In einem nächsten Schritt möchten wir die Ausprägungen der umkodierten Variablen altersgruppe_n in weniger Ausprägungen zusammenfassen. Dafür erstellen wir einen neuen Faktor mit den Namen alter, welcher über drei neue Ausprägungen verfügt: jung, mittel und alt:

```
34  daten <- daten %>%
35    mutate(alter =
36          fct_collapse(altersgruppe_n,
37                  jung = c('1', '2'),
38                  mittel = c('3', '4'),
39                  alt = c('5')))
```

---

[1] Aus Platzgründen zeigen wir nur die ersten 10 Zeilen des Datensatzes.

Abb. 5.4 Ergebnis der
Zusammenfassung der
Variablen altergruppe_n

```
       altersgruppe altersgruppe_n alter
       <fct>        <fct>          <fct>
 1  15-24 Jahre     1              jung
 2  25-34 Jahre     2              jung
 3  35-44 Jahr      3              mittel
 4  15-24 Jahre     1              jung
 5  45-54 Jahre     4              mittel
 6  55-64 Jahre     5              alt
 7  15-24 Jahre     1              jung
 8  35-44 Jahr      3              mittel
 9  55-64 Jahre     5              alt
10  15-24 Jahre     1              jung
```

Das Ergebnis der Zusammenfassung sieht wie folgt aus (Abb. 5.4).

5.4 Teildatensätze bilden

Ähnlich wie bei Base R ist es mit *tidyverse* ebenfalls möglich, bestimmte Untersuchungsobjekte (Zeilen) oder Variablen (Spalten) auszuwählen und daraus einen Teildatensatz (englisch subset) zu bilden.

5.4.1 Zeilen aus einem Datensatz extrahieren

Die Funktion `filter()` aus dem Teilpaket *dplyr* (Wickham et al., 2020) ermöglicht es, einen Teil der Untersuchungsobjekte (Zeilen) eines Datensatzes nach Bedingungen zu filtern und zu extrahieren (Wickham & Grolemund, 2018, S. 43). Sie können eine oder mehrere Filterbedingungen formulieren. Als Ergebnis erhalten Sie einen Teildatensatz, in welchem lediglich die Untersuchungsobjekte enthalten sind, die Ihren Bedingungen entsprechen. Wenn Sie die Funktion `filter()` verwenden, bleiben alle Variablen Ihres Originaldatensatzes in Ihrem neu erstellten Teildatensatz erhalten. Wenn Sie nur eine Bedingung haben, müssen Sie in der Funktion `filter()` zunächst die Variable festlegen, welche eine entsprechende Bedingung erfüllen soll (Zeile 54). Anschließend erfolgt ein Operator (z. B. = =) und eine Bedingung. Statt dem Operator = = können Sie natürlich alle anderen Standardoperatoren in R verwenden (siehe auch Tab. 4.4). Statt `Bedingung1` formulieren Sie Ihre gewünschte Bedingung (Zeile 54):

```
52  #Subset mit einer Bedingung
53  subset1 <- daten %>%
54    filter(v1 == Bedingung1)
```

Für mehrere Bedingungen verwenden Sie das %in%-Zeichen. Nach diesem Zeichen können Sie die gewünschten Bedingungen formulieren. Wichtig ist hierbei, dass alle Funktion in einem Vektor c() stehen. Somit geben Sie an, dass Sie mehrere Bedingungen für das Filtern aufstellen möchten. Das folgende Beispiel kann wie folgt übersetzt werden: Im neu erstellten Teildatensatz subset2 werden alle Fälle extrahiert, deren v1 die Bedingung1 und Bedingung2 erfüllen.

```
56  #Subset mit mehreren Bedingungen
57  subset2 <- daten %>%
58    filter(v1 %in% c(Bedingung1, Bedingung2))
```

In unserem Beispiel wollen wir Befragte herausfiltern, die zwischen 15 und 24 Jahre alt sind. Deshalb filtern wir alle Befragten, die bei der Variablen altersgruppe_n, welche wir als v1 gespeichert haben, die Ausprägung 1 haben:

```
47  #Laden und Auswahl der Variablen
48  daten$v1 <- daten$altersgruppe_n
49  daten$v2 <- daten$soz_partner
50
51  #Subset mit einer Bedingung
52  subset1 <- daten %>%
53    filter(v1 == 1)
```

Als Ergebnis erhalten wir einen Datensatz mit 199 Befragten, wobei sich – gemäß unserer Bedingung – alle in der Altersgruppe 1 (15–24 Jahre) befinden.

Wir möchten darüber hinaus ein Subset (subset2) definieren, welches Befragte im Alter zwischen 25 und 44 Jahren enthält. Dementsprechend wählen wir die Faktorstufen 2 und 3 der Variable v1 aus:

```
56  subset2 <- daten %>%
57    filter(v1 %in% c(2, 3))
```

In diesem Subset befinden sich 448 Personen im Alter von 25 bis 44 Jahren. Wir können mit `filter()` Bedingungen für unterschiedliche Variablen kombinieren. Die einzelnen Bedingungen verbinden Sie mit dem &-Zeichen. Im `subset3` möchten wir Befragte im Alter (Variable `v1`) zwischen 15 und 24 Jahren, die Single (Variable `v2` für den Familienstand) sind, erhalten.

```
59   subset3 <- daten %>%
60     filter(v1 == "Single" &
61             v2 == 1)
```

In diesem Subset befinden sich nun 95 Personen, welche beide Bedingungen erfüllen.

5.4.2 Spalten auswählen

Für die einzelnen Auswertungen werden Sie oftmals nicht alle Variablen benötigen, die sich in Ihrem Datensatz befinden. Das Paket *dplyr* (Wickham et al., 2020) bietet Ihnen für diesen Fall die Funktion `select()`. Mit dieser Funktion können Sie bestimmte Variablen bzw. Spalten auswählen und erhalten einen kleineren Datensatz mit ausschließlich den von Ihnen ausgewählten Variablen. Alle Untersuchungsobjekte werden in diesem Datensatz berücksichtigt.

Beide Funktionen, `filter()` und `select()` dienen dem Zweck, einen Teildatensatz zu bilden und unterscheiden sich lediglich anhand der Art der Auswahl (siehe Abb. 5.5).

Innerhalb von select können Sie auf unterschiedliche Arten Spalten auswählen (siehe Tab. 5.1).

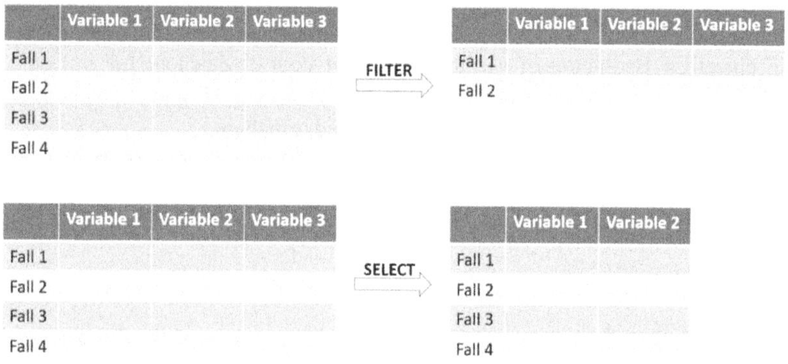

Eigene Darstellung

Abb. 5.5   Unterschiede zwischen select() und filter(). (Eigene Darstellung)

Tab. 5.1   Typen der select()-Funktion

	Codes
Eine Spalte auswählen	`subset1<- daten %>%` `select(v1)`
Nebeneinanderstehende Spalten auswählen	`subset2<-daten %>%` `select(v1:v3)`
Getrennt stehende Variablen auswählen	`subset3<-daten %>%` `select(v1,v3)`
Eine Spalte ausschließen	`subset4<-daten %>%` `select(-v1)`
Mehrere Spalten ausschließen	`subset5<-daten %>%` `select(-c(v1:v3))`

Eigene Darstellung

5.5   Berechnen von Variablen

Sie können mit der Funktion `mutate()` von *dplyr* (Wickham et al., 2020) aus
bereits bestehenden Variablen Ihres Datensatzes eine oder mehrere neue Variablen erzeugen (Wickham & Grolemund, 2018). Diese neu erstellten Variablen
finden sich nach der Erstellung am Ende Ihres Datensatzes. Da Sie neue Variablen zu Ihrem bestehenden Datensatz hinzufügen möchten, sollte zunächst der

Dateiname angegeben werden. Anschließend erfolgt die Berechnung der neuen Variablen (Zeile 99). Innerhalb des Musterskriptes simulieren wir die Berechnung von zwei neuen Variablen, meineneueV1 und meineneueV2. Wir können hier in einem Schritt jedoch beliebig viele neue Variablen erzeugen. Die einzelnen Berechnungen werden dabei lediglich durch ein Komma getrennt. Dies zeigt den Vorteil der tidyverse-Struktur auf, da wir für die Berechnungen nicht wiederholt auf den Datensatz verweisen müssen. Für die Berechnung können Sie die bereits bekannten Rechenoperatoren (siehe Kap. 4) verwenden:

```
97   #Neue Variablen berechnen
98   daten <- daten %>%
99     mutate(meineneueV1 = v1+v2+v3+v4+v5+v6,
100           meineneueV2 = v1/60)
```

In unserem Beispiel berechnen wir zwei neue Variablen. Die erste Variable ist die gesamte Mediennutzungszeit (gesamt_medien) der Befragten, welche eine Addition der Nutzungsdauer der einzelnen Medienformen darstellt (Zeile 98–100). Die zweite Variable (tv_hour) ist die Angabe der Fernsehnutzung in Stunden. Dazu können wir die Variable Fernsehminuten einfach durch 60 dividieren, um die Stundenangabe zu erhalten:

```
89   #Laden und Auswahl der Variablen
90   daten$v1 <- daten$tv_minuten
91   daten$v2 <- daten$radio_minuten
92   daten$v3 <- daten$www_minuten
93   daten$v4 <- daten$spiel_minuten
94   daten$v5 <- daten$tz_minuten
95   daten$v6 <- daten$buch_minuten
96
97   #Neue Variablen berechnen
98   daten <- daten %>%
99     mutate(gesamt_medien = v1+v2+v3+v4+v5+v6,
100           tv_hour = v1/60)
```

5.6 Sortieren von Variablen

Das Sortieren von Werten einer oder mehrerer Variablen verschafft Ihnen einen schnellen Überblick über Ihre Daten. Die Funktion arrange() aus dem Paket

dplyr (Wickham et al., 2020) ermöglicht eine solche Sortierung der Werte innerhalb einer Variablen. Die Werte können entweder aufsteigend oder absteigend
sortiert werden.

Wenn Sie die Werte der Variablen aufsteigend sortieren, müssen Sie nur innerhalb der `arrange()`- Funktion den Namen der Variablen eingeben. In unserem
Musterskript zeigen wir die Sortierung einer Variablen `v1` (Zeile 111). Sie können selbstverständlich mehrere Variablen gleichzeitig sortieren lassen, indem Sie
weitere Variablennamen in die Funktion `arrange()` einfügen. Die Variablen
werden in diesem Fall nach und nach aufsteigend sortiert. Die Variablennamen
sollten dann durch ein Komma getrennt werden:

```
109   #Aufsteigend sortieren
110   daten <- daten %>%
111     arrange(v1)
```

Bei absteigender Sortierung müssen Sie zusätzlich das Argument `desc()` verwenden (Zeile 115). `desc` steht für das englische Wort descending und bedeutet
absteigend. Innerhalb der Klammer geben Sie Ihren Variablennamen (hier `v1`)
an:

```
113   #Absteigend sortieren
114   daten <- daten %>%
115     arrange(desc(v1))
```

5.7   Entfernen von NAs

Im Kapitel Datenerfassung haben Sie fehlende Werte (NAs) bereits kennengelernt. Fehlende Werte können für viele Schritte Ihrer Auswertungen problematisch
werden. Ein Beispiel dafür ist die Berechnung von Mittelwerten sowie Standardabweichungen, welche mit fehlenden Werten in R nicht durchführbar ist. Es gibt
verschiedene Verfahren, wie Sie mit fehlenden Werten umgehen können (siehe
Lüdtke et al., 2007). In diesem Buch präsentieren wir Ihnen das klassische Verfahren des fallweisen Ausschlusses, welcher einfach umzusetzen und in vielen
statistischen Analysesoftwares wie SPSS oder SAS voreingestellt ist. Mit diesem
Vorgehen werden nur Personen in der Auswertung berücksichtigt, die für alle
untersuchten Variablen gültige Werte aufweisen (Lüdtke et al., 2007, S. 107). Mit

der Funktion `drop_na()` aus dem Paket *tidyr* (Wickham & Henry, 2020) können Sie den fallweisen Ausschluss in wenigen Schritten durchführen. Sie müssen innerhalb der Funktion den Namen der Variablen, bei denen die NAs ausgeschlossen werden sollen, eingeben. Die Zeilen bzw. die Fälle mit NAs werden damit aus diesen Variablen entfernt. Möchten wir beispielsweise die fehlenden Werte unserer Variablen Fernsehkonsum (`tv_minuten`) ausgeben, so nutzen wir die folgenden Befehle:

```
121  #Laden und Auswahl der Variablen
122  daten$v1 <- daten$meineV1
123
124  #Entfernen NAs aus einer Variablen
125  daten <- daten %>%
126    drop_na(v1)
```

Anschließend ist unser Datensatz etwas kleiner, da wir die fehlenden 8 Fälle ausgeschlossen haben.

5.8   Pakete und Funktionen des Exkurses tidyverse

Siehe Tab. 5.2.

Tab. 5.2 Übersicht über die Pakete und Befehle des Exkurses tidyverse

Paket	Quelle	Funktion	Effekt
tidyverse	Wickham et al., 2019	`arrange()`	Sortiert Variablen
		`drop_na()`	Entfernt NAs
		`filter()`	Filtert Fälle
		`mutate()`	Berechnet eine neue Variable Verändert eine vorhandene Variable
		`select()`	Wählt Spalten/Variablen aus

Eigene Darstellung

Literatur

de Vries, A., & Meys, J. (2015). *R for dummies: Learn to: use R for data analysis and processing : write functions and scripts for repeatable analysis: create high-quality charts and graphics: Perform statistical analysis and build models* (2. Aufl.). Wiley.

Hadley, C. J. (2017). *Learning the R Tidyverse.* Linkedin. https://www.linkedin.com/learning/learning-the-r-tidyverse/.

Lüdtke, O., Robitzsch, A., Trautwein, U., & Köller, O. (2007). Umgang mit fehlenden Werten in der psychologischen Forschung. *Psychologische Rundschau, 58*(2), 103–117. https://doi.org/10.1026/0033-3042.58.2.103

Milton, S., & Wickham, H. (2014). *magrittr: A Forward-Pipe Operator for R: R package version 1.5.* https://CRAN.R-project.org/package=magrittr.

R Core Team. (2020). *R: A language and environment for statistical.* R foundation for statistical computing. https://www.R-project.org/.

Wickham, H. (2020). *forcats: Tools for Working with Categorical Variables (Factors): R package version 0.5.0.* https://CRAN.R-project.org/package=forcats.

Wickham, H., & Grolemund, G. (2017). *R for data science: Import, tidy, transform, visualize and model data.* O'Reilly.

Wickham, H., & Grolemund, G. (2018). *R für Data Science: Daten importieren, bereinigen, umformen, modellieren und visualisieren* ((F. Langenau, Übers.)) (1. Aufl.). O'Reilly.

Wickham, H., & Henry, L. (2020). *tidyr: Tidy Messy Data. R package version 1.1.1.* https://CRAN.R-project.org/package=tidyr.

Wickham et al. (2019). Welcome to the tidyverse. *Journal of Open Source Software, 4*(43), 1686. https://doi.org/10.21105/joss.01686.

Wickham, H., François, R., Henry, L., & Müller, K. (2020). *dplyr: A grammar of data manipulation: R package version 1.0.1.* https://CRAN.R-project.org/package=dplyr.

Xie, Y. (2020). knitr: A General-Purpose Package for Dynamic Report Generation in R: R package version 1.29.

Grafiken mit ggplot2

6

Zusammenfassung

Dieses Kapitel ist als ein kurzer Exkurs in die Grafikwelt von ggplot2 angelegt. Innerhalb des Kapitels besprechen wir die Grundlagen von Grafiken nach Tufte und führen aus, was eine gute Grafik ausmacht. Anschließend erläutern wir die Struktur des Paketes ggplot2 und führen die einzelnen Ebenen des Grafikbefehles ggplot aus. Dabei erläutern wir, wie Sie zusätzliche Variablen in Ihren Plot integrieren und wie Sie verschiedenen Diagramme mit ggplot2 erstellen können. Anschließend zeigen wir Ihnen, wie Sie Ihre Grafikbeschriftung, die Farben Ihrer Grafik sowie deren Hintergrund ändern können. Zuletzt zeigen wir, wie Sie mehrere Grafiken sinnvoll nebeneinander darstellen können.

Schlüsselwörter

ggplot2 • Aes • Geom • Ggthemes • Grafikbeschriftung

6.1 Grundlagen

Im Verlauf dieses Buches nutzen wir in vielen Kapiteln Grafiken, um unsere statistischen Zusammenhänge zu visualisieren. Bereits vor der eigentlichen Analyse dienen Grafiken dazu, einen schnellen Überblick über die Daten zu erhalten und anhand dessen die Auswertungsschritte zu planen. Innerhalb eines Forschungsberichtes werden Visualisierungen genutzt, um einen schnellen Überblick

Ergänzende Information Die elektronische Version dieses Kapitels enthält Zusatzmaterial, auf das über folgenden Link zugegriffen werden kann https://doi.org/10.1007/978-3-658-34285-2_6.

über statistische Kennwerte oder die Verteilung einer Variablen zu erhalten (siehe bspw. Kapitel Häufigkeiten oder Verteilungen). In diesen Fällen bieten die Grafiken nicht direkt zusätzliche Informationen, helfen aber, die statistischen Kennwerte besser zu verstehen und einzuordnen. Des Weiteren können Grafiken statistische Kennwerte ergänzen (siehe bspw. Kapitel Mittelwertvergleiche). So kann visuell dargestellt werden, wie Zusammenhänge konkret ausfallen.

Innerhalb eines Forschungsberichtes sind Grafiken somit unerlässlich: sie bieten den Leser*innen Orientierung und ein schnelles Verständnis des Textes. Zudem helfen Grafiken, den Textfluss zu unterbrechen, was der Strukturierung und dem Leseverständnis dient.

Grafiken sind zwar wichtig für Forschungsberichte, jedoch ist nicht jede Grafik eine gute Grafik. So können Grafiken Daten verzerrt darstellen oder von der eigentlichen Aussage der Grafik ablenken. Wie bei anderen Dingen gilt auch bei Grafiken: nicht alles was möglich ist, sollte auch genutzt werden. Als Beispiel hier eine Grafik, die die Daten unsachgemäß[1] darstellt (siehe Abb. 6.1).

Diese Grafik soll eigentlich die Altersverteilung innerhalb unseres Datensatzes darstellen, ist aber recht bunt, nimmt die Variable Geschlecht mit auf und hat zusätzlich ein Hintergrundbild eingebaut. Dies führt dazu, dass wir unsere Daten nur recht schwer ablesen können. Nachfolgend dieselbe Grafikart mit denselben Daten (siehe Abb. 6.2).

Hier haben wir auf ein Hintergrundbild verzichtet und unnötige Achsenbezeichnungen (count) entfernt. Zudem haben wir die Ausprägungen der Variablen Geschlecht nebeneinander dargestellt, um die Übersichtlichkeit zu erhöhen. Als Farbgebung wurden hier blaue Töne verwendet, da diese auch von Personen mit Farbblindheit gut unterschieden werden können (Tufte, 2001, S. 183).

Alle diese Verbesserungen sind weitgehend selbsterklärend. Dennoch ist es hilfreich, sich einmal die Grundlagen guter Grafiken anzuschauen. In der Literatur wird hier oftmals auf das Werk *The Visual Display of Quantitative Information* von Edward Tufte aus dem Jahr 2001 verwiesen. Tufte formuliert verschiedene Grundsätze guter Grafiken (2001, S. 183). Diese sind in gekürzter Form (siehe auch Field et al., 2012, S. 118):

- Die Grafik zeigt die Daten und verzerrt diese nicht
- Die Grafik ist auf das Wesentliche reduziert (keine grellen Farben, Bilder etc.)
- Die Grafik nutzt eine gut lesbare, verständliche Schrift

---

[1] Die Grafik wurde mit Hilfe der Pakete *ggplot2* (Wickham, 2016), *cowplot* (Wilke, 2019) und *magick* (Ooms, 2020) erstellt. Das Hintergrund-Bild wurde online von Pixabay (unter der Pixabay License, Autor geralt) abgerufen.

Eigene Darstellung

Abb. 6.1 Schlechtes Grafikbeispiel. (Eigene Darstellung)

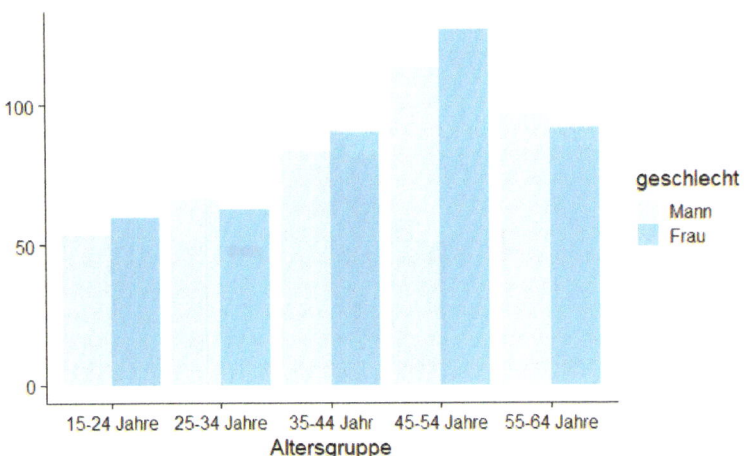

Eigene Darstellung

Abb. 6.2 Gutes Grafikbeispiel. (Eigene Darstellung)

- Die Grafik zeigt große Datensätze verständlich auf und macht Daten vergleichbar

6.2   Das Grafikpaket ggplot2

Innerhalb von Base R können wir Grafiken erstellen, müssen jedoch im Zweifelsfall verschiedene Anpassungen vornehmen, um den Prinzipien nach Tufte zu entsprechen. Das Paket *ggplot2* (Wickham, 2016) hingegen produziert Grafiken, die weitestgehend den Tufte-Prinzipien entsprechen (Field et al., 2012). Alle Grafiken in *ggplot2* funktionieren dabei im Prinzip gleich und basieren auf der sogenannten *Grammar of Graphics* (Wilkinson, 2005). Diese besagt, dass alle Grafiken aus denselben Komponenten zusammengesetzt werden können. Im *ggplot2* beziehen wir uns dabei auf die sogenannte *Layered Grammar of Graphics* (Wickham, 2010). Dies bedeutet, dass jeder einzelne Grafikbestandteil eine eigene Ebene (Layer) darstellt. Eine einfache Grafik erhalten wir so bereits aus dem Zusammenspiel von Datenpunkten und einem Koordinatensystem. Legt man diese übereinander erhält man eine einfache Grafik (siehe Abb. 6.3).

Diese beiden Ebenen (siehe Abb. 6.3) entsprechen in *ggplot2* unseren ersten beiden Teilschritten einer Grafik: der Spezifikation der Daten und Variablen sowie

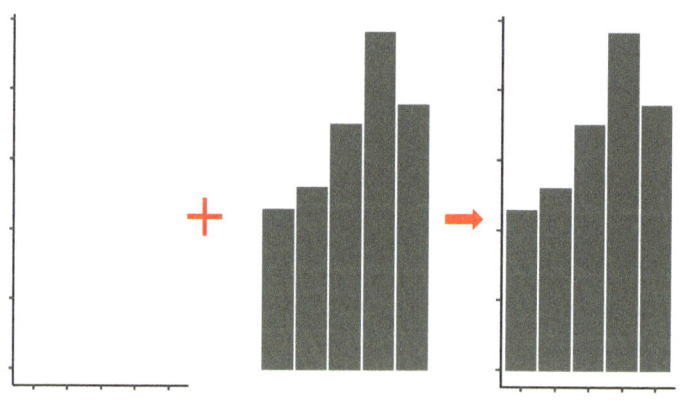

Eigene Darstellung

Abb. 6.3 Schematische Darstellung des Ebenenprinzip von Grafiken. (Eigene Darstellung)

Tab. 6.1 Ebenen innerhalb von ggplot2

Ebene	Teil der Grafik	Beispiel-Befehl in ggplot2
1 (Abschn. 6.2.1)	Daten und Variablen festlegen	`ggplot()`
2 (Abschn. 6.2.2)	Plot festlegen	`geom_x()`
3 (Abschn. 6.2.3)	Beschriftung ändern	`labs()`
4 (Abschn. 6.2.4)	Farbpaletten auswählen	`fill/colour_scale_manual()`
5 (Abschn. 6.2.5)	Hintergründe festlegen	`theme_x()`
6 (Abschn. 6.2.6)	Mehrere Plots darstellen	`arrange() / facet()`

Eigene Darstellung

der Auswahl eines Plots. Zusätzlich zu diesen beiden Teilschritten können wir noch viele weitere Spezifikationen nutzen, um unsere Grafik zu verbessern. Wir unterscheiden daher in diesem Buch in 6 Teilschritte (siehe Tab. 6.1).

Wie in der schematischen Darstellung zuvor können Sie sich die einzelnen Teile als Ebenen vorstellen, welche wir bei unserer Grafik übereinanderlegen. Dafür müssen wir zunächst den Befehl ggplot aufrufen und unsere Daten und Variablen bestimmen. Anschließend müssen wir unseren gewünschten Plot festlegen (Ebene 1 und 2). Diese beiden Teilschritte sind obligatorisch. Alle weiteren Teile dienen der Verbesserung unserer Grafik. Dies bedeutet, wir benötigen diese nicht, um eine Grafik zu erhalten. Für eine gut lesbare und schönere Grafik empfehlen wir jedoch, auch diese Schritte bei der Erstellung eines Plots zu berücksichtigen. Die einzelnen Code-Teile werden jeweils mit einem Pluszeichen verbunden.

6.2.1 Daten und Variablen festlegen

Zunächst müssen wir die Funktion ggplot aufrufen. Anschließend erfolgt innerhalb unserer Klammer zunächst die Spezifikation unseres Datensatzes. Nachfolgend können wir innerhalb von aes (dies steht für aesthetics) unsere Variablen definieren:

```
28 ggplot(daten, aes(x = v1, y = v2))
```

Abb. 6.4 Schematische
Darstellung der
Grafikachsen. (Eigene
Darstellung)

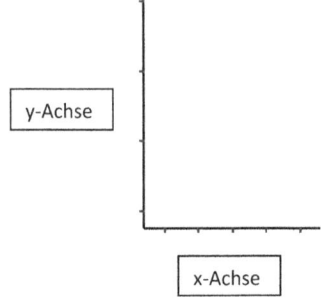

Eigene Darstellung

Hier müssen wir unterscheiden, ob wir lediglich eine Variable grafisch darstellen wollen (beispielsweise bei einem Säulendiagramm) oder mehrere Variablen abbilden möchten (beispielsweise bei einem Scatterplot). Die Angaben x = und y = geben an, auf welcher Achse wir unsere Variable darstellen möchten (siehe Abb. 6.4). Möchten wir nur eine Variable darstellen, müssen wir dementsprechend nur einen Parameter angeben. Möchten wir hingegen den Zusammenhang zwischen zwei Variablen darstellen, so stellen wir eine auf der x-Achse dar (x =) und eine zweite auf der y-Achse (y =).

Abhängig von unserem ausgewählten Plot, können wir zudem innerhalb von aes weitere Spezifikationen vornehmen. Wichtig ist dabei, sich unsere aktuelle Ebene ins Gedächtnis zu rufen. Innerhalb von ggplot können wir an unterschiedlichen Stellen aesthetics definieren. Je nachdem, auf welcher Ebene wir dies tun, haben diese jedoch eine unterschiedliche Bedeutung. Hier beziehen sich die aesthetics auf unsere Variablen. Fügen wir demnach aesthetics hinzu, so fügen wir durch die Spezifikation der aesthetics weitere Variablen hinzu. Je nachdem, welche aesthetics wir nutzen, werden unsere zuvor auf der x- und y-Achse definierten Variable noch einmal unterschieden. Dabei führen diese weiteren aesthetics eine weitere Variable ein und unterscheiden diese anhand…

- der Transparenz (`alpha`)
- ihrer Farbe der Formkontur (`color`)
- ihrer Füllfarbe (`fill`)
- der Form ihrer Außenumrandung (`linetype`)
- ihrer Form (`shape`)

Tab. 6.2 Darstellung der aesthetics bezogen auf die einzelnen Diagrammtypen

	Alpha	Color	Fill	Linetype	Shape
Säulendiagramm	x	x	x		
Liniendiagramm	x	x	x	x	
Dichteplot	x	x	x		
Histogramm	x	x	x		
Streudiagramm[2]	x	x	x		x
Boxplot	x	x	x	x	
Fehlerbalken	x	x	x	x	

Eigene Darstellung; ein x bedeutet, dass diese aesthetic auf dieser Ebene definiert werden kann

Die gebräuchlichsten aesthetics sind `alpha`, `color` & `fill`, welche auch bei allen von uns genutzten Plots funktionieren. Die Argumente `linetype` und `shape` funktionieren hingegen nur bei bestimmen Darstellungsformen (siehe Tab. 6.2, siehe auch Wickham, 2010). Dies scheint zunächst etwas verwirrend, spiegelt jedoch jeweils die Eigenschaften des Plots wider. So können wir bei einem Dichteplot die Art der Linie (`linetype`) differenzieren, bei einem Streudiagramm wiederum die Art der Punkte (`shape`).

Innerhalb unseres Codes spezifizieren wir die unterschiedlichen aesthetics wie folgt:

```
37  ggplot(daten, aes(x = v1,
38                     y = v2,
39                     alpha = vx,
40                     fill = vx,
41                     color = vx,
42                     linetype = vx,
43                     size = vx,
44                     shape = vx))
```

In diesem Beispiel sind alle Darstellungsarten aufgeführt. In einem konkreten Beispiel würde pro Darstellung eine weitere Variable hinzukommen. Dies ist zwar

---

[2] Bei einem Streudiagramm stellen die Parameter color und fill einen Sonderfall dar. Die default-Einstellung der einzelnen Formen der Punkte besagt, dass diese lediglich eine farbige Außenumrandung besitzen. Demnach unterscheiden wir in diesem Fall die Füllfarbe der Punkte nicht über fill, sondern über color.

Tab. 6.3 Variablen, Plots und Befehle in ggplot2

Anzahl der zu definieren Variablen	Plot	Befehl in ggplot2
Eine Variable	Säulendiagramm	geom_bar()
	Dichteplot	geom_density()
	Histogramm	geom_histogram()
Zwei Variablen	Streudiagramm	geom_point()
	Boxplot	geom_boxplot()
	Fehlerbalken	geom_errorbar()

Eigene Darstellung

technisch möglich, widerspricht aber im Ergebnis vermutlich den von Tufte aufgestellten Prinzipien der guten Lesbarkeit der Grafik. Insofern würde man in der praktischen Anwendung abhängig von der konkreten Fragestellung lediglich ein bis zwei weitere Variablen anhand dieses Prinzips aufnehmen. In einem ersten Schritt haben wir unsere Daten und Variablen spezifiziert. Ohne das Argument geom für die Auswahl eines Plots erhalten wir jedoch nur eine leere Grafik mit einem Koordinatensystem. Daher müssen wir nun die Art des Plots definieren.

6.2.2 Art des Plots (geom) definieren

Innerhalb der nächsten Ebene können wir unseren Plot definieren. Dabei fangen alle Befehle in *ggplot2* mit dem Befehl geom (für geometry) an. Nach einem Unterstrich erfolgt die Spezifizierung des Plots (siehe Tab. 6.3[3]).

Möchten wir lediglich den Plot aufrufen, so können wir einfach den entsprechenden Befehl aufrufen und die Klammer am Ende des Befehls aufführen, aber diese leer lassen.

Hingegen können wir auch innerhalb dieser Klammer weitere aesthetics festlegen, wobei wir jedoch auf den Zusatz aes() verzichten. Diese beziehen sich dabei nicht auf unseren Plot als solches, sondern nur auf unsere Datendarstellung. Insofern fügen wir auf dieser Ebene durch die Argumente keine weiteren Variablen hinzu, sondern verändern das Aussehen aller unserer Datenpunkte:

---

[3] Wir haben hier die gängigsten Darstellungsarten aufgeführt, welche wir auch innerhalb des Buches nutzen. ggplot2 kann natürlich noch weitaus mehr Grafiken darstellen. Für einen ersten Überblick bietet sich hier das ggplot2 **Cheat Sheet** an (RStudio, 2020a) oder die **Paketbeschreibung** (RStudio, 2020b) an.

Tab. 6.4 Mögliche Aesthetics je nach Diagrammtyp

	alpha	color	fill	linetype	size	shape
Säulendiagramm	x	x	x	x	x	
Dichteplot	x	x	x	x	x	
Histogramm	x	x	x	x	x	
Streudiagramm	x	x	x^4		x	x
Boxplot	x	x	x	x	x	x
Fehlerbalken	x	x	x	x	x	

Eigene Darstellung

- `alpha` verändert die Transparenz unserer Datenpunkte
- `color` verändert die Farbe unserer Datenpunkte
- `fill` verändert die Füllfarbe unserer Datenpunkte
- `linetype` verändert die Außenumrandung unserer Datenpunkte
- `size` verändert die Größe unserer Datenpunkte
- `shape` verändert die Form unserer Datenpunkte

Analog zu den aesthetics auf der Variablenebene können wir auch auf dieser Ebene nicht jede Art der aesthetic für jede Art des Plots verwenden (siehe Tab. 6.4). Zudem sollten wir darauf achten, dass sich unsere jeweiligen aesthetics nicht widersprechen. Falls wir ein Argument zur Spezifikation einer Variablen verwendet haben, sollten wir diese nicht mit einer Angabe auf dieser Ebene ändern. Zusätzlich zu diesen aesthetics ist bei Säulendiagrammen die Spezifikation der `position` bedeutsam. Erstellen wir ein Säulendiagramm mit einer zusätzlichen Variablen so werden die unterschiedlichen Ausprägungen pro Gruppe übereinander dargestellt. Sollen stattdessen mehrere Balken nebeneinander dargestellt werden, so muss zusätzlich innerhalb von `geom_bar` der Zusatz `position = "dodge"` erfolgen.

Die einzelnen Befehle für die aesthetics auf der geom-Ebene sind alle nach demselben Prinzip aufgebaut. Nachdem wir das `geom` aufgerufen haben, können wir innerhalb der Klammer unsere gewünschte aesthetic spezifizieren. Anschließend erfolgt ein Gleichheitszeichen sowie die genaue Angabe, wie unsere Datenpunkte aussehen soll. Diese Angabe hängt dabei von der Art der aesthetic ab (siehe auch Tab. 6.5):

---

[4] Möchten wir den Parameter fill nutzen, so müssen wir zusätzlich eine Form auswählen, welche eine Füllfarbe zulässt. Dafür müssen wir bei shape die Formen 21–24 auswählen.

Tab. 6.5 Bestimmung der einzelnen aesthetics auf der geom-Ebene

aesthetic	bestimmt durch...	Beispielbefehl in ggplot2
alpha	einen Zahlenwert zwischen 0 und 1	alpha = 0.5
color	eine Farbbezeichnung	color = "blue"
fill	eine Farbbezeichnung	fill = "blue"
linetype	Zahlen zwischen 0 und 6	linetype = 1
size	eine Zahl	size = 3
shape	eine Zahl zwischen 0 und 25	shape = 8

Eigene Darstellung

```
68   ggplot(daten, aes(x = v1)) +
69     geom_bar(alpha = 0.5,
70          color = "blue",
71          fill = "blue",
72          linetype = 1,
73          size = 3,
74          shape = 8)
```

alpha ändert die Transparenz unser Datenpunkte und wird verändert durch einen Zahlenwert zwischen 0 und 1, wobei 0 für vollständige Transparenz und 1 für vollständige Opazität steht. Dementsprechend erhöht sich die Transparenz, je kleiner die Werte werden. Der Befehl alpha = 0.5 zeigt somit halb-transparente Datenpunke.

color und fill ändern die Farbe, bzw. Füllfarbe unseres Plots. Dementsprechend können wir hier eine gewünschte Farbbezeichnung (in Englisch) in Anführungszeichen angeben. In Base R gibt es eine große Auswahl an möglichen Farbgebungen[5]. Eine Übersicht der Farben kann mit dem Befehl colors() abgerufen werden (für die Änderung verschiedener Farben siehe auch 6.2.4 Farbpaletten auswählen).

linetype gibt an, wie unsere Außenumrandung aussehen soll. Hier können wir wahlweise Zahlen zwischen 0 und 6 angeben. Null bedeutet, dass keine Linie

---

[5] Wahlweise können wir unsere Farbe auch durch einen Hexadezimal-Code angeben. Wir würden dies allerdings nur dann empfehlen, wenn eine sehr spezifische Farbe benötigt wird. Für alle anderen Fälle reichen die Farben innerhalb von R vollständig aus.

gezeichnet wird. 1 ist eine durchgezogene Linie, 2 eine gestrichelte Linie und 3 steht für eine gepunktete Linie. 4, 5 und 6 sind weitere Spezialformen (Linie mit Strichen und Punkten, lange Striche und verschiedene Strichformen). Der Befehl `linetype = 1` (welches auch der default-Befehl ist), sagt demnach auch, dass wir eine durchgezogene Linie wünschen.

`size` gibt die Breite der Linien, bzw. Größe der Punkte bei einem Punktdiagramm an. Dabei nutzen wir als Spezifikation eine Zahl, welche die Größe unsere Datenpunkte in Millimetern angibt. Das Argument `size = 3` bedeutet demnach, dass unsere Punkte 3 mm groß, bzw. unsere Linie 3 mm dick sein sollen.

`shape` nutzen wir lediglich bei Diagrammen mit Punktdarstellungen, da es die Form der Punkte angibt. `shape` kann Werte zwischen 0 und 25 annehmen, wobei die einzelnen Werte für bestimmte Darstellungsformen stehen (für eine Übersicht siehe RStudio, 2020b; Wickham & Grolemund, 2017 Kap. 3). Formen, die häufig genutzt werden, sind vermutlich 0 (rechteckig), 1 (Kreis), und 8 (Sterne). Verwenden wir demnach den Befehl `shape = 8` so werden unsere einzelnen Datenpunkte durch Sterne visualisiert.

Wenn wir uns in R befinden, ist der Befehl `vignette("ggplot2-specs")` sehr hilfreich. Führt man diesen Befehl aus, so erhält man eine Übersicht über eine Vielzahl der aesthetics und deren möglichen Änderungen.

6.2.3 Beschriftungen ändern

Nun haben wir bereits unsere Daten und Variablen festgelegt. In einem nächsten Schritt beschäftigen wir uns um mit der Achsenbezeichnung. Dabei interessiert uns die Beschriftung der Achsen, die Position dieser Beschriftung und eventuell weitere Beschriftungen wie Kommentare einzufügen.

Geben wir eine Grafik ohne einen zusätzlichen Befehl aus, so hat unsere Grafik keinen Titel und die Achsen werden nach den Variablennamen benannt. Dies ist in den meisten Fällen keine schöne Beschriftung. Aus diesem Grund nutzen wir für die Beschriftung unserer Grafik zusätzlich den Befehl `labs()`. Innerhalb dieses Befehls können wir den Titel (`title =`), einen Untertitel (`subtitle =`), eine Unterüberschrift (`caption =`), sowie die Beschriftung der x-Achse (`x =`) und der y-Achse (`y =`) festlegen. Die gewünschte Beschriftung muss dabei in Anführungszeichen stehen, da es sich hierbei um Text (string) handelt, welchen wir unserer Grafik hinzufügen:

```
81  ggplot(daten, aes(x = v1)) +
82    geom_x() +
83    labs(title = "Titel",
84        subtitle = "Titel 2",
85        caption = "Unterüberschrift",
86        x = "Name x-Achse",
87        y = "Name y-Achse")
```

Möchten wir keinen Titel, keinen Subtitel und keine Unterüberschrift, so können wir diese Argumente einfach weglassen. Möchten wir hingegen keine Beschriftung der x-und y-Achse, so ist dies an dieser Stelle nicht möglich. Lassen wir innerhalb von `labs()` die Argumente weg, so greift R auf die Variablenbezeichnung zurück. Allerdings können wir R „überlisten", indem wir eine leere Variablenbeschriftung vorgeben und statt Text leere Anführungszeichen nutzen:

```
90  ggplot(daten, aes(x = v1)) +
91    geom_x() +
92    labs(x = "",
93        y = "")
```

Zusätzlich zu der Achsenbeschriftung fördern Wertebeschriftungen oftmals das Verständnis einer Grafik. Ein typischer Fall sind hier die einzelnen Säulen eines Säulendiagramms, welche beschriftet werden sollen. Hierfür greifen wir auf unsere unterschiedlichen Grafikdarstellungen zurück und nutzen das `geom_text()` welches für Textbeschriftungen ausgelegt ist. Wahlweise können wir auch `geom_label()` nutzen. Die beiden Befehle sind von ihrer Funktionsweise gleich, bei Text wird jedoch lediglich ein Text hinzugefügt, während bei einem Label dieser in einem Rechteck abgesetzt wird (siehe Abb. 6.5). Innerhalb von `geom_text()`, bzw. `geom_label()` müssen wir zusätzlich angeben, wie unsere Wertebeschriftung aussehen soll und worauf sich die Angabe bezieht. Bei dem oben dargestellten Diagramm möchten wir die Häufigkeiten für die einzelnen Gruppen darstellen, daher nutzen wir zunächst den Zusatz `stat = "count"`. Hier haben wir noch kein Label festgelegt, sondern im Prinzip nur die Berechnungsgrundlage des Labels angegeben. Unser Label formulieren wir in einem zweiten Schritt mit `aes(label = stat(count)`. Somit sieht unser gesamter Code wie folgt aus:

```
98    geom_label(stat = "count", aes(label = stat(count)), vjust = 1)
```

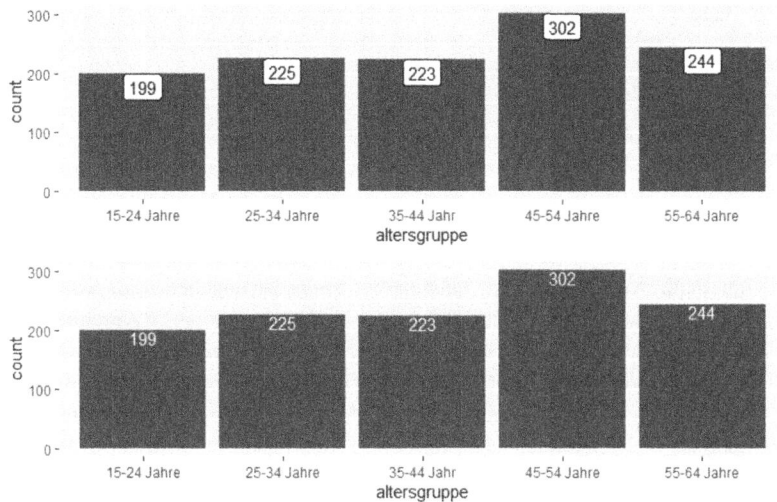

Abb. 6.5 Balkendiagramm mit Wertebeschriftung: geom_label (oben) vs geom_text (unten)

Möchten wir die Prozentwertangaben statt den absoluten Häufigkeiten ausgeben, so verwenden wir statt aes(label = stat(count)) den Befehl aes(label = scales::percent(stat(prop)), group = 1).

Optional können wir zusätzlich die Farbe der Schrift und die Position des Labels festlegen. Für die Farbe der Schrift nutzen wir den bekannten Befehl color = . Zusätzlich können wir bei geom_label() den Parameter fill = nutzen, um die Farbe des Rechteckes zu verändern. Für die Position des Labels wiederum nutzen wir den Zusatz vjust = und hjust = . vjust verschiebt unsere Grafikbeschriftung auf der vertikalen Ebene, wobei negative Werte unsere Beschriftung nach unten schieben und positive Werte die Beschriftung nach oben verschieben. hjust wiederum verschiebt die Beschriftung auf der horizontalen Ebene (negative Werte nach links, positive Werte nach rechts).

Für die oben dargestellten Grafiken haben wir die folgenden Codes verwendet, wobei v1 die Variable altersgruppe darstellt:

```
96  ggplot(daten, aes(x = v1)) +
97    geom_bar()+
98    geom_label(stat = "count", aes(label = stat(count)), vjust = 1)
99
100 ggplot(daten, aes(x = v1)) +
101   geom_bar()+
102   geom_text(stat = "count", aes(label = stat(count)), vjust = 1, color =
      "white")
```

Zusätzlich zu diesen Wertebeschriftungen können wir auch weitere Texte in unsere Grafik miteinbeziehen. Hierfür können wir den Zusatz `annotate()` nutzen. Innerhalb von `annotate` müssen wir zunächst angeben, dass wir Text hinzufügen möchten. Dies geschieht mit dem Zusatz `"text"`. Anschließend müssen wir festlegen, wo dieser Text erscheinen soll. Dazu geben wir mit `x = ` und `y = ` Koordinaten innerhalb unserer Grafik an. Zuletzt müssen wir unseren Text auswählen. Dies geschieht über die Auswahl `label = `. Möchten wir also innerhalb unseres Säulendiagramms einen Text haben, so sieht der Code wie folgt aus:

```
115 ggplot(daten, aes(x = v1)) +
116   geom_bar()+
117   annotate("text", x = z, y = z, label = "Mein Text")
```

Natürlich können wir mittels `color = ` auch die Farbe dieses Textes beliebig anpassen.

Zusätzlich zu der Beschriftung des Plots und der Werte, kann es auch vorkommen, dass die Schriftrichtung der einzelnen Ausprägungen angepasst werden soll. Wenn sehr lange Namen für die einzelnen Ausprägungen vergeben wurden, so kann es mitunter vorkommen, dass sich die einzelnen Textteile überlappen. Um dies zu verhindern nutzen wir das Paket *ggpubr* (Kassambara, 2020). Aus diesem Paket nutzen wir den Befehl `rotate_x_text()` um den Text auf der x-Achse zu drehen. Analog nutzen wir für die y-Achse den Zusatz `rotate_y_text()`. Innerhalb der Klammer können wir jeweils einen gewünschten Winkel der Rotation angeben. Üblicherweise nutzt man hier einen Winkel von 90 oder 45 Grad:

```
120 ggplot(daten, aes(x = v1)) +
121   geom_bar +
122   rotate_x_text(45)
```

6.2.4 Farbpaletten auswählen

Zuvor haben wir bereits kennengelernt, wie wir innerhalb von `fill` und `color`
Farben festlegen können. Allerdings funktioniert dieses Prinzip nicht, wenn wir
mehr als eine Farbe definieren möchten. Stattdessen müssen wir in diesem Fall
unsere Farbskala neu einfärben. Je nachdem, welche Art von Plot wir nutzen,
müssen wir die Farbe (`color`) oder die Füllfarbe (`fill`) einfärben (siehe
Tab. 6.6). Bezüglich der gewählten Farben können wir diese wahlweise selbst
bestimmen oder aus einer vorgefertigten Palette von Farben auswählen.

Möchten wir selbst unsere Farben bestimmen, so wählen wir den Befehl
`scale_fill_manual()`, bzw. `scale_color_manual()`. Innerhalb der
Klammer folgt anschließend der Zusatz `values = `. Darauffolgend können
wir mit einem c für combine unsere gewünschte Farbkombination angeben. Möchten wir eine Skala mit rot und blau, so nutzen wir den Befehl
`scale_fill_manual(values = c("red", "blue")`. Neben diesen
selbst zusammengestellten Farbpaletten gibt es auch bereits nach Farbaspek-
ten sinnvoll zusammengestellte Paletten. Eine Palette mit Grautönen (beispielsweise für den Schwarz-Weiß-Druck) erhalten wir durch den Zusatz
`scale_fill_grey()`, beziehungsweise `scale_color_grey()`. Innerhalb
der Klammer benötigen wir hier keine Angabe, es sei denn, wir möchten die
Farbe für NAs ändern (siehe unten).

Insgesamt 35 vorgefertigte Farbpaletten bietet das Paket *RColorBrewer* (Neuwirth, 2014a) mit den entsprechenden Befehlen `scale_fill_brewer()` und
`scale_color_brewer()`. Innerhalb der Klammer müssen wir mit `palette`
`=` unsere gewünschte Farbpalette angeben. Nach dem Gleichheitszeichen können

Tab. 6.6 Farbskalen

Art des Plots	Fill/Color	Typische Befehle
`geom_bar()` `geom_histogram()` `geom_boxplot()`	fill_scale	`scale_fill_manual(values= c("red", "blue")`
		`scale_fill_brewer(palette ="Set1")`
		`scale_fill_grey()`
`geom_density` `geom_point` `geom_errorbar()`	color_scale	`scale_color_manual(values = c("red", "blue"))`
		`scale_color_brewer(palette = "Set1")`
		`scale_color_grey()`

Eigene Darstellung basierend auf Burk & Anton, 2019

wir in Anführungszeichen den Namen der gewünschten Palette angeben. Eine
Übersicht dieser Farbpaletten findet sich bei Neuwirth (2014b) oder wenn Sie
nach dem Laden des Paketes den Befehl `display.brewer.all()` ausführen.
Unabhängig davon, ob wir vorgefertigte oder selbst erstellte Paletten nutzen, können wir bei allen Skalen mit dem Zusatz `na.value` = etwaigen NA Werten
eine bestimmte Farbe verleihen. Zumeist wählt man hier eine eher unauffällige
Farbe wie beispielsweise `na.value = "grey"`.

6.2.5 Hintergründe festlegen

Der Default-Hintergrund, also der voreingestellte Hintergrund in *ggplot2* ist grau
mit weißen Schattierungen. Da *ggplot2* uns eine Vielzahl an Modifikationen
erlaubt, können wir diesen Hintergrund nach unseren Wünschen anpassen. Dies
ist jedoch recht komplex, da wir alle Parameter für unseren Hintergrund einzeln
festlegen müssen.

Glücklicherweise gibt es in *ggplot2* auch eine Vielzahl vorprogrammierter
Hintergründe (sogenannter themes). Mit dem Zusatz `theme` und einem anschließenden Unterstrich und der Spezifizierung des Themas können wir diese einfach
aufrufen. In *ggplot2* gibt es sieben voreingestellte Hintergründe. Mit zusätzlichen
Paketen wie *cowplot* (Wilke, 2019) oder auch *ggthemes* (Arnold, 2019) können
wir weitere mögliche Hintergründe abrufen. Dazu müssen wir lediglich zuvor die
Pakete installieren und laden (siehe Kap. 2). Nachfolgend das Output der, unserer
Meinung nach, schönsten Hintergründe (siehe Abb. 6.6; für weitere Hintergründe
siehe Wickham, 2016).

Wenn wir einen dieser Hintergründe nutzen möchten, dann fügen wir an unseren zuvor erstellten Plot den Zusatz des gewünschten Hintergrundes hinzu (für
eine Auswahl siehe Tab. 6.7).

Innerhalb von R sieht dies dann wie folgt aus. Hier schematisch dargestellt für
ein Beispieldiagramm (statt `geom_x` muss hier ein entsprechender Plot gewählt
werden, z. B. `geom_bar()` für ein Säulendiagramm) und den Hintergrund
`theme_bw()`:

```
162  ggplot(daten, aes(x = v1)) +
163    geom_x()+
164    theme_bw()
```

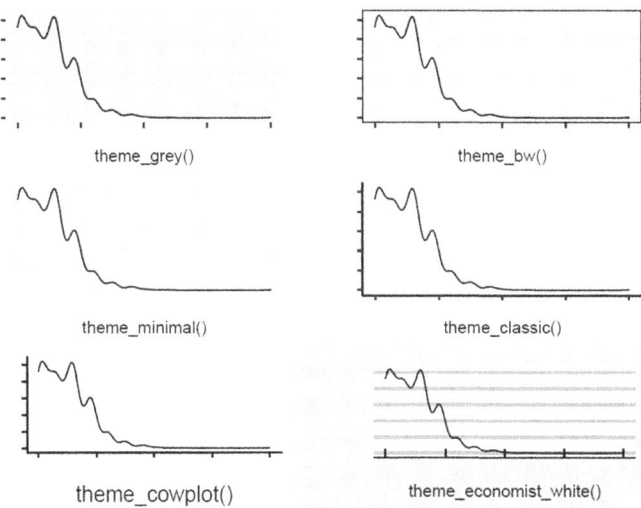

theme_grey()   theme_bw()

theme_minimal()   theme_classic()

theme_cowplot()   theme_economist_white()

Abb. 6.6 Schematische Darstellung der Hintergründe in ggplot2 (Achsenbeschriftung und Datenpunkte wurden jeweils entfernt)

Tab. 6.7
Code-Anweisungen für
verschiedene
Grafik-Hintergründe

Paket	Befehl
Base	theme_grey() (Default-Option)
	theme_bw()
	theme_minimal()
	theme_classic()
cowplot	theme_cowplot()
ggthemes	theme_economist_white()

Eigene Darstellung

Es ist jedoch vergleichsweise viel Aufwand, wenn innerhalb eines Dokumentes mehrere Grafiken ausgegeben und jedes Mal der Hintergrund spezifiziert werden muss. In diesem Fall ist es sinnvoll, einmalig zu Beginn des Dokumentes den Code set_theme zu verwenden. Dieser setzt den Grafik-Hintergrund für das weitere Dokument. Innerhalb des Codes muss dann einfach der gewünschte Hintergrund angegeben werden. Hier der Code schematisch für den Hintergrund theme_classic():

```
187  set_theme(theme_classic())
```

6.2.6   Mehrere Plots darstellen

Möchten wir einen Überblick über mehrere Verteilungen geben, so kann es notwendig sein, mehrere Plots abzubilden. Dabei kann man entweder einen Plot anhand einer Variablen in mehrere Subplots aufteilen, oder mehrere Variablen in verschiedenen Plots nebeneinander darstellen.

Möchten wir einen Plot in mehrere verschiedene Subplots aufteilen, so nutzen wir das sogenannte facetting (engl. für Facetten). Facetting teilt dabei einen Plot anhand einer Variablen in verschiedene Plots auf. Facettieren wir dementsprechend anhand der Variablen Geschlecht (Faktor mit zwei Ausprägungen) so erhalten wir einen Plot für Männer und einen Plot für Frauen. Dies ist quasi die Entsprechung der Aufteilung durch die verschiedenen aesthetics (siehe oben).

Beim facettieren unterscheiden wir in zwei verschiedene Arten: `facet_wrap()` und `facet_grid()`. Diese beiden Arten der Facettierung sind sich im Prinzip sehr ähnlich, wobei `facet_wrap()` genutzt wird, wenn wir unseren Plot anhand einer Gruppierungsvariable aufteilen möchten. Wollen wir hingegen unseren Plot anhand von zwei Variablen in mehrere Unterplots aufteilen, so nutzen wir `facet_grid()`.

Innerhalb des R-Codes stellen wir unseren Plot wie gewohnt auf. Innerhalb von `facet_wrap()` müssen wir lediglich unsere Gruppierungsvariable angeben, anhand welcher wir unsere Plots aufteilen möchten. Dazu nutzen wir die Tilde, um anschließend die Variable, anhand welcher wir unterteilen wollen anzugeben. Zusätzlich können wir mit dem Argument `ncol = x` bestimmen, wie viele Spalten unsere Facettierung aufweisen soll. Im nachfolgenden Code facettieren wir anhand der Variablen vx:

```
194  ggplot(daten, aes(x = v1)) +
195    geom_x() +
196    facet_wrap(~vx)
```

Bei `facet_grid()` können wir hingegen mehrere Variablen unterscheiden. Wir nutzen auch hier eine Tilde, wobei wir zunächst die eine Variable (vertikale Facettierung; hier v2), anschließend eine Tilde und die andere Variable (horizontale Facettierung; hier vx) angeben:

```
199  ggplot(daten, aes(x = v1)) +
200    geom_x() +
201    facet_grid(v2 ~ vx)
```

Möchten wir mit `facet_grid()` lediglich eine Variable darstellen, so können wir die andere Variable durch einen Punkt ersetzen, also beispielsweise `facet_grid(. ~ vx)`. Allerdings können wir in diesem Fall einfacher auf `facet_wrap()` zurückgreifen.

Eine andere Möglichkeit besteht darin, Plots nebeneinander darzustellen, welche jedoch nicht durch eine Variable zusammengehören. Dies ist insbesondere dann hilfreich, wenn man mehrere Plots auf kleinerem Raum zusammen darstellen möchte. Hierfür nutzen wir den Befehl `grid.arrange` aus dem Paket *gridExtra* (Auguie, 2017). Dabei müssen wir zunächst unsere einzelnen Plots anlegen und diese als Objekte speichern (zur Logik von Objekten siehe Kapitel RStudio und R Markdown). Anschließend rufen wir den Befehl `grid.arrange()` auf. Innerhalb der Klammer geben wir zunächst unsere zuvor gespeicherten Objekte an. Zuletzt können wir mit `ncol = x` festlegen, auf wie vielen Spalten wir die Plots darstellen wollen.

Wenn wir vier Plots haben, können wir diese beispielsweise in einer 4*1 Matrix (`ncol = 1`) oder einer 2*2 Matrix (`ncol = 2`) darstellen:

```
203  #Mehrere Plots definieren
204  plot1 <- ggplot(daten, aes(x = v1)) + geom_x()
205  plot2 <- ggplot(daten, aes(x = v2)) + geom_x()
206
207  #Plots darstellen
208  grid.arrange(plot1, plot2, ncol = x)
```

6.3 Alle Anpassungen in einem Plot

Zuvor haben wir lediglich die einzelnen Teilschritte zur Optimierung einer Grafik vorgestellt. Wir können diese natürlich auch kombinieren. In der Praxis benötigen wir zumeist nicht nur eine Grafikoptimierung, sondern eine Vielzahl an Anpassungen auf unserem Weg zu schönen Grafiken. Wenn wir die einzelnen Teilschritte kombinieren, so verbinden wir diese jeweils mit einem Pluszeichen. Dabei können wir beliebig viele der hier vorgestellten Möglichkeiten kombinieren. Wichtig ist dabei lediglich, dass sich die einzelnen Ebenen nicht widersprechen. Dabei gibt es verschiedene Dinge, auf die wir achten sollten:

- Die Anzahl der definierten Variablen (x und y) entspricht unserer gewählten Grafikart (geom)
- Wir nutzen die geeigneten aesthetics für unsere gewählte Grafikart (geom)
- Unsere aesthetics auf den einzelnen Ebenen (insb. Ebene 1 und 2) widersprechen sich nicht

6.4   Zusammenfassung und Ausblick

ggplot2 ist aus mehreren Ebenen aufgebaut, welche jeweils mit einem Pluszeichen verbunden werden. Wie dieses Kapitel aufgezeigt hat, agiert *ggplot2* frei nach dem Prinzip, alles kann, wenig muss. Damit ist gemeint, dass wir für eine Grafik zunächst lediglich die Daten und Variablen, sowie die Grafikart (Teil 1 & 2) spezifizieren müssen. Insofern kommen wir mit ggplot2 recht schnell zu einer halbwegs vernünftigen Grafik. Schauen wir uns jedoch die anderen Teilschritte und Modifikationen an zeigt sich, dass wir mit *ggplot2* jede Grafikanpassung vornehmen können, die wir wünschen. Diese Freiheit macht es jedoch auch etwas komplexer, da wir für jede Grafikerweiterung weitere Codezeilen benötigen. Wir haben in diesem Kapitel die für uns wichtigsten Anwendungsfälle und Modifikationen der im Buch genutzten Grafiken aufgezeigt. Andere Autoren haben jedoch Bücher nur über *ggplot2* geschrieben. Daran wird deutlich, dass wir innerhalb dieses Kapitels nur einen begrenzten Ausschnitt der Grafikwelt von *ggplot2* zeigen können. Wenn Sie sich stärker in das Thema einlesen möchten, dann empfehlen wir das Buch ggplot2 (Wickham, 2016) oder das R Graphics Cookbook (Chang, 2019).

6.5   Pakete und Funktionen des Kapitels Grafiken mit ggplot2

Siehe Tab. 6.8.

Tab. 6.8   Übersicht über die Pakete und Befehle des Kap. 6

Paket	Quelle	Funktion	Effekt
base	R Core Team, 2020	`colors()`	Gibt eine Übersicht der Farben in R an
cowplot	Wilke, 2019	`theme_cowplot()`	Hintergrund cowplot
ggplot2	Wickham, 2016	`geom_bar()`	Erstellt Säulendiagramm
		`aes()`	Spezifiziert die aesthetics
		`alpha=x`	Transparenz einer Grafik
		`annotate()`	Außenumrandung einer Grafik
		`caption=`	vergibt eine Überschrift innerhalb von labs
		`color=x`	Farbe der Formkontur einer Grafik
		`facet_grid()`	teilt Plots anhand von zwei Variablen auf
		`facet_wrap()`	teilt Plots anhand einer Gruppierungsvariablen auf
		`fill=x`	Füllfarbe einer Grafik
		`geom_bar()`	Befehl für ein Säulendiagramm
		`geom_boxplot()`	Befehl für einen Boxplot
		`geom_density()`	Befehl für einen Dichteplot
		`geom_errorbar()`	Befehl für ein Fehlerbalkendiagramm
		`geom_point()`	Befehl für ein Streudiagramm
		`geom_text() / geom_label()`	fügen Grafikbeschriftungen hinzu

(Fortsetzung)

Tab. 6.8 (Fortsetzung)

Paket	Quelle	Funktion	Effekt
		ggplot()	ruft einen ggplot2 Befehl auf
		labs()	ändert Beschriftungen einer Grafik
		linetype=x	Außenumrandung einer Grafik
		position="dodge"	ändert die Form der Säulendarstellung (nebeneinander)
		rotate_x_text()	dreht die Beschriftung der x-Achse
		rotate_y_text()	dreht die Beschriftung der y-Achse
		scale_color_grey()	Auswahl einer Grau-Farb-Skala
		scale_color_manual()	manuelle Auswahl der Farbe
		scale_fill_grey()	Auswahl einer Grau-Skala als Füllfarbe
		scale_fill_manual()	manuelle Auswahl der Füllfarbe
		set_theme()	setzt Hintergrundoptionen für alle Grafiken eines Dokumentes
		shape=x	Form einer Grafik
		size=x	ändert die Größe der Datenpunkte einer Grafik
		subtitle=	ändert den Untertitel innerhalb von labs
		theme_bw()	Hintergrund bw
		theme_classic()	Hintergrund classic
		theme_grey()	Hintergrund grey

(Fortsetzung)

Tab. 6.8 (Fortsetzung)

Paket	Quelle	Funktion	Effekt
		`theme_minimal()`	Hintergrund minimal
		`title=`	ändert den Titel innerhalb von labs()
ggthemes	Arnold, 2019	`theme_economist_white()`	Hintergrund Economist White
gridExtra	Auguie, 2017	`grid.arrange()`	stellt verschiedene Plots nebeneinander dar
RColorBrewer	Neuwirth, 2014	`display.brewer.all()`	Zeigt alle verfügbaren Brewer-Farbpaletten
		`scale_color_brewer()`	Auswahl einer Farb-Skala
		`scale_fill_brewer()`	Auswahl einer Farbskala als Füllfarbe

Eigene Darstellung

Literatur

Arnold, J. B. (2019). *ggthemes: Extra Themes, Scales and Geoms for 'ggplot2'. R package version 4.2.0.* https://CRAN.R-project.org/package=ggthemes.

Auguie, B. (2017). *gridExtra: Miscellaneous Functions for "Grid" Graphics.: R package version 2.3.* https://CRAN.R-project.org/package=gridExtra

Burk, L. & Anton, T. (2019). *Tadaa, Data!: R für Psychos.* https://r-intro.tadaa-data.de/book/visualisierung.html.

Chang, W. (2019). *R Graphics Cookbook, 2nd edition.* O'Reilly. https://r-graphics.org/.

Field, A., Miles, J., & Field, Z. (2012). *Discovering statistics using R.* Sage.

Kassambara, A. (2020). *ggpubr: 'ggplot2' Based Publication Ready Plots. R package version 0.4.0.* https://CRAN.R-project.org/package=ggpubr.

Neuwirth, E. (2014a). *RColorBrewer: ColorBrewer Palettes: R package version 1.1–2.* https://CRAN.R-project.org/package=RColorBrewer.

Neuwirth, E. (2014b). *ColorBrewer palettes.* https://rdrr.io/cran/RColorBrewer/man/ColorBrewer.html.

Ooms, J. (2020). *magick: Advanced graphics and image-processing in R. R package version 2.4.0.* https://CRAN.R-project.org/package=magick.

R Core Team. (2020). *R: A language and environment for statistical.* R Foundation for Statistical Computing. https://www.R-project.org/.

RStudio. (2020a). *Data Visualization with ggplot2: Cheat Sheet.* https://rstudio.com/wp-content/uploads/2015/03/ggplot2-cheatsheet.pdf.

RStudio. (2020b). *ggplot2: Aesthetic specifications.* https://ggplot2.tidyverse.org/articles/ggp lot2-specs.html.

Tufte, E. R. (2001). *The visual display of quantitative information* (2. Aufl.). Graphics Press.

Wickham, H. (2010). A layered grammar of graphics. *Journal of Computational and Graphical Statistics, 19*(1), 3–28. https://doi.org/10.1198/jcgs.2009.07098.

Wickham, H. (2016). *ggplot2: Elegant Graphics for Data Analysis.* Springer.

Wickham, H., & Grolemund, G. (2017). *R for data science: Import, tidy, transform, visualize and model data.* O'Reilly.

Wilke, C. O. (2019). *cowplot: Streamlined plot theme and plot annotations for 'ggplot2': R package version 1.0.0.* https://CRAN.R-project.org/package=cowplot.

Wilkinson, L. (2005). *The grammar of graphics. Statistics and computing.* Springer Science+Business Media Inc. http://site.ebrary.com/lib/alltitles/docDetail.action?docID= 1012946010.1007/0-387-28695-0.

Weiterführende Literatur & Online-Hilfen

Baumer, B. & Crouser J. (o. J.). *Graphics with ggplot2.* https://beanumber.github.io/sds192/ lab-ggplot2.html.

Broman, K. (o. J.). *Data visualization with ggplot2.* http://kbroman.org/datacarpentry_R_ 2016-08-23/03-ggplot2.html.

Prabhakaran, S. (o. J.). *Top 50 ggplot2 Visualizations - The Master List (With Full R Code).* http://r-statistics.co/Top50-Ggplot2-Visualizations-MasterList-R-Code.html.

Häufigkeiten

7

Zusammenfassung

Im Kapitel wird die Darstellung nominaler Daten erläutert. Dazu werden die jeweilige Anzahl und der dazugehörige Prozentanteil sowie die kumulierten Prozentwerte der Ausprägungen einer Variablen in einer Häufigkeitstabelle dargestellt. Zudem unterscheiden wir zwischen Prozent und validen Prozent. Die Häufigkeiten lassen sich mit Balken- oder Säulendiagrammen visualisieren. Wenn mehrere Variablen mit denselben Ausprägungen vorliegen, lassen sich die Häufigkeiten aller Variablen mit den entsprechenden Prozentwerten in einer Häufigkeitsübersicht darstellen. Alle Tabellen und Grafiken werden im zweiten Teil des Kapitels mit RStudio und R Markdown umgesetzt.

Schlüsselwörter

Nominale Variablen · Häufigkeit · Relative Häufigkeit · Anzahl · Prozent · Valide Prozentwerte · Kumulierte Prozentwerte · Häufigkeitstabelle · Häufigkeitsübersicht · Säulendiagramm · Balkendiagramm

7.1 Grundlagen von Häufigkeiten

Häufigkeitstabellen und Häufigkeitsübersichten gehören zu den wichtigsten Instrumenten, um einen Überblick über die erhobenen Daten zu erhalten und diese im Forschungsbericht dokumentieren zu können. Theoretisch lassen sich

Ergänzende Information Die elektronische Version dieses Kapitels enthält Zusatzmaterial, auf das über folgenden Link zugegriffen werden kann https://doi.org/10.1007/978-3-658-34285-2_7.

Häufigkeiten sowohl für Faktoren (nominale Daten) als auch Vektoren (metrische Daten) angeben. Das ist aber nur sinnvoll, wenn es sich um eine begrenzte Anzahl von Merkmalen (Ausprägungen einer Variablen) handelt, die bei den Untersuchungsobjekten (Fällen) auftreten. Ideal sind Variablen mit weniger als zehn Ausprägungen. Das ist der typische Fall bei einfachen nominalskalierten Variablen wie der Variablen Geschlecht. Bei komplexen nominalskalierten Variablen mit vielen Ausprägungen wie der Variablen Staatsangehörigkeit sollten die Ausprägungen ausgehend von der Fragestellung zusammengefasst werden, um sie auf eine darstellbare Anzahl zu reduzieren (siehe Kap. 4). Bei metrischen Daten tritt dieses Problem oft auf, da bei intervall- oder verhältnisskalierten Daten, beispielsweise der Messung der Körpergröße in Millimetern oder des Körpergewichtes in Milligramm, bei fast allen Untersuchungsobjekten unterschiedliche Messwerte zu erwarten sind. Dann ist es für die Darstellung von Häufigkeiten nötig, die Daten in wenige Ausprägungen zu gruppieren (siehe Kap. 4). So lassen sich beispielsweise aus Altersangaben Altersgruppen bilden, zu denen anschließend die Häufigkeiten angegeben werden können.

Häufigkeiten umfassen folgende Aspekte:

- *Ausprägungen* einer Variablen (z. B. den Antwortvorgaben einer Frage im Fragebogen)
- *Anzahl* von Untersuchungselementen, die die entsprechende Ausprägung aufweisen
- dazugehörige *Prozentwerte*
- *kumulierten Prozentangaben*

Die möglichen Ausprägungen lassen sich aus der Datengrundlage (sprich dem Fragebogen oder den Definitionen des Datensatzes) ermitteln. Als nächstes werden alle Untersuchungsobjekte den entsprechenden Ausprägungen zugeordnet, soweit sich die Zuordnung treffen lässt. Dann wird gezählt, wie viele Untersuchungsobjekte den jeweiligen Ausprägungen zugeordnet wurden. Darüber hinaus wird ermittelt, wie viele Untersuchungsobjekte sich nicht zuordnen lassen. Diese werden dann einer Restkategorie „Sonstiges" oder – wenn keine Angaben vorliegen – der Kategorie der fehlenden Werte (NA) zugeordnet. Ferner wird festgehalten, wie viele Untersuchungsobjekte insgesamt untersucht wurden. Mit diesen Angaben lassen sich Wahrscheinlichkeiten (p) und Prozentwerte (P) berechnen. Die Wahrscheinlichkeit dafür, dass eine bestimmte Ausprägung auftritt, wird relative Häufigkeit genannt und ist gleich dem Quotienten aus Anzahl der Objekte mit der interessierenden Ausprägung (n_x) und der Gesamtanzahl (n_{ges}) der untersuchten Objekte. Wahrscheinlichkeiten werden üblicherweise mit

p für *probability* angegeben.

$$\text{Wahrscheinlichkeit: } p(x) = \frac{n_x}{n_{ges}}$$

Der Prozentwert (P) der entsprechenden Ausprägung ist gleich ihrer Wahrscheinlichkeit multipliziert mit 100.

$$\text{Prozentwert: } P(x) = \left(\frac{n_x}{n_{ges}} \right) * 100 = p(x) * 100$$

Die kumulierte Prozentangabe ist gleich der Summe der Prozentangaben aller bisher betrachteten Ausprägungen. Die kumulierte Prozentangabe der letzten betrachteten Ausprägung beträgt 100 oder aufgrund von Rundungsfehlern einen Prozentpunkt darunter oder darüber.

Nehmen wir als Beispiel die klassifizierte Fernsehnutzungszeit aus unserem online zur Verfügung stehenden Beispieldatensatz. Dieser umfasst elf Personen (n_{ges}) von denen zwei Personen (n_x) nicht fernsehen. Damit entspricht die Ausprägung *kein TV-Konsum* genau 18,18 oder gerundet 18 % der Stichprobe.

$$\text{Prozentwert: } P(kein\ TV - Konsum) = \left(\frac{2}{11} \right) * 100 = 18, \overline{18}$$

7.1.1 Häufigkeitstabellen

Eine Häufigkeitstabelle besteht aus vier Spalten, einer Kopfzeile mit den Spaltenbezeichnungen, einer Fußzeile mit den Gesamtangaben und so viele Zeilen wie Ausprägungen der untersuchten Variablen. Die Reihenfolge der Spalten ist festgelegt. Die Tabelle beginnt mit einer Spalte für die Ausprägungen. Es folgen Spalten für die jeweilige Anzahl, für den Prozentwert und für die kumulierten Prozente. In der Kopfzeile stehen die Spaltenbenennungen. Bezogen auf unseren Beispieldatensatz wird die Häufigkeitstabelle für den TV-Konsum folgendermaßen erstellt: Zunächst wird ermittelt, wie viele unterschiedliche Ausprägungen vorkommen. Im vorliegenden Beispiel für die Variable TV-Konsum sind es *kein, niedriger, mittlerer* und *hoher TV-Konsum*. Für jede Ausprägung wird eine Zeile vorgesehen, bei der in der ersten Spalte der Name der Ausprägung eingetragen wird. In der zweiten Spalte wird vermerkt, wie oft die entsprechende Ausprägung vorkommt. In der dritten Spalte werden die Prozentwerte angegeben. In der

Tab. 7.1 Einfache Häufigkeitstabelle

TV-Konsum	Anzahl	Prozent	kum. Prozent
kein	2	18 %	18 %
niedrig	2	18 %	36 %
mittel	6	55 %	91 %
hoch	1	9 %	100 %
gesamt	11	100 %	100 %

Eigene Darstellung

letzten Spalte werden die Prozentwerte sukzessive addiert, also zunächst 18 %, danach 36 %, 91 % und schließlich 100 % (siehe Tab. 7.1).

Wenn bei einigen Untersuchungsobjekten die Angaben fehlen, im Datensatz also NAs vorkommen, muss entschieden werden, ob diese als Ausprägung in der Tabelle aufgeführt werden oder nicht. Diese Entscheidung muss nach inhaltlichen Erwägungen getroffen werden. Werden sie aus der Tabelle entfernt, so muss das bei der Berechnung der Prozentwerte berücksichtigt werden. In diesem Fall ist als Dividend nicht die Gesamtanzahl, sondern die Gesamtanzahl minus der NAs zu verwenden, damit sich die Prozentwerte nur auf diejenigen Untersuchungsobjekte beziehen, für die die entsprechenden Angaben vorliegen.

Sollen die Prozentwerte mit sowie ohne NAs in einer Tabelle dargestellt werden, muss zwischen *Prozent* und *validen Prozent* unterschieden werden. Prozent bzw. kumulierte Prozent beziehen sich dann auf alle Angaben inklusive NAs. Valide Prozent bzw. kumulierte valide Prozent geben demgegenüber den Anteil unter den gültigen Angaben ohne NAs an. Bezogen auf unser Beispiel wäre es denkbar, dass eine Person mit besonders hohem TV-Konsum bei der Frage keine Angaben machen möchte. Dann reduziert sich die Anzahl valider Fälle (n_{ges}) auf zehn. Die Anzahl bei den anderen Kategorien bleibt gleich. Aufgrund der unterschiedlichen Prozentuierungsbasis unterscheiden sich zumeist die Werte von Prozent und validen Prozent (siehe Tab. 7.2).

Trotz des festgelegten Aufbaus von Häufigkeitstabellen sind zwei Entscheidungen zu treffen, mit denen die Verständlichkeit der Tabellen optimiert werden sollte. Die erste Entscheidung betrifft die Reihenfolge der Ausprägungen. Meist ist es sinnvoll, der logischen Abfolge der Kategorien zu folgen, so wie im Beispiel above nach aufsteigendem TV-Konsum. Gibt es keine Abfolge, dann wird

Tab. 7.2 Komplexe Häufigkeitstabelle

TV-Konsum	Anzahl	Prozent	kum. Prozent	val. Prozent	val. kum. Prozent
kein	2	18 %	18 %	20 %	20 %
niedrig	2	18 %	36 %	20 %	40 %
normal	6	55 %	91 %	60 %	100 %
NA	1	9 %	100 %		
gesamt	11	100 %	100 %	100 %	100 %

Eigene Darstellung

oft mit der Ausprägung mit den meisten Nennungen begonnen und die anderen Ausprägungen werden nach abnehmender Häufigkeit sortiert. Dann lenkt die Tabelle das Augenmerk auf häufig vorkommende Kategorien. Soll demgegenüber eine Aussage über Seltenheit gemacht werden, wäre die Sortierung nach aufsteigender Häufigkeit sinnvoll. Die Tabelle beginnt in diesem Fall mit der am seltensten vorkommenden Häufigkeitsausprägung.

Nicht zuletzt muss bei den Prozentwerten entschieden werden, auf wie viele Nachkommastellen die Ergebnisse gerundet werden sollen. Die Angaben in Tab. 7.2 umfassen nur ganze Zahlen. Das entspricht üblichen Häufigkeitstabellen mit einer geringen Fallzahl. Allerdings wird so eine Genauigkeit der Angaben suggeriert, die streng genommen bei nur elf Fällen nicht gedeckt ist. Wenn nur elf Fälle vorliegen, müsste eigentlich auf zehn Prozentpunkte gerundet werden, da jeder Einzelfall ungefähr zehn Prozent ausmacht. In der Regel wird auch bei kleinen Fallzahlen mit ganzen Prozentzahlen gearbeitet.

7.1.2 Balken- und Säulendiagrammen

Die übliche Form, Häufigkeiten zu visualisieren, sind Balkendiagramme bzw. Säulendiagramme. Beide sind nach der Logik des Koordinatensystems aufgebaut:

- eine Achse gibt die Anzahl oder Prozente an, wie häufig die jeweiligen Ausprägungen vorkommen,
- die andere Achse spezifiziert die Ausprägungen.

Dabei muss festgelegt werden, welche Größenordnung welchem Achsenabschnitt entsprechen soll. Beispielsweise könnte ein Abstand von 1 cm einem Fall entsprechen. Die Frage, ob Balkendiagramme oder Säulendiagramme sinnvoller sind, hängt von der Anzahl der darzustellenden Ausprägungen ab. Üblicherweise werden bei wenigen Ausprägungen Säulendiagramme, bei vielen Ausprägungen Balkendiagramme verwendet. Beide unterscheiden sich lediglich nach der Ausrichtung im Koordinatensystem. Bei Säulendiagrammen gibt die x-Achse die Ausprägungen und die y-Achse die dazu gehörigen Werte für Anzahl oder Prozent an. Die Angaben werden als Rechtecke dargestellt, die bei Säulendiagrammen horizontal verlaufen, eine festgelegte Breite haben und sich in ihrer Höhe unterscheiden.

Das Balkendiagramm stellt die Ausprägungen auf der y-Achse und die dazugehörigen Werte für Anzahl oder Prozent auf der x-Achse dar. Diese Rechtecke haben eine festgelegte Höhe und eine variable Länge. Bei Balkendiagrammen verlaufen die Rechtecke horizontal, sodass die Unterschiede im Vorkommen der Ausprägung durch vertikalen Vergleich der Länge möglich sind. Da das oben gewählte Beispiel nur wenige Ausprägungen umfasst, wäre hier das Säulendiagramm das Mittel der Wahl. Die Höhe der Säulen variiert nach Häufigkeit, sodass der Vergleich zwischen den Ausprägungen horizontal je nach Höhe der Säulen vorgenommen wird (siehe Abb. 7.1).

Wie das dargestellte Diagramm zeigt (siehe Abb. 7.1), eignen sich Säulendiagramme insbesondere dazu, die Aufmerksamkeit auf Unterschiede zwischen den Ausprägungen zu lenken.

7.1.3   Häufigkeitsübersichten

Bei Studien kommt es oft vor, dass mehrere Variablen nach demselben Muster erhoben werden. In Befragungen handelt es sich dabei oft um sogenannte Item-Batterien, bei denen z. B. unterschiedliche Aussagen zu einem Themengebiet anhand derselben Aussagen eingestuft werden sollen, wie stimme zu, stimme eher zu, stimme eher nicht zu, stimme nicht zu. Wenn die Liste der so einzuschätzenden Statements zehn Aussagen umfasst, wären zur Darstellung zehn Häufigkeitstabellen oder Diagramme nötig. So lässt sich zwar ein Eindruck für jede einzelne Aussage erzeugen, ein Vergleich zwischen den Aussagen ist aber nur schwer möglich. Deshalb werden oft mehrere Häufigkeitstabellen zu einer tabellarischen Häufigkeitsübersicht zusammengefasst. Das ist nur dann möglich, wenn Ausprägungen bei allen Variablen gleich sind, sich also die Antwortvorgaben bei den einzuschätzenden Items nicht unterscheiden. Bei der Interpretation

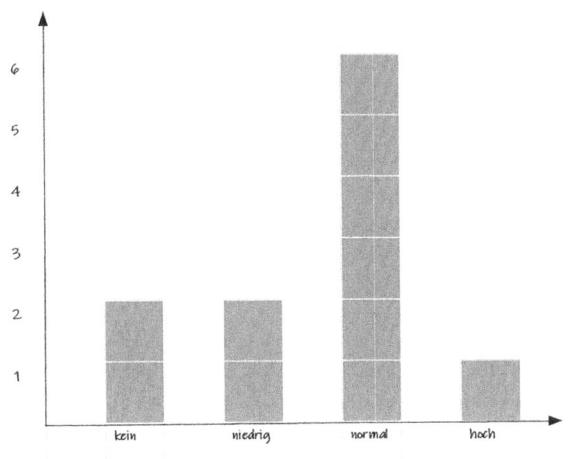

Abb. 7.1 Säulendiagramm. (Eigene Darstellung)

einer Tabelle kann es hilfreich sein, wenn alle Variablen die gleiche Gesamtanzahl aufweisen. Praktisch heißt das in der Regel, die Ausprägung NAs bei den Häufigkeiten mit zu berücksichtigen. Bei Häufigkeitsübersichten wird für jede Variable aus der Häufigkeitstabelle nur die Spalte mit den Prozentwerten verwendet. Wenn es sich um wenige Variablen mit eher vielen Ausprägungen handelt, bilden die Variablen die Spalten und die Prozentwerte die Zeilen. Sollten demgegenüber viele Variablen mit nur wenigen Ausprägungen dargestellt werden, so bilden die Ausprägungen die Spalten und die Variablen die Zeilen. Die Namen der Variablen und Ausprägungen sind jeweils in der ersten Spalte und der ersten Zeile angegeben.

Bei den Beispieldaten lassen sich die Personen, mit denen zusammen Medien genutzt werden, in tabellarischen Häufigkeitsübersichten zusammenfassen. Dazu wird jeweils ausgezählt, wie viele Personen angaben, mit der entsprechenden Personengruppe zusammen das betrachtete Medium zu nutzen, wie viele angaben, das nicht zu tun, und bei wie vielen keine Angabe vorlag, weil sie vorher angegeben hatten, das betrachtete Medium gar nicht zu nutzen. Die Anzahl wird jeweils durch die Gesamtanzahl geteilt und mit 100 multipliziert, um die entsprechenden Prozentwerte zu erhalten. Die Häufigkeitsübersicht zu den Personen, mit denen gemeinsam ferngesehen wird, sieht demnach wie in Tab. 7.3 dargestellt aus.

Tab. 7.3 Häufigkeitsübersicht

TV mit	Partner*in	Verwandten	Freunden
ja	27 %	36 %	27 %
nein	55 %	46 %	55 %
NA	18 %	18 %	18 %

Eigene Darstellung

Die Häufigkeitsübersicht ermöglicht eine Einschätzung der einzelnen Variablen (im Beispiel oben entlang der Spalten). Sie bietet zusätzlich eine einfache Möglichkeit des Vergleichs zwischen den Variablen (im Beispiel entlang der Zeilen und damit in der gewohnten Leserichtung). In Tab. 7.3 ist zu erkennen, dass am häufigsten mit Verwandten ferngesehen wurde.

7.2   Häufigkeiten mit Base R in Markdown

7.2.1   Schnelles Ergebnis

Unter schnelles Ergebnis stellen wir jeweils dar, wie die Befehle im Markdown genutzt werden können, ohne größeres Verständnis der einzelnen Komponenten vorauszusetzen. Quasi wie eine Kurzanleitung, wobei Sie in dem von uns zur Verfügung gestellten Code lediglich wenige Dinge ändern müssen:

- Unter dem Punkt `#Laden und Auswahl der Daten und Variablen` muss statt `meine Daten` der korrekte Dateiname verwendet werden. Zudem muss statt `meineV1` die korrekte Variablenbezeichnung genutzt werden.
- Unter dem Punkt `#Labels` muss statt `„Titel der Tabelle"` der gewünschte Tabellentitel eingefügt werden.

```
15 ```{r Tabelle mit BaseR}
16 #Installieren und Laden der Pakete
17 if (!require(knitr)) {install.packages("knitr"); library(knitr)}
18
19 #Laden und Auswahl der Daten und Variablen
20 load("meineDaten.Rda")
21 daten <- meineDaten
22 daten$v1 <- daten$meineV1
23
24 #Labels
25 Tabellentitel <- "Titel der Tabelle"
26
27 #Ausgabe der vollständigen Häufigkeitstabelle als Gesamtbefehl (Base-R)
28 kable(cbind("Anzahl" = table(daten$v1),
29             "Prozent" = prop.table(table(daten$v1))*100,
30             "kumulierte Prozent" = cumsum(prop.table(table(daten$v1))*100)),
31 digits = 1, caption = Tabellentitel)
32 ```
```

7.2.2 Vorgehen

Damit jeder einzelne Codechunk autonom funktioniert, sollte am Anfang immer geprüft werden, ob die benötigten Pakete bereits installiert und geladen wurden (Zeile 17). Zur Ausgabe der Häufigkeitstabellen benötigen wir lediglich das Paket *knitr* (Xie, 2020). Dieses sorgt für ansprechendere Tabellen. Die dargestellte Funktion installiert und lädt die Pakete automatisch, falls diese noch nicht in Ihrem R-Programm vorhanden sind (siehe auch Kap. 2).

Mittels `load` (Zeile 20 siehe auch Kap. 4) laden wir den Datensatz. In einem nächsten Schritt speichern wir unseren Datensatz als Objekt `daten` und unsere Variable als Objekt `daten$v1` (Zeile 21 & 22). Wenn Sie das Skript mit Ihren eigenen Daten nutzen wollen, müssen Sie so einmalig statt `meine Daten` und `meineV1` den Namen Ihres Datensatzes und Ihrer Variablenbezeichnung einfügen.

Ähnlich wie den Datensatz und unsere Variable, speichern wir auch den Tabellentitel als `Tabellentitel` (Zeile 25). Statt „`Titel der Tabelle`" können Sie hier Ihren gewünschten Tabellentitel eingeben.

Nachdem wir nun erfolgreich die benötigten Pakete installiert haben und unseren Datensatz und unsere Variable bestimmt haben, können wir uns an das Erstellen einer Häufigkeitstabelle machen. Der Gesamtbefehl der Häufigkeitstabelle[1] lautet dabei wie folgt:

```
28  kable(cbind("Anzahl" = table(daten$v1),
29              "Prozent" = prop.table(table(daten$v1))*100,
30              "kumulierte Prozent" = cumsum(prop.table(table(daten$v1))*100)),
31  digits = 1, caption = Tabellentitel)
```

Dieser Befehl ist in sich verschachtelt, aber im Prinzip recht einfach und wird im Folgenden genauer erklärt. Um sich in R eine Tabelle mit der Anzahl n ausgeben zu lassen (Zeile 28), benötigen wir den Befehl `table(daten$v1)`. Für eine Tabelle mit Prozentwerten wiederum nutzen wir den Befehl `prop.table`. Dieser basiert auf `table()` und ergibt multipliziert mit 100 Prozentwerte. Der Befehl lautet dementsprechend `prop.table(table(daten$v1)*100)` (Zeile 29). Für kumulierte Prozent setzen wir wiederum vor den `prop.table` Befehl den Befehl `cumsum` (Zeile 30), insofern lautet der Befehl `cumsum(prop.table(table(daten$v1))*100))`. Die Befehle für Prozente und kumulierte Prozente sind zwar länger, sind aber im Prinzip jeweils der `table`-Befehl ergänzt um die jeweiligen neuen Befehle. Vor den einzelnen Befehlen befindet sich jeweils in Anführungsstrichen der Name der Berechnung sowie ein Gleichheitszeichen. Dies erhöht die Übersichtlichkeit des Befehls, dient aber vor allem dazu, dass in der Gesamttabelle am Ende die einzelnen Spalten direkt eine geeignete Bezeichnung haben.

Die anderen Bestandteile des Befehls dienen dazu, aus den zunächst drei einzelnen Tabellen für Anzahl, Prozente und kumulierte Prozente, eine schöne Gesamttabelle zu erstellen. Der Befehl `cbind` (Zeile 28) sorgt dafür, dass die einzelnen Bestandteile zu Spalten einer Gesamttabelle werden. `cbind` steht für column-bind, also Spalten verbinden (siehe Kap. 4). Der Befehl steht vor der Klammer und in der Klammer stehen die jeweiligen Komponenten, die zusammengefügt werden sollen. Diese müssen mit Kommata getrennt werden.

Zudem nutzen wir ganz zu Anfang den Befehl `kable` (Zeile 28) aus dem Paket *knitr* (Xie, 2020). Dieser Befehl sorgt für eine gut formatierte Tabelle[2].

---

[1] Zur besseren Lesbarkeit haben wir die einzelnen Tabellenkomponenten als einzelne Zeilen dargestellt. Natürlich könnte man auch diese Zeilenumbrüche weglassen um den Code kompakter darzustellen.

[2] In R gibt es eine Vielzahl von Paketen und Befehlen, die für verschönerte Tabellenoutputs sorgen. Wir haben uns hier für kable entschieden, da dieses Paket sowohl für Word, als auch

Des Weiteren können wir innerhalb von `kable` (Zeile 31) Vorgaben zum Erscheinungsbild der Tabelle machen. Weitere Nutzungsmöglichkeiten des Paketes finden sich beispielsweise im R Markdown Cookbook (Xie et al., 2020) oder in der Paketbeschreibung (Xie, 2021). Wir nutzen hier die zwei Funktionen `digits = 1` und `caption = Tabellentitel`. Mit `digits` können wir angeben, auf wie viele Nachkommastellen unsere Tabelle gerundet werden soll. In diesem Fall haben wir bestimmt, dass wir eine Nachkommastelle wünschen. Mittels `caption =` können wir den Tabellentitel festlegen. Normalerweise würden wir hier innerhalb von Anführungsstrichen einen gewünschten Titel schreiben. Da wir bereits zuvor innerhalb der Label-Sektion einen Titel gewählt haben, müssen wir jedoch nichts mehr ändern. Stattdessen steht hier das zuvor festgelegte Objekt `Tabellentitel`.

7.2.3 Beispielskript

Nutzen wir den zur Verfügung stehenden Datensatz zur Medienrezeption, so sieht unser Skript wie folgt aus:

```r
20 ```{r Tabelle mit BaseR}
21 #Installieren und Laden der Pakete
22 if (!require(knitr)) {install.packages("knitr"); library(knitr)}
23
24 #Laden und Auswahl der Daten und Variablen
25 load("daten_sauber.Rda")
26 daten <- daten_sauber
27 daten$v1 <- daten$tv_konsum
28
29 #Labels
30 Tabellentitel <- "Einfache Häufigkeitstabelle des TV-Konsums"
31
32 #Ausgabe der vollständigen Häufigkeitstabelle als Gesamtbefehl (Base-R)
33 kable(cbind("Anzahl" = table(daten$v1),
34            "Prozent" = prop.table(table(daten$v1))*100,
35            "kumulierte Prozent" = cumsum(prop.table(table(daten$v1))*100)),
36 digits = 1, caption = Tabellentitel)
37 ```
```

Als Datensatz wurde der online zur Verfügung stehende Datensatz *daten_sauber* innerhalb des `load` und des `daten` Befehls eingesetzt. Als Variable `v1` wurde

---

für HTML und PDF-Outputs genutzt werden kann und in verschiedenen R-Versionen stabil funktioniert.

Tab. 7.4 Output einer einfachen Häufigkeitstabelle in R Markdown

Table 1: Einfache Häufigkeitstabelle des TV-Konsums

	Anzahl	Prozent	kumulierte Prozent
kein TV-Konsum	164	13.8	13.8
niedriger TV-Konsum	210	17.7	31.6
mittlerer TV-Konsum	697	58.8	90.4
hoher TV-Konsum	114	9.6	100.0

hier die Variable `tv_konsum` genutzt. Die Tabelle haben wir mit „`Einfache Häufigkeitstabelle des TV-Konsums`" benannt.

7.2.4 Interpretation der Ergebnisse

Nachfolgend findet sich die Häufigkeitstabelle[3], die mit dem zuvor dargestellten Beispielskript erstellt wurde (siehe Tab. 7.4).

In der ersten Spalte stehen die verschiedenen Ausprägungen unserer Variablen `TV-Konsum`. In der nächsten Spalte sehen wir die Anzahl (n) und darauffolgend die Prozentwerte und kumulierten Prozente. Wir erkennen anhand der Tabelle, dass die meisten Personen in unserem Sample einen mittleren TV-Konsum (58,8 % unserer Gesamtgruppe) aufweisen. Die kleinste Gruppe hingegen ist die Gruppe mit einem hohen TV-Konsum (9,6 %).

7.3 Häufigkeitstabellen mit dem Paket questionr

In R gibt es viele verschiedene Pakete um Häufigkeiten darzustellen (ein guter Überblick findet sich beispielsweise bei Medcalf, 2017). Wir nutzen hier exemplarisch das Paket *questionr* (Barnier et al., 2020), da dieses Paket einfach in der Anwendung ist und Häufigkeitstabellen gut darstellt. *questionr* ist dazu gedacht, die Analyse von Fragebögen-Daten zu vereinfachen.

---

[3] Wir zeigen jeweils das PDF Output. Die Darstellung des Word oder HTML Outputs kann geringfügig abweichen. Möchte man die Tabellenbezeichnung auf Deutsch (also Tabelle statt Table) kann im Markdown Code der Präambel folgendes Argument hinzugefügt werden: lang: de-DE.

7.3.1 Schnelles Ergebnis

Innerhalb des Codes zu Häufigkeiten müssen für ein schnelles Ergebnis lediglich die folgenden Dinge geändert werden:

- Unter dem Punkt #Laden und Auswahl der Daten und Variablen muss statt meine Daten der korrekte Dateiname verwendet werden. Zudem muss statt meineV1 die korrekte Variablenbezeichnung genutzt werden.
- Unter dem Punkt #Labels muss statt "Titel der Tabelle" der gewünschte Tabellentitel eingefügt werden.

```
36  ```{r Tabelle mit questionr}
37  #Installieren und Laden der Pakete
38  if (!require(pacman)) {install.packages("pacman"); library(pacman)}
39  p_load(knitr, questionr)
40
41  #Laden und Auswahl der Daten und Variablen
42  load("meineDaten.Rda")
43  daten <- meineDaten
44  daten$v1 <- daten$meineV1
45
46  #Labels
47  Tabellentitel <- "Titel der Tabelle"
48
49  #Ausgabe der Gesamttabelle mit Package QuestionR
50  kable(questionr::freq(daten$v1, cum = T, total = T))
51  ```
```

7.3.2 Vorgehen

Zunächst müssen wir die benötigten Pakete laden. Dazu nutzen wir den Paket-manager *pacman* (Rinker & Kurkiewicz, 2018). Diesen müssen wir einmalig installieren (Zeile 38). Anschließend können wir mit dem Befehl p_load() alle gewünschten Pakete laden (Zeile 39; siehe auch Kap. 2). Zur Ausgabe der Häu-figkeitstabelle nutzen wir das Paket *questionr* (Barnier et al., 2020). Für eine ansprechende Tabelle wiederum das Paket *knitr* (Xie, 2020). Im Anschluss müs-sen wir unsere Daten laden und unsere Bezeichnungen anpassen (Zeile 42–44 und Zeile 47; eine Erläuterung findet sich bei der Beschreibung der einfachen Häu-figkeitstabelle). Nachdem wir nun erfolgreich unsere benötigten Pakete installiert haben und den Datensatz und unsere Variablen und Labels bestimmt haben, können wir uns an das Erstellen einer Häufigkeitstabelle machen. Zur Erstellung der Häufigkeitstabelle nutzen wir nun den Befehl `freq()` aus dem *questionr*-Paket (Zeile 50):

```
50   kable(questionr::freq(daten$v1, cum = T, total = T))
```

`kable()` nutzen wir, um eine ansprechende Tabelle zu erhalten. Mit `questionr::freq` können wir die Häufigkeits-Funktion aus dem Paket *questionr* aufrufen. Übersetzt bedeutet dieser Befehl, dass wir die Funktion *freq* aus dem *questionr* Paket nutzen wollen. Zunächst müssen wir in der Klammer die verwendete Variable angeben. Im Anschluss haben wir verschiedene Auswahlmöglichkeiten: `cum = T` gibt an, dass wir die Ausgabe der kumulierten Prozent wünschen. Setzen wir diesen Parameter auf `F`, also auf False werden diese nicht angezeigt. `total = T` gibt wiederum an, dass wir eine Endzeile mit den aufsummierten Werten wünschen. Weitere Spezifikationen (einen Überblick gibt der in der Konsole ausgeführte Befehl `?questionr:: freq`) beinhalten beispielsweise die Anzahl der gerundeten Prozent (`digits = x`) oder eine mögliche auf- oder absteigende Sortierung (`sort = inc/dec`). Die Dezimalstellen der Prozentwerte sind in der Grundeinstellung (Default) auf 1 gerundet. Möchte man dies so belassen, muss dementsprechend an dem Grundbefehl nichts geändert werden. Möchte man hingegen beispielsweise keine Dezimalstellen bei den Prozentwerten, muss im Befehl `digits = 0` ergänzt werden. Ähnliches gilt für die Sortierung der Werte. Per Default werden diese nicht sortiert. Wünscht man eine Sortierung muss dementsprechend im Befehl `sort = "inc"` für eine aufsteigende Sortierung oder `sort = "dec"` für eine absteigende Sortierung ergänzt werden.

7.3.3 Beispielskript

Nutzen wir den zur Verfügung stehenden Datensatz zur Medienrezeption, so sieht unser Skript in der *questionr*-Variante wie folgt aus:

```
41 ```{r Tabelle mit questionr}
42 #Installieren und Laden der Pakete
43 if (!require(pacman)) {install.packages("pacman"); library(pacman)}
44 p_load(knitr, questionr)
45
46 #Laden und Auswahl der Daten und Variablen
47 load("daten_sauber.Rda")
48 daten <- daten_sauber
49 daten$v1 <- daten$tv_konsum
50
51 #Labels
52 Tabellentitel <- "Komplexe Häufigkeitstabelle des TV-Konsums"
53
54 #Ausgabe der Gesamttabelle mit Package QuestionR
55 kable(questionr::freq(daten$v1, cum = T, total = T), caption = Tabellentitel)
56 ```
```

Als Datensatz wurde der auch online zur Verfügung stehende Datensatz *daten_sauber* innerhalb des `load` und des `daten`-Befehls eingesetzt. Als Variable v1 wurde hier erneut die Variable `tv_konsum` genutzt.

7.3.4 Interpretation und Darstellung der Ergebnisse

Nachfolgend findet sich die mit dem zuvor dargestellten Beispielskript und dem Paket *questionr* erstellte Häufigkeitstabelle (siehe Tab. 7.5).

Ähnlich wie unsere zuvor erstellte Häufigkeitstabelle werden hier zunächst die einzelnen Ausprägungen unserer Variablen gezeigt. Anschließend erhalten wir jeweils die Anzahl (n), die Prozente (%), die validen Prozente (val%), die kumulierten Prozente (%cum) und die validen kumulierten Prozentwerte (val%cum). In den Zeilen sehen wir die Werte für die einzelnen Ausprägungen, die fehlenden Werte (NA) und eine Zeile für die gesamten Werte (Total).

Tab. 7.5 Output einer komplexen Häufigkeitstabelle in R

Table 1: Komplexe Häufigkeitstabelle des TV-Konsums

	n	%	val%	%cum	val%cum
kein TV-Konsum	164	13.7	13.8	13.7	13.8
niedriger TV-Konsum	210	17.6	17.7	31.3	31.6
normaler TV-Konsum	697	58.4	58.8	89.8	90.4
hoher TV-Konsum	114	9.6	9.6	99.3	100.0
NA	8	0.7	NA	100.0	NA
Total	1193	100.0	100.0	100.0	100.0

An der Tabelle erkennen wir, dass die validen Prozentwerte (val%) geringfügig von den anderen Prozentwerten (%) abweichen. Dies liegt an den 8 fehlenden Werten innerhalb der Variablen. Bei den validen Prozenten wurde die Berechnung auf Basis der tatsächlich vorliegenden Werte ($1193 - 8 = 1185$) durchgeführt. Bei den anderen Prozentwerten wurden hingegen die fehlenden Werte in die Berechnung miteinbezogen. Dementsprechend variieren ebenfalls die kumulierten Prozente und validen kumulierten Prozente.

Bei der Darstellung im Forschungsbericht gilt das Credo der Darstellung, (1) alle relevanten Ergebnisse verständlich zu berichten, (2) das Vorgehen möglichst transparent zu machen und (3) anderen eine Replikation und Weiterverwertung der Ergebnisse zu ermöglichen. Dazu orientieren sich die Vorschläge an den Vorgaben aus dem APA Publication Manual 7th Edition (2020). Häufigkeitstabellen finden sich in Forschungsberichten im deskriptiven Teil. Sie werden zumeist genutzt, um den Daten beschreibend darzustellen (z. B. bei Inhaltsanalysen). Die Tabelle sollte für sich alleinstehend verständlich sein. Auf der anderen Seite sollte sich der Text auf die Tabelle beziehen. Eine gute Mischung kann darin bestehen, die Tabelle im Forschungsbericht darzustellen, um dann im Text die relevanten Punkte noch einmal aufzugreifen.

7.4   Säulendiagramme mit Markdown

7.4.1   Schnelles Ergebnis

Für ein einfaches Säulendiagramm müssen innerhalb des Codes lediglich die folgenden Dinge geändert werden:

- Unter dem Punkt `#Laden und Auswahl der Daten und Variablen` muss statt `meine Daten` der korrekte Dateiname verwendet werden. Zudem muss statt `meineV1` die korrekte Variablenbezeichnung genutzt werden.
- Unter dem Punkt `#Labels` müssen statt `Label V1` und `Titel der Grafik` jeweils die gewünschten Achsen- und Titelbezeichnungen genutzt werden.

```
55 ‧ ```{r Säulendiagramm}
56   #Installieren und Laden der Pakete
57   if (!require(pacman)) {install.packages("pacman"); library(pacman)}
58   p_load(ggplot2, tidyverse)
59
60   #Laden und Auswahl der Daten und Variablen
61   load("meineDaten.Rda")
62   daten <- meineDaten
63   daten$v1 <- daten$meineV1
64
65   #Labels
66   label_y <- "Anzahl"
67   label_x <- "Label V1"
68   Titel <- "Titel der Grafik"
69
70   #Erstellen eines Säulendiagramms
71   ggplot(daten %>% drop_na(v1), aes(x = v1)) +
72     geom_bar() +
73     labs(title = Titel, x = label_x, y = label_y)
74   ```
```

7.4.2 Vorgehen

Zur Ausgabe eines Säulendiagramms benötigen wir das Paket *ggplot2* von Hadley Wickham (2016). Dieses bietet den Vorteil, dass die Grafik professioneller aussieht und das Paket unzählige Modifikationsmöglichkeiten der Grafik bereitstellt (siehe Kap. 6; siehe auch Chang, 2019). Zudem benötigen wir für eventuelle Datenmodifikationen das Paket *tidyverse* (Wickham et al., 2019). Mit dem Befehl `p_load()` aus den Paketmanager *pacman* laden und installieren wir die Pakete (Zeile 57 & 58; näheres zur Funktionsweise findet sich auch im Kap. 2).

Mittels `load` (Zeile 61; siehe auch Kap. 4) laden wir den Datensatz. In einem nächsten Schritt speichern wir unseren Datensatz als Objekt `daten` und unsere Variable als Objekt `daten$v1` (Zeile 62 & 63). Wenn Sie das Skript mit Ihren eigenen Daten nutzen wollen, müssen Sie so einmalig statt `meine Daten &` `meineV1` den Namen Ihres Datensatzes und Ihrer Variablenbezeichnung einfügen.

Unter dem Punkt `#Labels` (Zeile 65–68) legen wir die Bezeichnungen unserer Grafik an. Unter „`Label V1`" speichern wir die Bezeichnung der x-Achse, unter „`Titel der Grafik`" den gewünschten Titel unserer Grafik. Eine Bezeichnung der y-Achse brauchen wir hier nicht zu treffen, da wir diese vorab mit Anzahl gelabelt haben (natürlich kann hier auch ein anderes Label genutzt werden, dann muss dieses nach demselben Prinzip ergänzt werden). Möchten wir keinen Titel, so können wir zwei Anführungszeichen ohne Text oder wahlweise mit einem Leerzeichen dazwischen anstelle eines Textes nutzen.

In einem nächsten Schritt können wir nun unsere tatsächliche Grafik erstellen. Grafiken mit *ggplot2* beruhen dabei immer auf einem gleichen Prinzip, der sogenannten *Grammar of Graphics* (siehe Kap. 6). Diese Grammar of Graphics kann man sich in verschiedenen Ebenen vorstellen, die ähnlich wie beispielsweise bei Photoshop übereinandergelegt werden. Unser gesamter Befehl lautet:

```
71  ggplot(daten %>% drop_na(v1), aes(x = v1)) +
72    geom_bar() +
73    labs(title = Titel, x = label_x, y = label_y)
```

Die erste Ebene (Zeile 71) bildet dabei die Beschreibung der Daten, das heißt unabhängig von der eigentlichen Darstellung auf welchen Daten diese beruht. ggplot gibt dabei an, dass ein Befehl aus dem Paket *ggplot2* genutzt werden soll. Anschließend erfolgt in der Klammer zunächst die Spezifikation auf welchen Daten die Grafik beruhen soll. Normalerweise könnten wir hier lediglich unseren Datensatz, also daten angeben. Wir haben hier zusätzlich %>% drop_na(v1) ergänzt. Dieser Zusatz aus dem Paket *tidyverse* sorgt dafür, dass innerhalb von daten (dafür steht das Zeichen %>%) die fehlenden Werte (drop_na) der Variablen v1 entfernt werden sollen (näheres zur Funktionsweise findet sich im Exkurs tidyverse). Möchten wir eine Abbildung, in welche die NAs als einzelne Säule im Diagramm dargestellt werden, so können wir diesen Zusatz weglassen.

aes steht für aesthetics und gibt an, welche Variable(n) genutzt werden soll(en). Da in diesem Fall das Säulendiagramm lediglich aus der Darstellung der Häufigkeit verschiedener Ausprägungen einer Variablen besteht, wird hier nur eine Variable für die x-Achse angegeben. In einem nächsten Schritt, bzw. auf der nächsten Ebene (Zeile 72) legen wir fest, welchen Plot wir genau darstellen möchten. Der Befehl für ein Säulendiagramm ist geom_bar(). Verbunden werden die einzelnen Ebenen jeweils durch ein + Zeichen.

Zuletzt, zumindest in dieser schlichten Version (für weitere Möglichkeiten siehe Kap. 6), legen wir auf einer dritten Ebene die Beschreibung der Grafik fest (Zeile 73). Wir können diesen Schritt auch weglassen, jedoch fehlt in diesem Fall ein Titel der Grafik und für die Variablenschreibung nutzt R den Namen der Variablen oder englische Begriffe, wie beispielsweise in diesem Beispiel count. Für eine passendere Beschreibung nutzen wir insofern den Befehl labs(). Da wir bereits zuvor bei #Labels (Zeile 65-68) die Benennung festgelegt haben, müssen wir hier nichts mehr ändern. Wir haben diesen Schritt zur Vereinfachung gewählt, da so auf einen Blick ersichtlich ist, welche Komponenten in den Skripten geändert werden müssen. Innerhalb der Grafik beziehen wir uns dann jeweils auf die zuvor gespeicherten Objekte namens `Titel`, `label_x` und `label_y`. Wir können auch direkt innerhalb des `labs`-Befehls die Bezeichnung wählen. In diesem Fall müssten nach den jeweiligen Gleichheitszeichen nicht die zuvor definierten Objekte, sondern die Beschriftung in Anführungszeichen stehen.

7.4.3 Beispielskript

Nutzen wir den zur Verfügung stehenden Datensatz zur Medienrezeption, so sieht unser Skript für ein Säulendiagramm wie folgt aus:

```r
60 ```{r Säulendiagramm}
61 #Installieren und Laden der Pakete
62 if (!require(pacman)) {install.packages("pacman"); library(pacman)}
63 p_load(ggplot2, tidyverse)
64
65 #Laden und Auswahl der Daten und Variablen
66 load("daten_sauber.Rda")
67 daten <- daten_sauber
68 daten$v1 <- daten$tv_konsum
69
70 #Labels
71 label_y <- "Anzahl"
72 label_x <- "TV-Konsum"
73 Titel <- "Säulendiagramm TV-Konsum"
74
75 #Erstellen eines Säulendiagramms
76 ggplot(daten %>% drop_na(v1), aes(x = v1)) +
77   geom_bar() +
78   labs(title = Titel, x = label_x, y = label_y)
79 ```
```

Als Datensatz wurde der auch online zur Verfügung stehende Datensatz `daten_sauber` innerhalb des `load` und des `daten`-Befehls eingesetzt. Als Variable `v1` wird hier die Variable `tv_konsum` genutzt. Des Weiteren wurden die einzelnen Diagrammbestandteile unter dem Punkt `#Labels` benannt. Als Titel wurde `Säulendiagramm TV-Konsum` gewählt, die x-Achse wurde dementsprechend mit `TV-Konsum` und die y-Achse mit `Anzahl` benannt.

7.4.4 Interpretation und Darstellung der Ergebnisse

Nachfolgend findet sich das mit dem zuvor dargestellten Beispielskript erstellte Säulendiagramm (siehe Abb. 7.2).

Die x-Achse zeigt dabei die verschiedenen Ausprägungen unserer Variablen TV-Konsum. Die y-Achse gibt jeweils die Anzahl der einzelnen Ausprägungen an. Die Grafik visualisiert die zuvor in der Häufigkeitstabelle veranschaulichten Verhältnisse der einzelnen Variablen zueinander. Die Ausprägung mittlerer TV-Konsum ist eindeutig die häufigste Ausprägung im Datensatz, wohingegen die Ausprägung hoher TV-Konsum von den wenigsten ausgewählt wurde. Diese Art von Grafik zeigt schnell deutliche Unterschiede auf. Für genaue Werte oder geringfügige Unterschiede lohnt sich jedoch der Blick in die Häufigkeitstabellen.

Wenn Säulendiagramme in den Forschungsbericht integriert werden, sollten diese so aufbereitet werden, dass sie ohne zusätzliche Informationen verständlich sind. Hier hilft es beispielsweise dem Leser, wenn Achsen- oder Wertebeschriftungen (siehe Kap. 6) in die Grafik integriert werden. Zudem sollte im Text Bezug auf die Grafik genommen werden, wobei sich Textteile und Grafik idealerweise ergänzen. In unserem Beispiel könnte man darauf eingehen, dass die meisten Untersuchten einen mittleren TV-Konsum aufzeigen, um anschließend auf die Grafik zu verweisen.

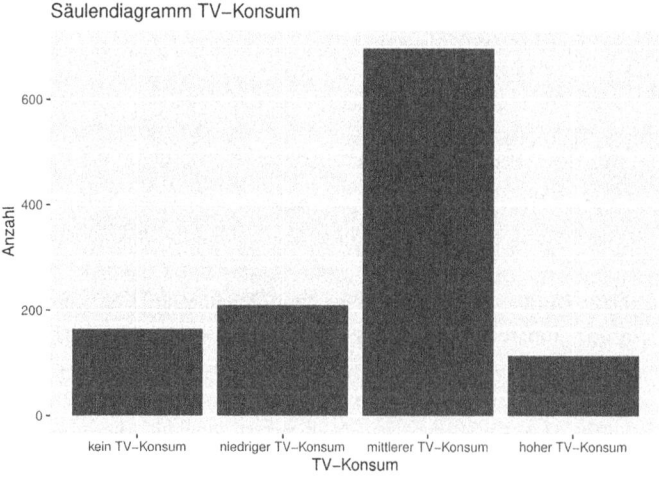

Abb. 7.2 Output eines Säulendiagramms mit ggplot2

7.5 Häufigkeitsübersichten mit Markdown

7.5.1 Schnelles Ergebnis

Für eine schnelle Häufigkeitsübersicht müssen innerhalb des Codes die folgenden Dinge verändert werden:

- Unter dem Punkt #Laden und Auswahl der Daten und Variablen muss statt meine Daten der korrekte Dateiname verwendet werden und statt meineV1, meineV2 und meineV3 müssen die korrekten Variablenbezeichnungen genutzt werden.
- Unter dem Punkt #Labels müssen statt meineReihe1, meineReihe2 und meineReihe3 jeweils die gewünschten Zeilenbezeichnungen genutzt werden. Zudem müssen statt meine Spalte 1, meineSpalte2 und meineSpalte3 jeweils die gewünschten Spaltenbezeichnungen gewählt werden. Zuletzt muss statt „Titel der Tabelle" der korrekte Tabellentitel verwendet werden.

```
78 ```{r Häufigkeitsübersicht}
79 #Installieren und Laden der Pakete
80 if (!require(knitr)) {install.packages("knitr"); library(knitr)}
81
82 #Laden und Auswahl der Daten und Variablen
83 load("meineDaten.Rda")
84 daten <- meineDaten
85 duten$v1 <- daten$meineV1
86 daten$v2 <- daten$meineV2
87 daten$v3 <- daten$meineV3
88
89 #Labels
90 Zeilennamen <- c("meineReihe1", " meineReihe2", "meineReihe3")
91 Spaltennamen <- c("meineSpalte1", "meineSpalte2", "meineSpalte3")
92 Tabellentitel <- "Titel der Tabelle"
93
94 #Ausgabe der Häufigkeitsübersicht
95 Tab <- cbind((prop.table(table(daten$v1))*100),
96          (prop.table(table(daten$v2))*100),
97          (prop.table(table(daten$v3))*100))
98
99 rownames(Tab) <- Zeilennamen
100 colnames(Tab) <- Spaltennamen
101 kable(Tab, digits = 0, caption = Tabellentitel)
102 ```
```

7.5.2 Vorgehen

Zur Ausgabe der Häufigkeitsübersichten benötigen wir lediglich die Pakete *knitr* (Xie, 2020). Dieses Paket sorgt für ansprechendere Tabellen und wird im Verlauf dieses Buches immer wieder benötigt. Zeile 80 des Codes lädt eben jenes Paket (näheres zum Befehl und der einzelnen Funktionsweise finden Sie im Kap. 2). Mittels load (Zeile 83; siehe auch Kap. 4) laden wir den Datensatz. In einem nächsten Schritt speichern wir unseren Datensatz als Objekt daten und unsere Variable als die Objekte daten$v1, daten$v2 und daten$v3 (Zeile 84–87). Wenn Sie das Skript mit Ihren eigenen Daten nutzen wollen, müssen Sie so einmalig statt meine Daten, meineV1, meineV2 und meineV3 den Namen Ihres Datensatzes und Ihrer Variablenbezeichnung einfügen (siehe auch Kap. 2).

Unter dem Punkt #Labels legen wir die Bezeichnungen unserer Grafik ab. Unter Zeilennamen (Zeile 90) speichern wir unsere gewünschte Zeilenbenennung, unter Spaltennamen (Zeile 91) dementsprechend unsere Spaltenbenennung. Wichtig bei den Zeilen- und Spaltennamen ist lediglich, dass diese immer unserer Tabellenform entsprechen müssen. Sprich, es müssen so viele Zeilennamen wie Zeilen und so viele Spaltennamen wie Spalten der Tabelle sein. Unter dem Punkt Tabellentitel (Zeile 92) können wir einen gewünschten Tabellentitel eingeben.

Dieser Punkt #Labels speichert die gewünschte Benennung als Objekt ab (siehe auch Kap. 2). Im weiteren Verlauf können wir auf diese erstellten Objekte zurückgreifen und müssen im eigentlichen Code nichts mehr ändern. Wir haben dieses Verfahren gewählt, da so auf einen Blick ersichtlich wird, welche Komponenten im Skript geändert werden müssen. Nachdem wir unsere Daten und Variablen festgelegt und unsere Tabelle benannt haben, können wir uns an das eigentliche Erstellen der Tabelle machen. Der gesamte Code der Tabelle lautet hier:

```
95  Tab <- cbind((prop.table(table(daten$v1))*100),
96               (prop.table(table(daten$v2))*100),
97               (prop.table(table(daten$v3))*100))
98
99  rownames(Tab) <- Zeilennamen
100 colnames(Tab) <- Spaltennamen
101 kable(Tab, digits = 0, caption = Tabellentitel)
```

Zunächst möchten wir für unsere drei Variablen `v1`, `v2` und `v3` die Prozentwerte ermitteln (Zeile 95–97). Dafür nutzen wir den bereits bekannten Befehl `prop.table(table())*100` für eine Tabelle mit Prozentwerten. Möchten wir weniger oder mehr Variablen in unsere Häufigkeitstabelle einbeziehen, können wir hier einen `prop.table` Befehl weglassen, oder weitere `prop.table` Befehle hinzufügen. Wenn wir weitere Befehle hinzufügen möchten, müssen wir lediglich einen Befehl kopieren, einfügen und die Variable in die von uns gewünschte Nummer (hier beispielsweise `v4`) ändern. Beim Laden und der Auswahl der Daten müssen wir dann, ähnlich wie bei den Variablen 1–3, eine weitere Variable im selben Stil ergänzen. Im Anschluss verbinden wir diese einzelnen Tabellen mit dem Befehl `cbind()` miteinander.

Durch diesen Befehl haben wir bereits eine Häufigkeitsübersicht erstellt. Da wir in unserem Fall den Zeilen und Spalten noch jeweils andere Namen geben möchten, wurde hier die Übersicht als Objekt `Tab` gespeichert, mit welchem wir nachfolgend fortfahren können. Wenn wir nun die Zeilen und Spalten benennen möchten, benötigen wir nicht mehr den Gesamtbefehl, sondern können einfach auf das Objekt `Tab` verweisen. Die Befehle für die Benennung der Zeilen und Spalten sind vom Aufbau gleich und werden hier daher gemeinsam besprochen. Zunächst erfolgt der Befehlsaufruf. Dies ist für die Benennung von Zeilen der Befehl `rownames` (Zeile 99) und für die Bezeichnung von Spalten der Befehl `colnames` (Zeile 100). Im Anschluss muss in Klammern angegeben werden, wofür die Bezeichnung geändert werden soll. In unserem Fall ist dies jeweils das zuvor erstelle Objekt `Tab`. Anschließend erfolgt mit einem Pfeil die Zuweisung der neuen Namen. Aufgrund der vorherigen Benennung unter dem Punkt Labels muss hier nichts mehr geändert werden, da wir auf die zuvor erstellten Objekte `Zeilennamen` und `Spaltennamen` verweisen können.

Zuletzt möchten wir die Tabelle wieder ansprechend darstellen. Dazu nutzen wir den bereits bekannten `kable` Befehl (Zeile 101). Da wir unsere Tabelle als Objekt `Tab` gespeichert haben, können wir innerhalb des kable-Befehls eben jenes Objekt `Tab` verwenden. Zudem nutzen wir hier weitere Spezifikationen innerhalb des `kable`-Befehls. Wir nutzen `digits = 0` um unsere Tabelle auf 0 Nachkommastellen zu runden. Zusätzlich wollen wir in unserem Beispiel der Tabelle eine Überschrift geben. Dies erreichen wir mit dem Befehl `caption = `, welchen wir innerhalb von `kable` spezifizieren können.

7.5.3   Beispielskript

Nutzen wir den zur Verfügung stehenden Datensatz zur Medienrezeption, so sieht
unser Skript für eine Häufigkeitsübersicht wie folgt aus:

```r
83 ▾ ```{r Häufigkeitsübersicht}                                    ⚡ ▶
84   #Installieren und Laden der Pakete
85   if (!require(knitr)) {install.packages("knitr"); library(knitr)}
86
87   #Laden und Auswahl der Daten und Variablen
88   load("daten_sauber.Rda")
89   daten <- daten_sauber
90   daten$v1 <- daten$gem_tvp
91   daten$v2 <- daten$gem_tvv
92   daten$v3 <- daten$gem_tvf
93
94   #Labels
95   Zeilennamen <- c("Nein", "Ja", "NA")
96   Spaltennamen <- c("Partner", "Verwandte", "Freunde")
97   Tabellentitel <- "Häufigkeitsübersicht: TV-Konsum in % mit..."
98
99   #Ausgabe der Häufigkeitsübersicht
100  Tab <- cbind((prop.table(table(daten$v1))*100),
101              (prop.table(table(daten$v2))*100),
102              (prop.table(table(daten$v3))*100))
103
104  rownames(Tab) <- Zeilennamen
105  colnames(Tab) <- Spaltennamen
106  kable(Tab, digits = 0, caption = Tabellentitel)
107  ```
```

Als Datensatz wurde der auch online zur Verfügung stehende Datensatz
daten_sauber innerhalb des load und des daten Befehls eingesetzt. Für
die Variablen v1, v2 und v3 wurden die Variablen gem_tvp (gemeinsam
TV schauen mit Partner), gem_tvv (gemeinsam TV schauen mit Verwandten)
und gem_tvf (gemeinsam TV schauen mit Freunden) aus diesem Datensatz
eingesetzt.

Des Weiteren wurden die Zeilen mit Nein, Ja und NA benannt. Die
Spalten aufgrund der genutzten Variablen mit Partner, Verwandte und
Freunde. Als Titel der Häufigkeitsübersicht wurde Häufigkeitsübersicht: TV Konsum in % mit … gewählt. Dieser Titel dient der Verständlichkeit der Tabelle und entzerrt die Spaltenbenennung, da alle Variablen sich
jeweils mit dem gemeinsamen TV-Konsum beschäftigen.

Tab. 7.6   Output einer Häufigkeitsübersicht in R

Table 3: Häufigkeitsübersicht: TV-Konsum in % mit...

	Partner	Verwandte	Freunde
Nein	28	55	79
Ja	72	45	21
NA	0	0	0

7.5.4   Interpretation und Darstellung der Ergebnisse

Unsere zuvor erstelle Häufigkeitsübersicht mit den Variablen `Fernsehkonsum mit Partner`, `Fernsehkonsum mit Verwandten` und `Fernsehkonsum mit Freunden` sieht wie folgt aus (siehe Tab. 7.6).

In der ersten Spalte sehen wir die einzelnen Ausprägungen, die jeweils bei den Variablen identisch sein müssen. Anschließend erfolgen die Prozentangaben für die jeweiligen Gruppen. Wir können anhand dieser Tabelle beispielsweise erkennen, dass TV-Konsum vor allem zusammen mit dem Partner stattfindet. Mit Freunden wird hingegen bei der Mehrzahl der Befragten (79 %) nicht zusammen Fernsehen geschaut.

Im Forschungsbericht werden Häufigkeitsübersichten ähnlich wie Häufigkeitstabellen genutzt. Wichtig ist hier, dass die Tabelle eindeutig ist und auch ohne Vorkenntnisse des Datensatzes verstanden werden kann. Des Weiteren sollten sich der Text und die Tabelle ergänzen. Hier könnte man beispielsweise im Bericht schreiben, dass der TV-Konsum insbesondere mit dem Partner stattfindet, um anschließend auf die Tabelle zu verweisen.

7.6   Pakete und Funktionen des Kapitels Häufigkeiten

Siehe Tab. 7.7.

Tab. 7.7 Übersicht über die Pakete und Befehle des Kapitels 7

Paket	Quelle	Funktion	Effekt
base	R Core Team, 2020	`colnames() <- c()`	Vergibt Spaltennamen
		`cumsum(prop.table(table()*100))`	Tabelle mit kumulierten Prozenten
		`prop.table(table())*100`	Tabelle mit Prozenten
		`rownames() <- c()`	Vergibt Zeilennamen
		`table()`	Häufigkeitstabelle mit n-Werten
ggplot2	Wickham, 2016	`geom_bar()`	Erstellt Säulendiagramm
knitr	Xie, 2020	`kable()`	Verschönert Tabellenoutputs
questionr	Barnier et al., 2020	`freq()`	Häufigkeitstabelle mit Häufigkeiten und validen (kumulierten) Prozenten
tidyverse	Wickham et al., 2019	`drop_na()`	NAs aus den verwendeten Variablen entfernen

Eigene Darstellung

Literatur

American Psychological Association. (2020). *Publication manual of the American Psychological Association: The official guide to APA style* (7. Aufl.). American Psychological Association.

Barnier, J., Briatte, F., & Larmarange, J. (2020). *Questionr: Functions to make surveys processing easier: R package version 0.7.2.* https://CRAN.R-project.org/package=questionr.

Chang, W. (2019). *R graphics cookbook* (2. Aufl.). O'Reilly. https://r-graphics.org/.

Medcalf, A. (2017). *My favourite R package for: Frequency tables.* https://dabblingwithdata. wordpress.com/2017/12/20/my-favourite-r-package-for-frequency-tables/.

R Core Team. (2020). *R: A language and environment for statistical*. R Foundation for Statistical Computing. https://www.R-project.org/.

Rinker, T. W., & Kurkiewicz, D. (2018). *pacman: Package management for R. version 0.5.0*. http://github.com/trinker/pacman.

Wickham, H. (2016). *ggplot2: Elegant graphics for data analysis*. Springer.

Wickham et al. (2019). Welcome to the tidyverse. *Journal of Open Source Software, 4*(43), 1686. https://doi.org/10.21105/joss.01686.

Xie, Y. (2020). knitr: A general-purpose package for dynamic report generation in R: R package version 1.29.

Xie, Y. (2021). *R documentation: Kable function*. https://www.rdocumentation.org/packages/knitr/versions/1.29/topics/kable.

Xie, Y., Dervieux, C., & Riederer, E. (2020). *R markdown cookbook*. Chapman and Hall/CRC. https://bookdown.org/yihui/rmarkdown-cookbook/#ref-R-rmarkdown.

Verteilungen

8

Zusammenfassung

Das Kapitel zeigt, wie metrische Daten üblicherweise dargestellt werden. Solche Darstellungen dienen dazu, einzelne Variablen mit wenigen Kennwerten zu charakterisieren und einen Gesamtüberblick der Variablen zu erhalten. Die Lagemaße oder zentrale Tendenz der Verteilung wird durch Mittelwert, Median und Mode charakterisiert, die Streuung der Verteilung durch Spannweite, Interquartilsabstand, Standardabweichung bzw. Varianz. Die Form der Verteilung wird durch Modalität, Schiefe, Wölbung sowie ihre geometrische Form beschrieben. Im Kapitel wird sowohl dargestellt, wie die genannten Aspekte ermittelt bzw. berechnet werden als auch wie sie sich mit Markdown und R-Studio berechnen und darstellen lassen.

Schlüsselwörter

Verteilungsparameter • Maße der zentralen Tendenz • Modus • Median • Mittelwert • Streuungsmaße • Spannweite • Interquartilsabstand • Standardabweichung • Varianz • Form der Verteilung • Modalität • Schiefe • Wölbung • Histogramm • Dichteplot • Boxplot

Ergänzende Information Die elektronische Version dieses Kapitels enthält Zusatzmaterial, auf das über folgenden Link zugegriffen werden kann https://doi.org/10.1007/978-3-658-34285-2_8.

8.1   Grundlagen von Verteilungen

Verteilungen basieren auf metrischen Variablen und bestehen aus der Zusammenstellung aller Ausprägungen (Zahlen) einer Variablen. Verteilungen haben bestimmte Charakteristika, die sich mit Parametern oder Diagrammen darstellen lassen. Verteilungsparameter und Verteilungsdiagramme dienen dazu, einen Überblick über die Daten zu erhalten. Dabei vermitteln die Diagramme einen Gesamtüberblick, wohingegen einzelne Arten von Verteilungsparametern bestimmte Charakteristika einer Verteilung in einem Zahlenwert zusammenfassen. Typischerweise werden drei Arten von Verteilungsparametern unterschieden: Maße der zentralen Tendenz, Streuungsmaße sowie Maße für die Form der Verteilung.

8.1.1   Maße der zentralen Tendenz

Maße der zentralen Tendenz, oder auch Lagemaße, geben an, wo sich der Schwerpunkt der Verteilung innerhalb des möglichen Zahlenspektrums befindet. Sie geben also an, ob es sich bei den Messwerten eher um hohe, mittlere oder niedrige Werte innerhalb des möglichen Spektrums handelt. Sie vermitteln damit einen ersten Eindruck der vorliegenden Messwerte, ob zum Beispiel das Einkommen in der untersuchten Population eher hoch oder eher niedrig ist. Darüber hinaus werden Lageparameter oft benutzt, um Vergleiche anzustellen. Dann geht es darum, ob zum Beispiel das Einkommen einer bestimmten Population höher ist als das Einkommen einer Vergleichspopulation. Es werden drei unterschiedliche Arten von Parametern benutzt, um die Lage der Verteilung bzw. ihre zentrale Tendenz zu beschreiben (Field et al., 2012, S. 22–24; Schäfer, 2016, S. 52–59):

- Der *Mittelwert* (oder englisch *Mean*) ist das Zentrum einer Verteilung. Er ergibt sich aus der Summe aller vorhandenen Werte geteilt durch die Anzahl vorhandener Werte. Die Formel für den Mittelwert ($\overline{x}, sprich\ X - Quer$) lautet:

$$\overline{x} = \frac{1}{n} \sum_{i=1}^{n} x_i$$

Der Mittelwert liefert eine mathematisch genaue Beschreibung der Lage einer Verteilung. Übertragen auf ein reales Phänomen sind Mittelwerte aber manchmal unrealistisch. So ist zum Beispiel die Aussage, in einem Haushalt leben im

Durchschnitt 1,2 Kinder vielleicht mathematisch richtig, de facto aber immer falsch, da in keinem Haushalt 1,2 Kinder leben können. Der Mittelwert ist der Wert mit den kleinsten summierten quadratischen Abständen zu allen anderen Werten. Die Größe des Mittelwertes wird stark von extremen Werten beeinflusst. Wenn viele extrem kleine Werte vorliegen, so wird der Mittelwert deutlich kleiner und wenn viele extrem große Werte vorliegen, so wird der Mittelwert deutlich größer ausfallen, als der Mittelwert einer Verteilung ohne diese Extremwerte. Um dieser Problematik Rechnung zu tragen, wird oft ein sogenannter *getrimmter Mittelwert* berechnet. Dabei wird die gleiche Anzahl an größten und kleinsten Werten aus der Berechnung herausgelassen und der Mittelwert nur für die quasi mittleren Werte berechnet. Bei dem auf 95 % getrimmten Mittelwert werden zum Beispiel die 2,5 % größten und 2,5 % kleinsten Werte nicht berücksichtigt. Der Mittelwert bezieht sich dann auf die 95 % mittleren Werte der nach Größe geordneten Verteilung. Durch das Auslassen der Extremwerte mag der getrimmte Mittelwert selbst zwar realistischer erscheinen, er ignoriert aber das Vorhandensein extremer Werte. Eine andere Variante im Umgang mit extremen Werten ist der Median.

- Der *Median* ist der Wert, der in einer nach Größe geordneten Abfolge der Werte in der Mitte steht. Wenn es sich um eine ungerade Anzahl von Werten handelt, dann fällt der Median auf einen konkreten Wert. Bei einer geraden Anzahl von Werten gibt der Median die Mitte zwischen den beiden mittleren Werten an. Sind beide mittleren Werte gleich, dann entspricht dieser Wert dem Median. Unterscheiden sich beide, so entspricht der Wert des Medians der Summe beider mittleren Werte geteilt durch zwei. Der Median charakterisiert die nach Größe geordneten Werte der Verteilung sehr gut, weil er direkt in ihrer Mitte steht, es also ebenso viele größere wie kleinere Werte gibt. Deshalb ist der Median relativ robust gegenüber extremen Werten, die deutlich größer oder kleiner sind als die nächstgrößeren oder nächstkleineren Werte. Der Median ist der Wert mit den kleinsten summierten Beträgen der Abstände zu allen anderen Werten.

- Beim *Modus* (oder englisch *Mode*) handelt es sich um den Wert, der in der Verteilung am häufigsten vorkommt. Er kann auch bei nichtmetrischen Variablen (Faktoren) bestimmt werden. Der Modus repräsentiert die Verteilung, weil es sich um denjenigen Wert handelt, der bei zufälliger Ziehung die größte Wahrscheinlichkeit hat, gezogen zu werden. Er ist also der Wert, der am ehesten zu erwarten ist. Verteilungen können mehrere Modi haben. Dann eignet sich der Mode meist nicht, um die Verteilung selbst zu charakterisieren. Das sagt aber etwas über die Form der Verteilung aus (siehe unten).

Tab. 8.1 Ermittlung der zentralen Tendenz

id	tv_min		TV min	
1	180		0	
2	30		0	
3	120		30	
4	240	sortieren	30	
5	180	⟹	60	
6	0		90	Median
7	60		120	
8	90		120	
9	120		180	
10	30		180	
11	0		240	
			1050	Summe
			95,5	Mittelwert

Eigene Darstellung

Zum Üben wie Lagemaße ermittelt werden, greifen wir auf die Minuten des täglichen Fernsehkonsums aus dem Beispieldatensatz zurück (siehe Tab. 8.1). Der Mittelwert errechnet sich als Durchschnitt aller vorhandenen Werte. Für die Berechnung des Mittelwertes werden die Einzelwerte summiert und durch die Anzahl der Werte geteilt.

$$M = \frac{0 + 0 + 30 + \ldots + 240}{11} = \frac{1050}{11} = 95,5$$

Für die Ermittlung des Medians sollten die Werte ihrer Größe nach sortiert werden. Der Median befindet sich an der Stelle, an der in einer Häufigkeitstabelle die kumulierten Prozentwerte den Wert 50 überschreiten. In unserem Beispiel, in dem alle Werte sortiert aufgelistet sind, steht der Median in der Mitte. Bei ungerader Fallzahl ist das ein bestimmter Wert. Bei gerader Fallzahl werden beide mittleren Werte zusammenaddiert und durch zwei geteilt. Wenn beide Werte gleich groß sind, dann ist der Median ebenso groß. Sonst ist der Wert des Medians gleich der Mitte zwischen beiden Werten. Der Modus ist der Wert, welcher in der Verteilung am häufigsten vorkommt. Im Beispiel gibt es sogar vier Modus-Werte oder Modi: 0, 30, 120 und 180.

8.1.2 Streuungsmaße

Streuungsmaße geben an, ob die Werte einer Verteilung eher alle ähnlich groß sind, die Verteilung also homogen ist, oder ob sich die Werte stark unterscheiden, die Verteilung also heterogen ist. Die Frage nach der Homogenität einer Verteilung ist oft ebenso wichtig wie die Frage nach deren Lage. Zwei Verteilungen können bezogen auf ihre zentrale Tendenz identisch sein, sich de facto aber deutlich unterscheiden, weil sie unterschiedlich homogen sind. So ist zum Beispiel das tatsächliche Einkommen in zwei Ländern sehr unterschiedlich, wenn zwar beide Länder auf ein Durchschnittseinkommen von X kommen, in dem einen Land aber viele weniger als X und wenige deutlich mehr als X verdienen, wohingegen in dem anderen Land alle ungefähr X verdienen. Die erste Verteilung ist heterogen, weil die Einkommen eher unterschiedlich sind, die zweite hingegen homogen, weil die Einkommen aller ähnlich sind. Deshalb sollten zur Charakterisierung einer Verteilung immer sowohl deren Lage als auch deren Homogenität angegeben werden. Die Homogenität einer Verteilung lässt sich über verschiedene Parameter beschreiben (Field et al., 2012, S. 24–25; Schäfer, 2016, S. 60–67). Am geläufigsten sind Folgende:

- *Standardabweichung:* Am häufigsten wird die Homogenität einer Verteilung über deren Standardabweichung (englisch *standard deviation*) angegeben. Die Standardabweichung ist die Wurzel aus der Varianz. Die Varianz wiederum ist die mittlere quadratische Abweichung vom Mittelwert. Von jedem einzelnen Wert wird der Mittelwert abgezogen und diese Differenz quadriert. Es handelt demnach um die Abweichung der einzelnen Messwerte zum Mittelwert. Je größer dieses wird, umso weiter liegt der einzelne Wert vom Mittelwert entfernt. Da die Differenzen sowohl positiv als auch negativ ausfallen, je nachdem, ob der Einzelwert größer oder kleiner als der Mittelwert ist, werden die Differenzen quadriert. Bei der Quadrierung fällt das Vorzeichen weg. Sonst würden sich negative und positive Differenzen auf null addieren. Für die Varianz werden die quadrierten Differenzen summiert und durch n (Anzahl der Werte) geteilt. Der mittlere quadratische Abstand zum Mittelwert ist aber inhaltlich kaum zu interpretieren, weil damit eine quadratische Einheit entsteht. Das mag bei Quadratmetern noch gut zu interpretieren sein, bei Quadratjahren aber schon nicht mehr. Deshalb wird aus der Varianz die Wurzel gezogen, um einen einfachen Abstand zu erhalten, der Standardabweichung genannt wird. Fällt die Standardabweichung relativ zur zugrundeliegenden Skalierung groß aus, handelt es sich um eine eher heterogene Verteilung. Bei homogenen Verteilungen ist die Standardabweichung eher klein. Bei Varianz

und Standardabweichung gibt es eine Besonderheit gegenüber den anderen
Parametern. Sie beziehen sich auf die untersuchte Stichprobe. Diese ist aber
meist nicht von Interesse, im Gegensatz zur Grundgesamtheit bzw. der Population, für die die Stichprobe stellvertretend erhoben wurde. Allerdings ist die
Formel zur Berechnung von Varianz und Standardabweichung in der Stichprobe nicht die optimale Formel für Aussagen über die Standardabweichung
und Varianz in der Grundgesamtheit. Bei diesen geschätzten Parametern wird
nicht durch n sondern durch $n - 1$ geteilt, also durch die Gesamtanzahl der
Werte minus 1 (dies nennt sich die Bessel-Korrektur). Die Formel für die
geschätzte Varianz (s^2) und die geschätzte Standardabweichung (s oder auch
sd) lauten deshalb:

$$s_x^2 = \frac{1}{n-1} \sum_{i=1}^{n} (x_i - \overline{x})^2$$

$$s_x = \sqrt[2]{\frac{1}{n-1} \sum_{i=1}^{n} (x_i - \overline{x})^2}$$

- Der Inter*quartilsabstand* (*IQR*) beschreibt die Differenz zwischen der oberen und der unteren Quartilsgrenze. Er basiert auf der Quartilslogik, die die
  nach Größe geordnete Verteilung in vier gleich große Viertel teilt. Die untere
  Quartilsgrenze (Q25) beschreibt den Wert, bis zu dem mindestens 25 % der
  Werte liegen. Die obere Quartilsgrenze (Q75) wiederum beschreibt den Wert,
  unterhalb dessen mindestens 75 % der Werte liegen. Zwischen Q25 und Q75
  wiederum liegt der Medien (siehe oben). Die Quartilsgrenzen sind quasi die
  Mediane zwischen dem Minimum und dem Median, bzw. zwischen dem Maximum und dem Median. Entweder fallen beide auf einen konkreten Wert oder
  der Wert wird als Mitte zwischen den beiden umliegenden Werte ermittelt.
  Der Interquartilsabstand berechnet sich aus der Differenz von Q25 und Q75,
  $IQR = Q75 - Q25$. Ist der Interquartilsabstand eher klein, dann handelt es
  sich um eine homogene Verteilung, weil die mittleren Werte alle innerhalb
  eines kleinen Wertebereichs liegen. Bei einer heterogenen Verteilung ist der
  Interquartilsabstand eher groß, weil sich die mittleren Werte der Verteilung
  über einen großen Wertebereich erstrecken. Der Interquartilsabstand berücksichtigt Extremwerte nicht. Insofern gibt er nur etwas über die Homogenität
  der mittleren Werte an.
- Die *Spannweite* (oder englisch *Range*) einer Verteilung ist die Differenz zwischen dem Maximum und Minimum der Verteilung. Die Homogenität einer

Verteilung ist groß, wenn die Spannweite eher klein ist und die Homogenität ist gering, wenn die Spannweite eher groß ist. Die Spannweite ist allerdings sehr abhängig von Extremwerten, da sie stark von diesen beeinflusst wird. Deswegen wird selten auf die Spannweite zurückgegriffen, um die Homogenität von Verteilungen darzustellen.

Die Spannweite und Quartilsgrenzen lassen sich in unserem Beispieldatensatz mit den elf Fällen leicht per Hand ermitteln. Dazu müssen die Werte der Verteilung zunächst der Größe nach sortiert werden. Als Beispiel nehmen wir den Fernsehkonsum in Minuten. Das Minimum findet sich bei 0 min und das Maximum bei 240 min. Damit hat die Verteilung eine Spannweite von 240 (Maximum 240 – Minimum 0). Der Wert des Medians entspricht bei elf Fällen dem Wert des sechsten Platzes der nach Größe geordneten Liste. Im Beispiel (s. Tab. 8.2) liegt der Median also bei 90. Die Quartilsgrenzen sind die Mediane der halben Verteilung, also dem mittleren Wert zwischen Minimum und Median sowie zwischen Median und Maximum. Im Beispiel sind es keine konkreten Werte, sondern die Mitte zwischen zwei nebeneinanderliegenden Werten. Da bei der unteren Quartilsgrenze (Q_{25}) die beiden nebenliegenden Fälle denselben Wert von 30 aufweisen, liegt die Quartilsgrenze (Q_{25}) ebenfalls bei 30. Die obere Quartilsgrenze liegt in der Mitte zwischen 120 und 180 und damit bei 150. Die

Tab. 8.2 Abzulesende Verteilungsparameter

TV min	Parameter
0	Minimum
0	
30	30 = untere Quartilsgrenze
30	
60	
90	Median
120	
120	150 = obere Quartilsgrenze (120+180)/2
180	
180	
240	Maximum

240	Spannweite (240 – 0 = 240)
120	Quartilsabstand (150 – 30 = 120)

Eigene Darstellung

untere Quartilsgrenze bedeutet, dass 25 % der Werte kleiner oder gleich 30 min sind. Die obere Quartilsgrenze wiederum sagt aus, dass 75 % der Werte kleiner oder gleich 150 min sind. Der Interquartilsabstand berechnet sich aus der Differenz der beiden Werte. Damit beträgt der Interquartilsabstand in unserem Beispiel $150 - 30 = 120$.

Varianz und Standardabweichung müssen demgegenüber aufwändiger berechnet werden. Auch dafür ist es sinnvoll, mit einer nach Größe geordneten Liste zu arbeiten (siehe Tab. 8.3).

Für die Varianz der Stichprobe wird von jedem Einzelwert der Mittelwert abgezogen, diese Differenz quadriert, die quadrierten Differenzen summiert und durch die Anzahl an Elementen geteilt:

$$S^2_{\text{Stichprobe}} = \frac{(0 - 95{,}5)^2 + \ldots + (240 - 95{,}5)^2}{11} = \frac{64472{,}75}{11} = 5861{,}2$$

Tab. 8.3 Zu berechnende Kennwerte

	TV min	TV min – Mittelwert	(TV min – Mittelwert)²
	0	-95,5	9120,25
	0	-95,5	9120,25
	30	-65,5	4290,25
	30	-65,5	4290,25
	60	-35,5	1260,25
	90	-5,5	30,25
	120	24,5	600,25
	120	24,5	600,25
	180	84,5	7140,25
	180	84,5	7140,25
	240	144,5	20880,25
Summe	1050	Summe	64472,75
Mittelwert	95,5	Varianz	5861,2
		Standardabweichung	76,6
		geschätzte Varianz (S^2)	6447,3
		geschätzte Standardabweichung (S)	80,3

Eigene Darstellung

Die Varianz gibt wieder, wie nah die Einzelwerte am Mittelwert liegen. Allerdings handelt es sich um einen quadratischen Wert, dessen Einheit Quadratminuten sind. Da diese kaum zu interpretieren sind, wird aus der Varianz die Wurzel gezogen und aus Quadratminuten werden Minuten Abstand zum Mittelwert.

$$S_{\text{Stichprobe}} = \sqrt{S^2_{\text{Stichprobe}}} = \sqrt{5861,2} = 76,6$$

Da aber nur selten Varianz und Standardabweichung in der Stichprobe interessiert, sondern meist die geschätzte Varianz bzw. Standardabweichung in der eigentlichen Grundgesamtheit (siehe Kap. 9), werden in den meisten Statistikprogrammen automatisch die Schätzwerte berechnet. Die Formeln sind nahezu identisch zu den oben genannten; es wird lediglich nicht durch n, sondern aufgrund der Bessel-Korrektur durch $n - 1$ dividiert:

$$S^2_{\text{Grundgesamtheit}} = \frac{(0 - 95,5)^2 + \ldots + (240 - 95,5)^2}{11 - 1} = \frac{64472,75}{10} = 6447,2$$

$$S_{\text{Grundgesamtheit}} = \sqrt{6447,2} = 80,3$$

Die Standardabweichung der Stichprobe gibt den durchschnittlichen Unterschied (bzw. die durchschnittliche Abweichung) aller Messwerten zu ihrem Mittelwert wieder. In dem vorherigen Beispiel beträgt also der durchschnittliche Unterschied aller elf Personen in der Dauer des Fernsehkonsums vom Mittelwert 80,3 min.

Die zuvor präsentierten Tabellen geben lediglich die Schritte wieder, die typischerweise per Hand vollzogen werden, um die Parameter zu ermitteln. Die eigentliche Tabelle zur Darstellung der Parameter sieht einfacher aus (siehe Tab. 8.4). Sie enthält für jede darzustellende Variable eine Zeile sowie für jeden darzustellenden Verteilungsparameter eine Spalte. Diese Tabelle umfasst üblicherweise Minimum (Min), Maximum (Max), untere Quartiersgrenze (Q_{25}),

Tab. 8.4 Tabelle üblicher Verteilungsparameter

	Min	Max	Q_{25}	Mdn	Q_{75}	M	SD	n
tv_minuten	0	240	30	90	150	96	80	11
Variable 2								
bis Variable n								

Eigene Darstellung

Median (Mdn), obere Quartiersgrenze (Q_{75}), Mittelwert (M), geschätzte Standardabweichung (SD) sowie die Anzahl der Fälle (n). Die Tabelle sieht also für das Beispiel Fernsehkonsum in Minuten folgendermaßen aus, wenn die Werte gerundet dargestellt werden.

8.1.3 Form der Verteilung

Die Form einer Verteilung lässt sich am besten darstellen, indem die Ausprägungen und die Häufigkeit ihres Vorkommens in ein Koordinatensystem eingetragen werden, bei dem die x-Achse die Ausprägungen und die y-Achse deren Häufigkeit widerspiegelt. Stellt man die Häufigkeitsverteilung als Linie dar, so entsteht eine Fläche zwischen dieser Linie und der x-Achse, deren Form sich durch wichtige Merkmale beschreiben lässt. Eine Form, die idealtypisch so entsteht, ist die Gauß'sche Glockenform (siehe Abb. 8.1; Kap. 9).

Es kommen allerdings auch viele andere Formen vor. Um sie zu unterscheiden, wird betrachtet, ob die Form symmetrisch ist oder sich zu einer Seite neigt, ob sie eher steil oder flach verläuft und ob sie Spitzen aufweist. Das oben erwähnte Beispiel mit der Einkommensverteilung, bei der wenige Personen sehr viel und viele Personen eher wenig verdienen, ist ein Beispiel für eine schiefe Verteilung, weil auf der einen Seite der Skala deutlich mehr Fälle vorhanden sind als auf der anderen Seite der Skala. Folgende Parameter werden herangezogen, um die Form einer Verteilung zu charakterisieren.

- Die *Schiefe* (oder englisch skewness) gibt an, ob eine Verteilung symmetrisch, rechtsschief oder linksschief ist. Die Schiefe wird dabei von der Mitte der

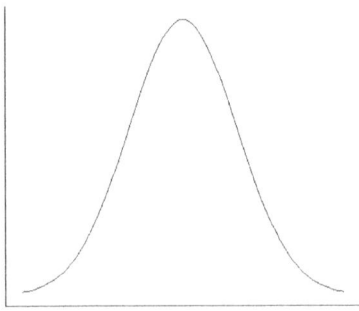

Abb. 8.1 Normalverteilung. (Eigene Darstellung)

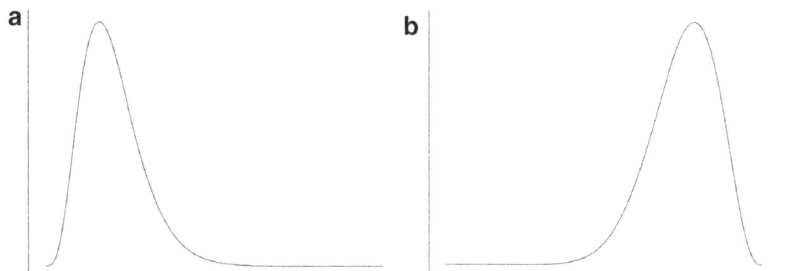

Abb. 8.2 Rechtsschiefe (**a**) und linksschiefe (**b**) Verteilung. (Eigene Darstellung)

Verteilung aus betrachtet. Symmetrische Verteilungen verlaufen links von der Mitte spiegelverkehrt zum Verlauf rechts von der Mitte, sodass insgesamt eine nahezu symmetrische Figur entsteht. Bei rechtsschiefen (oder linkssteilen) Verteilungen häufen sich die Werte auf der linken Seite und laufen rechts langsam aus. Linksschiefe (oder rechtssteile) Verteilung haben demgegenüber auf der rechten Seite am oberen Skalenende viele Werte und verlaufen am unteren Skalenende eher flach (siehe Abb. 8.2).

Um die Schiefe zu bestimmen können wir, neben einer optischen Einschätzung, uns den Modus, den Median und den Mittelwert anschauen und diese anhand der sogenannten Lageregeln beurteilen (Holling & Gediga, 2011, S. 117). Sind die Werte der drei Parameter ungefähr gleich, so gehen wir von einer symmetrischen Verteilung aus. Ist der Mittelwert größer als der Median und Modus, so ist die Verteilung eher rechtsschief. Ist demgegenüber der Mittelwert kleiner als der Median und Modus, so ist die Verteilung eher linksschief (Holling & Gediga, 2011, S. 117). Mit dem Schiefekoeffizienten für die Stichprobendaten g_m lässt sich der Sachverhalt in einem Zahlenwert angeben. Werte nahe null beschreiben symmetrische Figuren. Negative Werte stehen für linksschiefe und positive Werte für rechtsschiefe Verteilungen. Die Schiefe wird ähnlich berechnet wie die Varianz, nur dass die Differenzen zum Mittelwert durch die Standardabweichung geteilt und dann hoch drei summiert und durch n geteilt werden:

$$g_m = \frac{1}{n} \sum_{i=1}^{n} \left(\frac{x_i - \overline{x}}{sd} \right)^3$$

- Die *Wölbung* (oder *Kurtosis)* einer Verteilung gibt an, ob die Verteilung eher steil oder flach ist. Bei flachen Verteilungen liegen viele Ausprägungen

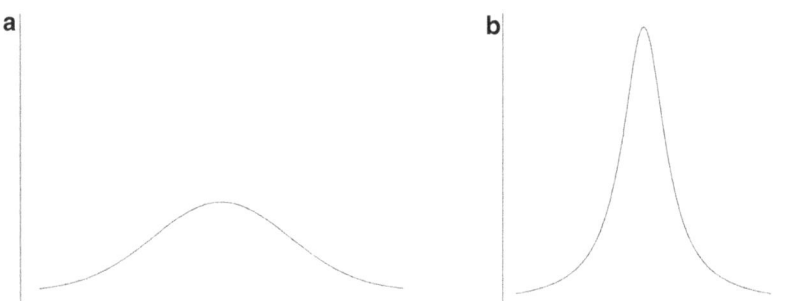

Abb. 8.3 Flache (**a**) und steile (**b**) Verteilung. (Eigene Darstellung)

mit derselben Häufigkeit vor. Bei hohen oder steilen Verteilungen domi-
nieren bestimmte Wertebereiche, die häufig vorkommen, gegenüber anderen
Wertebereichen, die eher selten vorkommen (siehe Abb. 8.3).

Die Kurtosis lässt sich ähnlich wie die Schiefe berechnen, wobei wir dieses Mal
das Moment vierter Ordnung (hoch vier) nutzen:

$$\omega = \frac{1}{n} \sum_{i=1}^{n} \left(\frac{x_i - \overline{x}}{sd} \right)^4$$

Streng genommen betrachten wir zur Einschätzung der Wölbung einer Variablen nicht die Kurtosis sondern die Excess-Kurtosis. Diese vergleicht unsere
Verteilung mit einer typischen Normalverteilung. Anhand des Wertes der Excess-
Kurtosis können wir anschließend Aussagen über die Wölbung unserer Verteilung
im Vergleich zu einer Normalverteilung treffen. Negative Werte stehen für flache Verteilungen, positive Werte für steile Verteilungen und Werte = 0 für eine
annähernde Normalverteilung (Holling & Gediga, 2011, S. 122). Steile Verteilungen sind eher homogen, flache Verteilungen eher heterogen. Zur Berechnung der
Excess-Kurtosis müssen wir den Wert der Kurtosis der Normalverteilung (= 3)
abziehen. Die vereinfachte Formel der Berechnung lautet somit:

$$\gamma = \frac{1}{n} \sum_{i=1}^{n} \left(\frac{x_i - \overline{x}}{sd} \right)^4 - 3$$

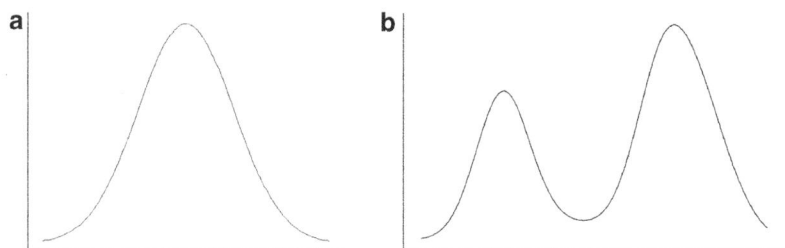

Abb. 8.4 Unimodale (**a**) und bimodale (**b**) Verteilung. (Eigene Darstellung)

- Die *Modalität* einer Verteilung legt fest, wie viele Hochpunkte bzw. relative Maxima die Verteilung aufweist. Unimodale Verteilungen haben einen eindeutigen Hochpunkt, also einen Wert, der am häufigsten vorkommt (Modus). Bimodale Verteilungen weisen zwei Hochpunkte auf, multimodale Verteilungen sogar mehrere (siehe Abb. 8.4).

Schiefe, Wölbung und Modalität werden nicht standardmäßig in Tabellen mit Verteilungsparametern aufgeführt. Die Form der Verteilung lässt sich oft visuell besser darstellen als mit Parametern. Deshalb werden Verteilungen gern grafisch dargestellt (Field et al., 2012, S. 142–149). Typische Varianten dafür sind Histogramme, Dichteplots oder Boxplots.

- *Histogramme* sehen ähnlich aus wie Säulendiagramme. Die x-Achse gibt die Ausprägungen wieder und die y-Achse deren Häufigkeit. Allerdings werden die Säulen üblicherweise ohne Zwischenraum direkt aneinander dargestellt. So soll in Erinnerung gerufen werden, dass eigentlich keine Grenzen zwischen den Ausprägungen bestehen. Stattdessen werden die meist kontinuierlichen Messwerte in Gruppen mit gleichen Werteabständen klassifiziert und deren mittlerer Wert sowie die dazugehörige Häufigkeit oder der entsprechende Anteil dargestellt. Dementsprechend muss bei der Erstellung eines Histogrammes immer die Anzahl der Klassen bzw. Gruppen oder deren Breite festgelegt werden (Holling & Gediga, 2011, S. 71). Aufgrund dieser Klassenbildung lassen sich am Histogramm keine konkreten Werte ablesen. Stattdessen lässt sich aber die Form gut erkennen, sprich Symmetrie versus Schiefe, die Wölbung sowie die Modalität, also die Anzahl an Gipfeln bzw. höchsten Punkten (siehe Abb. 8.5)

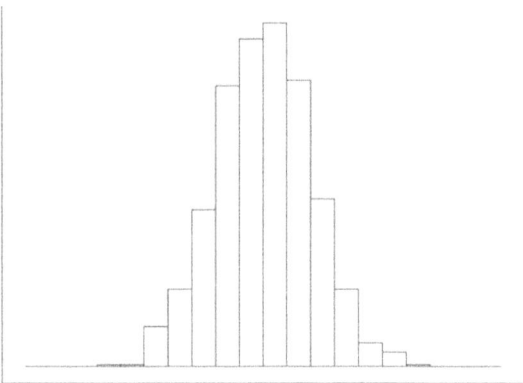

Abb. 8.5 Histogramm. (Eigene Darstellung)

- *Dichteplots* stellen demgegenüber die Daten in einer Dichtefunktion dar. Der Dichteplot selbst lässt sich als Glättung des Histogramms beschreiben. Dabei wird zwischen den Hochpunkten der Abschnitte im Histogramm (also vergleichbar den oberen Enden der Säulen im Säulendiagramm) eine Kurve angepasst. So entsteht eine geschwungene Linie, unter der eine Fläche entsteht. Die x-Achse dieses Diagramms repräsentiert die Ausprägungen der Variablen. Dabei werden alle theoretisch möglichen Ausprägungen zwischen Minimum und Maximum aufgeführt, auch wenn sie empirisch nicht vorkommen. Nicht vorkommende Werte werden durch die Dichtefunktion approximiert. An der y-Achse sind die Werte der jeweiligen Dichtefunktion aufgeführt, die sich aber inhaltlich kaum sinnvoll interpretieren lassen, weshalb sie bei der Diagrammerstellung in der Regel weggelassen werden, wenn es primär um die Darstellung der Form der Verteilung geht. Auch beim Dichteplot können keine konkreten Werte abgelesen werden. Allerdings stellt auch sie die Form: Schiefe, Wölbung und Modalität der Verteilung sehr anschaulich dar (siehe Abb. 8.6).

Boxplots stellen demgegenüber nicht die Form, sondern die Lage und Streuung von Verteilungen ins Zentrum. Auch sie folgen der Logik eines Koordinatensystems. Die Werte der Variablen werden hier aber auf der y-Achse abgetragen. Die namendgebende Box in der Mitte stellt den Interquartilabstand, also die mittleren 50 % einer Verteilung dar. Dementsprechend bildet Q25 die Untergrenze der Box und Q75 die obere Grenze der Box. Diese Box wird in der Mitte durch eine Linie

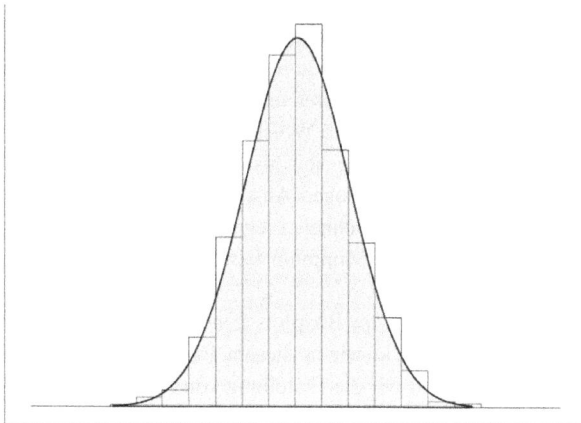

Abb. 8.6 Dichteplot. (Eigene Darstellung)

unterteilt. Diese Linie bildet den Median ab (siehe Abb. 8.7). Ist die Verteilung eher symmetrisch, ist diese Linie in der Mitte der Box. Ist die Verteilung hingegen rechtsschief, so findet sich der abgezeichnete Median unterhalb der Mitte der Box. Bei einer linksschiefen Verteilung liegt der Medien dementsprechend

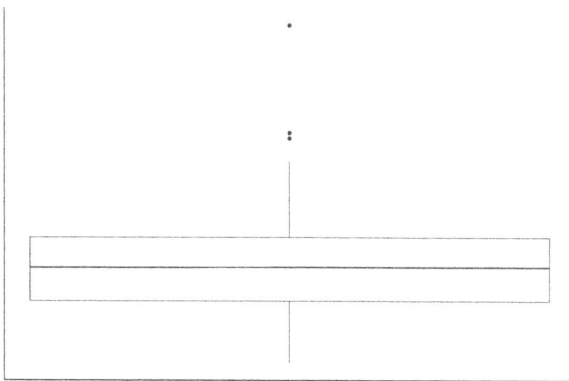

Abb. 8.7 Boxplot. (Eigene Darstellung)

oberhalb einer gedachten Boxmitte. Außerhalb der Box werden die sogenannten Whisker eingezeichnet. Diese stellen den Wertebereich der Variablen ohne
Ausreißer dar (Holling & Gediga, 2011, S. 143). In Boxplots (beispielsweise in
R) wird die Länge der Whisker konkret festgelegt. Der obere Whisker ist definiert als $Q75 + 1,5 * IQR$, der untere Whisker wiederum als $Q25 - 1,5 * IQR$.
Dementsprechend bilden die Whisker jeweils den anderthalbfachen Interquartilsabstand von den Boxgrenzen ab. Liegen Ausreißer vor, werden diese als Punkte
oder Sterne in die Grafik eingezeichnet. Liegen demgegenüber keine Ausreißer
vor, so enden die Whisker beim Minimum bzw. Maximum (Holling & Gediga,
2011, S. 143).

Meist wird die Darstellung von Boxplots genutzt, um die Verteilung mehrerer Variablen zu vergleichen. Da wir in diesem Fall von der uni- zur bivariaten
Statistik wechseln, behandeln wir die Erstellung von Boxplots mit R im Kap. 12.

8.1.4 Exkurs Ausreißer

Beim Boxplot werden Ausreißer als Punkte oder Sterne dargestellt (siehe oben).
Innerhalb der Boxplots sind Ausreißer definiert als Werte, die um den anderth-
halbfachen Interquartilsabstand einer Verteilung von Q1 bzw. Q3 abweichen:
Ausreißer $=$ Werte$\langle Q_{25} - 1,5 * IQR$ oder Werte$\rangle Q_{75} + 1,5 * IQR$ (Field et al.,
2012, S. 144). Diese Einteilung können wir auch außerhalb von Boxplots nutzen,
um Ausreißer zu definieren. In einige Fällen kann es auch sinnvoll sein, sich die
z-Werte einer Verteilung anzuschauen (siehe Field et al., 2012, S. 146). Haben wir
Ausreißer innerhalb einer Variablen, so sollten wir dafür nicht den ganzen Fall
ausschließen. Stattdessen müssen wir uns den einzelnen Wert genauer anschauen
und beurteilen, ob dieser plausibel erscheint, oder so ein Wert nicht vorkommen
kann (beispielsweise bei einem durchschnittlichen Fernsehkonsum von über 24 h
pro Tag). Falls der Wert schlicht falsch ist, kann der Wert bereits vor der Analyse
ausgeschlossen werden (siehe Kap. 4). Ist der Wert hingegen plausibel, so sollten
wir diesen Wert zunächst grundsätzlich in den Daten belassen und diesen ggf.
bei den einzelnen Analyseverfahren erwähnen und berücksichtigen. Wir können
zum Beispiel Verfahren verwenden, die robuster gegenüber Ausreißern sind (wie
beispielsweise die Verwendung des Medians oder getrimmten Mittelwertes statt
des Mittelwertes).

8.2 Maße der zentralen Tendenz mit dem Paket mosaic

8.2.1 Schnelles Ergebnis

In unserem Musterskript für die Darstellung der Kennwerte müssen lediglich wenige Elemente geändert werden:

- Unter dem Punkt #Laden und ggf. Modifizierung der Daten muss statt meine Daten Ihr korrekter Dateiname verwendet werden. Zudem müssen statt meineV1, meineV2 und meineV3 die korrekten Variablenbezeichnungen genutzt werden.
- Unter dem Punkt #Gesamttabelle müssen statt meinZeilenname1, meinZeilenname2 und meinZeilenname3 die jeweiligen Zeilenbenennungen (bspw. der Variablenname) erfolgen.

```r
15  ```{r Übersichtstabelle}
16  #Installieren und Laden der Pakete
17  if (!require(pacman)) {install.packages("pacman"); library(pacman)}
18  p_load(knitr, mosaic)
19
20  #Laden und Auswahl der Daten und Variablen
21  load("meineDaten.Rda")
22  daten <- meineDaten
23  daten$v1 <- daten$meineV1
24  daten$v2 <- daten$meineV2
25  daten$v3 <- daten$meineV3
26
27  #Gesamttabelle
28  des.stats <- rbind("MeinZeilenname1" = favstats(daten$v1, na.rm = T),
    "MeinZeilenname2" = favstats(daten$v2, na.rm = T),
29  "MeinZeilenname3" = favstats(daten$v3, na.rm = T))
30
31  kable(des.stats, digits = 2, col.names = c("Minimum", "Q1", "Median", "Q3",
    "Maximum", "Mittelwert", "SD", "n", "Fehlend"))
32  ```
```

8.2.2 Vorgehen

Zunächst müssen wir die benötigten Pakete laden. Dazu nutzen wir den Paketmanager *pacman* (Rinker & Kurkiewicz, 2018). Diesen müssen wir einmalig installieren (Zeile 17). Anschließend können wir mit dem Befehl p_load() alle gewünschten Pakete laden (Zeile 18; siehe auch Kap. 2). Zur Ausgabe der Maße der zentralen Tendenz benötigen wir die Pakete *mosaic* (Pruim et al., 2017) und *knitr* (Xie, 2020).

Mittels `load` (Zeile 21 siehe auch Kap. 4) laden wir den Datensatz. In einem nächsten Schritt speichern wir unseren Datensatz als Objekt `daten` und unsere Variable als Objekt `daten$v1`, `daten$v2` und `daten$v3` (Zeile 22–25). Wenn Sie das Skript mit Ihren eigenen Daten nutzen wollen, müssen Sie so einmalig statt `meine Daten`, `meineV1`, `meineV2` und `meineV3` den Namen Ihres Datensatzes und Ihrer Variablenbezeichnung ändern (siehe auch Kap. 2). Wünschen Sie mehr oder weniger Variablen, so müssen diese hier gekürzt oder ergänzt werden. Nachdem wir nun unsere Pakete, Daten und Variablen geladen haben, können wir uns an die Ausgabe der Maße der zentralen Tendenz machen. Der Gesamtbefehl für eine Tabelle der Maße der zentralen Tendenz von drei unterschiedlichen Variablen sieht wie folgt aus:

```
27  #Gesamttabelle
28  des.stats <- rbind("MeinZeilenname1" = favstats(daten$v1, na.rm = T),
    "MeinZeilenname2" = favstats(daten$v2, na.rm = T),
29  "MeinZeilenname3" = favstats(daten$v3, na.rm = T))
30
31  kable(des.stats, digits = 2, col.names = c("Minimum", "Q1", "Median", "Q3",
    "Maximum", "Mittelwert", "SD", "n", "Fehlend"))
```

Da wir mit der Tabelle später weiterarbeiten wollen, haben wir diese als Objekt `des.stats` (Zuweisung durch den Pfeil, siehe Kap. 2) gespeichert. Nachfolgend erfolgt der Befehl `rbind`. Dies steht für row-bind, also Zeilen zusammenfügen. Dabei stehen die einzelnen Teile, die zusammengefügt werden sollen, innerhalb der Klammer und werden lediglich durch Kommata getrennt (siehe auch Kap. 4).

Um eine Gesamttabelle mit den Maßen der zentralen Tendenz zu erhalten, müssen diese innerhalb der Klammer spezifiziert werden. Dazu nutzen wir den Befehl `favstats(daten$v1, na.rm = T)`. Dieser `favstats`-Befehl aus dem Paket *mosaic* besteht innerhalb der Klammer aus zwei Teilen. `daten$v1` gibt an, auf welche Variable sich der Befehl beziehen soll, also hier die Variable v1 aus dem Datensatz `daten`. Der zweite Teil `na.rm = T` (na remove is TRUE) wiederum sagt aus, dass bei der Berechnung der Maße NA's, also fehlende Werte, herausgerechnet werden sollen. Lassen wir diesen Zusatz weg, kann R – sobald fehlende Werte vorliegen – die Berechnung nicht durchführen.

Hier wurden für drei Variablen diese `favstats`-Befehle genutzt (Zeile 28–29). Wenn wir weniger Variablen nutzen möchten, können wir hier `favstats`-Befehle weglassen. Möchten wir eine Tabelle mit mehr Variablen, müssen wir zusätzliche `favstats`-Befehle anfügen (und dementsprechend auch zuvor unter dem Punkt `#Laden und Auswahl der Daten und Variablen` zusätzliche Variablen definieren). In unserem Beispiel mit den drei Variablen erhalten wir eine Gesamttabelle, in welcher unsere drei Variablen in den Zeilen stehen und die jeweiligen Maße in den Spalten dargestellt werden. Innerhalb von `rbind` können wir zudem die einzelnen Zeilen direkt labeln. Dazu müssen wir vor den jeweiligen Befehl ein Gleichheitszeichen und innerhalb von Anführungszeichen den gewünschten Namen schreiben.

Im Prinzip haben wir nun bereits eine fertige Tabelle. Wir nutzen hier zusätzlich den `kable` – Befehl (Zeile 31), um ein schöneres Output zu erhalten. Dazu müssen wir zunächst innerhalb der Klammer spezifizieren, was wir verschönert darstellen wollen. In unserem Fall ist dies unsere zuvor erstellte Tabelle, welche wir als Objekt `des.stats` gespeichert haben. Der `kable` – Befehl für sich sorgt bereits für ein schöneres Aussehen, zusätzlich können wir weitere Modifikation festlegen. Mit `digits = x` legen wir fest, auf wie viele Stellen unsere Tabelle jeweils gerundet werden soll. In unserem Fall möchten wir die Tabelle auf zwei Nachkommastellen runden, daher nutzen wir den Befehl `digits = 2`. Zusätzlich können wir Spaltennamen definieren. Dies kann mitunter wünschenswert sein, da `favstats` lediglich englische Spaltennamen ausgibt. Innerhalb von kable nutzen wir dafür den Befehl `col.names = .` Anschließend müssen wir die Spaltennamen in Anführungszeichen angeben. Handelt es sich um mehr als einen Spaltennamen, müssen wir diese zudem mit dem `c` verbinden. In unserem Code haben wir bereits die passenden Spaltennamen für die `favstats` – Tabelle ausgewählt. Sollen andere Namen oder Abkürzungen verwendet werden, so können diese jeweils innerhalb der Anführungszeichen angepasst werden.

8.2.3 Beispielskript

Nutzen wir den zur Verfügung stehenden Datensatz zur Medienrezeption, so sieht unser Skript wie folgt aus:

```
15 ⏴ ```{r Übersichtstabelle}                                        ⊕ ≛ ▶
16  #Installieren und Laden der Pakete
17  if (!require(pacman)) {install.packages("pacman"); library(pacman)}
18  p_load(knitr, mosaic)
19
20  #Laden und Auswahl der Daten und Variablen
21  load("daten_sauber.Rda")
22  daten <- daten_sauber
23  daten$v1 <- daten$tv_minuten
24  daten$v2 <- daten$tz_minuten
25  daten$v3 <- daten$buch_minuten
26
27  #Gesamttabelle
28  des.stats <- rbind("TV-Minuten" = favstats(daten$v1, na.rm = T),
    "Tageszeitung-Minuten" = favstats(daten$v2, na.rm = T),
29  "Buch-Minuten" = favstats(daten$v3, na.rm = T))
30
31  kable(des.stats, digits = 2, col.names = c("Minimum", "Q1", "Median", "Q3",
    "Maximum", "Mittelwert", "SD", "n", "Fehlend"))
32  ```
```

Als Variablen wurden hier die TV-, Zeitungs- und Buchnutzung in Minuten gewählt. Dementsprechend wurden auch die Zeilennamen gewählt.

8.2.4   Interpretation und Darstellung der Ergebnisse

Unsere anschließend erstellte Tabelle mit den Maßen der zentralen Tendenz sieht (im PDF-Output) folgendermaßen aus (siehe Tab. 8.5).

Nachfolgend (siehe Tab. 8.6) möchten wir die einzelnen Parameter kurz erläutern und aufzeigen, was diese in diesem Zusammenhang darstellen. Die Erläuterungen beziehen sich dabei vorrangig auf die Variable TV-Minuten, sind jedoch für die anderen Variablen adaptierbar.

Meistens wird im Forschungsbericht nur eine Auswahl der Maße der zentralen Tendenz dargestellt. Typischerweise wird oftmals der Mittelwert oder der Median in Textform berichtet. Dies kann als Text erfolgen oder wird durch einen Wert innerhalb einer Klammer signalisiert. Ein weiteres Maß, welches oftmals in Forschungsberichten erwähnt wird, ist die Standardabweichung. Auch diese kann

Tab. 8.5 R Output der Maße der zentralen Tendenz (Paket Mosaic)

	Minimum	Q1	Median	Q3	Maximum	Mittelwert	SD	n	Fehlend
TV-Minuten	0	30	90	140	800	97.43	81.32	1185	8
Tageszeitung-Minuten	0	0	15	30	180	17.52	20.64	1168	25
Buch-Minuten	0	0	20	30	480	29.21	42.95	1164	29

Tab. 8.6 Erläuterung der Parameter der zentralen Tendenz

Parameter	Allg. Bedeutung	Bedeutung im Beispiel
Minimum	Das Minimum gibt den kleinsten Wert an	Minimum bei allen Variablen ist 0. Diese Zahl bedeutet hier, dass es Personen gibt, die einzelne Medien nicht nutzen
Maximum	Das Maximum gibt den höchsten Wert an	Bei der Fernsehnutzung ist das Maxiumum 800. Das bedeutet, dass die höchste Fernsehnutzung in unserer Stichprobe bei 800 min liegt. Dieses Maximum ist vermutlich ein Ausreißer in unseren Daten (siehe Kap. 4), da dies einem Fernsehkonsum von knapp 14 h entspricht
Spannweite (range)	Die Spannweite können wir berechnen, indem wir den Minimalwert vom Maximalwert abziehen	In unserem Beispiel haben wir beim TV eine Spannweite von 800 (800–0). Dies ist eine vergleichsweise hohe Spannweite und bedeutet, dass wir große Unterschiede in der Länge des Fernsehkonsums haben. Wahlweise können auch Ausreißer für eine sehr hohe Spannweite verantwortlich sein
Q1	Das erste Quartil markiert den Punkt, an dem 25 % der Fälle überschritten ist	Bei den TV Minuten ist der Wert für das erste Quartil 30. Das bedeutet, dass mindestens 25 % der Verteilung bis 30 min fern sehen
Q3	Das dritte Quartil markiert den Punkt, an dem 75 % der Fälle überschritten ist	Der Wert für das 3. Quartil beträgt bei den TV Minuten 140. Dies bedeutet, dass mindestens 75 % der Personen weniger als 140 min fernsehen

(Fortsetzung)

Tab. 8.6   (Fortsetzung)

Parameter	Allg. Bedeutung	Bedeutung im Beispiel
Inter-quartilsabstand	Der Interquartilsabstand ist der Bereich zwischen dem 1. und 3. Quartil, also die mittleren 50 % der Fälle einer Variablen	Der Hauptteil der Personen, bzw. die mittleren 50 % der Personen schauen zwischen 30 und 140 min fern. Der Interquartilsabstand beträgt demnach 90 min
Median	Der Median ist der Wert, an dem 50 %, also die Hälfte der Verteilung, erreicht sind	Der Median der Verteilung liegt bei 90 min. Dies bedeutet, dass mindestens 50 % der Befragten weniger und mindestens 50 % Prozent mehr als 90 min fern sehen
Mittelwert	Der Mittelwert ist die Summer aller Angaben geteilt durch deren Anzahl	Im Durchschnitt schauen die befragten Personen 97,43 min fern
Standard-abweichung (SD)	Die Standardabweichung (SD von standard deviation) gibt die durchschnittliche Abweichung vom Mittelwert an. Eine hohe SD spricht ebenfalls für Ausreißer	Bei den TV-Minuten haben wir eine SD von 81.32. Dies bedeutet, unsere Werte weichen durchschnittlich um circa 81 min vom Durchschnitt ab
Stichprobengröße (n)	Dieser Wert gibt an, wie viele gültige Fälle wir in unseren Daten haben. Gültige Fälle sind alle Fälle, außer den fehlenden Werten	Bei der Variablen der TV-Minuten haben wir 1185 gültige Werte. Dies ist eine vergleichsweise große Stichprobe
Fehlende Werte	Fehlende Werte sind die Personen, die keine Angaben zu einer Variablen gemacht haben. Viele fehlende Werte erschweren statistische Berechnungen, daher sollte dieser Wert eher gering sein	Beim Fernsehen haben wir 8 fehlende Werte, also 8 Personen, die keine Angaben zu ihrem Fernsehkonsum machen wollten

Eigene Darstellung

direkt im Text erwähnt werden. Dafür werden für die einzelnen Parameter kursive Buchstabenkürzel verwendet. In APA Form würden wir beispielsweise berichten, dass das die Fernsehnutzung in Minuten ($M = 97.43$ $SD = 81.32$) größer ist als die Tageszeitungsnutzung in Minuten ($M = 17.52$, $SD = 20.64$).

Bei der Darstellung mehrerer Variablen kann es hilfreich sein, die Anzahl (n), den Mittelwert (Mean) und die Standardabweichung (SD) in einer Tabelle darzustellen.

8.3   Maße der zentralen Tendenz und Streuung mit dem Paket Psych

8.3.1   Schnelles Ergebnis

In unserem Musterskript für die Darstellung der Kennwerte müssen lediglich wenige Elemente geändert werden:

- Unter dem Punkt #Laden und und Auswahl der Daten und Variablen muss statt meine Daten Ihr korrekter Dateiname verwendet werden. Zudem müssen statt meineV1, meineV2 und meineV3 die korrekten Variablenbezeichnungen genutzt werden.
- Unter dem Punkt #Labels müssen statt MeinZeilenname1, MeinZeilenname2 und MeinZeilenname3 die jeweiligen Zeilenbenennungen (bspw. der Variablenname) erfolgen.

```
36   ```{r Übersichtstabelle mit Psych}
37   #Installieren und Laden der Pakete
38   if (!require(pacman)) {install.packages("pacman"); library(pacman)}
39   p_load(knitr, psych)
40
41   #Laden und Auswahl der Daten und Variablen
42   load("meineDaten.Rda")
43   daten <- meineDaten
44   daten$v1 <- daten$meineV1
45   daten$v2 <- daten$meineV2
46   daten$v3 <- daten$meineV3
47
48   #Labels
49   Zeilenname <- c("MeinZeilenname1", "MeinZeilenname2", "MeinZeilenname3")
50
51   #Erstellung der Tabelle mit describe
52   desc <- describe(daten[, c("v1", "v2", "v3")])
53   rownames(desc) <- Zeilenname
54   kable(desc, digits = 2, row.names = T)
55   ```
```

8.3.2 Vorgehen

Zunächst müssen wir erneut die benötigten Pakete laden. Dazu nutzen wir den Paketmanager *pacman* (Rinker & Kurkiewicz, 2018). Diesen müssen wir einmalig installieren (Zeile 38). Anschließend können wir mit dem Befehl p_load() alle gewünschten Pakete laden (Zeile 39; siehe auch c). Zur Ausgabe der Maße der zentralen Tendenz benötigen wir die Pakete *psych* (Revelle, 2020) und *knitr* (Xie, 2020).

```
51  #Erstellung der Tabelle mit describe
52  desc <- describe(daten[, c("v1", "v2", "v3")])
53  rownames(desc) <- Zeilenname
54  kable(desc, digits = 2, row.names = T)
```

Mittels load (Zeile 42 siehe auch Kap. 4) laden wir den Datensatz. In einem nächsten Schritt speichern wir unseren Datensatz als Objekt daten und unsere Variable als Objekt daten$v1, daten$v2 und daten$v3 (Zeile 43–46). Wenn Sie das Skript mit Ihren eigenen Daten nutzen wollen, müssen Sie so einmalig statt meine Daten, meineV1, meineV2 und meineV3 den Namen Ihres Datensatzes und Ihrer Variablenbezeichnung ändern (siehe auch Kap. 2). Wünschen Sie mehr oder weniger Variablen, so müssen diese hier gekürzt oder ergänzt werden. Unter dem Punkt Labels können wir unsere Zeilenbeschriftung anpassen (Zeile 49). Die Anzahl der Zeilenbeschriftungen richtet sich jeweils nach der Anzahl der zuvor definierten Variablen. Nachdem wir nun unsere Pakete, Daten und Variablen geladen haben, können wir uns an die Ausgabe der Maße der zentralen Tendenz machen. Der Gesamtbefehl für eine Tabelle der Maße der zentralen Tendenz von drei unterschiedlichen Variablen sieht mit *psych* wie folgt aus:

Zunächst müssen wir unsere Tabelle erstellen. Dazu nutzen wir den Befehl describe (Zeile 52). Innerhalb von describe müssen wir lediglich den Namen unseres Datensatzes angeben. Natürlich können wir auch weitere Einstellung (beispielsweise eine genaue Auswahl der angezeigten Parameter) vornehmen. Eine Übersicht dieser Möglichkeiten wird aufgeführt, wenn man den Befehl ?psych::describe ausführt. Wünschen wir die Maße der zentralen Tendenz und Streuung für alle Variablen unseres Datensatzes lautet der Befehl demnach describe(daten). In unserem Fall wünschen wir lediglich die Maße der zentralen Tendenz für einzelne Variablen. Daher nutzen wir nach unserem Datensatz eckige Klammern (siehe Kap. 4) um lediglich die Maße für die angegebenen Spalten auszuweisen. Haben wir zuvor unter Laden und Auswahl der Daten und

Variablen mehr Variablen spezifiziert, müssen wir dementsprechend innerhalb der eckigen Klammern diese Variablen ergänzen.

Wir speichern unsere Tabelle hier als Objekt `desc` (Zeile 52), da wir anschließend mittels `rownames` und `kable` unser Output verschönern möchten. Mit `rownames` (Zeile 53) können wir unserer Tabelle Zeilenbeschriftungen hinzufügen. Innerhalb von `rownames` müssen wir unser zuvor definiertes Objekt `desc` angeben. Anschließend erfolt die Zuweisung der Zeilennamen durch einen Pfeil. Da wir bereits unter dem Punkt Labels die Zeilennamen definiert haben (Zeile 49) müssen wir hier keine Änderung mehr vornehmen und können auf das zuvor definierte Objekt `Zeilenname` verweisen. Zuletzt nutzen wir den Befehl `kable` für ein schöneres Tabellenoutput (Zeile 54). Innerhalb von `knitr` geben wir zunächst unser zuvor erstelltes Objekt `desc` an. Anschließend können wir mit `digits = 2` die Nachkommastellen innerhalb der Tabelle festlegen. Mit `row.names = T` geben wir wiederum an, dass unsere Tabelle Zeilenbeschriftungen beinhalten soll.

8.3.3 Beispielskript

Nutzen wir den zur Verfügung stehenden Datensatz zur Medienrezeption, so sieht unser Skript wie folgt aus:

```r
37 ⌄ ```{r Übersichtstabelle mit Psych}
38    #Installieren und Laden der Pakete
39    if (!require(pacman)) {install.packages("pacman"); library(pacman)}
40    p_load(knitr, psych)
41
42    #Laden und Auswahl der Daten und Variablen
43    load("daten_sauber.Rda")
44    daten <- daten_sauber
45    daten$v1 <- daten$tv_minuten
46    daten$v2 <- daten$tz_minuten
47    daten$v3 <- daten$buch_minuten
48
49    #Labels
50    Zeilenname <- c("TV-Minuten", "TZ-Minuten", "Buch-Minuten")
51
52    #Erstellung der Tabelle mit describe
53    desc <- describe(daten[, c("v1", "v2", "v3")])
54    rownames(desc) <- Zeilenname
55    kable(desc, digits = 2, row.names = T)
56    ```
```

Als Variablen wurden hier erneut die TV-, Tageszeitungs- (TZ-) und Buchnutzung in Minuten gewählt.

8.3.4 Interpretation der Ergebnisse

Unsere anschließend erstellte Tabelle mit den Maßen der zentralen Tendenz sieht (im PDF-Output) folgendermaßen aus (siehe Tab. 8.7).

Auf eine ausführliche Erklärung aller Parameter wird hier verzichtet, da diese bereits zuvor erklärt wurden. Stattdessen sollen die neu hinzugekommen Kennzahlen erläutert werden (siehe Tab. 8.8). Die Erklärung des Beispieles bezieht sich erneut auf die Variable TV-Minuten.

8.4 Maße der zentralen Tendenz und Streuung mit Einzelbefehlen

Die einzelnen Bestandteile der zuvor mit `favstats` oder `describe` ausgegebenen Maße können wir natürlich auch mit Einzelbefehlen erzeugen. In der praktischen Anwendung nutzen wir zumeist die zuvor dargestellten Pakete. Der Vollständigkeit halber – und falls nur ein bestimmter Wert einer Variablen benötigt wird – führen wir zusätzlich die Einzelbefehle auf (siehe Tab. 8.9). Zur Ausführung dieser Befehle werden keine zusätzlichen Pakete benötigt. Alle Befehle lassen sich mit Base R ausführen.

Durch den Zusatz `na.rm = T` in den einzelnen Befehlen geben wir an, dass fehlende Werte aus der Berechnung ausgeschlossen werden sollen. Andernfalls könnte R bei fehlenden Werten die Berechnungen nicht (korrekt) durchführen.

Tab. 8.7 R Output der Maße der zentralen Tendenz (Paket Psych)

	vars	n	mean	sd	median	trimmed	mad	min	max	range	skew	kurtosis	se
TV-Minuten	1	1185	97.43	81.32	90	89.24	88.96	0	800	800	1.35	5.19	2.36
TZ-Minuten	2	1168	17.52	20.64	15	13.95	22.24	0	180	180	1.96	6.79	0.60
Buch-Minuten	3	1164	29.21	42.95	20	21.27	29.65	0	480	480	4.04	27.00	1.26

Tab. 8.8 Erläuterung von Modus, getrimmter Mittelwert, Schiefe und Kurtosis

Parameter	Allg. Bedeutung	Bedeutung im Beispiel
Getrimmter Mittelwert (trimmed)	Der getrimmte Mittelwert ist der Mittelwert abzüglich der größten und kleinsten Werte der Berechnung. Innerhalb von describe ist die Voreinstellung trim = .01. Dies bedeutet, in die Berechnung des Mittelwertes gehen die kleinsten und größten 10 % der Werte nicht mit ein	Unser getrimmter Mittelwert beträgt bei den TV Minuten 89,24 min. Im Vergleich zu unserem nicht getrimmten Mittelwert ist dieser um knapp 8 min geringer
Mittlere absolute Abweichung vom Median (mad)	Die mittlere absolute Abweichung von Median gibt an, wie weit eine Verteilung durchschnittlich vom Median abweicht. Dieser Wert ist ähnlich wie die Standardabweichung, hier wird lediglich als Bemessungsgrundlage der Median statt des Mittelwertes genutzt	In unserem Beispiel beträgt der mittlere absolute Abweichung vom Median 88,96. Dies bedeutet, unsere Werte weichen durchschnittlich um circa 89 min vom Median ab
Schiefe (skew)	Die Schiefe gibt an, ob unsere Verteilung symmetrisch (Werte nahe null), linksschief (negative Werte) oder rechtsschief (positive Werte) ist	Wir haben hier mit 1,35 einen positiven Wert. Insofern ist unsere Verteilung rechtsschief
Kurtosis	Der Wert der (Exzess)-Kurtosis gibt die Wölbung unserer Verteilung an. Negative Werte stehen für flache Verteilungen, positive Werte für steile Verteilungen	Mit 5,19 haben wir einen positiven Wert. Insofern handelt es sich in unserem Beispiel um eine eher steile Verteilung

(Fortsetzung)

Tab. 8.8 (Fortsetzung)

Parameter	Allg. Bedeutung	Bedeutung im Beispiel
Standardfehler (se)	Der Standardfehler (se) gibt an, wie gut unsere Stichprobe die Grundgesamtheit repräsentiert (siehe auch Kap. 9). Als Bemessungsgrundlage für diesen Standardfehler werden hier die absoluten Zahlen verwendet	Für die Variable TV-Minuten zeigt sich ein Standardfehler von 2,36

Eigene Darstellung

8.5 Histogramm mit Markdown

8.5.1 Schnelles Ergebnis

Innerhalb des gesamten Codes für ein Histogramm müssen lediglich die folgenden Dinge geändert werden:

- Unter dem Punkt `#Laden und Auswahl der Daten und Variablen` muss statt `meine Daten` der korrekte Dateiname verwendet werden und statt `meineV1` die korrekte Variablenbezeichnung genutzt werden.
- Unter dem Punkt `#Labels` muss statt `Label V1` eine korrekte x-Achsenbezeichnung und statt `Titel der Grafik` ein korrekter Titel gewählt werden.

Tab. 8.9 Einzel-Befehle für die Maße der zentralen Tendenz

Befehl	Erklärung
`min(daten$v1, na.rm = T)`	Gibt das Minimum aus
`max(daten$v1, na.rm = T)`	Gibt das Maximum aus
`quantile(daten$v1, probs = x, na.rm = T)`	Gibt die Quantile aus. Der Zusatz probs gibt dabei das jeweilige Quartil an. `probs = 0.25` steht beispielsweise für das 1. Quartil, `probs = 0.75` wiederum für das 3. Quartil
`modus(daten$v1, as.character = F)`	Gibt den Modus aus
`median(daten$v1, na.rm = T)`	Gibt den Median aus
`mean(daten$v1, na.rm = T)`	Gibt den Mittelwert aus
`mean(daten$v1, na.rm = T, trim = x)`	Gibt den getrimmten Mittelwert aus. Für x können dabei Zahlen zwischen 0 und 0,5 eingesetzt werden. Wir können beispielsweise `trim = 0.05` für einen um 5 % getrimmten Mittelwert nutzen. Dies bedeutet, dass die oberen und unteren 5 % der Werte nicht in die Berechnung des Mittelwertes einfließen, wir demnach lediglich 90 % unserer Werte betrachten
`sd(daten$v1, na.rm = T)`	Gibt die Standardabweichung (sd für standard deviation) an
`sum(!is.na(daten$v1))`	Der Befehl is.na kontrolliert, ob es sich um einen fehlenden Wert (not available) handelt. Mit dem Operator ! (siehe Kap. 4) können wir diesen Befehl verneinen. Wir fragen also hier nach allen Fällen, die nicht fehlend sind. Mit dem Gesamtbefehl `sum(!is.na(daten$v1))` geben wir demnach die Summe aller gültigen Fälle an
`sum(is.na(daten$v1))`	Der Befehl is.na fragt danach, ob es sich um einen fehlenden Wert handelt. Der Gesamtbefehl `sum(is.na(daten$v1))` gibt demnach die Summe aller Fälle an, die fehlend sind

Eigene Darstellung

```
59 ⚫ ```{r Histogramm}
60   #Installieren und Laden der Pakete
61   if (!require(ggplot2)) {install.packages("ggplot2"); library(ggplot2)}
62
63   #Laden und Auswahl der Daten und Variablen
64   load("meineDaten.Rda")
65   daten <- meineDaten
66   daten$v1 <- daten$meineV1
67
68   #Labels
69   label_x <- "Label V1"
70   Titel <- "Titel der Grafik"
71
72   #Erstellen eines Histogramms
73   ggplot(daten, aes(x = v1)) +
74     geom_histogram(aes(y = ..count..),
75                      colour = "black", fill = "white") +
76     labs(title = Titel, x = label_x, y = "Anzahl")
77   ```
```

8.5.2   Vorgehen

Damit jeder einzelne Codechunk autonom funktioniert, sollte am Anfang immer geprüft werden, ob die benötigten Pakete schon installiert und geladen wurden. Zur Ausgabe eines Histogramms benötigen wir das Paket *ggplot2* von Hadley Wickham (2016). Dieses bietet den Vorteil, dass die Grafik professioneller aussieht und das Paket unzählige Modifikationsmöglichkeiten (siehe Kap. 6) der Grafik bereitstellt.

Anschließend laden wir den Datensatz und die benötigten Variablen (Zeile 64–66). Insofern muss hier lediglich statt meine Daten & meineV1 der Name Ihres Datensatzes und Ihrer Variablenbezeichnung verwendet werden. In einem weiteren Schritt legen wir die Labels unserer Grafik fest (Zeile 69–70). Unter dem Punkt Labels legen wir die Bezeichnungen unserer Grafik ab. Unter „Label V1" speichern wir die Bezeichnung der x-Achse, unter „Titel der Grafik" den gewünschten Titel unserer Grafik. Eine Bezeichnung der y-Achse brauchen wir hier nicht zu treffen, da wir diese vorab mit Anzahl gelabelt haben (Zeile 76; natürlich kann statt Anzahl auch eine andere Benennung genutzt werden).

Nun können wir mit dem Erstellen unseres Histogramms beginnen:

```
73  ggplot(daten, aes(x = v1)) +
74    geom_histogram(aes(y = ..count..),
75                   colour = "black", fill = "white") +
76    labs(title = Titel, x = label_x, y = "Anzahl")
```

Unsere Daten und Variablen rufen wir mit dem Befehl `ggplot(daten, aes(x = v1))` auf (Zeile 73). `ggplot` gibt dabei an, dass ein Befehl aus dem Paket *ggplot2* genutzt werden soll. Anschließend erfolgt in der Klammer zunächst die Spezifikation, auf welchen Daten die Grafik beruhen soll. `aes` steht für `aesthetics` und gibt nachfolgend an, welche Variablen genutzt werden soll. Da in diesem Fall das Histogramm lediglich aus der Darstellung einer Variablen besteht, wird hier nur eine Variable für die x-Achse angegeben.

In einem nächsten Schritt, bzw. auf der nächsten Ebene (Zeile 74), legen wir fest, welchen Plot wir genau darstellen möchten. Der Befehl für ein Histogramm lautet `geom_histogram()`. Verbunden werden die einzelnen Ebenen jeweils durch ein + Zeichen. Innerhalb von `geom_histogram()` können wir weitere Modifikationen angeben, welche sich auf dieser Ebene auf die konkrete Darstellung der Daten innerhalb des Histogramms beziehen. Bei unserer Darstellung nutzen wir drei Spezifikationen: `aes`, `colour` und `fill`. Darüber hinaus könnten wir hier mit dem Zusatz `binwidth = x` die Breite unserer Balken bestimmen. Innerhalb von `aes()` geben wir an, wie die Skalierung der y-Achse stattfinden soll (Zeile 74). Wir können dabei zwischen vier Arten differenzieren:

- `y = ..count..` gibt die Anzahl der Daten an
- `y = ..density..` gibt die Dichte der Daten an
- `y = ..ncount..` gibt die Anzahl der Daten skaliert auf ein Maximum von 1 an
- `y = ..ndensity..` gibt die Dichte der Daten skaliert auf ein Maximum von 1 an

In unserem Fall haben wir `aes(y = ..count..)` gewählt, da wir ein einfaches Histogramm mit den Zahlenwerten erhalten möchten. Abhängig von dem gewählten Verfahren, kann man auch die anderen Auswahlmöglichkeiten wählen. Dabei ändert sich jedoch nur die Beschriftung der y-Achse. Die Form der Verteilung – um die es uns schlussendlich ja geht – bleibt jeweils gleich.

Zusätzlich nutzen wir die Parameter `colour` und `fill`. Diese sind optional, sorgen aber für ein typisches Histogramm-Erscheinungsbild. `colour` gibt an, welche Farbe die Außenumrandung des Plots haben soll. `fill` wiederum gibt die Füllfarbe des Plots an. Auf die einzelnen Farben können wir mit Hilfe eines Farbcodes oder der in R gängigen englischen Benennungen zugreifen. Bei unserem Histogramm haben wir uns für die klassische Farbkombination aus schwarzer Umrandung (`colour = "black"`) und weißer Füllfarbe (`fill = "white"`) entschieden (Zeile 75). Zuletzt, zumindest in dieser recht einfachen Version (für weitere Spezifikationen siehe Kap. 6) legen wir auf einer dritten Ebene die Beschreibung der Grafik fest (Zeile 76). Wir können diesen Schritt auch weglassen, jedoch fehlt in diesem Fall ein Titel der Grafik und für die Variablenschreibung nutzt R den Namen der Variablen oder englische Begriffe, wie beispielsweise in diesem Beispiel `count`. Für eine schönere Beschreibung nutzen wir insofern den Befehl `labs()`. Da wir bereits zuvor unter Labels (Zeile 69-70) die Benennung festgelegt haben, müssen wir hier nichts mehr ändern. Wir haben diesen Schritt zur Vereinfachung gewählt, da so auf einen Blick ersichtlich ist, welche Dinge in den Skripten geändert werden müssen. Innerhalb der Grafik beziehen wir uns dann jeweils auf die zuvor gespeicherten Objekte namens `Titel` und `label_x`. Sie können natürlich auch direkt innerhalb des `labs`-Befehls die Bezeichnung wählen. In diesem Fall müssten nach den jeweiligen Gleichheitszeichen nicht die zuvor definierten Objekte, sondern die Beschriftungen in Anführungszeichen stehen.

8.5.3 Beispielskript

In unserem Beispiel möchten wir ein Histogramm der TV-Minuten. Dementsprechend wurde die Variable `v1` und die Benennung der Grafikachsen gewählt:

```
60 ▾ ```{r Histogramm}                                                      ≚ ▸
61   #Installieren und Laden der Pakete
62   if (!require(ggplot2)) {install.packages("ggplot2"); library(ggplot2)}
63
64   #Laden und Auswahl der Daten und Variablen
65   load("daten_sauber.Rda")
66   daten <- daten_sauber
67   daten$v1 <- daten$tv_minuten
68
69   #Labels
70   label_x <- "TV Konsum in Minuten"
71   Titel <- "Histogramm TV Minuten"
72
73   #Erstellen eines Histogramms
74   ggplot(daten, aes(x = v1)) +
75     geom_histogram(aes(y = ..count..),
76                    colour = "black", fill = "white") +
77     labs(title = Titel, x = label_x, y = "Anzahl")
```

8.5.4 Interpretation der Ergebnisse

Unsere vollständige Grafik sieht wie folgt aus (siehe Abb. 8.8).

Die Grafik zeigt die Verteilung der Variablen TV Konsum in Minuten. Wie bereits im theoretischen Teil erläutert, können wir an der Grafik nur schwerlich einzelne Maße der zentralen Tendenz (wie bspw. den Median) ablesen. Dafür gibt es besser geeignete Grafiken, wie beispielsweise den Boxplot (siehe auch Kap. 12). Histogramme wiederum sind hilfreich, um die Form einer Verteilung zu bestimmen. Anhand der Grafik können wir feststellen, dass unsere Verteilung rechtsschief ist. Dies deckt sich beispielsweise auch mit unserem Schiefe-Koeffizienten (siehe oben). Des Weiteren haben wir eine eher gewölbte steile Verteilung, im Gegensatz zu einer eher flachen Verteilung. Auch diese Erkenntnis deckt sich mit unserem Kurtosis-Wert (siehe oben). Zuletzt können wir den Modus ablesen. Die Modi sind teilweise recht klar erkennbar, bei manchen Verteilungen – wie auch in diesem Beispiel – jedoch nicht konkret bestimmbar. Wir würden diese Verteilung als eher bimodal beschreiben. Die beiden Modi liegen dementsprechend bei 0 min und ungefähr 120 min. Wahlweise kann man die Verteilung auch als unimodal beschreiben. Dann liegt der Modus bei circa 120 min.

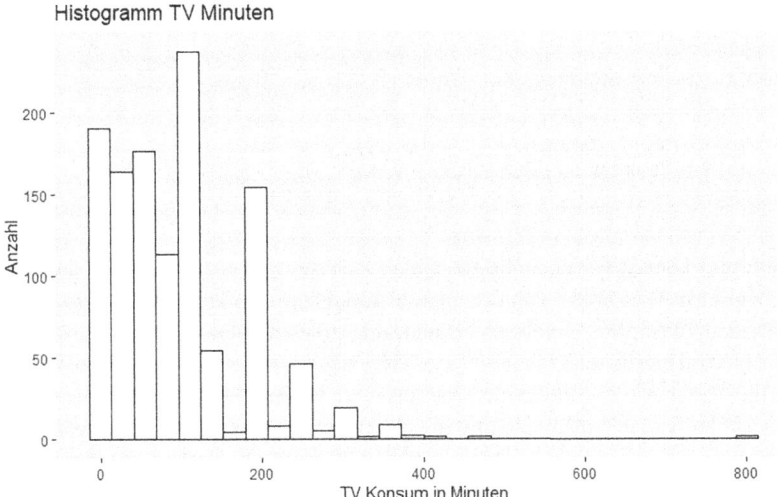

Abb. 8.8 R Output Histogramm

8.5.5   Exkurs Ausreißer

In der oberen Grafik (siehe Abb. 8.8) zeigt sich ein starker Ausreißer der Variablen Fernsehkonsum. Falls wir diesen Fall als nicht plausibel erachten, können wir für eine übersichtlichere Grafik solche Ausreißer aus unseren Daten herausfiltern[1]. Dafür müssen wir allerdings die Ausreißer zunächst innerhalb unserer Daten bestimmen. Hierzu können wir wahlweise die Quartile und den Interquartilsabstand oder die z-Werte einer Variablen heranziehen (siehe oben). Für die Bestimmung der Ausreißer über Q25, Q75 und den Interquartilsabstand (IQR) müssen wir diesen Parameter zunächst bestimmen. Für Q25 und Q75 nutzen wir den Befehl `quantile()`. Innerhalb von `quantile` können wir durch den Zusatz `probs =` bestimmen, welches Quartile wir ausgeben möchten. Für Q25 ist dies `probs = 0.25`, für Q75 dementsprechend `probs = 0.75`. Zudem erfolgt der Zusatz `na.rm = T` um fehlende Werte aus der Berechnung auszuschließen. Für den Interquartilsabstand wiederum nutzen wir den Befehl `IQR()` aus dem Paket *stats* (R Core Team, 2020). Auch hier erfolgt der Zusatz `na.rm = T`. Innerhalb von quantile und IQR müssen wir jeweils unseren Datensatz und die Variable bestimmen, deren Ausreißer wir überprüfen möchten (hier für `v1`). Nachdem wir die Parameter bestimmt haben, können wir die Ausreißer mit dem `subset`-Befehl (siehe Kap. 4) aus unserem Datensatz filtern:

```
79   #Exkurs Ausreißer bestimmen & filtern
80   Q25 <- quantile(daten$v1, na.rm = T, probs = 0.25)
81   Q75 <- quantile(daten$v1, na.rm = T, probs = 0.75)
82   IQR <- IQR(daten$v1, na.rm = T)
83   daten_oA <- subset(daten, subset = v1 >= Q25 - 1.5*IQR &
84                              v1 <= Q75 + 1.5*IQR)
```

Wahlweise können wir auch die Ausreißer über den z-Wert filtern. Dazu müssen wir zunächst die z-Werte von der unserer Variablen `v1` bilden. Dazu ziehen wir von jedem Wert den Mittelwert ab und teilen diesen Wert anschließend durch die Standardabweichung (Field et al., 2012, S. 27). Wir speichern diese Werte für die Variable `v1` in der neuen Variable `vz`. Im Anschluss können wir diese neu erstellte Variable innerhalb unseres subset-Befehles nutzen. Gemäß Field sind Werte, deren Betrag einen z-Wert von über 3,29 aufweist, signifikante Ausreißer (Field et al., 2012, S. 146). Dementsprechend ist der subset-Befehl aufgebaut:

---

[1] Ausreißer sollten nur in selten Fällen und nur bei substanziellen oder fehlerhaften Abweichungen gefiltert werden, da diese die Datenrealität widerspiegeln.

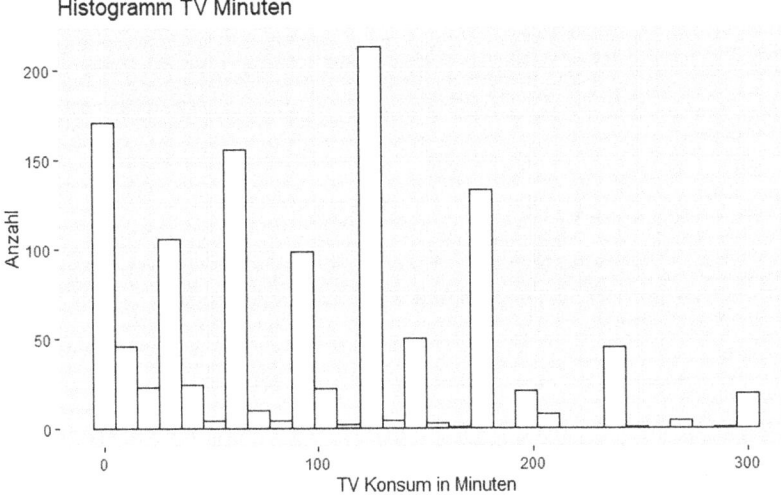

Abb. 8.9 R Output Histogramm ohne Ausreißer

```
85    daten$vz <- (daten$v1 - mean(daten$v1, na.rm = T))/
86                         sd(daten$v1, na.rm = T)
87    daten_oA <- subset(daten, subset = abs(vz) <= 3.29)
```

Den gefilterten Datensatz `daten_oA` können wir anschließend innerhalb unseres `ggplot`-Befehles (siehe oben) statt unserem üblichen Datensatz angeben. Das Histogramm dieses gefilterten Datensatz (hier über die Quantile und den IQR) sieht wie folgt aus (siehe Abb. 8.9).

Allgemein ähnelt sich die Beschreibung der Grafiken. Auch in dieser Grafik erkennen wir eine eher rechtsschiefe Verteilung, welche durch einen Modus gekennzeichnet ist. Ebenso ist die Verteilung als eher steil gewölbt anzusehen. Jedoch zeigt sich, dass die Schiefe einer Verteilung stark durch Ausreißer geprägt ist. Ebenso ist die Wölbung einer Verteilung durch die Ausreißer beeinflusst, da für die Berechnung der Wölbung die Spannweite einer Verteilung bedeutsam ist. Diese Größe dieser Spannweite ist insbesondere durch Extremwerte wie Ausreißer geprägt (mit Ausreißern haben wir in unserem Beispiel eine range von 800; oder Ausreißer eine Range von 360).

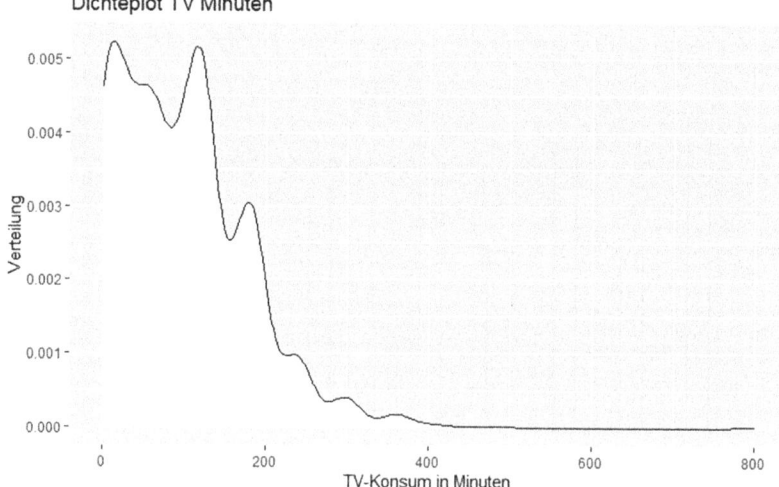

Abb. 8.10   R Output Dichteplot

8.6   Dichteplot mit Markdown

8.6.1 Schnelles Ergebnis

Innerhalb des gesamten Codes für einen Dichteplot müssen analog zum Histogramm lediglich die folgenden Dinge geändert werden:

- Unter dem Punkt `#Laden und Auswahl der Daten und Variablen`muss anstatt `meine Daten` der korrekte Dateiname verwendet werden und anstatt `meineV1` die korrekte Variablenbezeichnung genutzt werden.
- Unter dem Punkt `#Labels` muss statt „Label V1" eine korrekte x-Achsenbezeichnung und statt „`Titel der Grafik`" ein korrekter Titel gewählt werden.

```
81 ⸱ ```{r Dichteplot}                                              ⸱ ▸
82  #Installieren und Laden der Pakete
83  if (!require(ggplot2)) {install.packages("ggplot2"); library(ggplot2)}
84
85  #Laden und Auswahl der Daten und Variablen
86  load("meineDaten.Rda")
87  daten <- meineDaten
88  daten$v1 <- daten$meineV1
89
90  #Labels
91  label_x <- "Label V1"
92  Titel <- "Titel der Grafik"
93
94  #Erstellen eines Dichteplots
95  ggplot(daten, aes(x = v1)) +
96    geom_density(fill = "white") +
97    labs(title = Titel, x = label_x, y = "Verteilung")
98  ```
```

8.6.2 Vorgehen

Zunächst müssen wir erneut unsere Pakete sowie unsere Daten und Variablen laden. Für einen Dichteplot benötigen wir das erneut Paket *ggplot2* (Zeile 83). Die Zeilen 86 bis 88 laden den Datensatz und die benötigten Variablen. Insofern muss hier lediglich statt meine Daten & meineV1 der Name Ihres Datensatzes und Ihrer Variablenbezeichnung geändert werden. Zuletzt legen wir erneut unter dem Punkt Labels die Bezeichnungen unserer Grafik fest. Unter „Label V1" speichern wir die Bezeichnung der x-Achse (Zeile 91), unter „Titel der Grafik" den gewünschten Titel unserer Grafik (Zeile 92). Eine Bezeichnung der y-Achse brauchen wir hier nicht zu treffen, da wir diese vorab mit Verteilung gelabelt haben (Zeile 97; natürlich kann hier auch ein anderes Label genutzt werden, dann muss dieses nach demselben Prinzip ergänzt werden).

Im Anschluss können wir unseren Dichtplot ausgeben. Dieser ähnelt vom Aufbau stark dem Histogramm (siehe oben):

```
94  #Erstellen eines Dichteplots
95  ggplot(daten, aes(x = v1)) +
96    geom_density(fill = "white") +
97    labs(title = Titel, x = label_x, y = "Verteilung")
```

Auf der ersten Ebene legen wir unsere Daten und Variablen mit dem Befehl ggplot(daten, aes(x = v1)) fest. Dieser Befehl entspricht dem obigen

Histogramm-Befehl, da unsere Grafiken dieselbe Variable aus demselben Daten-set darstellen. Im nächsten Schritt bestimmen wir unsere grafische Darstellung (Zeile 96).

Der Befehl für einen Dichteplot ist geom_density(). Verbunden wer-den die einzelnen Ebenen jeweils durch ein + Zeichen. Innerhalb von geom_density() können wir weitere Modifikationen angeben, welche sich auf dieser Ebene auf die konkrete Darstellung der Daten innerhalb des Dich-teplots beziehen. Hier nutzen wir lediglich den Parameter fill. Dieser gibt die Füllfarbe des Plots an. Auf die möglichen Farben können wir mit Hilfe eines Farbcodes oder der in R gängigen englischen Benennungen zugreifen. Hier wollten wir für eine schönere Darstellung lediglich die Fläche des Plots weiß schattieren und wählen daher fill = "white".

Zuletzt bestimmen wir – erneut analog zum Histogramm – unsere Achsenbe-zeichnungen. Da wir bereits zuvor bei Labels (Zeile 91-92) die Benennung festgelegt haben, müssen wir hier nichts mehr ändern. Wir haben diesen Schritt zur Vereinfachung gewählt, da so auf einen Blick ersichtlich ist, welche Dinge in den Skripten geändert werden müssen. Innerhalb der Grafik beziehen wir uns dann jeweils auf die zuvor gespeicherten Objekte namens Titel und label_x. Sie können natürlich auch direkt innerhalb des labs-Befehls die Bezeichnung wählen. In diesem Fall müssten nach den jeweiligen Gleichheitszeichen nicht die zuvor definierten Objekte, sondern die Beschriftungen in Anführungszeichen stehen.

8.6.3 Beispielskript

In unserem Beispiel möchten wir einen Dichteplot der TV-Minuten. Dementspre-chend wurde die Variable v1 und die Benennung der Grafikachsen gewählt:

8.6.4 Interpretation und Darstellung der Ergebnisse

Auf der x-Achse sind die TV-Minuten und auf der y-Achse die Verteilung abge-bildet. Ähnlich wie beim Histogramm, können wir bei einem Dichteplot die Form der Verteilung begutachten. Wir sehen hier ebenfalls, dass es sich um eine rechts-schiefe eher steile Verteilung handelt. Da es sich um eine geglättete Verteilung handelt, ist es jedoch nicht möglich, den exakten Modalwert abzulesen.

```
92 ⏵ ```{r Dichteplot}
93   #Installieren und Laden der Pakete
94   if (!require(ggplot2)) {install.packages("ggplot2"); library(ggplot2)}
95
96   #Laden und Auswahl der Daten und Variablen
97   load("daten_sauber.Rda")
98   daten <- daten_sauber
99   daten$v1 <- daten$tv_minuten
100
101  #Labels
102  label_x <- "TV Konsum in Minuten"
103  Titel <- "Dichteplot TV Minuten"
104
105  #Erstellen eines Dichteplots
106  ggplot(daten, aes(x = v1)) +
107    geom_density(fill = "white") +
108    labs(title = Titel, x = label_x, y = "Verteilung")
109  ```
```

Visualisierungen wie das Histogramm und den Dichteplot können im Forschungsbericht einen schnellen Überblick über die Verteilung der Variablen bieten. Wenn man Visualisierungen im Forschungsbericht nutzt, sollte darauf geachtet werden, Redundanzen zu vermeiden. Dies bedeutet, dass eine Information nicht als Tabelle und Grafik dargestellt werden sollte.

8.7 Pakete und Funktionen des Kapitels Verteilungen

Siehe Tab. 8.10.

Tab. 8.10 Übersicht über die Pakete und Befehle des Kapitels 8

Paket	Quelle	Funktion	Effekt
base	R Core Team, 2020	`cbind()`	Fügt Spalten zusammen
		`colnames() <- c()`	Vergibt Spaltennamen
		`mean()`	Gibt den Mittelwert an
		`mean(trim = x)`	Gibt den getrimmten Mittelwert an
		`max()`	Gibt das Maximum aus
		`min()`	Gibt das Minimum aus
		`quantile()`	Gibt die Quantile aus
		`rbind()`	Fügt Zeilen zusammen
		`rownames() <- c()`	Vergibt Zeilennamen
		`sd()`	Gibt die Standardabweichung aus
		`sum(!is.na())`	Gibt die Summe aller gültigen Fälle an
		`sum(is.na())`	Gibt die Summe der NA an
ggplot2	Wickham, 2016	`geom_boxplot()`	Erstellt einen Boxplot
		`geom_density`	Erstellt ein Dichtediagramm
		`geom_histogram()`	Erstellt Säulendiagramm
knitr	Xie, 2020	`kable()`	Verschönert Tabellenoutputs
mosaic	Pruim et al., 2017	`favstats()`	Gibt eine Übersicht der Maße der zentralen Tendenz
psych	Revelle, 2020	`describe()`	Gibt eine Übersicht der Maße der zentralen Tendenz

Eigene Darstellung

Literatur

Field, A., Miles, J., & Field, Z. (2012). *Discovering statistics using R.* Sage.
Holling, H., & Gediga, G. (2011). *Statistik - deskriptive Verfahren* (1. Aufl.). Hogrefe. http:// elibrary.hogrefe.de/9783840921346/U1.
Pruim, R., Kaplan, D. T., & Horton, N. J. (2017). The mosaic package: Helping students to ‚Think with Data‘ using R. *The R Journal, 9,* 77–102.

Revelle, W. (2020). *psych: Procedures for Personality and Psychological Research.* Northwestern University, Evanston, Illinois, USA. https://CRAN.R-project.org/package= psych Version = 2.1.3.

R Core Team. (2020). *R: A language and environment for statistical.* R Foundation for Statistical Computing. https://www.R-project.org/.

Rinker, T. W., & Kurkiewicz, D. (2018). *pacman: Package Management for R. version 0.5.0.* http://github.com/trinker/pacman.

Schäfer, T. (2016). *Methodenlehre und Statistik: Einführung in Datenerhebung, deskriptive Statistik und Inferenzstatistik.* Springer VS.

Wickham, H. (2016). *ggplot2: Elegant graphics for data analysis.* Springer.

Xie, Y. (2020). *knitr: A general-purpose package for dynamic report generation in R: R package version 1.29.*

Schätzen und Testen

9

Zusammenfassung

In diesem Kapitel wird zunächst die Logik der Inferenzstatistik diskutiert und wichtige Verteilungen für die Parameterschätzung und Hypothesentestung vorgestellt. Anschließend wird das Vorgehen des Schätzens und von statistischen Tests dargestellt. Dabei spielen drei Aspekte eine zentrale Rolle: a) Forschungshypothesen b) Signifikanz und Entscheidungsfehler sowie c) Testverfahren, Effektstärken und Power. Abschließend werden alternative Ansätze zur klassischen Testlogik angesprochen.

Schlüsselwörter

Inferenzstatistik • Hypothesen • Schätzen • Konfidenzintervall • Testen • Effektstärke • Power

9.1 Grundlagen

Das Kapitel Schätzen und Testen markiert in zweierlei Hinsicht eine Veränderung des statistischen Vorgehens: zum einen Wechseln wir von der univariaten zur bivariaten Statistik und zum anderen von der deskriptiven Statistik hin zur Inferenzstatistik. In den vorhergehenden Kapiteln (Kap. 7 und 8) haben wir uns mit einzelnen Variablen und somit mit univariater Statistik beschäftigt. Nun wenden wir uns bivariaten Verfahren zu, bei denen zwei Variablen gleichzeitig untersucht werden.

© Der/die Autor(en), exklusiv lizenziert durch Springer Fachmedien Wiesbaden GmbH, ein Teil von Springer Nature 2022
V. Gehrau et al., *Einfache Datenauswertung mit R*,
https://doi.org/10.1007/978-3-658-34285-2_9

9.1.1   Univariate versus bivariate Statistik

Kennwerte der univariaten Statistik beziehen sich immer nur auf eine Variable. Bei nominalskalierten Variablen handelt es sich meist um Anzahlen oder Prozentwerte (siehe Kap. 7). Bei metrisch skalierten Variablen stehen typischerweise Maße der zentralen Tendenz (z. B. Mittelwert, Median) und Streuungsmaße (z. B. Varianz und Standardabweichung) im Fokus (siehe Kap. 8). Selbst wenn mehrere Variablen zusammen in einer Tabelle wie einer Häufigkeitsübersicht oder einer Tabelle mit der deskriptiven Statistik dargestellt werden, so beziehen sich die jeweiligen Angaben immer auf nur eine Variable. Jedoch kommen wissenschaftliche Fragestellungen, die sich lediglich auf eine einzelne Variable beziehen, in der Praxis eher selten vor. Meistens handelt es sich um den Vergleich des Kennwertes der untersuchten Variablen mit einem theoretischen oder bereits vorhandenen Kennwert. Beispielsweise, wenn man die Lebenserwartung der deutschen Bevölkerung analysiert und sich fragt, ob diese mehr als 75 Jahre beträgt.

Bivariate Statistik erlaubt es, komplexere Fragestellungen zu bearbeiten, da analytische Fragen nach der systematischen Verbindung zwischen zwei Variablen untersucht werden können Das Wort analytisch stammt von dem griechischen Wort Analyse und bezeichnet im wissenschaftlichen Kontext die „Zerlegung eines Untersuchungsgegenstandes in verschiedene Bestandteile" (Diaz-Bohne & Weischer, 2015, S. 19). Bei Bestandteilen handelt es sich um Informationen, die nur innerhalb der Variablen vorhanden sind versus Informationen, die sich aus der gemeinsamen Verbindung beider Variablen ergeben.

Die Verbindung zwischen zwei Variablen wird an ihrem systematischen Zusammenhang oder an ihren systematischen Unterschieden festgemacht. In beiden Fällen lässt sich aus der Ausprägung der einen Variablen etwas über die (wahrscheinliche) Ausprägung der anderen Variablen ableiten und genau das beschreibt deren gemeinsame Information. Wenn ein Zusammenhang zwischen den Variablen besteht, ergibt sich bei einer systematischen Veränderung der einen Variablen auch eine systematische Veränderung der anderen Variablen. Bei Unterschieden differieren statistische Kennwerte (z. B. Mittelwerte oder Prozentwerte) der einen Variablen systematisch anhand der Ausprägung der anderen Variablen. Nach dieser Logik lassen sich mittels bivariater Statistik komplexere wissenschaftliche Fragestellungen untersuchen. Beispielhaft wäre die Frage nach einem systematischen Zusammenhang zwischen dem Alter und Körpergewicht einer bestimmten Gruppe. Auch könnten wir beurteilen, ob sich verschiedene Altersgruppen in ihrem Körpergewicht unterscheiden. Statistische Angaben in Kreuztabellen, Korrelationstabellen oder Tabellen deskriptiver Statistiken liefern wichtige Hinweise in Bezug auf solche analytischen Fragestellungen und die dazugehörigen Hypothesen (siehe Abschn. 9.6).

Experimentelle Studien bilden einen Sonderfall bivariater Analysen, welche vorrangig Unterschiede untersuchen. Die zu untersuchenden Elemente (z. B. Personen) werden durch Randomisierung oder Parallelisierung in zwei oder mehrere Vergleichsgruppen aufgeteilt. Ein typisches Beispiel aus der Medizin ist die Qualitätsprüfung einer neuen Behandlung (Treatment). Eine oder mehrere Gruppen bekommen das untersuchte Treatment und bilden somit die experimentellen Gruppen. Eine Gruppe bekommt demgegenüber kein Treatment und bildet die Kontrollgruppe. Die Unterschiede zwischen der experimentellen Gruppe und der Kontrollgruppe liefert Hinweise auf die Qualität der neuen Behandlung. Um diese Unterschiede statistisch zu untersuchen, werden zwei Variablen gebildet. Die Gruppenarten (experimentelle vs. Kontrollgruppe) bilden die erste Variable. Die zweite Variable misst den Effekt, den das Treatment bewirken soll. Mit experimentellen Studien können wir überprüfen, ob Unterschiede zwischen der Kontrollgruppe und der Experimentalgruppe systematisch durch das Treatment verursacht wurden. Diese Schlussfolgerungen liefern die inferenzstatistischen Testverfahren (Lang, 1996).

9.1.2 Deskriptive Statistik versus Inferenzstatistik

In den vorherigen Kapiteln haben wir die deskriptive Statistik (bzw. beschreibende Statistik) kennengelernt. Damit werden die Kennwerte einer Stichprobe beschrieben. Unter Stichprobe verstehen wir hier die Elemente, die tatsächlich untersucht wurden (z. B. 100 deutsche Studierende in Münster). Demgegenüber steht die Grundgesamtheit, also alle Elemente, die potenziell für unsere Fragestellung relevant sind (hier zum Beispiel alle deutschen Studierenden). Die Stichprobe stellt somit eine Teilmenge einer Grundgesamtheit dar. Aus Durchführbarkeits- oder ökonomischen Gründen ist es oftmals nicht möglich die komplette Grundgesamtheit zu untersuchen. Daher versuchen wir durch die Stichprobe Aussagen über oder Schlüsse auf die Grundgesamtheit zu ziehen. In der Statistik sprechen wir von Inferenzen, bzw. der Inferenzstatistik. Inferenzen sind also Schlüsse oder Aussagen, die von Stichprobenstatistiken ausgehen und auf eine Grundgesamtheit zielen (Schäfer, 2016, S. 110). Ob wir diese inferenziellen Schlüsse ziehen dürfen hängt jedoch von der Art der Stichprobe ab. Wir unterscheiden hier drei grundsätzliche Arten von Stichproben: repräsentative Stichproben, nicht repräsentative Stichproben und Vollerhebungen.

Repräsentative Stichproben bilden die Merkmale der Grundgesamtheit strukturidentisch ab. Dazu wird aus einer definierten Grundgesamtheit, über die wissenschaftliche Aussagen gemacht werden sollen, eine repräsentative Stichprobe gezogen. Das erfolgt idealerweise über ein Zufallsverfahren oder annäherungsweise über eine Quotierung der Stichprobe nach vorgegebenen Merkmalen. Statistische Parameter der Grundgesamtheit werden anschließend mit den entsprechenden Kennwerten der Stichprobe geschätzt (siehe Abschn. 9.2). Wenn überprüft werden soll, ob in der Grundgesamtheit ein Zusammenhang zwischen zwei Variablen besteht, werden zunächst Hypothesen erstellt. Anschließend wird anhand der Stichprobenkennwerte mittels Schätz- und Testverfahren getestet, ob dieser Zusammenhang auch in der Grundgesamtheit zu erwarten ist (siehe Abschn. 9.6). Wenn Hypothesen zu Zusammenhängen oder Unterschieden getestet werden, besagt das Testergebnis jedoch nur, ob ausreichend sicher Zusammenhänge oder Unterschiede in der Grundgesamtheit vermutet werden können. Von dem Testergebnis können wir nicht jedoch feststellen, ob die Zusammenhänge oder Unterschiede inhaltlich relevant sind. Hierzu müssen externe Kriterien zu der nötigen Größe der Zusammenhänge bzw. Unterschiede herangezogen werden. Solche Kriterien können z. B. aus vergleichbaren Studien oder aus inhaltlichen Überlegungen stammen, welche sich aus rechtlichen, politischen oder gesellschaftlichen Vorgaben ableiten lassen.

Die Repräsentativität einer Stichprobe ist nicht gegeben, wenn die Stichprobe verzerrt ist, d. h. wenn bestimmte Elemente in der Stichprobe anteilig häufiger vorkommen als in der Grundgesamtheit. Das ist typischerweise der Fall, wenn lediglich die verfügbaren Untersuchungsobjekte die Stichprobe bilden oder das geplante Stichprobenziehungsverfahren nicht angemessen durchgeführt werden konnte. Bei nicht repräsentativen Stichproben gibt es also entweder keine Grundgesamtheit, auf die sich die Stichprobe bezieht, oder es ist unklar, wie gut die Stichprobe die Grundgesamtheit abbildet. Beispiele für nicht repräsentative Stichproben sind anfallende Stichproben, Studierendenstichproben, Convenience Samples oder exemplarische Stichproben. Bei solchen Stichproben sind inferenzstatistische Schätz- und Testverfahren nicht möglich. Die untersuchten Merkmale (z. B. Zusammenhänge bzw. Unterschiede) lassen sich nur anhand der Stichprobenkennwerte darstellen. Sie gelten aber ausschließlich für diese Stichprobe und können nicht verallgemeinert werden. Obgleich die ermittelten Werte der Zusammenhänge oder Unterschiede für die Stichprobe korrekt sind, ist es trotzdem meistens schwer zu beurteilen, wie groß Zusammenhänge oder Unterschiede sein müssen, damit wir sie im Sinne der Fragestellung oder Hypothese als relevant einstufen. Dafür sind ebenfalls externe Kriterien nötig, die dafür Vorgaben machen, z. B. aus vergleichbaren Studien oder aus rechtlichen oder praktischen

Anforderungen. Es gibt darüber hinaus auch interne Kriterien, um die Relevanz von Zusammenhängen oder Unterschieden zu beurteilen. Das wichtigste Kriterium ist die Größe des Effekts (z. B. Unterschiede oder Zusammenhang): je größer dieser ausfällt, umso aussagekräftiger und damit relevanter ist dieser für die untersuchte Fragestellung. Hinzu kommen zwei nachgeordnete Kriterien: die Größe der Stichprobe und die Streuung der Kennwerte innerhalb der jeweiligen untersuchten Gruppen. Kleine Stichproben bieten oft keine belastbaren Aussagen über Zusammenhänge oder Unterschiede, weil einzelne Werte die Berechnung der Kennwerte stark beeinflussen. Im Gegensatz dazu wird die Berechnung der Kennwerte in größeren Stichproben weniger von den einzelnen Werten beeinflusst. Zudem gewinnen Kennwerte mehr Bedeutung, wenn die zugrundeliegende Verteilung der Variablen innerhalb der untersuchten Gruppen homogen ist und sich die einzelnen Werte nur wenig voneinander unterscheiden.

Die letzte Stichprobenart ist die Vollerhebung. Bei Vollerhebungen werden (nahezu) alle Elemente der Grundgesamtheit untersucht. Somit ist kein Inferenzschluss erforderlich, da die Stichprobe der Grundgesamtheit entspricht und sich die Parameter der Grundgesamtheit aus den Daten präzise berechnen lassen. Vollerhebung liegen z. B. vor, wenn in Studien mit Wahlergebnissen, Daten aus Melderegistern, oder kleinen Grundgesamtheiten gearbeitet wird. Bei deren Ergebnissen muss sich jedoch immer die Frage gestellt werden, ab welcher Größe des Zusammenhangs bzw. des Unterschiedes wir unsere Ergebnisse als relevant im Sinne der Fragestellung erachten.

9.1.3 Verwendung statistischer Verfahren

Je nach Arten der Stichproben können bzw. dürfen bestimmte statistische Verfahren angewendet werden, welche wichtige Hinweise zu der untersuchten Fragestellung und zu den dazugehörigen Hypothesen liefern. Deskriptive Verfahren sowie experimentelle Tests von Hypothesen in der untersuchten Stichprobe ohne Übertragung der Testergebnisse auf die Grundgesamtheit (in der Tabelle Nummer 1, 2 und 3) sind bei allen Stichprobenarten möglich (Lang, 1996). Unterschiede zwischen den Arten der Stichproben ergeben sich jedoch bei Test- und Schätzverfahren (in der Tabelle Nummer 4 und 5), wenn Parameter in der Grundgesamtheit aus Kennwerten der Stichprobe geschätzt oder getestet werden sollen (siehe Tab. 9.1).

Tab. 9.1 Übersicht der statistischen Verfahren

	Vollerhebungen Stichprobe ≈ Grundgesamtheit	Repräsentative Stichproben Stichprobe → Grundgesamtheit	Nicht repräsentative Stichproben Stichprobe ≠ Grundgesamtheit
(1) Univariate Beschreibung von Kennwerten der Stichprobe	Möglich	Möglich	Möglich
(2) Bivariate Kennwerte zur Beschreibung von Zusammenhängen bzw. Unterschieden in der Stichprobe	Möglich	Möglich	Möglich
(3) Experimenteller Test von Hypothesen in der Stichprobe	Möglich	Möglich	Möglich
(4) Test auf Richtigkeit von Hypothesen in der Grundgesamtheit	Nicht notwendig	Möglich	Nicht möglich
(5) Schätzung von Parametern in der Grundgesamtheit	Nicht notwendig	Möglich	Nicht möglich

9.2 Schätzen

Schätzen ist eine zentrale Methode der Inferenzstatistik. Aus Stichprobenstatistiken wollen wir Aussage über die dahinter liegende Grundgesamtheit machen. Wir möchten nicht nur wissen, wie sich eine bestimmte Bevölkerungsgruppe bei der Wahl verhält, sondern vielmehr wollen wir – ohne eine aufwändige Vollerhebung – auf Basis der aus der Stichprobe gewonnenen Erkenntnisse das tatsächliche Wahlverhalten der deutschen Bevölkerung vorhersagen. Das betreffende Wahlverhalten der Grundgesamtheit bezeichnen wir als Parameter, welche meistens unbekannt sind, und das entsprechende Wahlverhalten der untersuchten Stichprobe als Stichprobenstatistik. Diese Generalisierung von Stichprobenstatistiken zu Parameter der Grundgesamtheit ist die Hauptaufgabe der Inferenzstatistik (Janczyk & Pfister, 2020).

Meistens können die unbekannten Parameter der Grundgesamtheit auf Basis der Stichprobenstatistiken ermittelt werden. Diese Ermittlung wird als Schätzen bezeichnet. Dafür brauchen wir eine Schätzfunktion bzw. einen Schätzer, welcher uns eine näherungsweise Bestimmung des Parameters ermöglicht. Das Ergebnis eines Schätzers wird Schätzung genannt, die aus der Stichprobe berechnet wird. Je nach Schätzverfahren können Schätzungen einen einzelnen Schätzwert (Punktschätzung) oder einen Wertebereichreich (Intervallschätzung) umfassen. Punktschätzungen kennen wir bereits aus den Kapiteln für die deskriptive Statistik (siehe Kap. 8). Hier sind der Stichprobenmittelwert, Median oder Modalwert potenzielle Punktschätzer für den Mittelwert der Grundgesamtheit. Die Stichprobenvarianz ist wiederum ein Punktschätzer für die Varianz und die Stichprobenstandardabweichung für die Standardabweichung der Grundgesamtheit (Holling & Gediga, 2013). Ein einzelner Wert als Schätzer ist jedoch relativ unsicher, da die Wahrscheinlichkeit groß ist, dass wir wahren Wert des zu schätzenden Parameters nicht getroffen haben. Sicherer ist ein Wertebereich, welcher den wahren Wert des Parameters mit einer festzulegenden Sicherheitswahrscheinlichkeit enthält. Diesen Wertebereich nennen wir Konfidenzintervall, welches wir in den nächsten Abschnitten genauer behandeln werden.

Eine gute Metapher für den Schätzvorgang ist das Bogenschießen. Beim Bogenschießen ist unser Ziel, die höchste Punktzahl, also in die Mitte zu treffen, d. h. unseren unbekannten Parameter möglichst gut zu treffen (Schätzen). Der Pfeil wäre unser Schätzer, mit dem wir unser Ziel erreichen können. Die Punkte, die wir nach jedem Abschuss bekommen, wären unsere Schätzungen. Vor dem Abschuss können wir nicht wissen, wie wahrscheinlich es ist, dass wir die Mitte treffen und wie viele Punkte wir somit bekommen werden. Eine gewisse Unsicherheit des Treffens ist also vorhanden, genauso wie beim Schätzen. Mit einer bestimmten Wahrscheinlichkeit können wir uns jedoch mit unserer Schätzung dem Parameter der Grundgesamtheit annähern. Deshalb sind Aussagen in der Inferenzstatistik immer Aussagen über Wahrscheinlichkeit und mit der Möglichkeit des Entscheidungsfehlers verbunden (Janczyk & Pfister, 2020, S. 3). Die Ergebnisse des Bogenschusses stehen somit nicht fest und sind vom Zufall abhängig. Jede mögliche Punktzahl kann mit einer bestimmten Wahrscheinlichkeit erreicht werden. Anhand eines einzelnen Schusses können wir nicht feststellen, wie gut wir im Bogenschießen waren. Wenn wir jedoch wiederholt schießen, bekommen wir am Ende eine Liste oder statistisch formuliert eine Verteilung der möglichen erreichbaren Punktzahl mit einem bestimmten erwarteten Wert (Erwartungswert) und einer bestimmten Abweichung vom Erwartungswert (Standardabweichung). Die Standardabweichung eines Schätzers wird als Standardfehler bezeichnet. Diese Verteilung wird auch Stichprobenverteilung des Schätzers genannt. Anhand der genannten Werte können wir bestimmten, wie gut wir beim Bogenschießen sind bzw. wie gut unsere Schätzungen sind (Holling & Gediga, 2013).

Gute Schätzungen sollten den wahren Wert des Parameters möglichst „treffen" (hohe Treffsicherheit) und möglichst wenig von diesem Wert abweichen (Holling & Gediga, 2013). In der Tab. 9.2 stellen wir Ihnen einige wichtige, in der

Tab. 9.2 Übersicht über wichtige Parameter und deren Schätzer

Zu schätzende Parameter der Grundgesamtheit	Schätzer
Erwartungswert μ (sprich mü)	Stichprobenmittelwert $\overline{X} = \frac{1}{n} \sum_{i=1}^{n} X_i$
Varianz σ^2 (spricht sigma-Quadrat)	Stichprobenvarianz $S^2 = \frac{1}{n-1} \sum_{i=1}^{n} (X - \overline{X})^2$
Standardabweichung σ (sprich sigma)	Stichprobenstandardabweichung $S = \sqrt{S^2}$
Anteil p	Relative Häufigkeit mit X mit $i = 1 \ldots n$ als Auftretenswahrscheinlichkeit eines Erfolgs $\hat{p} = \frac{1}{n}(X_1 + X + \ldots + X_n)$

Eigene Darstellung nach Holling und Gediga (2013)

Forschungspraxis öfter eingesetzte Schätzer vor. Zu schätzende Parameter werden immer mit einem griechischen Buchstaben und Schätzer mit einem lateinischen Buchstaben und einem Dach-Symbol gekennzeichnet.

9.3 Basisverteilungen der Schätzer

Im Folgenden werden die Stichprobenverteilungen von Schätzern dargestellt, die im Rahmen der Parameterschätzung und statistischen Hypothesentests häufig eingesetzt werden. Mit der Verteilung eines Schätzers können wir Aussagen über unbekannte Parameter in der Grundgesamtheit treffen.

9.3.1 Normalverteilung

Eine Normalverteilung ist eine kontinuierliche Verteilung, deren genaue Form durch zwei Parameter gekennzeichnet ist: dem Erwartungswert μ und der Standardabweichung σ (Dormann, 2017; Janczyk & Pfister, 2020, S. 21). Die Normalverteilung ist symmetrisch, unimodal und „glockenförmig" (siehe Abb. 9.1). Der höchste Punkt der Verteilung liegt beim Erwartungswert μ, wobei dessen Form durch die Standardabweichung σ der Grundgesamtheit bestimmt wird (Holling &

Abb. 9.1
Normalverteilungskurve.
(Eigene Darstellung)

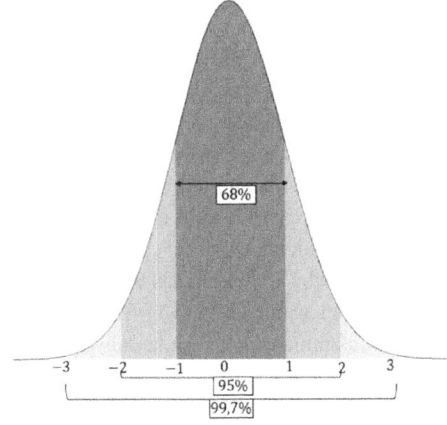

Eigene Darstellung

Gediga, 2013). Je größer die Standardabweichung σ wird, umso breiter wird die Normalverteilungskurve. Ist ein Schätzer X normalverteilt mit einem Erwartungswert μ und einer Standardabweichung σ, wird dies kurz als $X \sim N(\mu, \sigma)$ beschrieben. Die Stichprobenverteilung des Mittelwerts $\overline{X}$ ist z. B. normalverteilt mit einem Erwartungswert von μ und einem Standardfehler von $\sigma/\sqrt{n}$, wobei μ und σ die bekannten Parameter der Normalverteilung des zu schätzenden Parameters sind (Holling & Gediga, 2013). Zugleich beträgt die Fläche unter der Normalverteilungskurve eins. Diese Fläche lässt sich als Wahrscheinlichkeit interpretieren. Innerhalb des Bereichs von Mittelwert plus/minus einer Standardabweichung um den Erwartungswert liegen bei allen Normalverteilungen rund 68 % der Werte einer Verteilung, innerhalb des Bereichs plus/minus zwei Standardabweichungen 95 % und innerhalb des Bereichs plus/minus drei Standardabweichungen 99,7 % (Janczyk & Pfister, 2020). Wir nennen dies die $68\,\% - 95\,\% - 99,7\,\%$ Regeln (siehe Abb. 9.1).

Diese Art der Aufteilung einer Verteilung in kleinere Bereiche erfolgt durch Quantile, welche ausgehend von einer Wahrscheinlichkeit p bzw. $100 * p$ Prozent bestimmt werden (Holling & Gediga, 2013, S. 92). Diese Wahrscheinlichkeit markiert den Anteil der Werte, die kleiner oder gleich einem bestimmten Wert in der Verteilung sind. Im Kap. 8 haben Sie einen Spezialfall der Quantile kennengelernt, den Median. 50 % der Werte sind kleiner als der Median und 50 % größer als dieser Wert. Ein wichtiges Quantil für die Parameterschätzung und für die Überprüfung von Hypothesen ist das 0,95-Quantil bzw. 95 %-Quantil, da wir meist mit einer Sicherheitswahrscheinlichkeit von 95 % arbeiten (siehe Abschn. 9.5). Die Sicherheitswahrscheinlichkeit gibt die Wahrscheinlichkeit eines bestimmten Wertebereichs an, in dem der wahre Wert des zu schätzenden Parameters liegen würde (Holling & Gediga, 2013, S. 300). Dieser Wertebereich wird auch als Konfidenzintervall bezeichnet und wird im Abschnitt Konfidenzintervall näher erläutert. Die Sicherheitswahrscheinlichkeit wird meistens mit $1 - \alpha$ gekennzeichnet, wobei α die Wahrscheinlichkeit für den Fall ist, in dem unser Konfidenzintervall den wahren Wert des geschätzten Parameters doch nicht enthält. α wird somit auch als *Irrtumswahrscheinlichkeit* bzw. *Signifikanzniveau* bezeichnet. In der Normalverteilung können wir entsprechend der $68\,\% - 95\,\% - 99,7\,\%$ Regeln das 95 %-Quantil problemlos bestimmen. Das 95 %-Quantil beträgt somit circa zwei Standardabweichungen (2σ), da innerhalb des Bereichs plus/minus zwei Standardabweichungen 95 % aller Werte der Verteilung liegen (siehe oben). Haben wir eine Normalverteilung mit einer Standardabweichung von $\sigma = 1$, beträgt das Quantil dem zufolge circa zwei. Das bedeutet, dass 95 % aller Werte dieser Normalverteilung kleiner sind als zwei und somit

Abb. 9.2 95 %-Quantil.
(Eigene Darstellung)

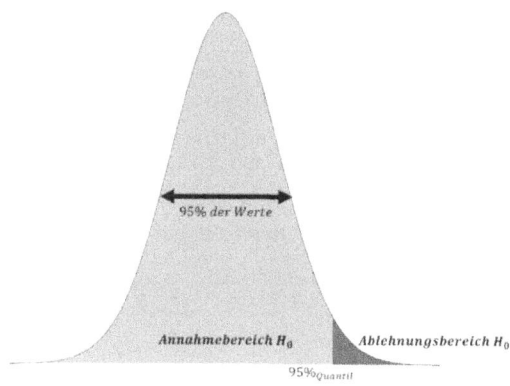

Eigene Darstellung

gleichzeitig, dass fünf Prozent der restlichen Werte der Verteilung größer sind als das Quantil (siehe Abb. 9.2).

In unserer Untersuchung möchten wir meistens eine Sicherheit von mindestens 95 % haben, dass unsere Ergebnisse tatsächlich vorhanden und nicht per Zufall entstanden sind (siehe Abschn. 9.6). Wird die 95 % Sicherheitswahrscheinlichkeit jedoch nicht erreicht bzw. nicht überschritten, könnten unsere Untersuchungsergebnisse per Zufall entstanden sein. Das heißt, wenn unsere Ergebnisse das 95 %-Quantil nicht überschreiten, haben wir keine ausreichende Sicherheit für unsere auf den Ergebnissen basierende Entscheidung. Im Hypothesentest wird das 95 %-Quantil deshalb auch als der *kritische Wert* bei 95 % Sicherheitswahrscheinlichkeit bezeichnet. Der Bereich der Verteilung, in dem die Werte kleiner sind als der kritische Wert, wird Annahmebereich der untersuchten Nullhypothesen genannt. Der andere Bereich der Verteilung, in dem die Werte größer sind, wird als Ablehnungsbereich der untersuchten Nullhypothesen genannt (siehe Abb. 9.2). Diese Bereiche sind für die Überprüfung der Hypothesentests von Bedeutung und werden im Abschnitt Testen im Detail besprochen.

Die Quantile bzw. die kritischen Werte können je nach Verteilung mit einer entsprechenden Tabelle zur Verteilungsfunktion bestimmt werden. In den nächsten Abschnitten zeigen wir Ihnen bei jeder Verteilung die Berechnung des 95 %-Quantils.

9.3.2 Standardnormalverteilung (z-Verteilung)

Eine Normalverteilung mit $\mu = 0$ und $\sigma = 1$ wird Standardnormalverteilung genannt (Holling & Gediga, 2013; Janczyk & Pfister, 2020). Jede Normalverteilung mit beliebigen Werten für μ und σ lässt sich durch eine z-Standardisierung in eine Standardnormalverteilung überführen (Holling & Gediga, 2013, S. 89). Dazu wird von jedem einzelnen Messwert X in der Verteilung der Erwartungswert abgezogen und diese Differenz durch die Standardabweichung geteilt.

$$z = \frac{X - \mu_X}{\sigma_X}$$

Deshalb ist eine Standardnormalverteilung ebenfalls eine symmetrische, glockenförmige Verteilung von z-Werten, deren Erwartungswert $\mu = 0$ und deren Standardabweichung $\sigma = 1$ ist (siehe Abb. 9.3). Die $68\,\% - 95\,\% - 99{,}7\,\%$ Regel stimmt deshalb gleicherweise für die Standardnormalverteilung.

Mit dem folgenden Beispiel zeigen wir Ihnen, wie die z-Standardisierung durchgeführt wird. In diesem Beispiel möchten wir die erreichten Punkte eines Bogenschützens ($X = 138$) in einem Wettbewerb standardisieren, um seine Leistung mit den Leistungen anderer Teilnehmenden zu vergleichen. Wir nehmen an, dass die Punkte aller Teilnehmenden normalverteilt sind mit $\mu = 100$ und $\sigma = 15$. Der z-Wert für seine Punkte wird wie folgt berechnet:

Abb. 9.3
Standardnormalverteilungskurve.
(Eigene Darstellung)

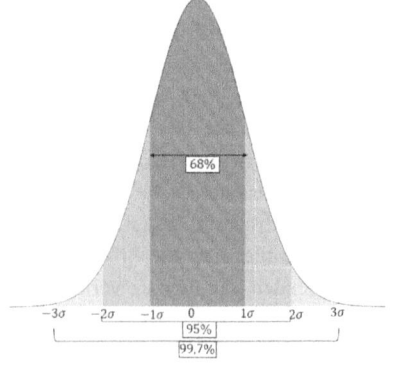

Eigene Darstellung

$$z = \frac{138 - 100}{15} = 2{,}53$$

Wir möchten anschließend anhand seines z-Werts herausfinden, ob der Bogen-schütze zu den besten fünf Prozent der Spieler gehört. Mit dem 95 %-Quantil können wir diese Frage beantworten. Ist sein z-Wert größer ist als das 95 %-Quantil, gehört er zu den besten fünf Prozenten. Bei der Standardnormalvertei-lung wird das 95 %-Quantil mit $z_{0{,}95}$ bezeichnet. Die Quantile können Sie in der Standardnormalverteilungstabelle (z-Tabelle) in vielen Statistikbüchern gut nach-lesen (z. B. in Backhaus et al., 2016). Die z-Tabelle enthält z-Werte bzw. Quantile der z-Verteilung, die auf zwei Nachkommastellen gerundet sind. Die erste Nach-kommastelle ist im Teil 1 (in den Zeilen) und die zweite Nachkommastelle im Teil 2 (in den Spalten) zu finden. In der Tabelle sind Wahrscheinlichkeiten der z-Werte, entsprechend des p-Quantils aufgelistet. Um das $z_{0{,}95}$ in der Standard-normalverteilungstabelle zu bestimmen, suchen Sie innerhalb der Tabelle nach der Wahrscheinlichkeit $p = 0{,}95$. Danach finden Sie in der entsprechenden Zeile den Quantil-Wert mit der ersten Nachkommastelle und in der entsprechenden Spalte die zweite Nachkommastelle. Der Quantil-Wert für $z_{0{,}95}$ beträgt also 1,64. Der z-Wert des Bogenschießers überschreitet das 95 %-Quantil (2,53 > 1,64). Er gehört deshalb zu den besten fünften Prozenten der Spieler.

9.3.3 χ^2-Verteilung

Die χ^2-Verteilung (sprich Chi-Quadrat-Verteilung) wird aus der z-Verteilung abgeleitet (Holling & Gediga, 2013). Eine χ^2-verteilte Variable X besteht aus einer Summe von v quadrierter z-Werte, die aus einer normalverteilten Grundgesamtheit mit Erwartungswert μ und Standardabweichung σ stammen.

$$\chi^2 = \sum_{i=1}^{v} z_i^2 = \sum_{i=1}^{v} \left(\frac{X_i - \mu_X}{\sigma_X} \right)^2$$

Falls μ und σ bekannt sind, ist Variable X χ^2-verteilt mit v Freiheitsgraden (df). Im Text wird die Verteilung der χ^2-verteilten Variable X mit $X \sim \chi^2(v)$ gekennzeichnet. Freiheitsgrade stellen somit die einzige Kenngröße für die χ^2-Verteilung dar. Auch die t-Verteilung und F-Verteilung, die in den nächsten Abschnitten behandelt werden, werden mit Freiheitsgraden beschrieben. Frei-heitsgrade sind die Anzahl der Komponenten, die frei variieren können, also nicht durch andere Komponenten determiniert werden. Sie werden durch die Anzahl der Stichprobenelemente minus Anzahl der zu schätzenden Parameter berechnet (Holling & Gediga, 2013, S. 161). Falls der Erwartungswert unbekannt ist und durch den Stichprobenmittelwert geschätzt wird, dann ist die Variable X nicht mehr χ^2-verteilt mit v Freiheitsgraden sondern mit $v-1$ Freiheitgraden. Der Verlust von einem df geht auf die Schätzung des Erwartungswerts durch den Stichprobenmittelwert zurück. χ^2-Verteilungen mit wenigen Freiheitsgraden sind stark rechtsschief (siehe Abb. 9.4). Ab 100 Freiheitsgraden kann die χ^2-Verteilung durch eine Normalverteilung mit entsprechendem Erwartungswert und entsprechender Varianz ersetzt werden (Holling & Gediga, 2013, S. 155). χ^2-Verteilungen sind für die Berechnung von Zusammenhängen zwischen nominalskalierten Variablen wichtig und werden im Kap. 10 genauer behandelt.

Die wichtigen Quantile der χ^2-Verteilung sind in χ^2-Tabellen aufgelistet. Die χ^2-Tabelle ist wie folgt aufgebaut: In der ersten Spalte befinden sich die Anzahl der Freiheitsgrade v, ab der zweiten Spalte finden wir die p-Quantile. Ähnlich wie bei der z-Verteilung ist das 95 %-Quantil ein wichtiger Wert, welcher für die Überprüfung von Hypothesentests von Bedeutung ist. Das 95 %-Quantil wird

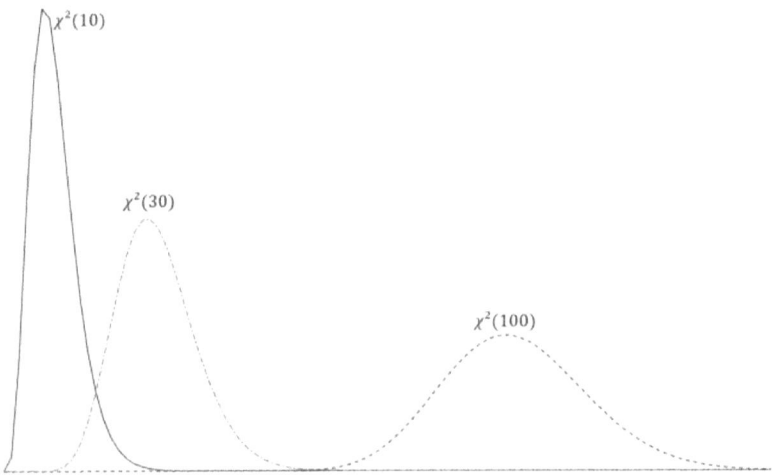

Eigene Darstellung

Abb. 9.4 χ^2-Verteilung mit unterschiedlichen Freiheitsgraden. (Eigene Darstellung)

in der χ^2-Verteilung mit $\chi^2_{0,95}(v)$ bezeichnet. Um dieses in der χ^2-Tabelle zu bestimmen, suchen wir in der ersten Spalte die entsprechende Anzahl der Freiheitsgrade v aus. Wir finden danach in der Spalte 0,95 mit der entsprechenden v das gesuchte $\chi^2_{0,95}(v)$. Suchen wir z. B. das 95 %-Quantil einer χ^2-verteilten Variablen X bei 10 Freiheitsgraden, finden wir in der Zeile $df = 10$ in der Spalte 0,95 das gesuchte Quantil $\chi^2_{0,95}(10) = 18,31$.

9.3.4 t-Verteilung

Wir haben bei der Normalverteilung gelernt, dass die Stichprobenverteilung des Stichprobenmittelwerts $\overline{X}$ einer Normalverteilung $N(\mu, \sigma/\sqrt{n})$ folgt, wobei μ und σ die vorher bekannten Parameter der Normalverteilung des zu schätzenden Parameters μ sind. Für den Fall, dass die Standardabweichung σ unbekannt ist, muss diese mithilfe der Stichprobenstandardabweichung S geschätzt werden (Holling & Gediga, 2013). Die Stichprobenverteilung des Stichprobenmittelwerts $\overline{X}$ ist somit nicht mehr normalverteilt, sondern t-verteilt mit einem Erwartungswert von μ, einem Standardfehler von $\frac{S}{\sqrt{n}}$ und einem Freiheitsgrad $df = n - 1$ (Janczyk & Pfister, 2020). Der Verlust von einem df geht auf die Schätzung der Standardabweichung durch die Stichprobenstandardabweichung zurück. Ab einem Freiheitsgrad df von 30, also bei Stichproben größer als 30, lässt sich die t-Verteilung durch die z-Verteilung approximieren (Holling & Gediga, 2013). Mit über 100 Freiheitsgraden sind beide annähernd identisch. Somit ist die t-Verteilung auch symmetrisch und glockenförmig. Deshalb bieten viele Statistikbücher t-Tabellen nur für Werte bis $df = 100$ an (siehe z. B. Backhaus et al., 2016; Field et al., 2012; Weber & Fuller, 2013) (Abb. 9.5).

Genauso wie bei der z-Verteilung und χ^2-Verteilung werden die Quantile der t-Verteilung zu verschiedenen Signifikanzniveaus α und Freiheitsgraden df in der t-Tabelle aufgelistet. Um ein bestimmtes Quantil in der t-Tabelle zu bestimmen, brauchen wir das Signifikanzniveau α und die Anzahl der Freiheitsgrade df. In den Spalten stehen verschiedene 1 − α-Quantile, welche abhängig von den Testrichtungen (einseitig vs. zweiseitig) anders ausfallen. Unter „zweiseitig" sind zweiseitige Hypothesentests gemeint, welche ein zweiseitiges Testproblem behandeln (Holling & Gediga, 2016, S. 32). Ein zweiseitiges Testproblem kann in beide Richtungen getestet werden, da die Richtung potenzieller Unterschiede zwischen den untersuchten Parametern nicht von Interesse ist. Von Interesse ist lediglich, dass zwischen diesen Parametern entweder ein Unterschied oder ein Zusammenhang vorhanden ist, welcher positiv oder negativ sein könnte. Ein

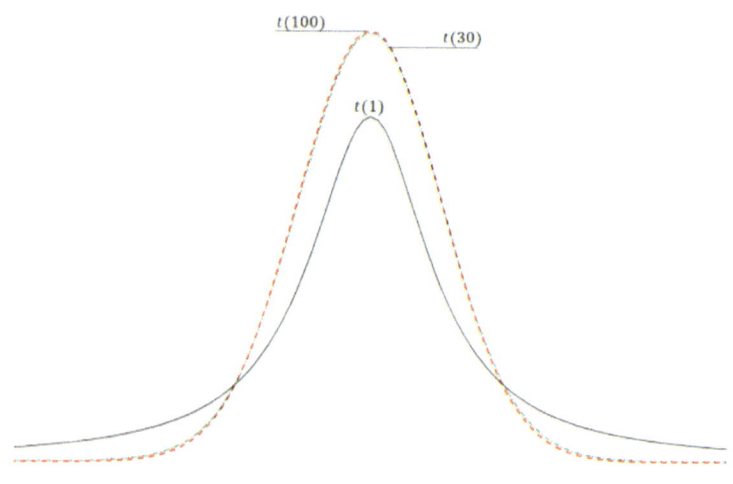

Eigene Darstellung

Abb. 9.5 t-Verteilungskurven mit unterschiedlichen Freiheitsgraden. (Eigene Darstellung)

Beispiel für ein zweiseitiges Testproblem wäre: „Alkoholisierte Autofahrer reagieren anders als nüchterne Autofahrer". Anders könnte entweder langsamer oder schneller bedeuten. Wenn einer dieser Fälle zutrifft, können wir die Gegenannahme ablehnen, dass alkoholisierte Autofahrer ähnlich bzw. gleich reagieren wie nüchterne Autofahrer. Aus diesem Grund müssen wir bei der Überprüfung dieses Testproblems zwei Ablehnungsbereiche der Nullhypothese festlegen, die von zwei Quantilen markiert sind (siehe Abb. 9.6). Das Signifikanzniveau α in der Berechnung des Quantils wird daher halbiert. Die Quantile werden in diesem Fall mit $t_{1-\alpha/2}(\text{df})$ und $-t_{1-\alpha/2}(\text{df})$ bezeichnet. Im Fall des 95 %-Quantils mit beispielsweise 10 Freiheitsgraden bei einem zweiseitigen Test finden wir innerhalb der t-Tabelle in der Zeile mit 10 Freiheitsgraden und in der Spalte für das Quantil $1 - \alpha = 1 - \frac{\alpha}{2} = 0,975$. Das 95 %-Quantil in der t-Tabelle beträgt $t_{1-\frac{0,05}{2}}(10) = t_{0,975}(10) = 2,228$.

Unter „einseitig" sind einseitige Hypothesentests gemeint, welche ein einseitiges Testproblem behandeln (Holling & Gediga, 2016, S. 33). Ein einseitiges Testproblem kann nur in eine Richtung getestet werden, da die Richtung potenzieller Unterschiede zwischen den untersuchten Parametern klar positiv oder

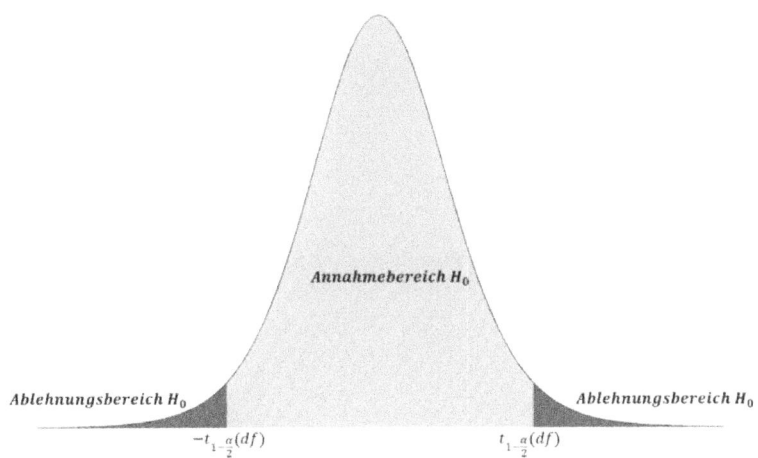

Eigene Darstellung

Abb. 9.6 Annahme- und Ablehnungsbereiche beim zweiseitigen Hypothesentest. (Eigene Darstellung)

negativ ist. Ein Beispiel für ein einseitiges Testproblem wäre: „Nicht alkoholisierte Autofahrer reagieren *schneller* als alkoholisierte Autofahrer". Da wir nur einseitig testen (hier positiv), werden wir nur einen Ablehnungsbereich der Nullhypothese haben (siehe Abb. 9.7). Das Signifikanzniveau α wird daher nicht halbiert. Das Quantil wird in diesem Fall mit $t_{1-\alpha}(df)$ bezeichnet. Im Fall des 95 %-Quantils mit beispielsweise zehn Freiheitsgraden bei einem einseitigen Test finden wir innerhalb der t-Tabelle in der Zeile zehn und in der Spalte für das Quantil $1 - \alpha = 1 - 0{,}05 = 0{,}95$. Das 95 %-Quantil in der t-Tabelle beträgt $t_{1-0{,}05}(10) = t_{0{,}95}(10) = 1{,}8125$.

Bei einem Freiheitsgrad über 100, können Sie die z-Tabelle zur Bestimmung der Quantile der t-Verteilung verwenden. Die t-Verteilung ist wichtig für den Mittelwertvergleich zwischen zwei Stichproben und wird im Kapitel Mittelwertvergleich genauer behandelt.

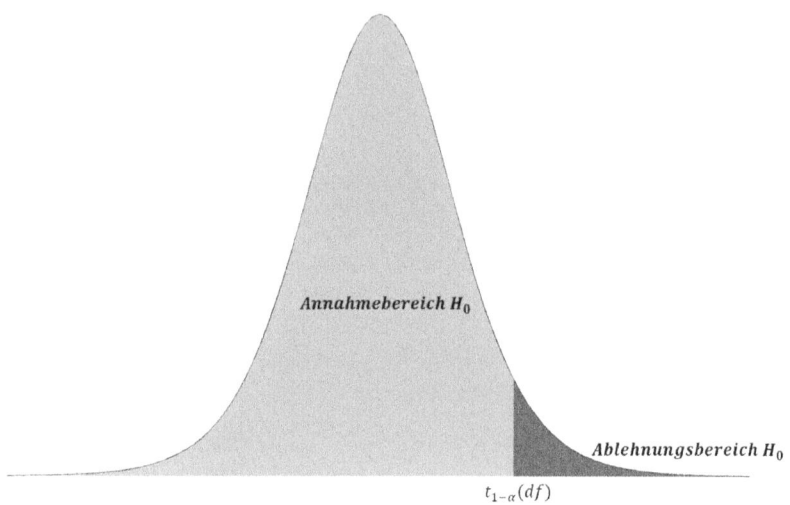

Eigene Darstellung

Abb. 9.7 Annahme- und Ablehnungsbereiche beim einseitigen Hypothesentest. (Eigene Darstellung)

9.3.5 F-Verteilung

Die F-Verteilung ist neben der z-, χ^2- und t-Verteilung eine wichtige Prüfverteilung für die Parameterschätzung und Hypothesentestung (Holling & Gediga, 2013, S. 165). Diese Verteilung wird z. B. in der Varianzanalyse verwendet, um Unterschiede zwischen mehr als zwei Vergleichsgruppen festzustellen (siehe Abschn. 12.2.4 im Kapitel Mittelwertvergleiche). Die F-Verteilung ist definiert durch zwei Variablen X und Y, wobei X einer χ^2-Verteilung mit df_1 Freiheitsgraden und Y einer χ^2-Verteilung mit df_2 Freiheitsgraden folgt. Wenn beide Freiheitsgrade über 100 betragen, ist die F-Verteilung annähernd normalverteilt (siehe Abb. 9.8).

Der folgende Quotient beschreibt eine F-Verteilung mit df_1 und df_2 Freiheitsgraden einer Variablen F.

$$F = \frac{X/df_1}{Y/df_2}$$

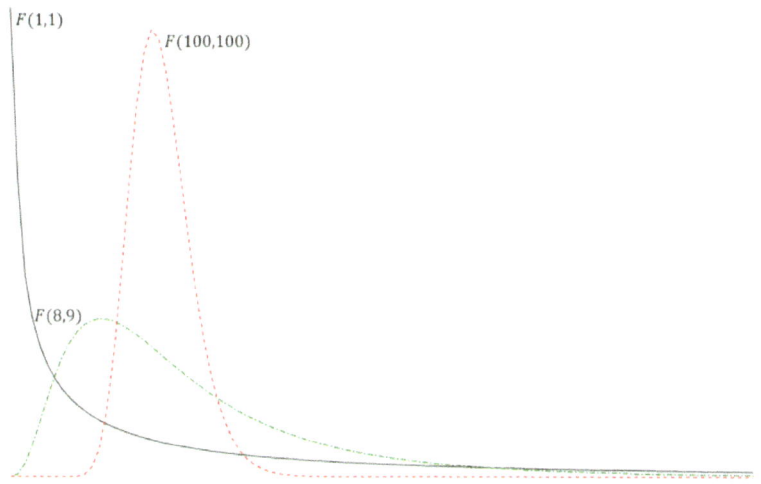

Eigene Darstellung

Abb. 9.8 F-Verteilung mit unterschiedlichen Freiheitsgraden. (Eigene Darstellung)

Da die F-Verteilung aus der χ^2-Verteilung abgeleitet wird, enthält die F-Verteilung nur positive Werte und ist rechtsschief. Aus diesem Grund können Hypothesentests mit der F-Verteilung nur einseitig getestet werden. Da wir nur einseitig testen, haben wir nur einen Ablehnungsbereich der Nullhypothese. Das Signifikanzniveau α wird daher nicht halbiert. Das α-Quantil wird in diesem Fall mit $F_{1-\alpha}(df_1, df_2)$ bezeichnet (siehe Abb. 9.9).

Genauso wie bei den anderen Verteilungen werden die wichtigen Quantile der F-Verteilung in der F-Tabelle aufgelistet. Um ein bestimmtes Quantil zu bestimmen, brauchen wir das Signifikanzniveau α und die jeweilige Anzahl der Freiheitsgrade df_1 und df_2. Da zwei unterschiedliche Freiheitsgrade in die Berechnung des Quantils eingehen, ist die F-Tabelle etwas komplexer als die Tabellen der anderen Verteilungen. Die Freiheitsgrade im Zähler (in der Formel df_1) werden in den Spalten berücksichtigt, die Freiheitsgrade des Nenners (in der Formel df_2) in den Zeilen. In der F-Tabelle werden aufgrund des großen Umfangs nur wenige wichtige Quantile (wie z. B. das 95 %-Quantil) aufgelistet (Holling & Gediga, 2013, S. 167). Suchen Sie z. B. das 95 %-Quantil einer F-Verteilung mit

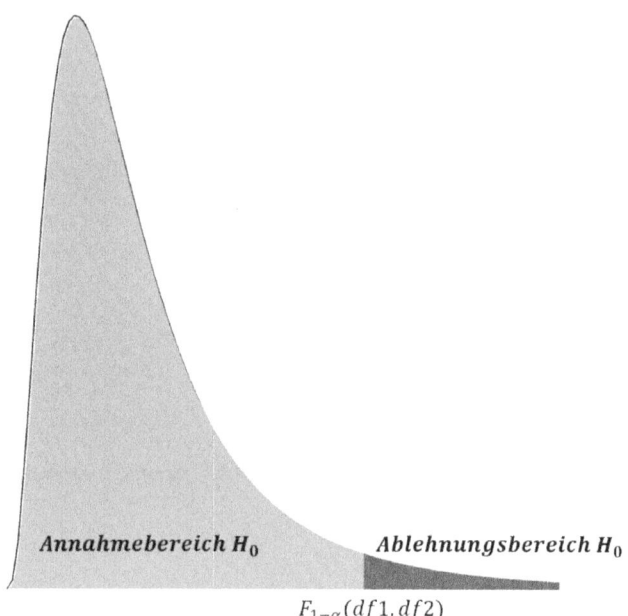

Eigene Darstellung

Abb. 9.9 Annahme- und Ablehnungsbereich beim F-Test. (Eigene Darstellung)

$df_1 = 8$ und $df_2 = 9$, finden Sie in der Zeile für $df_1 = 8$ und in der Spalte für $df_1 = 9$ das gesuchte Quantil $F_{1-\alpha} = 3,23$.

9.4 Zentraler Grenzwertsatz

Bei den t-Verteilungen, χ^2-Verteilungen und F-Verteilungen haben wir gesehen, dass diese bei zunehmender Anzahl der Freiheitsgrade df bzw. ab einer bestimmten Stichprobengröße durch die Normalverteilung gut approximiert werden. Im zentralen Grenzwertsatz wird dieses Phänomen beschrieben. Dieser besagt, dass wenn wir mehrere unabhängige Stichprobenvariablen haben die identisch verteilt sind, so ist die Stichprobenverteilung derer Mittelwerte bei einem Stichprobenumfang $n > 30$ approximativ (d. h. annähernd) normalverteilt (Albers et al., 2009,

S. 86; Holling & Gediga, 2013, S. 189, 2016, S. 69). Das bedeutet je größer die Stichprobe wird, desto näher wird die Stichprobenverteilung normalverteilt sein und $n > 30$ reicht für eine Approximation durch eine Normalverteilung aus (Holling & Gediga, 2013, S. 189). Mit identisch verteilt ist hier gemeint, dass diese Stichprobenvariablen einer Verteilung mit dem gleichen Erwartungswert und mit der gleichen Varianz folgen.

9.5 Konfidenzintervalle

Im Abschnitt Schätzen haben wir den Begriff Konfidenzintervall kurz kennengelernt. Ein Konfidenzintervall wird als ein Wertebereich (Intervall) definiert, welcher den wahren Wert des zu schätzenden Parameters mit einer gewissen (möglichst hohen) Wahrscheinlichkeit (Konfidenz) enthält. Diese Wahrscheinlichkeit nennen wir Sicherheitswahrscheinlichkeit. Diese wird meistens mit $1 - \alpha$ gekennzeichnet, wobei α die Wahrscheinlichkeit für den Fall ist, in dem unser Konfidenzintervall den wahren Wert doch nicht enthält. α wird somit auch als Irrtumswahrscheinlichkeit bzw. Signifikanzniveau bezeichnet. Da beide Ereignisse (Konfidenzintervall enthält den wahren Wert vs. Konfidenzintervall enthält nicht den wahren Wert) zwei disjunkte Ereignisse sind, welche nicht gleichzeitig passieren können, ergibt die Summe von $1 - \alpha$ plus α eins. Die Sicherheitswahrscheinlichkeit kann je nach Fragestellung frei gewählt werden. In den Sozialwissenschaften haben sich zwei Signifikanzniveaus als Standard etabliert: Übliche Schätzungen werden mit 95-%iger Sicherheit (95 %-Konfidenzintervall) vorgenommen. Es wird also eine Irrtumswahrscheinlichkeit von fünf Prozent akzeptiert. Das heißt in diesem Fall, wenn wir wiederholt Zufallsstichproben der gleichen Größe aus der Grundgesamtheit ziehen, um daraus Konfidenzintervalle zu berechnen, dürfen nur fünf Prozent der berechneten Konfidenzintervalle den wahren Wert des Parameters nicht beinhalten. Schätzungen, bei denen eine größere Sicherheit nötig ist, werden mit 99-%iger Sicherheit vollzogen (99 %-Konfidenzintervall). Hier wird so interpretiert, dass nur ein Prozent der Intervalle den wahren Wert des zu schätzenden Parameters nicht enthält. Unabhängig von unserem Signifikanzniveau besteht jedoch das Problem, dass wir meistens nur eine Stichprobe ziehen und somit nur ein Konfidenzintervall abbilden. Das der wahre Wert innerhalb des Intervalls liegt, kann entweder zutreffen (Wahrscheinlichkeit des Zutreffens von 100 %) oder nicht zutreffen (Wahrscheinlichkeit des Zutreffens von 0 %). Insofern sind Formulierungen wie „Der wahre Wert des zu schätzenden Parameters liegt mit 95 % Wahrscheinlichkeit in dem Konfidenzintervall" unzutreffend und sollten so nicht verwendet werden (Holling & Gediga,

2013). Ein 95 %-Konfidenzintervall sollte stattdessen wie folgt interpretiert werden: „Wir sind uns zu 95 % sicher, dass der wahre Wert des Parameters (z. B. die durchschnittliche Wahlbeteiligung der deutschen Bevölkerung) in unserem Konfidenzintervall liegt". Es geht bei der Interpretation des Konfidenzintervalls also immer um den zu schätzenden Parameter.

Die Definition des Konfidenzintervalls verrät uns bereits, dass wir bei der Berechnung eine gewisse Unsicherheit oder einen gewissen Fehler akzeptieren müssen. Konfidenzintervalle werden deshalb aus den folgenden Bestandteilen aufgebaut.

Punktschätzung ± Fehlermarge

Somit ist ein Konfidenzintervall (meistens) um die Punktschätzung symmetrisch. Da die Punktschätzung ein konkreter Wert aus der Stichprobe ist, hängt die Breite eines Konfidenzintervalls lediglich von der Größe der Fehlermarge ab. Die Fehlermarge wird durch das Produkt des α-Quantils und des Standardfehlers des verwendeten Schätzers gebildet. Das α-Quantil ergibt sich je nach Verteilung des Schätzers aus der Sicherheitswahrscheinlichkeit, die wir vor der Rechnung des Konfidenzintervalls festgelegt haben (siehe Abschn. 9.3.2). Der Standardfehler ergibt sich durch die Division $\sigma/\sqrt{n}$, wobei σ die Standardabweichung in der Grundgesamtheit und n die Stichprobengröße ist. Die Fehlermarge hängt deshalb von der Sicherheitswahrscheinlichkeit und vom Standardfehler des Schätzers ab (Holling & Gediga, 2013). Je größer die Sicherheitswahrscheinlichkeit, d. h. je sicherer Sie sein möchten, dass der wahre Wert in Ihrem Konfidenzintervall liegt, umso mehr Werte müssen aufgenommen werden, und somit wird Ihr Konfidenzintervall breiter. Andersfalls, falls Sie genauere Schätzungen, also ein engeres Konfidenzintervall erreichen wollen, müssen Sie Ihre Sicherheit dementsprechend senken. Sicherheit und Genauigkeit stehen sich dabei diametral gegenüber. Erreichen wir eine höhere Sicherheit, so geht dies auf Kosten der Genauigkeit unserer Schätzung. Kommen wir aus unser Beispiel mit der durchschnittlichen Wahlbeteiligung zurück. Erhalten wir ein 99 %-Konfidenzintervall, welches zwischen 0 und 80 % liegt, dann können wir uns zu 99 % sicher sein, dass die wahre Wahlbeteiligung irgendwo zwischen 0 und 80 % liegt. Diese breite Schätzung ist jedoch so gut wie informationslos. Schätzen wir die wahre Wahlbeteiligung demgegenüber nur zwischen 50 % bis 60 %, dann haben wir zwar eine genaue Aussage, die aber mit größerer Wahrscheinlichkeit nicht richtig ist. Möchten wir sowohl eine annehmbare Genauigkeit als auch eine annehmbare Sicherheit, so müssen wir unsere Stichprobe vergrößern. Je größer die Stichprobengröße ist, umso geringer wird die Fehlermarge und Ihr Konfidenzintervall wird unabhängig von der Sicherheitswahrscheinlichkeit enger. Allerdings ist der Einfluss der Stichprobengröße nicht linear, da bei der Berechnung des Konfidenzintervalls nicht die Stichprobengröße, sondern die Wurzel daraus genutzt wird. Aufgrund dieser mathematischen Konstellationen schlägt bei kleinen Stichproben eine Vergrößerung der Stichprobe deutlicher zu Buche als eine entsprechende Vergrößerung bei großen Stichproben. Deshalb werden Konfidenzintervalle auf der Basis von Stichproben mit 40 Fällen deutlich kleiner und damit informationsreicher, wenn 20 weitere Fälle in die Stichprobe aufgenommen werden. Bei einer Stichprobe von 1000 Fällen macht demgegenüber eine Ausweitung um 20 Fälle kaum einen Unterschied bei der Breite des Intervalls. In diesem Kapitel beschäftigen wir uns ausschließlich mit zweiseitigen Konfidenzintervallen. Wir werden Ihnen in der Berechnung des entsprechenden 95 %-Konfidenzintervalls für die zwei für uns wichtigen Parameter Erwartungswert α und Anteil in der Grundgesamtheit p zeigen, wie Sie innerhalb des Konfidenzintervalls eine angemessene Stichprobengröße auswählen können.

9.5.1 Konfidenzintervall für den Erwartungswert μ

In diesem Fall ist der uns interessierende Parameter in der Grundgesamtheit der Erwartungswert μ. Der Schätzer dafür ist der Stichprobenmittelwert $\overline{X}$, welcher laut dem zentralen Grenzwertsatz normalverteilt ist und das Zentrum dessen Verteilung genau bei dem Erwartungswert μ liegt und einen Standardfehler $SE = \frac{\sigma}{\sqrt{n}}$ hat (siehe Abschn. 9.4). Bei einem 95 %-Konfidenzintervall haben wir eine Sicherheitswahrscheinlichkeit von 95 % ($1 - \alpha = 0,95$) und somit ein Signifikanzniveau $\alpha = 0,05(5\ \%)$. Da wir uns mit zweiseitigen Konfidenzintervallen beschäftigen, haben wir entsprechend zwei Quantile $-z_{1-\alpha/2}$ und $z_{1-\alpha/2}$, welche die obere und untere Grenze des 95 %-Konfidenzintervalls darstellen. Das Signifikanzniveau α wird aus diesem Grund halbiert und beträgt $\frac{\alpha}{2} = \frac{0,05}{2} = 0,025$ (2,5 %). Das 95 %-Quantil beträgt $z_{1-\alpha/2} = z_{0,975} = 1,96$. Das 95 %-Konfidenzintervall für den Erwartungswert μ wird zusammengenommen mit der folgenden Formel berechnet.

$$CI_{95\ \%} = \overline{X} \pm z_{1-\alpha/2} \frac{\sigma}{\sqrt{n}} = \overline{X} \pm 1,96 \frac{\sigma}{\sqrt{n}}$$

Für den Fall, dass die Standardabweichung σ in der Grundgesamtheit bekannt ist, können wir das Konfidenzintervall problemlos berechnen. Meistens ist diese Größe jedoch unbekannt und muss durch die Stichprobenstandardabweichung S

geschätzt werden. Als Konsequenz ist der Stichprobenmittelwert $\overline{X}$ nicht mehr normalverteilt, sondern folgt einer t-Verteilung mit $df = (n-1)$ mit n als Anzahl der Untersuchungsobjekte (Janczyk & Pfister, 2020, S. 70). Der Verlust eines Freiheitsgrades ist darauf zurückzuführen, dass anstelle des Parameters σ die Stichprobenstandardabweichung S verwendet wird. Die Formel der Berechnung des 95 %-Konfidenzintervalls sieht wie folgt aus, wobei das 95 %-Quantil $t_{1-\frac{\alpha}{2}}(n-1) = t_{0,975}(n-1)$ beträgt. Bei $n > 30$ entspricht das 95 %-Quantil der t-Verteilung dem 95 %-Quantil der z-Verteilung (Holling & Gediga, 2013)

$$CI_{95\,\%} = \overline{X} \pm t_{1-\frac{\alpha}{2}}(n-1)\frac{\sigma}{\sqrt{n}}$$

Zur Veranschaulichung greifen wir wieder auf das Beispiel mit den Fernsehdaten aus den vorherigen Kapiteln zurück. Wir möchten den erwarteten Fernsehkonsum (in Minuten) der deutschen Bevölkerung schätzen. Alle Elemente des Konfidenzintervalls kennen wir bereits (siehe Kap. 8):

- Die Stichprobengröße ist $n = 1185$. Da wir ein sehr großes n haben, entspricht das 95 %-Quantil der t-Verteilung dem 95 %-Quantil der z-Verteilung (Holling & Gediga, 2013) ➜ $t_{1-\frac{\alpha}{2}}(n-1) = t_{0,975}(1185-1) = z_{0,975} = 1{,}96$
- Der durchschnittliche tägliche Fernsehkonsum in der Stichprobe beträgt $\overline{X} = 97{,}4$ min.
- Die Stichprobenstandardabweichung beträgt $S = 81{,}3$ min.

Somit wird das 95 %-Konfidenzintervall für den Erwartungswert des durchschnittlichen Fernsehkonsums wie folgt berechnet:

$$CI_{95\,\%} = 97{,}4 \pm 1{,}96\frac{81{,}3}{\sqrt{1185}} = 97{,}4 \pm 4{,}6 = [92{,}8;\ 102]$$

Damit sind wir zu 95 % sicher, dass der tatsächliche durchschnittliche Fernsehkonsum der deutschen Bevölkerung zwischen 92,8 und 102 min beträgt.

Wir können die oben beschriebene Formel auch umstellen, um die Größe unserer Stichprobe für eine zuvor bestimmte Fehlermarge zu berechnen.

$$Fehlermarge = z_{0,975} * \frac{S}{\sqrt{n}} \rightarrow n = \frac{z^2 \cdot S^2}{Fehlermarge^2}$$

Zurück zu unserem Beispiel mit dem durchschnittlichen Fernsehkonsum. In unserem vorherigen Beispiel hatte wir eine Fehlermarge von 4,6, bzw. gerundet 5 min. Daher stellt sich im Folgenden die Frage, wie viele Befragten wir benötigen um diese Fehlermarge zu halbieren.

$$n = \frac{z^2 \cdot S^2}{Fehlermarge^2} = \frac{1,96^2 * 81,3^2}{2,5^2} = 4062,6 \text{ also } 4063$$

Um die Fehlermarge um die Hälfte zu reduzieren (von fünf auf 2,5 min.), müssen wir die Stichprobengröße fast vervierfachen. Somit sehen wir, dass die Stichprobengröße einen großen Einfluss auf die Breite des Konfidenzintervalls und somit auf die Genauigkeit unserer Schätzung hat.

9.5.2 Konfidenzintervall für den Anteilswert in der Grundgesamtheit p

In diesem Fall ist der uns interessierende Parameter der Anteilswert in der Grundgesamtheit p, welcher durch den mittleren Anteilswert $\hat{p}$ in der Stichprobe geschätzt wird. Laut dem zentralen Grenzwertsatz nähert sich eine Stichprobegröße ab 30 einer approximative Normalverteilung mit einem Erwartungswert p und einem Standardfehler von $S = \frac{\sqrt{\hat{p}(1-\hat{p})}}{\sqrt{n}}$ an (Holling & Gediga, 2013). Ähnlich wie beim Konfidenzintervall für den Erwartungswert μ haben wir aufgrund des zweiseitigen Konfidenzintervalls zwei 95 %-Quantile, welche mit $-z_{1-\alpha/2}$ und $z_{1-\alpha/2}$ bezeichnet werden, wobei α 0,05 beträgt. Das 95 % Konfidenzintervall für den Anteilswert p wird zusammengenommen mit der folgenden Formel berechnet.

$$CI_{95\%} = \hat{p} \pm z_{1-\alpha/2} \frac{\sqrt{\hat{p}(1-\hat{p})}}{\sqrt{n}}$$

Zur Veranschaulichung greifen wir wieder auf das Beispiel mit den Fernsehkonsumdaten aus den vorherigen Kapiteln zurück. Im Kapitel zu den Häufigkeiten ist das Beispiel des klassifizierten TV-Konsums aufgeführt. Die Minuten des täglichen Fernsehkonsums wurden in vier Klassen eingeteilt: kein Fernsehkonsum, niedriger Fernsehkonsum, mittlerer TV-Konsum und hoher TV-Konsum.

Wir möchten den Anteilswert der Personen mit einem mittlerem Fernsehkonsum schätzen. Alle Elemente des Konfidenzintervalls kennen wir bereits (siehe Kap. 8):

- Die Stichprobengröße $n = 1185$.
- $z_{1-\alpha/2} = z_{0,975} = 1,96$
- Der Anteil der Personen mit einem mittleren Fernsehkonsum in der Stichprobe beträgt $\hat{p} = 0,588$ (58,8 %).
- Der Standardfehler beträgt $SE = \frac{\sqrt{\hat{p}(1-\hat{p})}}{\sqrt{n}} = \frac{\sqrt{0,588(1-0,588)}}{\sqrt{1185}} = 0,014$

Somit wird das 95 %-Konfidenzintervall für den Anteilswert der Personen mit einem mittleren Fernsehkonsum der deutschen Bevölkerung wie folgt berechnet:

$$CI_{95\%} = 0,588 \pm 1,96 * 0,014 = 0,588 \pm 0,028 = [0,56; 0,616]$$

Wir sind uns zu 95 % sicher, dass der Anteilswert der Personen mit einem mittleren Fernsehkonsum der deutschen Bevölkerung 56 bis 61,6 % beträgt. Die Fehlermarge für unsere Schätzung beträgt 2,8 %, wobei sich die Fehlermarge wie folgt ergibt:

$$Fehlermarge = z_{0,975} * \frac{\sqrt{\hat{p}(1-\hat{p})}}{\sqrt{n}} \rightarrow n = \frac{z^2 \cdot \hat{p}(1-\hat{p})}{Fehlermarge^2}$$

Wenn wir diese auf 1,5 % reduzieren möchten, brauchen wir eine Stichprobe mit:

$$n = \frac{z^2 \cdot \hat{p}(1-\hat{p})}{Fehlermarge^2} = \frac{1,96^2 * 0,588 * 0,412}{0,015^2} = 4136,2 \text{ also } 4137$$

Dieses Ergebnis bestätigt nochmals den Zusammenhang zwischen Stichprobengröße und der Breite des Konfidenzintervalls.

9.6   Testen

Vor unserer Untersuchung haben wir bestimmte Vermutungen bzw. Erwartungen über den zu schätzenden Parameter in der Grundgesamtheit, welche auf einer bestimmten Theorie oder Vorkenntnissen basieren. Diese Vermutungen werden auch als Hypothesen bezeichnet (Bortz & Schuster, 2010; Holling & Gediga,

2013). Auf Grundlage unserer empirischen Daten aus den Stichproben können wir unsere Hypothesen und somit die Theorie testen. Beim Hypothesentesten geht es um die Überprüfung der Hypothesen durch empirische Daten, also Daten in der untersuchten Stichprobe, um Aussagen über die dahinterliegende Grundgesamtheit zu machen. Das Ergebnis des Testens ist eine Entscheidung über die Hypothesen. Unterstützen die Daten unsere Vermutungen, können wir die Hypothesen vorläufig beibehalten, andernfalls müssen wir diese verwerfen (Holling & Gediga, 2013).

9.6.1 Hypothesen

Wir unterscheiden zunächst zwischen *inhaltlichen* und *statistischen* Hypothesen. Inhaltliche Hypothesen sind unsere formulierten Vermutungen über einen Parameter bzw. einen Effekt in der Grundgesamtheit (Holling & Gediga, 2013). Statistische Hypothesen übersetzen diese inhaltlichen Hypothesen in eine mathematische Schreibweise. Statistische Hypothesen sind immer mit einem großen H gekennzeichnet und bestehen aus zwei Hypothesen: der *Nullhypothese* ($H0$) und der *Alternativhypothese* (HA), welche *disjunkte Ereignisse* darstellen. Das heißt sie können nicht gleichzeitig passieren. In der Alternativhypothese formulieren wir meistens unsere erwarteten Ergebnisse. Die Nullhypothese ist das Gegenteil unserer Erwartung, besagt also, dass unser erwarteter Effekt ausbleibt. Getestet wird die Nullhypothese gegen die Alternativhypothese. Unser Ziel ist deshalb, die Nullhypothese zugunsten der Alternativhypothese abzulehnen. Dies verdeutlich bereits der Name der Nullhypothese, welcher von dem englischen Verb to nullify (zu deutsch widerlegen) stammt (Holling & Gediga, 2016, S. 26).

Wir unterscheiden außerdem zwischen *gerichteten* und *ungerichteten* Hypothesen (siehe Tab. 9.3). Bei ungerichteten Hypothesen ist die Richtung des erwarteten Ergebnisses bzw. Effektes nicht definiert. Wir interessieren uns hier nur dafür, ob ein Effekt vorhanden ist oder nicht. Entweder gibt es in der Grundgesamtheit einen Effekt oder es gibt keinen Effekt. Bei Hypothesen über Unterschiede (*Unterschiedshypothesen*) oder Zusammenhänge (*Zusammenhangshypothesen*) können ungerichtete Hypothesen gut formuliert werden: es gibt einen Unterschied oder es gibt keinen Unterschied, bzw. es gibt einen Zusammenhang oder es gibt keinen Zusammenhang zwischen zwei Parametern (Bortz & Schuster, 2010). Die Nullhypothese heißt in diesem Fall: Es gibt keinen Unterschied bzw. es gibt keinen Zusammenhang. Ungerichtete Hypothesen werden mit zweiseitigen Tests überprüft (siehe Abschn. 9.3.4). Bei gerichteten Hypothesen wird

Tab. 9.3 Beispiel von Hypothesen

Inhaltliche Hypothese			Statistische Hypothese
Gerichtet	Nullhypothese	Frauen schauen länger fern als Männer oder Frauen schauen gleich viel fern wie Männer	H0: $\mu_1 \geq \mu_2$
	Alternativhypothese	Frauen schauen weniger fern als Männer	HA: $\mu_1 < \mu_2$
Ungerichtet	Nullhypothese	Es gibt keinen Unterschied zwischen Frauen und Männern hinsichtlich der durchschnittliche Tagesfernsehnutzung	H0: $\mu_1 = \mu_2$
	Alternativhypothese	Frauen und Männer unterscheiden sich in der durchschnittlichen Tagesfernsehnutzung	HA: $\mu_1 \neq \mu_2$

Eigene Darstellung

die Richtung des Effekts mitformuliert. Diese sind vor allem für Unterschiedshypothesen geeignet: es gibt einen positiven/negativen Unterschied zwischen zwei Parametern (Bortz & Schuster, 2010). Auch bei Zusammenhängen sind gerichtete Hypothesen möglich, die anhand von Korrelationen beurteilt werden können. Gerichtete Hypothesen werden mit einseitigen Tests überprüft.

9.6.2 Statistische Tests und Entscheidungsfehler

Hypothesen werden mithilfe von statistischen Tests überprüft. Ein statistischer Signifikanztest ist ein Verfahren, mit dem geprüft wird, ob ein in einer Stichprobe gefundener Befund bzw. ein gefundener Effekt unter Gültigkeit der Nullhypothese unwahrscheinlich genug ist, damit die Nullhypothese abgelehnt werden kann (Holling & Gediga, 2013). Das Signifikanzniveau α stellt die Wahrscheinlichkeit dar, ab der die Nullhypothese abzulehnen ist. Die Nullhypothese ist somit die zentrale Idee des Signifikanztests (Schäfer, 2016, S. 158). Wir legen beim Signifikanztest mit dem Signifikanzniveau α fest, in welchen Grenzen wir Fehler bei der Ablehnung der Nullhypothese akzeptieren. Wird die Nullhypothese bei Verwendung des Signifikanzniveaus α verworfen, wird der Test als statistisch signifikant bezeichnet. Signifikanz bedeutet, dass die Befunde von der untersuchten Stichprobe statistisch bedeutsam sind und auf die Grundgesamtheit übertragen werden können (Schäfer, 2016, S. 157). Mit dem festgelegten Signifikanzniveau können wir einen Grenzwert berechnen, dessen Über- oder Unterschreitung zur Ablehnung der Nullhypothese führt. Dieser Wert wird als kritischen Wert bezeichnet, welcher die theoretische Grenze für die Ablehnung der Nullhypothesen darstellt (Holling & Gediga, 2013). Aus unseren erhobenen Daten können wir eine empirische Prüfgröße bzw. Teststatistik berechnen, welche wir mit dem kritischen Wert vergleichen, um eine Entscheidung über unsere Hypothese treffen zu können. Über- oder unterschreitet die Teststatistik den kritischen Wert, können wir die Nullhypothese ablehnen. Die Wahrscheinlichkeit, dass die Teststatistik den kritischen Wert über- oder unterschreitet, nennen wir p-Wert (englisch probability). Ist der p-Wert kleiner als das theoretisch bestimmte Signifikanzniveau α, zeigen die Befunde der Stichprobe, dass die tatsächliche Wahrscheinlichkeit für eine falsche Ablehnung der Nullhypothese geringer ist als das erlaubte Signifikanzniveau α. Somit haben wir mit den Daten genügend Evidenz, um zugunsten der Alternativhypothese die Nullhypothese abzulehnen. Der Test wird somit als signifikant bezeichnet. Ein p-Wert kleiner als 0,05 wird mit einem Sternchen (*) symbolisiert, bei einem p-Wert < 0,01 mit zwei Sternchen (**) und einem p-Wert kleiner als 0,001 mit drei Sternchen (***).

Zusammenfassend müssen nach Holling und Gediga (2016, S. 31) die folgenden Schritte bei statistischen Tests beachtet werden:

1. Statistische Hypothese aufstellen
2. Signifikanzniveau festlegen
3. Kritischen Wert ermitteln
4. Teststatistik aus den Stichprobendaten berechnen
5. Entscheidung über die Nullhypothese
6. Interpretation des Testergebnisses hinsichtlich der inhaltlichen Hypothesen

In den statistischen Tests arbeiten wir mit Stichproben, um anhand deren Ergebnis Aussagen über die dahinterliegende Grundgesamtheit machen zu können. Eine Stichprobe ist jedoch nur ein Ausschnitt aus der Grundgesamtheit und kann fehlerbehaftet sein (Schäfer, 2016, S. 112). Deshalb sollten wir immer damit rechnen, dass unsere Stichprobe die Grundgesamtheit mit einer gewissen Wahrscheinlichkeit nur unzureichend widerspiegelt und wir trotz signifikanter Testergebnisse Entscheidungsfehler bei Hypothesentests machen könnten. Zwei mögliche Szenarien für falsche Entscheidungen sind denkbar: wir lehnen fälschlicherweise

Tab. 9.4 Eigenschaften der Entscheidungsfehler

	Nullhypothese stimmt in der Stichprobe	Alternativhypothese stimmt in der Stichprobe
Nullhypothese stimmt in der Grundgesamtheit	Richtige Entscheidung $1 - \alpha$	Fehler 1. Art (α-Fehler)
Alternativhypothese stimmt in der Grundgesamtheit	Fehler 2. Art (β-Fehler)	Richtige Entscheidung $1 - \beta$ (Power)

Eigene Darstellung in Anlehnung an Weber und Fuller (2013, S. 87)

die Nullhypothese ab oder wir lehnen fälschlicherweise die Alternativhypothese ab, obwohl diese in der Grundgesamtheit stimmt (Holling & Gediga, 2013). Die Wahrscheinlichkeit, die Nullhypothese abzulehnen, auch wenn diese in der Grundgesamtheit eigentlich stimmt, wird als *Fehler 1. Art* oder α-Fehler bezeichnet. Die Wahrscheinlichkeit, fälschlicherweise die Alternativhypothese abzulehnen nennen wir *Fehler 2. Art* oder β-Fehler. Die beiden Fehlerarten lassen sich gut an einem Beispiel verdeutlichen: Stellen Sie sich eine Bewerbungssituation mit einer Vielzahl von Bewerbern für eine Stelle vor. Der Fehler 1. Art entsteht bei der Entscheidung für einen eigentlich ungeeigneten Kandidaten. Der Fehler 2. Art wiederum entspricht der Ablehnung eines eigentlich geeigneten Kandidaten. Die Tab. 9.4 fasst die Merkmale beider Entscheidungsfehler zusammen.

Das Ziel unserer Untersuchung ist, die Wahrscheinlichkeit für den Fehler 1. Art und 2. Art gleichzeitig gering zu halten und somit so wenig Entscheidungsfehler wie möglich zu machen. Jedoch ist dies schwierig: Eine Verkleinerung des Fehlers 1. Art führt automatisch zur Erhöhung des Fehlers 2. Art (Hair, 2014; Holling & Gediga, 2016). Im Hypothesentest wird der α-Fehler durch das Signifikanzniveau kontrolliert, indem die Wahrscheinlichkeit, einen α-Fehler zu begehen, immer kleiner oder gleich dem Signifikanzniveau festgelegt wird. Je höher wir das Signifikanzniveau vorgeben, umso größer wird auch die Wahrscheinlichkeit für den Fehler 1. Art. Das bedeutet, bei Verwendung eines Signifikanzniveaus von 5 % besteht eine Wahrscheinlichkeit von 5 %, einen α-Fehler zu machen, wenn die Nullhypothese eigentlich wahr ist. In den Sozialwissenschaften werden meistens $\alpha = 5\% (= 0,05)$ und $\alpha = 1\% (= 0,01)$ verwendet.

Der α-Fehler ist besonders problematisch, wenn sehr viele einzelne Hypothesentests auf dem gleichen Signifikanzniveau durchgeführt werden, wobei eigentlich die Nullhypothese gelten würde (Janczyk & Pfister, 2020, S. 100).

Anders ausgedrückt, wurde so oft getestet, bis sich auch signifikante Ergebnisse zeigen. Die Wahrscheinlichkeit, dass einer dieser Hypothesentests „zufällig" signifikant wird und somit die Wahrscheinlichkeit für eine falsche Ablehnung der Nullhypothese, wird dadurch erhöht. Das ist vor allem problematisch, wenn nur die signifikanten Ergebnisse berichtet werden, sodass gar nicht deutlich wird, dass sehr oft getestet wurde, um ein signifikantes Ergebnis zu bekommen. Dieses Phänomen wird als α-Inflation bezeichnet (Janczyk & Pfister, 2020). Darauf werden wir im Kapitel Mittelwertwertvergleich nochmals eingehen.

Im Gegensatz zu α-Fehlern wird der β-Fehler nicht kontrolliert, da ein α-Fehler häufig gravierendere Konsequenzen mit sich bringt (Holling & Gediga, 2016). Der β-Fehler ist z. B. zu beachten, wenn die Untersuchungsanlage große Messfehler mit sich bringt, weil z. B. Fragen oder Anweisungen unklar formuliert sind. Der Messfehler erhöht typischerweise die Varianz der Messung, was signifikante Ergebnisse eher verhindert. Auch die Stichprobengröße hat Einfluss auf die Fehler. α-Fehler sind bei großen Stichproben wahrscheinlicher, weil auch geringe Effekte signifikant werden. β-Fehler treten demgegenüber eher bei zu kleinen Stichproben auf, weil auch größere Effekte dann nicht signifikant werden.

9.7   Power und Effektstärke

Der Gegensatz des β-Fehler ist die Power des statistischen Tests, welche mit $1-\beta$ bezeichnet wird (Hair, 2014). Power ist also die Wahrscheinlichkeit die Nullhypothese abzulehnen, wenn diese in der Grundgesamtheit tatsächlich abzulehnen ist (Hair, 2014; Janczyk & Pfister, 2020). Power definiert die Wahrscheinlichkeit, dass die statistische Signifikanz und somit ein Effekt erfolgreich entdeckt wird, wenn dieser tatsächlich vorhanden ist (Hair, 2014, S. 9). Eine hohe Power des statistischen Tests und eine geringe Wahrscheinlichkeit des α-Fehlers werden somit zum Ziel unserer Untersuchung. Da Fehler 1. und 2. Art sich jedoch gegenseitig bedingen, führt eine Reduzierung des Fehlers 1. Art zu einer Erhöhung des Fehlers 2. Art und somit zur Verringerung der Power des Testes (Hair, 2014, S. 9). Eine gute Balance zwischen dem α-Fehler und der Power ist ein Kompromiss, um einen Effekt ohne zu großen Entscheidungsfehler zu finden. Da eine gleichzeitige Minimierung beider Fehlerarten nicht möglich ist, wird folgende Konvention für die Größe der Power eines statistischen Tests verwendet: Die Power sollte mindestens 0,8 betragen, da die Wahrscheinlichkeit für einen β-Fehler dann höchstens 0,2 beträgt und mit hoher Wahrscheinlichkeit eine falsche Nullhypothese auch tatsächlich abgelehnt wird (Holling & Gediga, 2016; Janczyk & Pfister, 2020).

Neben dem α-Fehler ist die Größe des vermuteten Effekts bzw. die Effekt-stärke entscheidend für die Größe der Power (Hair, 2014; Holling & Gediga, 2016). Die Effektgröße hilft uns zu bestimmen, ob der gefundene Effekt neben seiner statistischen Signifikanz auch eine praktische Bedeutsamkeit, bzw. Relevanz aufweist (Hair, 2014, S. 9). Der Grund dafür ist die Beziehung zwischen der statistischen Signifikanz und der Stichprobengröße: Wenn wir genügend große Stichproben haben, bekommen wir auch bei sehr geringen Effekten schon ein signifikantes Ergebnis, welches praktisch nicht von Bedeutung sein muss (Janczyk & Pfister, 2020). Ein statistisch signifikantes Ergebnis allein kann die Relevanz von Untersuchungsergebnissen nicht darstellen. Effektstärken sind des-halb so konstruiert, dass sie unabhängig von der Größe der Stichprobe sind und somit mit dem Nachteil der statistischen Signifikanz umgehen können (Lind, 2014). Die Effektstärke wird als ein standardisiertes Maß eines Effekts definiert, welcher für einen studienübergreifenden Vergleich sorgt (Hair, 2014, S. 667). Um die Effektstärke und ihre Maße vollumfänglich zu verstehen, lohnt es sich, die Grundlagenbücher von Cohen (1988) und Ellis (2011) oder als kurze Ein-führung den Aufsatz von Cohen aus dem Jahr 1992 zu lesen. *Cohens d* und die Korrelationskoeffizienten *r* sind die bekanntesten Maße für die Effektstärke (Lind, 2014). Cohens *d* ist jedoch von der Streuung der Werte in den Stich-proben abhängig und hat zudem keine oberen und unteren Grenzen, sodass er trotz gängiger Konventionen (Cohen, 1988) oft schwer einzuschätzen ist (Lind, 2014). Auf der Basis dieser Überlegungen empfehlen wir in diesem Buch den Korrelationskoeffizienten *r* als Maß für die Effektstärke zu verwenden. *r* kann Werte zwischen -1 und 1 annehmen. Das Vorzeichen signalisiert die Richtung des Effekts und der Betrag die Größe des Effekts. Nach Cohen (1988) indiziert $r = 0,1$ einen kleinen Effekt, $r = 0,3$ einen mittleren und $r \geq 0,5$ einen starken Effekt. Welches Maß für die Effektstärke benutzt wird, hängt zudem von der Fra-gestellung und dem damit verbundenen Testverfahren ab. Je nach Testverfahren werden andere Maße der Effektstärke eingesetzt. Um einen Überblick zu geben, für welches Vorhaben welches statistische Verfahren, welcher Test und welches Maß der Effektstärke im Weiteren vorgestellt werden, wurden alle Angaben in einer Tabelle zusammengestellt (siehe Tab. 9.5).

9.8   Exkurs: Alternative Ansätze

Die oben dargestellten Ausführungen basieren auf zwei Prinzipien: der Falsifi-kationslogik sowie der Logik von Schätz- und Testverfahren auf der Basis von Zufallsstichproben. Es gibt auch Ansätze in der Statistik, die anders vorgehen.

Tab. 9.5 Übersicht der Tests und Effektstärken

Vorhaben	Verfahren	Test	Effektstärke
Zusammenhang zwischen 2 metrischen Variablen	Pearsons (Produkt-Moment) Korrelation	t-Test	r
Zusammenhang zwischen zwei nominalskalierten Variablen	Kreuztabellen	Chi^2-Test	Cramers's V
Unterschied zwischen den Mittelwerten von 2 unabhängigen Gruppen metrischer Variablen	Mittelwertvergleich zwischen zwei unabhängigen Stichproben	t-Test für unabhängige Stichproben	Cohens d oder r
Unterschied zwischen Mittelwerten aus mindestens drei Gruppen metrischer Variablen	Einfaktorielle Varianzanalyse (one-way ANOVA)	F-Test	Partielles Eta^2 oder f^2
Unterschied zwischen den Mittelwerten zwei abhängiger Stichproben metrischer Variablen	Mittelwertvergleich zwischen zwei abhängigen Stichproben	Gepaarter t-Test	Cohens d oder r

Eigene Darstellung in Anlehnung an Ellis (2011, S. 13–15)

Ein solcher Fall ist das Bootstrapping (siehe zur Einführung Diaz-Bone & Weischer, 2015, S. 55–56). Bei diesem werden aus der vorhandenen Stichprobe viele (in der Regel mindestens 1000) unwesentlich kleinere Zufallsstichproben gezogen und mit diesen simuliert, wie groß der geschätzte Parameter und der dazu gehörige geschätzte Standardfehler im Durchschnitt über die Simulationen ausfallen. Mithilfe dieser Werte lassen sich dann Intervalle und p-Werte schätzen. Das ist dann nötig, wenn für die zu schätzenden oder zu testenden Parameter keine exakte Schätz- oder Testverteilung bekannt ist. Dann wird diese über das Bootstrapping aus den vielen neu gezogenen Stichproben ermittelt und angewendet.

Verfahren der bayesianischen Statistik (siehe zur Einführung Diaz-Bone & Weischer, 2015, S. 31; Wonnacott & Wonnacott, 1990, S. 93–97) bieten eine Alternative zum Nullhypothesentest. Die Falsifikationslogik mit ihren Hypothesentest untersucht, wie wahrscheinlich es ist, dass in der Grundgesamtheit kein

Zusammenhang oder kein Unterschied besteht. Für die meisten wissenschaftlichen Kontexte ist das aber uninteressant, denn das eigentliche Interesse gilt den Zusammenhängen oder Unterschieden und nicht deren Ausbleiben. Zudem wird nach dieser Logik jeder einzelne Test als gleichwertiger Widerlegungsversuch gewertet, ohne dabei die Resultate vorhergehender Untersuchungen zu berücksichtigen. Auch das ist wissenschaftlich nicht besonders sinnvoll, denn Wissen wird kumulativ geschaffen. Nach der Falsifikationslogik gibt es dabei nur falsifiziert oder nicht falsifiziert, sodass der kumulative Fortschritt dadurch gesichert wird, dass schlechte Hypothesen und Theorien falsifiziert und dann aufgegeben werden. Es gibt aber viele Beispiele der Wissenschaftstheorie dafür, dass eigentlich falsifizierte Theorien und Hypothesen nicht aufgegeben, sondern verändert und gegen Falsifikation immunisiert wurden (Lakatos, 1982). Für den kumulativen Wissenschaftsfortschritt wäre es deswegen besser, vorhandene Erkenntnisse aus ähnlichen Studien in die Auswertung der vorliegenden Studie mit einzubeziehen. Und genau dieser Logik folgt die bayesianische Statistik. Stark vereinfacht fragt diese danach, wie die in der Stichprobe gefundenen Ergebnisse vor dem Hintergrund bereits vorhandener Ergebnisse zu beurteilen sind und welche Schlüsse aus vorhandenen und neuen Ergebnissen gezogen werden können.

Literatur

Albers, S., Klapper, D., Konradt, U., Walter, A., & Wolf, J. (2009). Methodik der empirischen Forschung. *Gabler*. https://doi.org/10.1007/978-3-322-96406-9.

Backhaus, K., Erichson, B., Plinke, W. & Weiber, R. (2016). *Multivariate Analysemethoden: Eine anwendungsorientierte Einführung* (14., überarbeitete und aktualisierte Aufl.). Springer Gabler. http://www.springer.com/.

Bortz, J. & Schuster, C. (2010). *Hypothesentesten*. In J. Bortz & C. Schuster (Hrsg.), *Springer-Lehrbuch. Statistik für Human- und Sozialwissenschaftler* (S. 97–116). Springer. https://doi.org/10.1007/978-3-642-12770-0_7.

Cohen, J. (1988). *Statistical power analysis for the behavioral sciences* (2. Aufl.). Erlbaum. http://www.loc.gov/catdir/enhancements/fy0731/88012110-d.html.

Cohen, J. (1992). A power primer. *Psychological Bulletin, 112*(1), 155–159. https://doi.org/10.1037/0033-2909.112.1.155.

Diaz-Bone, R. & Weischer, C. (Hrsg.). (2015). *Methoden-Lexikon für die Sozialwissenschaften*. Springer VS.

Dormann, C. F. (2017). Parametrische Statistik. *Springer*. https://doi.org/10.1007/978-3-662-54684-0.

Ellis, P. D. (2011). *The essential guide to effect sizes: Statistical power, meta-analysis, and the interpretation of research results (reprint)*. Cambridge Univ.

Field, A., Miles, J., & Field, Z. (2012). *Discovering statistics using R*. Sage.

Hair, J. F. (2014). *Multivariate data analysis* (7. Aufl.). *Always learning*. Pearson.

Holling, H. & Gediga, G. (2013). *Statistik- Wahrscheinlichkeitstheorie und Schätzverfahren. Reihe: „Bachelorstudium, Psychologie“*. Hogrefe.

Holling, H. & Gediga, G. (2016). *Statistik - Testverfahren* (1. Aufl.). *Bachelorstudium Psychologie*. Hogrefe. http://elibrary.hogrefe.de/9783840923029.

Janczyk, M. & Pfister, R. (2020). *Inferenzstatistik verstehen: Von A wie Signifikanztest bis Z wie Konfidenzintervall* (3. Aufl.). Springer; Imprint: Springer Spektrum.

Lakatos, I. (1982). *Die Methodologie der wissenschaftlichen Forschungsprogramme.* Vieweg & Teubner.

Lang, A. (1996). The logic of using inferential statistics with experimental data from non-probability samples: Inspired by Cooper, Dupagne, Potter, and Sparks. *Journal of Broadcasting & Electronic Media, 40*, 422–430.

Lind, G. (2014). *Effektstärken: Statistische, praktische und theoretische Bedeutsamkeit empirischer Befunde.* https://www.uni-konstanz.de/ag-moral/pdf/Lind-2014_Effektstaerke-Vortrag.pdf.

Schäfer, T. (2016). *Methodenlehre und Statistik: Einführung in Datenerhebung, deskriptive Statistik und Inferenzstatistik.* Springer VS.

Weber, R. & Fuller, R. (2013). *Statistical methods for communication researchers and professionals* (Revised pr). Kendall Hunt.

Wonnacott, T. H. & Wonnacott, R. J. (1990). *Introductory statistics* (5. Aufl.). *Wiley series in probability and mathematical statistics: Applied probability and statistics.*

Kreuztabellen

10

Zusammenfassung

In diesem Kapitel wird dargestellt, wie mit zwei nominalskalierten Variablen Kreuztabellen erstellt werden. Dabei werden Merkmalskombinationen mit ihrer Häufigkeit, Prozent, Spaltenprozent oder Zeilenprozent dargestellt. Anschließend wird, basierend auf der Multiplikationsregel bei stochastischer Unabhängigkeit, die erwartete Häufigkeit eingeführt. Darauf aufbauend wird die χ^2-Statistik vorgestellt. Diese untersucht, mit welcher Wahrscheinlichkeit der Zusammenhang zwischen beiden nominalskalierten Variablen gleich null ist. In diesem Fall wird aus dem χ^2-Wert Cramer's V als Effektstärke des Zusammenhangs für kategoriale Variablen berechnet. Ferner werden grafische Darstellungen von Kreuztabellen mittels Mosaikplots vorgestellt. Abschließend wird erläutert, wie sich Kreuztabellen und Mosaikplots mit RStudio und R Markdown erzeugen lassen.

Schlüsselwörter

Kreuztabelle • Häufigkeit • Spaltenprozent • Zeilenprozent • Stochastische Unabhängigkeit • Erwartete Häufigkeit,-Test • Cramer's V • Mosaikplot

---

Ergänzende Information Die elektronische Version dieses Kapitels enthält Zusatzmaterial, auf das über folgenden Link zugegriffen werden kann https://doi.org/10.1007/978-3-658-34285-2_10.

10.1 Grundlagen

Kreuztabellen werden genutzt, um den Zusammenhang zwischen zwei nominalskalierten Variablen darzustellen. Sind die Variablen ordinal oder metrisch skaliert, müssen diese für die Analyse als nominalskalierte Variablen gruppiert werden (siehe Kap. 4). Innerhalb von Kreuztabellen untersuchen wir die Häufigkeit der Merkmalskombinationen. Dazu wird ermittelt, wie sich die untersuchten Elemente über die vorhandenen Merkmalskombinationen absolut oder relativ, sprich prozentual verteilen.

Kreuztabellen können beispielsweise genutzt werden, um das Geschlechterverhältnis in einem Unternehmen zu untersuchen. Hier könnte das Bestreben sein, dass ebenso viele Frauen wie Männer beschäftigt werden. Diese Fragestellung ließe sich mit einer einfachen Häufigkeitstabelle überprüfen, in welcher die Anzahl der Männer und Frauen aufgeführt wird. Nun könnte jedoch der Verdacht entstehen, dass mehr Männer in der Führungsetage und mehr Frauen in weniger einkommensstarken Positionen beschäftigt werden. Die Analyse umfasst somit zwei Variablen: das Geschlecht der Beschäftigten sowie die Frage nach der Position im Unternehmen. Mit einer Kreuztabelle lässt sich untersuchen, ob ein systematischer Zusammenhang zwischen diesen Variablen besteht. Dazu wird ermittelt, wie häufig Frauen und Männer in den unterschiedlichen Positionen in einem Unternehmen vorkommen. Da aber die jeweilige Anzahl der Merkmalskombinationen schwer zu interpretieren ist, wird oft auf Prozentangaben zurückgegriffen. Daran lässt sich beispielsweise nachprüfen, ob der Anteil von Männern höher als der Anteil von Frauen in Führungspositionen ist. Je nachdem, was genau im Zentrum der Fragestellung steht, lassen sich unterschiedliche Arten von Kreuztabellen erstellen, mit denen der Fokus auf unterschiedliche Aspekte der Merkmalskombinationen gelenkt wird. Die zentrale Frage bei Kreuztabellen ist jeweils, ab welcher Größe ein Zusammenhang relevant ist.

Übertragen auf unser Beispiel bedeutet dies beispielsweise, ob ein Mindestprozentwert für Frauen in Führungspositionen vorgegeben werden sollte und wie hoch dieser ausfallen müsste. Solche Grenzen müssen politisch entschieden, aus Gesetzen abgeleitet oder z. B. im Vergleich mit anderen Ländern festgelegt werden. Wenn keine Vorgaben existieren, kann ein statistisches Kriterium herangezogen werden. Dazu werden die in der Stichprobe festgestellten Zusammenhänge dem theoretischen Fall gegenübergestellt, wie die Geschlechterverteilung wäre, wenn kein Zusammenhang zwischen Geschlecht und Position im Unternehmen besteht. Aus den Abweichungen zwischen den tatsächlichen Daten und den zu erwartenden Daten lässt sich die Stärke des Zusammenhangs errechnen.

Diesen Zusammenhang zwischen den Variablen, den wir an den Häufigkeiten bzw. Prozentwerten in der Kreuztabelle ablesen können, nennen wir Effekt, und die Größe dieses Zusammenhangs Effektstärke. Die Häufigkeiten und Anteile der Merkmalskombinationen sowie die Effektstärke lassen sich bei allen Arten von Stichproben bestimmen, unabhängig davon, ob z. B. nur exemplarisch die Unternehmen einer Region (nicht repäsentative Stichprobe), alle Unternehmen in Deutschland (Vollerhebung) oder eine repräsentative Auswahl der Unternehmen in Deutschland (repräsentative Stichprobe) untersucht wurden. In der Regel wird es zwar das Ziel solcher Studien sein, eine Aussage über alle Unternehmen zu machen; de facto ist dieser Aufwand jedoch meist zu hoch. Hier wäre der beste Weg, aus allen Unternehmen eine repräsentative Auswahl zu ziehen und diese Stichprobe zu untersuchen. Mit dieser Stichprobe können wir schätzen, wie die Verteilung bei allen Unternehmen ist und es lässt sich testen, ob zwischen beiden Variablen ein statistisch aussagekräftiger, sprich signifikanter Zusammenhang besteht. Für diesen Test müssen die Daten für Kreuztabellen bestimmten Anforderungen genügen (Backhaus et al., 2016, S. 361–362):

• Es müssen Daten aus einer repräsentativen Stichprobe vorliegen.
• Die untersuchten Elemente müssen sich eindeutig einer Ausprägung jeder Variablen zuordnen lassen. Eine Berücksichtigung von Mehrfachantworten ist nicht möglich.
• Die untersuchen Elemente sollten voneinander unabhängig sein.
• Nur 20 % der Tabellenzellen dürfen eine erwartete Häufigkeit von weniger als fünf haben und keine Tabellenzelle darf eine erwartete Häufigkeit von unter eins haben.

Infolgedessen müssen Kreuztabellen zur Prüfung von Zusammenhangshypothesen auf einer größeren Anzahl untersuchter Elemente basieren. Für die einfachste Kreuztabelle mit nur vier Merkmalskombinationen, also eine 2×2-Kreuztabelle, werden von Backhaus und Kollegen (2016, S. 361–362) mindestens 60 Fälle empfohlen. Mit Kreuztabellen können ungerichtete Zusammenhangshypothesen geprüft werden (siehe Kap. 9). Die dazugehörige Nullhypothese lautet, es besteht kein Zusammenhang zwischen zwei nominalskalierten Variablen.

Weil das statistische Vorgehen bei Kreuztabellen eher einfach ist, werden sie in vielen Statistikbüchern nicht explizit behandelt. Angaben, die denen hier zu Kreuztabellen entsprechen, finden sich z. B. unter der Überschrift *Tabellenanalyse* (siehe bspw. Diekmann, 2007; Kromrey, 1991) oder *Verfahren für Nominaldaten* (siehe bspw. Rasch et al., 2014). Oft wird auch statt Kreuztabelle der Begriff *Kontingenztabelle* verwendet (z. B. bei Backhaus et al., 2016). In englischen

Publikationen wird von *contingency table* gesprochen (z. B. bei Field et al., 2012). Wir stellen die Kreuztabelle als eigenständiges Kapitel dar, weil Kreuztabellen eine einfache und oft verwendete Möglichkeit bieten, Zusammenhänge zwischen nominalskalierten Variablen zu untersuchen und darzustellen.

10.2 Aufbau von Kreuztabellen

Eine Kreuztabelle besteht aus Zeilen und Spalten. Dabei bilden die Ausprägungen einer Variablen (y) die Zeilen und die Ausprägungen der anderen Variablen (x) die Spalten. Da im englischen Zeile *row* genannt wird, bezeichnen wir die Zeilenvariable y auch als v_row und die Spaltenvariable x als v_col in Anlehnung an das englische Wort *column* für Spalte. Das Innere einer Kreuztabelle hat so viele Zeilen, wie die Zeilenvariable Ausprägungen hat, und sowie viele Spalten, wie die Spaltenvariable Ausprägungen aufweist. In den Tabellenzellen werden die Angaben zu den Merkmalskombinationen aufgeführt, also zu einer bestimmten Ausprägung der Zeilenvariable in Kombination mit einer bestimmten Ausprägung der Spaltenvariable. Die jeweils ersten und letzten Zeilen und Spalten bilden den äußeren Rand der Tabelle. In der ersten Zeile, dem sogenannten Kopf der Tabelle, sind die Ausprägungen der Spaltenvariable aufgeführt und bilden die Überschriften für die Spalten. In der ersten Spalte sind die Ausprägungen der Zeilenvariable angegeben. Sie bilden die Benennung der Zeilen. In der letzten Zeile und Spalte stehen die sogenannten Randverteilungen. In der letzten Zeile stehen die Gesamtangaben der Spaltenvariable und in der letzten Spalte die Gesamtangaben der Zeilenvariable (siehe Tab. 10.1).

Kreuztabellen geben in den Randverteilungen die Häufigkeiten der Ausprägungen der jeweiligen Variablen an und ähneln damit Häufigkeitstabellen. Allerdings entsprechen die Angaben aus der Häufigkeitstabelle einer Variablen und der entsprechenden Randverteilung in einer Kreuztabelle sich nicht unbedingt. In der

Tab. 10.1 Aufbau einer Kreuztabelle. (Eigene Darstellung)

	x_1	x_2	...	x_j	Gesamt
y_1	*Merkmalskombination*	*Merkmalskombination*		*Merkmalskombination*	
y_2	*Merkmalskombination*	*Merkmalskombination*		*Merkmalskombination*	*Randverteilung von y*
...	...	...		...	
y_i	*Merkmalskombination*	*Merkmalskombination*		*Merkmalskombination*	
Gesamt	*Randverteilung von x*				

Kreuztabelle werden nur Untersuchungselemente berücksichtigt, bei denen Angaben zu beiden Variablen vorliegen. Fehlt die Angabe bei einer Variablen, dann fehlt der entsprechende Fall in der Kreuztabelle. Deshalb kann die Häufigkeit des Vorkommens einzelner Ausprägungen in der Randverteilung einer Kreuztabelle geringer ausfallen als in der Häufigkeitstabelle, nicht aber größer. Sollten die Randverteilungen der Kreuztabelle deutlich kleiner sein als die Häufigkeiten in der entsprechenden Häufigkeitstabelle, dann deutet das auf viele fehlende Werte hin. Es muss in diesem Fall überlegt werden, ob die Verwendung einer Kreuztabelle sinnvoll ist.

10.3 Kreuztabellen mit absoluten Häufigkeiten

Die einfachsten Kreuztabellen geben die jeweiligen absoluten Häufigkeiten wieder, also wie oft die einzelnen Merkmalskombinationen vorkommen. Dabei finden sich in der Literatur unterschiedliche Darstellungsarten. Wie Backhaus et al., (2016, S. 338–535) verwenden wir n für die Angabe der absoluten Häufigkeit und spezifizieren die Merkmalskombination, auf die sich die Angabe bezieht, mit tiefgestellten Indizes. Wir bezeichnen die Variable in den Zeilen als y_i (sprich die einzelnen Ausprägungen von y) und die in den Spalten als x_i (sprich die einzelnen Ausprägungen von x). Um die einzelnen Merkmalskombinationen in den Zellen darzustellen, kombinieren wir die Indizes der beiden Variablen, wobei zuerst der Index der Zeilen- und anschließend der der Spaltenvariablen angegeben wird. Dementsprechend wird die absolute Häufigkeit der Kombination von y_2 und x_1 als n_{21} angegeben. Bei der Angabe zu den Randhäufigkeiten fehlt jeweils ein Index. Dieser wird in der Literatur z. B. durch einen Punkt ersetzt (Backhaus et al., 2016, S. 338–535). Wir verwenden zur besseren Lesbarkeit stattdessen das Zeichen ·. Damit wird die Häufigkeit von x_1 als $n_{\blacksquare 1}$ und die Häufigkeit von y_2 als $n_{2\blacksquare}$ angegeben (siehe Tab. 10.2). Kreuztabellen benötigen mindestens zwei

Tab. 10.2 Aufbau einer Kreuztabelle mit Häufigkeiten. (Eigene Darstellung)

	x_1	x_2	…	x_j	Gesamt
y_1	n_{11}	n_{12}		n_{1j}	$n_{1\blacksquare}$
y_2	n_{21}	n_{22}		n_{2j}	$n_{2\blacksquare}$
…					
y_i	n_{i1}	n_{i2}		n_{ij}	$n_{i\blacksquare}$
Gesamt	$n_{\blacksquare 1}$	$n_{\blacksquare 2}$		$n_{\blacksquare j}$	n

Tab. 10.3 Aufbau einer Kreuztabelle mit Gesamtprozent. (Eigene Darstellung)

	x_1	x_2	...	x_j	Gesamt
y_1	$\frac{n_{11}}{n}*100$	$\frac{n_{12}}{n}*100$		$\frac{n_{1j}}{n}*100$	$\frac{n_{1\bullet}}{n}*100$
y_2	$\frac{n_{21}}{n}*100$	$\frac{n_{22}}{n}*100$		$\frac{n_{2j}}{n}*100$	$\frac{n_{2\bullet}}{n}*100$
...					
y_i	$\frac{n_{i1}}{n}*100$	$\frac{n_{i2}}{n}*100$		$\frac{n_{ij}}{n}*100$	$\frac{n_{i\bullet}}{n}*100$
Gesamt	$\frac{n_{\bullet1}}{n}*100$	$\frac{n_{\bullet2}}{n}*100$		$\frac{n_{\bullet j}}{n}*100$	*100*

Ausprägungen der Variablen x und zwei der Variablen y. Theoretisch können bei beiden Variablen beliebig viele Ausprägungen von x_j und y_i auftreten. Tabellen mit vielen Zeilen, Spalten und Zellen werden jedoch schnell unübersichtlich.

10.4 Kreuztabellen mit Gesamtprozenten

Allerdings sind Kreuztabellen mit Häufigkeiten nur schwer miteinander zu vergleichen, wenn sie auf einer unterschiedlichen Anzahl untersuchter Fälle basieren. Für einen vergleichenden Überblick mehrerer Tabellen sind Kreuztabellen mit Gesamtprozent besser geeignet. Bei diesen werden statt den absoluten Häufigkeiten die relativen Häufigkeiten als Prozentwerte angegeben. Insofern müssen die Angaben aus der Kreuztabelle in jeder Zelle zusätzlich durch n geteilt und mit 100 multipliziert werden. Der Prozentwert für die Kombination vom y_2 und x_1 errechnet sich also als $\frac{n_{21}}{n}*100$. Der Gesamtprozentwert für y_1 errechnet sich als $\frac{n_{1\bullet}}{n}*100$. In der letzten Zelle steht immer 100, weil sie die Basis darstellt, auf die prozentuiert wurde und die Summe aller Prozentwerte von Rundungsfehlern abgesehen gleich 100 ist (siehe Tab. 10.3).

Kreuztabellen mit Gesamtprozent dienen dazu, die Verteilung der Merkmalskombinationen darzustellen, vor allem das prozentuale Vorkommen der einzelnen Merkmalskombinationen. Demgegenüber sind Kreuztabellen mit Spalten- oder Zeilenprozenten besser dafür geeignet, die inhaltlichen Zusammenhänge zwischen beiden Variablen darzustellen (Kromrey, 1991, S. 374–380).

10.5 Kreuztabellen mit Zeilenprozenten

Bei Kreuztabellen mit Zeilenprozentwerten wird die jeweilige Häufigkeit der Merkmalskombinationen auf die Häufigkeit der Ausprägungen von y, also zeilenweise prozentuiert. Der Prozentwert für die Kombination von y_1 und x_1 errechnet

Tab. 10.4 Aufbau einer Kreuztabelle mit Zeilenprozent. (Eigene Darstellung)

	x_1	x_2	...	x_j	Gesamt
y_1	$\frac{n_{11}}{n_{1\blacksquare}} * 100$	$\frac{n_{12}}{n_{1\blacksquare}} * 100$		$\frac{n_{1j}}{n_{1\blacksquare}} * 100$	*100*
y_2	$\frac{n_{21}}{n_{2\blacksquare}} * 100$	$\frac{n_{22}}{n_{2\blacksquare}} * 100$		$\frac{n_{2j}}{n_{2\blacksquare}} * 100$	*100*
...					
y_i	$\frac{n_{i1}}{n_{i\blacksquare}} * 100$	$\frac{n_{i2}}{n_{i\blacksquare}} * 100$		$\frac{n_{ij}}{n_{i\blacksquare}} * 100$	*100*
Gesamt	$\frac{n_{\blacksquare1}}{n} * 100$	$\frac{n_{\blacksquare2}}{n} * 100$		$\frac{n_{\blacksquare j}}{n} * 100$	***100***

sich als $\frac{n_{11}}{n_{1\blacksquare}} * 100$. Unter Gesamt in der letzten Spalte addieren sich die Werte der Zeilenprozente auf 100 (siehe Tab. 10.4). Inhaltlich werden die Prozentwerte meist spaltenweise betrachtet. Die Frage ist, ob sich die Prozentwerte in den Spalten ähneln oder unterscheiden. Dabei kann der Gesamtwert in der letzten Zeile als Referenzwert herangezogen werden, weil er den Anteil ohne Berücksichtigung der Spaltenvariablen wiedergibt. Wenn sich die Prozentwerte in den Spalten ähnlich sind, dann spricht das nach der Logik stochastischer Unabhängigkeit (siehe unten) eher gegen einen Zusammenhang zwischen den Variablen. Wenn sich die Prozentwerte hingegen unterscheiden, deutet dies eher auf einen Zusammenhang hin.

10.6 Kreuztabellen mit Spaltenprozenten

Kreuztabellen mit Spaltenprozenten werden spaltenweise prozentuiert. Die Anzahl der Merkmalskombination von y_1 und x_1 wird durch die Gesamtanzahl in der Spalte geteilt und dann mit 100 multipliziert: $\frac{n_{11}}{n_{\blacksquare1}} * 100$. In der letzten Spalte stehen die Gesamtprozentwerte der Ausprägungen von y, so wie in der Tabelle mit den Gesamtprozent (siehe Tab. 10.5). In Kreuztabellen mit Spaltenprozent lässt sich entlang der Zeilen vergleichen, ob sich die Prozentwerte in einer Zeile ähneln und dem Gesamtwert in der letzten Spalte entsprechen. Daraus lässt sich ablesen, wie sich der Zusammenhang zwischen den Variablen auf die in den Zeilen dargestellten Variablen bemerkbar macht. Wenn sich die Prozentwerte in den Zeilen ähneln, dann spricht das eher gegen einen Zusammenhang zwischen den Variablen. Unterscheiden sie sich, deutet dies hingegen eher auf einen Zusammenhang hin (Kromrey, 1991, S. 374–380).

Bei kleinen Datensätzen lassen sich Kreuztabellen problemlos per Hand erstellen. Da aber in kleinen Datensätzen nur wenige Fälle vorliegen, wird es sich in

Tab. 10.5 Aufbau einer Kreuztabelle mit Spaltenprozent. (Eigene Darstellung)

	x_1	x_2	…	x_j	Gesamt
y_1	$\frac{n_{11}}{n_{\blacksquare 1}} * 100$	$\frac{n_{12}}{n_{\blacksquare 2}} * 100$		$\frac{n_{1j}}{n_{\blacksquare j}} * 100$	$\frac{n_{1\blacksquare}}{n} * 100$
y_2	$\frac{n_{21}}{n_{\blacksquare 1}} * 100$	$\frac{n_{22}}{n_{\blacksquare 2}} * 100$		$\frac{n_{2j}}{n_{\blacksquare j}} * 100$	$\frac{n_{2\blacksquare}}{n} * 100$
…					
y_i	$\frac{n_{i1}}{n_{\blacksquare 1}} * 100$	$\frac{n_{i2}}{n_{\blacksquare 2}} * 100$		$\frac{n_{ij}}{n_{\blacksquare j}} * 100$	$\frac{n_{i\blacksquare}}{n} * 100$
Gesamt	*100*	*100*		*100*	***100***

der Regel nur um 2×2 oder 2×3 Kreuztabellen handeln. Um das Vorgehen zu erklären, greifen wir auf die Daten aus dem kleinen Datensatz zurück. Wir wollen untersuchen, ob sich die soziale Situation auf den Umfang des TV-Konsums auswirkt. Studien haben gezeigt, dass sich die Medienrezeption in Gesellschaft mit anderen von der Medienrezeption allein unterscheidet (Gehrau, 2014). Einige Aspekte der gemeinsamen Mediennutzung könnten die Nutzungsdauer verlängern. Die Gesellschaft macht den Fernsehkonsum angenehmer, beispielsweise durch gegenseitige Anregung oder die Intensivierung der Rezeption. Zudem könnte sich die Nutzungsdauer verlängern, wenn die Anderen einen zur weiteren Nutzung motivieren. Andere Aspekte sprechen eher gegen eine verlängerte gemeinsame Nutzung, beispielsweise, wenn andere Personen als Störfaktor empfunden werden oder Uneinigkeit über die Programmwahl besteht (Gehrau, 2014, S. 360–361). Insofern ist ein allgemeiner Zusammenhang zwischen der sozialen Situation und dem Umfang des Medienkonsums plausibel. Es ist aber unklar, wie sich der Zusammenhang situativ auswirkt (siehe auch Diekmann, 2007, S. 572), da sowohl nutzungsfördernde als auch nutzungshemmende Einflüsse denkbar sind. Deshalb vermuten wir nur, dass ein Zusammenhang zwischen der Haushaltsgröße, als Indikator für die soziale Situation, und dem Umfang des Fernsehkonsums besteht. Aus Gründen der Plausibilität vermuten wir zudem, dass sich zwar die Haushaltsgröße auf den Fernsehkonsum auswirken könnte, nicht aber der Fernsehkonsum auf die Haushaltsgröße. Unsere Hypothesen sehen wie folgt aus (siehe Tab. 10.6).

Insofern bildet, gemäß der zuvor dargestellten Konvention, die Variable Haushaltsgröße die Spalten unserer Kreuztabelle und wir verwenden Spaltenprozente (siehe auch Diekmann, 2007, S. 371; Kromrey, 1991, S. 374).

Aus der Befragung liegen Angaben zur Haushaltsgröße vor. Dabei wurde erfasst, wie viele Personen (ohne die befragte Person) noch im Haushalt leben. Dementsprechend steht der Wert null für einen Einpersonenhaushalt, der Wert

Tab. 10.6 Mögliche Hypothesen bei Kreuztabellen. (Eigene Darstellung)

Inhaltliche Hypothesen		Statistische Hypothesen
Nullhypothese	Es gibt keinen Zusammenhang zwischen Haushaltsgröße und Fernsehkonsum	$H_0: \mathrm{n}_{ji} = \mathrm{e}_{ji}$
Alternativhypothese	Es gibt einen Zusammenhang zwischen Haushaltsgröße und Fernsehkonsum	$H_A: \mathrm{n}_{ji} \neq \mathrm{e}_{ji}$

Tab. 10.7 Rekodierung der Variablen. (Eigene Darstellung)

i	soz_haushalt	haushalt	tv_minuten	tv_vw
1	0	EPH	180	viel
2	3	MPH	30	wenig
3	1	MPH	120	viel
4	0	EPH	240	viel
5	0	EHP	180	viel
6	2	MPH	0	wenig
7	2	MPH	60	wenig
8	1	MPH	90	wenig
9	0	EPH	120	viel
10	0	EPH	30	wenig
11	3	MPH	0	wenig

1 für einen Zweipersonenhaushalt und die Werte 3 und 4 für (Groß)familien. Bei der Haushaltsgröße, die wir für die Kreuztabelle verwenden, wird nur zwischen Einpersonenhaushalten (*EPH*) und Mehrpersonenhaushalten (*MPH, also* Haushalten ab zwei Personen) unterschieden. Diese Unterscheidung ist darin begründet, dass uns der Vergleich von alleiniger (*EPH*) und gemeinsamer (*MPH*) Fernsehnutzung interessiert. Die Minuten täglichen Fernsehkonsums werden bei null bis 90 min als *wenig TV* und bei größeren Werten als *viel TV* betrachtet. Die Schwelle von 90 min wurde gewählt, weil der Median des Fernsehkonsums bei 90 min liegt (siehe Kap. 8) und damit die Verteilung in zwei ähnlich große Teile einteilt (siehe Tab. 10.7).

Mit den neuen Variablen lässt sich nun eine Kreuztabelle erstellen. Dabei bildet die Variable Haushaltsgröße die Spalten mit *EPH* und *MPH*. Zusätzlich betrachten wir eine Randverteilung namens *gesamt*. Der TV-Konsum wird in den

Tab. 10.8 Kreuztabelle mit absoluten Häufigkeiten. (Eigene Darstellung)

	EPH	MPH	gesamt
Wenig TV	1	5	6
Viel TV	4	1	5
gesamt	5	6	11

Tab. 10.9 Kreuztabelle mit Spaltenprozent. (Eigene Darstellung)

	EPH	MPH	gesamt
Wenig TV	20%	83%	55%
Viel TV	80%	17%	45%
gesamt	100%	100%	100%

Zeilen mit *wenig TV* und *viel TV* aufgeführt. Auch hier haben wir eine Rand-verteilung namens *gesamt*. Nun müssen nur noch die Merkmalskombinationen gezählt und als Häufigkeiten in die Tabelle eingetragen werden (siehe Tab. 10.8).

Anschließend werden die Spaltenprozentwerte berechnet. Dazu wird die Häu-figkeit der Merkmalskombinationen durch die Häufigkeit der entsprechenden Haushaltsgröße geteilt und mal 100 genommen. Im Fall *EPH* mit *wenig TV* wären das also $\frac{1}{5} * 100$, also 20 %. *MPH* mit *wenig TV* kommen demgegenüber auf $\frac{5}{6} * 100$, also rund 83 %. Analog dazu werden die restlichen Prozentwerte errechnet. Da wir mit Spaltenprozent arbeiten, ergeben sich in der letzten Zeile 100 % ($\pm$Rundungsfehler) (siehe Tab. 10.9). Meist werden sowohl die Anzahl als auch die Spaltenprozentwerte in einer gemeinsamen Kreuztabelle aufgeführt.

Um die Werte zu interpretieren, wird eine Kreuztabelle mit Spaltenpro-zent typischerweise horizontal (entlang der üblichen Leserichtung) betrachtet. Die Nullhypothese besagt, dass zwischen beiden Variablen kein Zusammenhang besteht. Wenn sie zutrifft, müssten die Prozentwerte in den Zeilen ähnlich groß sein. In der oben aufgeführten Tabelle ist das nicht der Fall: 20 % der Personen aus Einpersonenhaushalten fallen in die die Gruppe mit *wenig TV*. Demgegenüber fallen 83 der Personen aus Mehrpersonenhaushalten in die Gruppe mit *wenig TV*. Ohne Berücksichtigung der Haushaltsgröße gehören 55 % der Befragten in die Gruppe mit *wenig TV*. Bei der Gruppe mit *viel TV* ist es umgekehrt. 80 % der Befragten aus Einpersonenhaushalten, aber nur 17 % aus Mehrpersonenhaus-halten gehören in die Gruppe mit *viel TV*. Insgesamt fallen aber 45 % aller

Befragten in diese Gruppe. Die Unterschiede deuten auf einen Zusammenhang zwischen der Haushaltsgröße und der Dauer des Fernsehkonsums hin. Dieser müsste aber auf seine statistische Signifikanz geprüft werden, wenn er auch auf die Grundgesamtheit zur Widerlegung der Nullhypothese herangezogen werden soll.

10.6.1 Effekte und Effektstärke: χ^2-Test und Cramer's V

Wenn repräsentative Stichproben vorliegen, stellt sich nun also die Frage, ob die Werte in der Kreuztabelle einen Zusammenhang belegen oder nicht. Um das abzuschätzen, greifen wir die Definition stochastischer Unabhängigkeit auf. Diese besagt, dass die Wahrscheinlichkeit für eine Merkmalskombination gleich dem Produkt der Wahrscheinlichkeiten des Auftretens der einzelnen Merkmale ist, wenn beide stochastisch voneinander unabhängig sind und beide Variablen in Bezug auf die getestete Hypothese keinen Zusammenhang aufweisen (Backhaus et al., 2016, S. 347).

$$P(A \cap B) = P(A) * P(B)$$

Auf dieser Basis lässt sich ermitteln, wie groß die Häufigkeit einzelner Merkmalskombinationen sein müsste, wenn stochastische Unabhängigkeit gilt. Dazu muss die erwartete Häufigkeit (e) der jeweiligen Merkmalskombinationen errechnet werden. Für die Merkmalskombination y_1 und x_2 wäre dies beispielsweise ($e_{1\,2}$). Dafür müssen zunächst die Häufigkeiten der Randverteilung in relative Häufigkeiten umgerechnet werden. Hierfür werden die Spaltensumme und Zeilensumme durch die Gesamtanzahl n geteilt. Anschließend multiplizieren wir beide relativen Häufigkeiten mit der Gesamtanzahl n und erhalten die erwartete Häufigkeit der entsprechenden Merkmalskombination. Oder wir berechnen das Produkt der beiden Randhäufigkeiten und dividieren es durch die Gesamtzahl (Backhaus et al., 2016, S. 347).

$$e_{ij} = \frac{n_{i\blacksquare}}{n} \cdot \frac{n_{\blacksquare j}}{n} \cdot n = \frac{n_{i\blacksquare} \cdot n_{\blacksquare j}}{n}$$

Wenn sich die Häufigkeiten und die erwartete Häufigkeit der Merkmalskombination entsprechen, sind beide Variablen voneinander unabhängig.

Zur Einschätzung, ob stochastische Unabhängigkeit vorliegt oder nicht, wird der χ^2-Test (sprich Chi-Quadrat) herangezogen. Der χ^2-Test basiert auf der χ^2-Verteilung (siehe Kap. 9). Zunächst berechnen wir aus unseren Daten die Teststatistik

χ^2. Die χ^2-Teststatistik ist die Summe der quadrierten und normierten Differenzen zwischen der Häufigkeit einer Merkmalskombination minus der erwarteten Häufigkeit für diese Merkmalskombination. Zunächst wird durch Differenzbildung ermittelt, wie gut sich tatsächliche Häufigkeit und erwartete Häufigkeit entsprechen. Um zu verhindern, dass sich negative und positive Differenzen in Summe aufheben, werden die Differenzen quadriert. Da aber die Größe der Differenz von der Größe der Werte abhängt, wird die Differenz an der erwarteten Häufigkeit normiert. Durch abschließendes Summieren über alle Zeilen und Spalten ergibt sich so eine χ^2-Teststatistik (siehe z. B. Backhaus et al., 2016, S. 348):

$$\chi^2 = \sum_{j=1}^{j} \sum_{i=1}^{i} \frac{\left(n_{ij} - e_{ij}\right)^2}{e_{ij}}$$

Ab einem bestimmten Wert der χ^2-Teststatistik ist die Summe der Abweichungen so groß, dass sie als statistisch aussagekräftig gilt und die Annahme stochastischer Unabhängigkeit ausreichend sicher verworfen werden kann. Deshalb wird die Teststatistik immer mit dem sogenannten kritischen Wert verglichen, welcher als Referenzpunkt dient und sich mit einer vorher festgelegten Irrtumswahrscheinlichkeit α bestimmen lässt. In den Sozialwissenschaften wird üblicherweise mit einer 95-%igen $(1 - \alpha = 0{,}95)$ Sicherheit bzw. einer 5-%igen Irrtumswahrscheinlichkeit $(\alpha = 0{,}05)$ gearbeitet. In Konstellationen, in denen eine höhere Sicherheit nötig ist, wird meist 99-%ige Sicherheit $(1 - \alpha = 0{,}99)$ gefordert (siehe auch Kap. 9). Eine hohe Sicherheit ist z. B. in medizinischen Kontexten nötig, wenn der Zusammenhang zwischen Medikamenten und Nebenwirkungen beurteilt werden soll, um hierbei die Wahrscheinlichkeit für gesundheitsgefährdende Irrtümer möglichst gering zu halten. Die errechnete χ^2-Statistik muss größer als der kritische Werte für die gewählte Sicherheit sein. Der kritische Wert kann in einer χ^2-Tabelle nachgesehen werden. Solche Tabellen sind nach Freiheitsgraden (df) geordnet.

Die Freiheitsgrade richten sich nach der Anzahl der frei variierenden Summanden in der χ^2-Formel. Ihre Anzahl lässt sich als Produkt der Anzahl der Zeilen minus 1 multipliziert mit der Anzahl der Spalten minus 1 berechnen, also $df = (i - 1) * (j - 1)$ (Backhaus et al., 2016, S. 349). Eine 2×2 Kreuztabelle hat dementsprechend einen Freiheitsgrad df $= (2 - 1) * (2 - 1) = 1$ und eine 4×5 Kreuztabelle einen Freiheitsgrad von df $= (4 - 1) * (5 - 1) = 12$.

Der χ^2-Test sagt lediglich etwas darüber aus, ob ein statistisch signifikanter Zusammenhang besteht oder nicht. Er sagt nichts darüber aus, wie stark dieser Zusammenhang ist. Deshalb soll die Stärke des Zusammenhangs auch in einem Zahlenwert dargestellt werden. Zwar liefert die χ^2-Teststatistik einen solchen

Wert, dieser lässt sich aber nicht interpretieren, weil sein Wert mit der Größe der Tabelle und der Anzahl der Fälle ansteigt und es sich um einen quadratischen Wert handelt (Backhaus et al., 2016, S. 350). Einen Ausweg bietet Cramer's V, der auf der χ^2-Teststatistik basiert. Cramer's V ist die Wurzel aus dem Quotienten der χ^2-Teststatistik geteilt durch das Produkt von Fallzahl (n) mal Anzahl von Spalten (j) oder Anzahl der Zeilen (i) minus eins, wobei nur die geringere Anzahl berücksichtig wird. Die Anzahl der Spalten wird genutzt, wenn es weniger Spalten als Zeilen gibt, sonst wird die Anzahl der Zeilen verwendet (Backhaus et al., 2016, S. 351). Wenn wir beispielsweise 10 Fälle betrachten (n = 10) wobei wir zwei Spalten (j = 2) und drei Zeilen (i = 3) haben, so nutzen wir in der Formel die Anzahl der Spalten da diese geringer ausfällt.

$$V = \sqrt{\frac{\chi^2}{n * min(i - 1, j - 1)}}$$

Die Werte von Cramer's V sind normiert und liegen zwischen 0 und 1. 0 ist gleichzusetzen mit stochastischer Unabhängigkeit, also keinem systematischen Zusammenhang zwischen den Variablen. Werte nahe eins deuten nahezu perfekte Zusammenhänge an und widersprechen damit der Nullhypothese. Üblicherweise werden die Zusammenhänge folgendermaßen eingeschätzt (Cohen, 1992, S. 157; Ellis, 2011, S. 41):

- Werte zwischen 0,1 und 0,3 werden als geringer Zusammenhang,
- Werte zwischen 0,3 und 0,5 werden als mittlerer Zusammenhang und
- Werte über 0,5 werden als starker Zusammenhang bewertet.

Kommen wir zurück auf das Beispiel des Zusammenhangs zwischen der Haushaltsgröße und dem Fernsehkonsum. Eigentlich enthält unser ausgeführtes Beispiel zu wenige Fälle, um den Zusammenhang zwischen diesen Variablen mit dem χ^2-Test überprüfen zu können. Dazu wären mindesten 60 Fälle nötig (Backhaus et al., 2016, S. 361–362). Wegen der nötigen Fallzahl werden Kreuztabellen, die Zusammenhangshypothesen testen sollen, in der Regel nicht per Hand, sondern mit Statistik-Programmen wie z. B. R berechnet. Um das Vorgehen dennoch zu verdeutlichen, gehen wir trotzdem die Schritte mit dem kleinen Datensatz durch. Dazu greifen wird auf die Kreuztabelle mit den absoluten Häufigkeiten zurück (siehe Tab. 10.8).

Die erwarteten Häufigkeiten der Merkmalskombinationen errechnen sich als Produkt der Häufigkeiten der jeweiligen Merkmale von x und y insgesamt geteilt

Tab. 10.10   Kreuztabelle mit erwarteten Häufigkeiten. (Eigene Darstellung)

	EPH	MPH
wenig TV	2,7	3,3
viel TV	2,3	2,7

$$\text{EPH\_wenig TV:} \quad (1 - 2,7)^2 \,/\, 2,7 \;= 1,07$$
$$\text{EPH\_viel TV:} \quad (4 - 2,3)^2 \,/\, 2,3 \;= 1,26$$
$$\text{MPH\_wenig TV:} \quad (5 - 3,3)^2 \,/\, 3,3 \;= 0,88$$
$$\text{MPH\_viel TV:} \quad (1 - 2,7)^2 \,/\, 2,7 \;= 1,23$$
$$\text{Summe} \quad = 4,44$$

Eigene Darstellung

Abb. 10.1   Berechnung von χ^2. (Eigene Darstellung)

durch n. Die Häufigkeit für *wenig TV* ist 6, die für *MPH* beträgt ebenfalls 6 und insgesamt liegen 11 Fälle vor. Damit liegt die erwartete Häufigkeit für Personen aus *MPH* mit wenig *TV* bei $\frac{6*6}{11} \approx 3,3$. Nach demselben Muster werden die erwarteten Häufigkeiten für alle Merkmalskombinationen bestimmt und zusammengestellt (siehe Tab. 10.10).

Abschließend werden die Differenzen zwischen tatsächlicher und erwarteter Häufigkeit der Merkmalskombinationen quadriert und durch die erwartete Häufigkeit geteilt. Bei Personen aus *EPH* mit *wenig TV* also $\frac{(1-2,7)^2}{2,7} = 1,07$. Die Summe aller quadrierten und normierten Differenzen beträgt gerundet 4,44 (Abb. 10.1).

Diese Summe entspricht der χ^2-Teststatistik. Der kritische Werte für die akzeptable Irrtumswahrscheinlichkeit muss unter Berücksichtigung der Freiheitsgrade (df) in einer entsprechenden χ^2-Tabelle nachgesehen werden. Dabei legen wir ein 95-%iges Sicherheitsniveau zugrunde. Die Freiheitsgrade sind gleich dem Produkt aus der Anzahl der Zeilen minus 1 multipliziert mit der Anzahl der Spalten minus 1, im vorliegenden Beispiel also $df = (2 - 1) * (2 - 1) = 1$. Eine Tabelle zum Nachsehen der Werte findet sich z. B. bei Backhaus und Kollegen (2016, S. 615). In der ersten Spalte sind die Freiheitsgrade aufgeführt. Das Signifikanzniveau α ist in der ersten Zeile angegeben. Wir benutzen $\alpha = 0,05$ für eine 5-%ige Irrtumswahrscheinlichkeit. Der kritische Wert liegt laut Tabelle bei $\chi^2(1) = 3,84$. Dieser Wert müsste überschritten werden, damit ein Zusammenhang ausreichend sicher angenommen werden kann. Die χ^2-Teststatistik im Beispiel beträgt 4,44 und ist damit größer als der kritische Wert. Der χ^2-Test wäre somit signifikant. Die Nullhypothese wäre damit widerlegt, was bedeuten würde, es besteht ein Zusammenhang zwischen der Haushaltsgröße und der Fernsehnutzung. Allerdings basiert die Kreuztabelle nicht auf genug Fällen, dass der Test zu belastbaren Ergebnissen führt. Sie dient hier lediglich zur Demonstration des Rechenwegs.

Abschließend berechnen wir, wie groß der Zusammenhang zwischen den Variablen ist. Dazu nutzen wir Cramer's V. Zur Berechnung von Cramer's V wird die zuvor berechnete Teststatistik durch das Produkt von Anzahl (hier n = 11) mal Ausprägungen der Variablen mit weniger Ausprägungen minus 1 geteilt und aus diesem Quotienten die Wurzel gezogen (Backhaus et al., 2016, S. 351).

$$V = \sqrt{\frac{\chi^2}{n * min(i-1, j-1)}} = \sqrt{\frac{4,44}{11 * (2-1)}} = 0,63$$

Unser errechneter Wert von Cramer's V beträgt 0,63. Der Wert deutet auf einen starken Zusammenhang zwischen Haushaltsgröße und Dauer des TV-Konsums hin (Cohen, 1992, S. 157; Ellis, 2011, S. 41). Wegen der zu geringen Fallzahl kann Cramer's V nur zur Beschreibung der Effektstärke in der Stichprobe verwendet werden und dient hier nur als Rechenbeispiel.

10.6.2 Mosaikplots

Kreuztabellen lassen sich grafisch am besten mit Mosaikplots visualisieren (Field et al., 2012, S. 841–843). Jede Merkmalskombination wird als einzelnes Rechteck dargestellt. Die Größe der Rechtecke richtet sich nach den Anteilen der jeweiligen Variablen. Dabei wird nach der Logik von Kreuztabellen mit Spaltenprozent vorgegangen. Die Breite der Rechtecke richtet sich nach den Anteilen der Spaltenvariablen, im oberen Beispiel also der relativen Häufigkeit der Haushaltsgröße. Die Höhe der Rechtecke entspricht den Anteilen nach der Logik der Spaltenprozente, also den relativen Häufigkeiten der Zeilenvariable (im Beispiel der TV-Konsum) innerhalb der einzelnen Ausprägungen der Spaltenvariable (im Beispiel also innerhalb von EPH und MPH). Die jeweiligen Verhältnisse zwischen den Variablen werden abschließend auf die gewünschte Größe umgerechnet (Rahlf, 2014, S. 188–189).

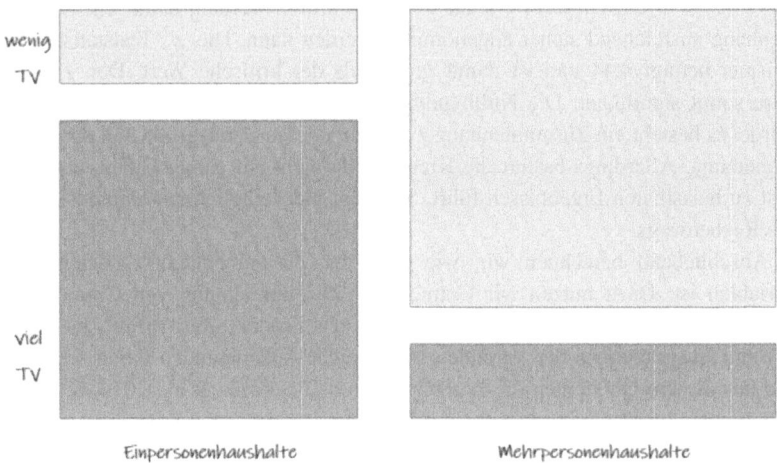

Eigene Darstellung

Abb. 10.2 Mosaikplot. (Eigene Darstellung)

Bei den Beispieldaten ergibt sich also ein Verhältnis an der Gesamtbreite von 45 % bei den Rechtecken der Einpersonenhaushalte und 55 % bei den Rechtecken der Mehrpersonenhaushalte. Die Höhe der Rechteckte für die Einpersonenhaushalte entspricht bei wenig TV 20 % der Gesamthöhe des Diagramms und bei viel TV 80 % der Gesamthöhe. Die Höhe der Rechtecke für die Mehrpersonenhaushalte entspricht bei wenig TV 17 % der Gesamthöhe und 83 % bei viel TV (siehe Abb. 10.2). Mit Gesamtbreite und Gesamthöhe des Diagramms ist die ist die Summe der Höhen und Breiten der dargestellten Rechtecke gemeint, denn bei der Gesamtbreite und Gesamthöhe sind noch Beschriftungen und Abstände zwischen den Rechtecken hinzuzurechnen.

Im Mosaikplot lassen sich die Verhältnisse innerhalb der Kreuztabelle gut ablesen und beschreiben: Die Anzahl von Personen in Einpersonenhaushalten und Mehrpersonenhaushalten ist ähnlich groß, wobei etwas mehr Personen in Mehrpersonenhaushalten leben, wie der Vergleich der Breite der Rechtecke andeutet. In Einpersonenhaushalten übersteigt der Anteil an Personen mit viel TV deutlich den Anteil mit wenig TV, wohingegen in Mehrpersonenhaushalten der Anteil an Personen mit viel TV deutlich geringer ausfällt als der mit viel TV, was sich anhand der Höhe der Rechtecke ablesen lässt (siehe Abb. 10.2).

10.7 Kreuztabellen mit Spaltenprozenten mit Markdown

10.7.1 Schnelles Ergebnis

Im Musterskript der Kreuztabelle mit Spaltenprozenten müssen nur wenige Elemente geändert werden:

- Unter dem Punkt #Laden und Auswahl der Daten und Variablen muss statt meine Daten Ihr korrekter Dateiname verwendet werden.
- Unter dem Punkt #Labels müssen Sie statt meineV_col und meineV_row Ihre Variablennamen verwenden.

```r
17  ```{r kreuztabelle spalten}
18  #Installieren und Laden der Pakete
19  if(!require("pacman")) {install.packages("pacman");library(pacman)}
20  p_load(car, knitr, tidyverse, janitor, car, lsr)
21
22  #Laden und Auswahl der Daten und Variablen
23  load("meineDaten.Rda")
24  daten <- meineDaten
25  daten$v_col <- daten$meineV_col
26  daten$v_row <- daten$meineV_row
27
28  #Erstellung der Kreuztabelle mit Spaltenprozenten
29  daten %>%
30    drop_na(v_col,v_row) %>%
31    tabyl(v_col, v_row) %>%
32    adorn_totals("row") %>%
33    adorn_percentages("col") %>%
34    adorn_pct_formatting(digits = 0) %>%
35    adorn_ns() %>%
36    adorn_title("combined") %>%
37    kable()
38
39  #Chi-Quadrat-Test
40  chisq.test(daten$v_col, daten$v_row)
41
42  #Cramers V
43  paste0("Cramers V: ", cramersV(daten$v_col, daten$v_row))
44  ```
```

10.7.2 Vorgehen

Am Anfang muss geprüft werden, ob die benötigten Pakete schon installiert
und geladen wurden. Dazu nutzen wir den Paketmanager *pacman* (Rinker &
Kurkiewicz, 2018). Diesen müssen wir nur einmalig installieren (Zeile 19).
Anschließend können wir mit dem Befehl `p_load()` alle gewünschten Pakete
laden (Zeile 20; siehe auch Kap. 2). Zur Erstellung der Kreuztabelle nutzen wir
das Paket *janitor* (Firke, 2020). Das Paket *tidyverse* wird zum Filtern von fehlenden Werten (NAs) eingesetzt (Wickham et al., 2019). Für die Berechnung
von Cramer's V verwenden wir das Paket *lsr* (Navarro, 2015). Zur Ausgabe der
Kreuztabelle benötigen wir das Palet *knitr* (Xie, 2020).

Anschließend müssen Ihr Datensatz und Ihre Variablen geladen werden.
Anstelle von `meine Daten` geben Sie den Namen Ihres Datensatzes ein (Zeile
23). Zur Vereinfachung werden der Datensatz als `daten` und die Variablen für
Ihre Auswertung als `v_col` und `v_row` definiert (Zeile 24–26).

Für Kreuztabellen müssen beide Variablen zwingend Faktoren, sprich nominal skaliert sein und dürfen nur wenige Ausprägungen aufweisen. Ist dies nicht
der Fall, können die Ausprägungen Ihrer Variablen in einen Faktor transformiert
werden (siehe Kap. 4). Allerdings ist dabei zu bedenken, dass die Zusammenfassung metrischer Daten zu Informationsverlust führen kann und deshalb die
Darstellung metrischer Variablen in Kreuztabellen in der Regel dem Zweck der
übersichtlichen Darstellung von Daten dient.

Mit dem Paket *janitor* können Sie eine Kreuztabelle mit Spaltenprozenten
erstellen. Eine Reihe von Funktionen aus diesem Paket, die mit der Pipe %>%
verbunden sind, werden zur Berechnung der Kreuztabelle eingebaut (siehe Exkurs
tidyverse). Der Codechunk wird mit der `kable()`-Funktion aus dem Paket
knitr abgeschlossen. Da mit den vorherigen Schritten (Zeile 29–36) die Kreuztabelle eigentlich schon definiert wurde, wird die `kable()`-Funktion auf diese
Tabelle bezogen. Somit werden innerhalb der `kable()`-Funktion keine weiteren
Angaben eingeführt:

```
28  #Erstellung der Kreuztabelle mit Spaltenprozenten
29  daten %>%
30    drop_na(v_col,v_row) %>%
31    tabyl(v_col, v_row) %>%
32    adorn_totals("row") %>%
33    adorn_percentages("col") %>%
34    adorn_pct_formatting(digits = 0) %>%
35    adorn_ns() %>%
36    adorn_title("combined") %>%
37    kable()
```

Zunächst sollten Sie mit der Funktion `drop_na()` aus dem Paket *tidyverse* die *NAs* aus *v_row* und *v_col* entfernen (Zeile 30). Danach können wir mit der Erstellung unserer Kreuztabelle beginnen. Die Funktion `tabyl()` erstellt das Grundgerüst Ihrer Kreuztabelle (Zeile 31). Im Anschluss können wir mit den folgenden `adorn`-Funktionen (englisch für garnieren) unsere Kreuztabelle noch weiter differenzieren. Tab. 10.11 fasst die `adorn()`-Funktionen und die Bedeutungen der verwendeten Argumente innerhalb dieser Funktionen zusammen. Sie können je nach Art der Kreuztabelle die Argumente anpassen.

Zum Schluss verwenden Sie die Funktion `kable()` aus dem Paket *knitr*, um eine gut formatierte Kreuztabelle zu bekommen (Zeile 37).

Mit dem χ-Test haben Sie die Möglichkeit, den Zusammenhang zwischen den Gruppen statistisch zu testen (Zeile 40). Die Funktion `cramersV` aus dem Paket *lsr* gibt die Größe des Zusammenhangs an (Zeile 43). Als Ergebnis der Funktion `cramersV` bekommen Sie nur eine Zahl, die kontextlos im Output steht. Damit es klarer wird, worauf sich diese Zahl bezieht, verwenden wir die Funktion `paste0()` aus *baseR*, um das Präfix „`Cramer's V:`" vor dem Wert hinzuzufügen (Zeile 43):

```
39  #Chi-Quadrat-Test
40  chisq.test(daten$v_col, daten$v_row)
41
42  #Cramers V
43  paste0("Cramers V: ", cramersV(daten$v_col, daten$v_row))
```

10.7.3 Beispielskript

In unserem Beispielskript untersuchen wir den Zusammenhang zwischen Haushaltsgröße (*v_col*) und Dauer der täglichen Fernsehnutzung (*v_row*). Die Variable Haushaltsgröße hat vier Ausprägungen: 1-Person-Haushalt („`1 Pers.HH`"), 2-Personen-Haushalt („`2 Pers. HH`"), 3 bis 4-Personen-Haushalt („`3-4 Pers. HH`") und Mehrpersonen-Haushalt („`Mehrpers. HH`"). Die Variable Fernsehnutzung hat ebenfalls vier Ausprägungen: "`kein TV-Konsum`", "`niedriger TV-Konsum`", "`mittlerer TV-Konsum`" und "`hoher TV-Konsum`". Dabei vermuten wir, dass der Umfang des Fernsehkonsums mit der Anzahl der Personen, die im Haushalt leben, zusammenhängt.

Als Datensatz wurde der online zur Verfügung stehende Datensatz *daten_sauber* innerhalb des `load()` und des `daten`-Befehls eingesetzt. Folgende Codes wurden verwendet:

Tab. 10.11 Zusammenfassung der adorn-Funktionen. (Eigene Darstellung)

Funktion	Argument	Bedeutung
adorn_ totals	(„row")	Wenn es sich um eine *Kreuztabelle mit Spaltenprozenten* handelt, werden die Gesamtprozent in der letzten Zeile der Kreuztabelle hinzugefügt (Zeile 32)
	(„col")	Wenn es sich um eine *Kreuztabelle mit Zeilenprozenten* handelt, werden die Gesamtprozent in der letzten Spalte der Kreuztabelle hinzugefügt (siehe Abschn. 10.9)
	(„row", „col")	Wenn es sich um eine *Kreuztabelle mit Gesamtprozenten handelt,* werden die Gesamtprozent in der letzten Zeile und Spalte der Kreuztabelle hinzugefügt (siehe Abschn. 10.8)
adorn_ percentages	(„col")	Die Spaltenprozente werden in den jeweiligen Zellen berechnet. Das Argument „col" steht für column (Spalte) (Zeile 33)
	(„row")	Die Zeilenprozente werden in den jeweiligen Zellen berechnet. Das Argument „row" steht für Zeilen
	(„all")	Die Prozentwerte bezogen auf die Gesamthäufigkeit werden in den jeweiligen Zellen berechnet
adorn_pct_formatting(digits =)		Je nach Wunsch können Sie damit die Nachkommastellen ändern (Zeile 34). In unserem Musterskript haben wir digits = 0 festgelegt
adorn_ns()		Um die absolute Häufigkeit der jeweiligen Zellen anzeigen zu lassen, verwenden Sie diese Funktion (Zeile 35)
adorn_title(„combined")		Sie können die Namen beider Variablen damit anzeigen lassen (Zeile 36)

```
17▾ ```{r kreuztabelle spalten}
18  #Installieren und Laden der Pakete
19  if(!require("pacman")) {install.packages("pacman");library(pacman)}
20  p_load(car, knitr, tidyverse, janitor, car, lsr)
21
22  #Laden und Auswahl der Daten und Variablen
23  load("daten_sauber.Rda")
24  daten <- daten_sauber
25  daten$v_row <- daten$soz_haushalt
26  daten$v_col <- daten$tv_konsum
27
28  #Erstellung der Kreuztabelle mit Spaltenprozenten
29  daten %>%
30    drop_na(v_col,v_row) %>%
31    tabyl(v_col, v_row) %>%
32    adorn_totals("row") %>%
33    adorn_percentages("col") %>%
34    adorn_pct_formatting(digits = 0) %>%
35    adorn_ns() %>%
36    adorn_title("combined") %>%
37    kable()
38
39  #Chi-Quadrat-Test
40  chisq.test(daten$v_col, daten$v_row)
41
42  #Cramers V
43  paste0("Cramers V: ", cramersV(daten$v_col, daten$v_row))
44  ```
```

10.7.4 Interpretation und Darstellung der Ergebnisse

Als Ergebnis erhalten wir die folgende Kreuztabelle (siehe Tab. 10.12).

In der Tabelle ist zeilenweise zu erkennen, dass der Umfang des Fernseh-
konsums nach Haushaltsgröße variiert, wenn auch nicht sehr stark. Deutliche
Unterschiede ergeben sich beim Anteil von Personen, die nicht fernsehen. In
Haushalten mit nur einer Person liegt der Anteil ohne Fernsehkonsum bei 30 %,

Tab. 10.12 Ergebnis der Kreuztabelle mit Spaltenprozenten

v_col/v_row	1 Pers.HH	2 Pers.HH	3-4 Pers.HH	Mehrpers.HH
kein TV-Konsum	30% (52)	11% (37)	11% (61)	12% (13)
niedriger TV-Konsum	18% (31)	16% (53)	18% (102)	21% (23)
mittlerer TV-Konsum	46% (81)	63% (210)	61% (340)	55% (61)
hoher TV-Konsum	7% (12)	10% (35)	9% (52)	13% (14)
Total	100% (176)	100% (335)	100% (555)	100% (111)

in Haushalten mit zwei, drei oder mehreren Personen liegt der entsprechende Anteil bei nur elf bis zwölf Prozent. Der Anteil von Personen mit niedrigem Fernsehkonsum unterscheidet sich nicht stark nach Haushaltsgröße. Er ist mit 16 % in zwei Personenhaushalten am geringsten und mit 21 % in Mehrpersonenhaushalten am größten. In allen Haushalten fallen die meisten Befragten in die Gruppe mit mittlerem Fernsehkonsum. Der Anteil fällt mit 46 % in Einpersonenhaushalten am geringsten aus. In Mehrpersonenhaushalten sind es 55 % und in zwei bzw. drei bis vier Personenhaushalten liegt der Anteil bei über 60 %. In den mittleren Haushaltsgrößen sind die Anteile aber deutlich größer als in den Ein- oder Mehrpersonenhaushalten. Nur relativ wenige Personen in den Haushalten fallen in die Kategorie hoher TV-Konsum. In den Mehrpersonenhaushalten ist die Gruppe mit 13 % am stärksten vertreten, dann folgen die zwei und die drei bis vier Personenhaushalte mit neun bzw. zehn %. Am geringsten ist der Anteil mit hohem TV-Konsum in den Einpersonenhaushalten mit nur sieben Prozent. Insgesamt zeigt sich beim Vergleich zwischen den Spalten, dass in Einpersonenhaushalten offenbar eher nicht oder weniger ferngesehen wird als in Haushalten mit mehreren Personen (siehe Tab. 10.12).

Nun stellt sich die Frage, ob der gefundene Zusammenhang zwischen Haushaltsgröße und Umfang des TV-Konsums statistisch signifikant und inhaltlich relevant ist. Die statistische Signifikanz wird über den χ^2-Test bestimmt. Der χ^2-Wert beträgt 47,6 und der dazugehörige p-Wert von 0,001 ist kleiner als die festgelegte Grenze für die Irrtumswahrscheinlichkeit von 0,05. Somit ist der Zusammenhang zwischen Fernsehkonsum und Haushaltsgröße statistisch signifikant. Die Werte beziehen sich auf neun Freiheitsgrade, die sich aus der Anzahl der Spalten minus 1 mal der Anzahl der Zeilen minus 1 (also $(4 - 1) * (4 - 1) = 9$) berechnen lassen (siehe Kap. 9). Aus dem χ^2-Wert lässt sich Cramer's V berechnen. Er beträgt 0,12 und ist gemäß der Konvention (siehe Kap. 9) als kleiner Zusammenhang einzuordnen (siehe Abb. 10.3).

```
        Pearson's Chi-squared test

data:  daten$AV and daten$UV
X-squared = 47.581, df = 9, p-value = 3.059e-07


[1] "Cramers V: 0.116082402954089"
```

Abb. 10.3 Ergebnis des Chi-Quadrat-Tests

Unsere Vermutung hat sich dementsprechend bestätigt. Es besteht ein systematischer Zusammenhang zwischen der Haushaltsgröße und dem Umfang des Fernsehkonsums. Im Forschungsbericht wird der Zusammenhang zwischen Haushaltsgröße und Umfang des TV-Konsums dementsprechend wie folgt berichtet: In den Daten zeigt sich ein schwacher Zusammenhang zwischen der Haushaltsgröße und Umfang des TV-Konsums ($\chi^2 = 47{,}58$, $p < 0{,}001$, Cramers V $= 0{,}12$).

10.8 Kreuztabellen mit Gesamtprozenten mit Markdown

Wir zeigen Ihnen zwei weitere Varianten der Kreuztabelle und wie Sie diese mit dem Paket *janitor* erstellen können (Firke, 2020). Je nach Fragestellungen können Sie eine dieser Varianten für Ihre Auswertung einsetzen. Kreuztabellen mit Gesamtprozenten bieten eher deskriptive Informationen, sagen jedoch nur wenig über den Zusammenhang der untersuchten Variablen aus.

10.8.1 Vorgehen

Die Kreuztabellen mit Gesamtprozenten ähneln vom Aufbau den Kreuztabellen mit Spaltenprozenten. Nur wenige Änderungen der Codes sind nötig, um eine Kreuztabelle mit Gesamtprozent zu erzeugen (siehe Tab. 10.11). Bei der Funktion `adorn_totals()` wird das Argument `c("row", "col")` verwendet (Zeile 65). Damit werden sowohl für die Spalten als auch für die Zeilen die Gesamtprozentwerte angezeigt. Bei der Funktion `adorn_percentages()` wird das Argument `"all"` verwendet (Zeile 66). Dadurch wird der Anteil an der Gesamthäufigkeit jeder Zelle in der Kreuztabelle angezeigt:

```r
50 ```{r kreuztabelle gesamt}
51 #Installieren und Laden der Pakete
52 if(!require("pacman")) {install.packages("pacman");library(pacman)}
53 p_load(car, knitr, tidyverse, janitor, car, lsr)
54
55 #Laden und Auswahl der Daten und Variablen
56 load("meineDaten.Rda")
57 daten <- meineDaten
58 daten$v_col <- daten$meineV_col
59 daten$v_row <- daten$meineV_row
60
61 #Erstellung der Kreuztabelle mit Gesamtprozent
62 daten %>%
63   drop_na(v_col,v_row) %>%
64   tabyl(v_col, v_row) %>%
65   adorn_totals(c("row", "col")) %>%
66   adorn_percentages("all") %>%
67   adorn_pct_formatting(digits = 0) %>%
68   adorn_ns() %>%
69   adorn_title("combined") %>%
70   kable()
71
72 #Chi-Quadrat-Test
73 chisq.test(daten$v_col, daten$v_row)
74
75 #Cramers V
76 paste0("Cramers V: ", cramersV(daten$v_col, daten$v_row))
77 ```
```

10.8.2 Beispielskript

Um eine Kreuztabelle mit Gesamtprozenten für unser Beispiel zu erstellen, haben wir folgende Codes verwendet:

Tab. 10.13 Ergebnis der Kreuztabelle mit Gesamtprozenten

v_col/v_row	1 Pers.HH	2 Pers.HH	3-4 Pers.HH	Mehrpers.HH	Total
kein TV-Konsum	4% (52)	3% (37)	5% (61)	1% (13)	14% (163)
niedriger TV-Konsum	3% (31)	5% (53)	9% (102)	2% (23)	18% (209)
mittlerer TV-Konsum	7% (81)	18% (210)	29% (340)	5% (61)	59% (692)
hoher TV-Konsum	1% (12)	3% (35)	4% (52)	1% (14)	10% (113)
Total	15% (176)	28% (335)	47% (555)	9% (111)	100% (1177)

```r
50  ```{r kreuztabelle gesamt}
51  #Installieren und Laden der Pakete
52  if(!require("pacman")) {install.packages("pacman");library(pacman)}
53  p_load(car, knitr, tidyverse, janitor, car, lsr)
54
55  #Laden und Auswahl der Daten und Variablen
56  load("daten_sauber.Rda")
57  daten <- daten_sauber
58  daten$v_row <- daten$soz_haushalt
59  daten$v_col <- daten$tv_konsum
60
61  #Erstellung der Kreuztabelle mit Gesamtprozent
62  daten %>%
63    drop_na(v_col,v_row) %>%
64    tabyl(v_col, v_row) %>%
65    adorn_totals(c("row", "col")) %>%
66    adorn_percentages("all") %>%
67    adorn_pct_formatting(digits = 0) %>%
68    adorn_ns() %>%
69    adorn_title("combined") %>%
70    kable()
71
72  #Chi-Quadrat-Test
73  chisq.test(daten$v_col, daten$v_row)
74
75  #Cramers V
76  paste0("Cramers V: ", cramersV(daten$v_col, daten$v_row))
77  ```
```

10.8.3 Interpretation und Darstellung der Ergebnisse

In dieser Kreuztabelle werden beobachtete Häufigkeiten in Relation zur Gesamtzahl der Fälle gestellt (siehe Tab. 10.13). Durch die Multiplikation mit 100
ergeben sich die Prozentwerte der einzelnen Zellen. Die Gesamtsumme aller
relativen Häufigkeiten beträgt 1 (= 100 %[1]). Die meisten Befragten (59 %)

---

[1] Aufgrund von Rundungen kann dieser Wert leicht von 100 % abweichen.

weisen einen mittleren TV-Konsum auf. Die meisten wohnen in Haushalten mit drei bis vier Personen (47 %). Unterschiede im Fernsehkonsum zwischen den Haushaltsgrößen sind zu erkennen, vor allem beim mittlerem TV-Konsum. 18 % der Befragten mit mittlerem Fernsehkonsum sind aus Zwei-Personen-Haushalten und sogar 29 % aus 3–4-Personen-Haushalten. Der Anteil der Befragten, die einen hohen TV-Konsum aufweisen, sind in allen Haushaltsgrößen gering. Da die Darstellung innerhalb der Kreuztabellen keinen Einfluss auf das Ergebnis des χ^2-Testes und des Cramer's V Wertes hat, bleiben diese Werte identisch mit den zuvor dargestellten Ergebnissen.

10.9   Kreuztabellen mit Zeilenprozenten mit Markdown

10.9.1 Vorgehen

Ähnlich wie bei Kreuztabellen mit Gesamtprozenten sind nur wenige Änderungen des Codes der Kreuztabelle mit Spaltenprozenten nötig, um eine Kreuzta-belle mit Zeilenprozent zu erzeugen (siehe Tab. 10.11). Bei der Funktion adorn_totals() wird das Argument c("col") verwendet, da es um Zei-lenprozent geht (Zeile 96). Damit wird am Ende der Kreuztabelle eine Spalte für die Zeilenprozente hinzugefügt. Bei der Funktion adorn_percentages() wird das Argument "row" verwendet (Zeile 97). Somit werden die Zeilenpro-zente im Output angezeigt. Die restlichen Schritte sind unverändert:

```
81 ˅ ```{r kreuztabelle zeile}
82 #Installieren und Laden der Pakete
83 if(!require("pacman")) {install.packages("pacman");library(pacman)}
84 p_load(car, knitr, tidyverse, janitor, car, lsr)
85
86 #Laden und Auswahl der Daten und Variablen
87 load("meineDaten.Rda")
88 daten <- meineDaten
89 daten$v_col <- daten$meineV_col
90 daten$v_row <- daten$meineV_row
91
92 #Erstellung der Kreuztabelle mit Zeilenprozenten
93 daten %>%
94   drop_na(v_col,v_row) %>%
95   tabyl(v_col, v_row) %>%
96   adorn_totals("col") %>%
97   adorn_percentages("row") %>%
98   adorn_pct_formatting(digits = 0) %>%
99   adorn_ns() %>%
100   adorn_title("combined") %>%
101   kable()
102
103 #Chi-Quadrat-Test
104 chisq.test(daten$v_col, daten$v_row)
105
106 #Cramers V
107 paste0("Cramers V: ", cramersV(daten$v_col, daten$v_row))
108 ```
```

10.9.2 Beispielskript

Zur Erstellung einer Kreuztabelle mit Zeilenprozenten für unser Beispiel mit der Haushaltsgröße (v_row) und dem Fernsehkonsum (v_col) haben wir folgende Codes verwendet:

```r
81 ▾ ```{r kreuztabelle zeile}
82   #Installieren und Laden der Pakete
83   if(!require("pacman")) {install.packages("pacman");library(pacman)}
84   p_load(car, knitr, tidyverse, janitor, car, lsr)
85
86   #Laden und Auswahl der Daten und Variablen
87   load("daten_sauber.Rda")
88   daten <- daten_sauber
89   daten$v_row <- daten$soz_haushalt
90   daten$v_col <- daten$tv_konsum
91
92   #Erstellung der Kreuztabelle mit Zeilenprozenten
93   daten %>%
94     drop_na(v_col,v_row) %>%
95     tabyl(v_col, v_row) %>%
96     adorn_totals("col") %>%
97     adorn_percentages("row") %>%
98     adorn_pct_formatting(digits = 0) %>%
99     adorn_ns() %>%
100    adorn_title("combined") %>%
101    kable()
102
103  #Chi-Quadrat-Test
104  chisq.test(daten$v_col, daten$v_row)
105
106  #Cramers V
107  paste0("Cramers V: ", cramersV(daten$v_col, daten$v_row))
108  ```
```

10.9.3 Interpretation und Darstellung der Ergebnisse

Bei Kreuztabellen mit Zeilenprozenten wird innerhalb der einzelnen Ausprägungen der Zeilenvariablen über die verschiedenen Ausprägungen der Spaltenvariablen hinweg prozentuiert (siehe Tab. 10.14). Die Interpretation des Ergebnisses wird deshalb vom Ergebnis der Kreuztabelle mit Spaltenprozenten etwas abweichen. Befragte, die nicht fernsehen, stammen meistens aus Single-Hauhalten

Tab. 10.14 Ergebnis der Kreuztabelle mit Zeilenprozenten

v_col/v_row	1 Pers.HH	2 Pers.HH	3-4 Pers.HH	Mehrpers.HH	Total
kein TV-Konsum	32% (52)	23% (37)	37% (61)	8% (13)	100% (163)
niedriger TV-Konsum	15% (31)	25% (53)	49% (102)	11% (23)	100% (209)
mittlerer TV-Konsum	12% (81)	30% (210)	49% (340)	9% (61)	100% (692)
hoher TV-Konsum	11% (12)	31% (35)	46% (52)	12% (14)	100% (113)

(32 %) und 3–4-Personen-Haushalten (37 %). Befragte, die einen niedrigen bis mittleren Fernsehkonsum aufweisen, stammen meistens aus den 3–4-Personen-Haushalten (49 %). Ein hoher Fernsehkonsum findet sich eher bei 2-Personen- (31 %) und 3–4-Personen-Haushalten (46 %).

Das Ergebnis des χ^2-Testes und des *Cramer's V*-Wertes sind erneut nicht von der Darstellungsart beeinflusst.

10.10 Mosaikplots mit Markdown

10.10.1 Schnelles Ergebnis

Mosaikplots sind ein gutes Mittel, um Kreuztabellen zu visualisieren. Für eine schnelle Durchführung müssen Sie in unserem Musterskript nur folgende Veränderungen vornehmen:

- Unter dem Punkt `#Laden und Auswahl der Daten und Variablen` muss statt `meine Daten` der korrekte Dateiname verwendet werden. Zudem müssen statt `meineV_col, meineV_row` Ihre Variablennamen genutzt werden.
- Unter dem Punkt `#Labels` müssen Sie statt `Label V_col` und `Label V_row` die kurze Bezeichnung Ihrer unabhängigen und abhängigen Variablen und statt `Titel der Grafik` einen Namen für Ihren Mosaikplot eingeben.

```
116 ▾ ```{r mosaikplot}
117   #Installieren und Laden der Pakete
118   if(!require("graphics")){install.packages("graphics");library(graphics)}
119   p_load(car, graphics)
120
121   #Laden und Auswahl der Daten und Variablen
122   load("meineDaten.Rda")
123   daten <- meineDaten
124   daten$v_col <- daten$meineV_col
125   daten$v_row <- daten$meineV_row
126
127   #Labels
128   label_v_row <- "Label V_row"
129   label_v_col <- "Label V_col"
130   Titel <- "Titel der Grafik"
131
132   #Erstellen des Mosaikplots
133   mosaicplot(daten$v_row ~ daten$v_col,
134             shade = F, las = 1,
135             main = Titel,
136             ylab = label_v_col,
137             xlab = label_v_row,
138             color = T)
139   ```
```

10.10.2 Vorgehen

Ähnlich wie bei der Erstellung von Kreuztabellen sollten Sie Ihre Daten und Variablen laden und ggf. modifizieren. Da diese Schritte schon bei Kreuztabellen mit Spaltenprozenten detailliert beschrieben wurden, möchten wir für eine umfassendere Erläuterung auf diesen Absatz verweisen. Unter dem Punkt #Labels (Zeile 128–130) legen wir die Bezeichnungen unserer Grafik an. Unter „label_v_row" speichern wir die Bezeichnung der y-Achse, unter „label_v_col" speichern wir die Bezeichnung der x-Achse und unter „Titel der Grafik" den gewünschten Titel unserer Grafik. Für die Erstellung eines Mosaikplots wird die Funktion mosaicplot aus dem Paket *graphics* (R Core Team, 2020) verwendet (Zeile 133–138). Im Folgenden werden wir die verwendeten Argumente dieses Befehls näher erläutern. (1) Mit daten$v_row ~ daten$v_col definieren Sie die Spalten- und Zeilenvariable. (2) Wenn Sie shade = F wählen, werden für den Mosaikplot keine Farben verwendet (durch color = F/T können Sie dann wahlweise den Plot farblos oder in Grautönen gestalten). Mit las = 1 werden die Labels der Variablen horizontal angezeigt. Mit main, ylab, xlab legen Sie den Titel Ihres Mosaikplots und die Labels für die y- und x-Achse fest. Jedoch haben wir unter #Labels diesen Schritt bereits erledigt und die Labels unter den Objekten `title_plot`, `label_v_row` und `label_v_col` gespeichert. Deshalb müssen hier keine Benennungen mehr erfolgen. Mit `color = T` wird eine Grau-Palette für die Farben der Rechtecke verwendet:

```
132  #Erstellen des Mosaikplots
133  mosaicplot(daten$v_row ~ daten$v_col,
134             shade = F, las = 1,
135             main = Titel,
136             ylab = label_v_col,
137             xlab = label_v_row,
138             color = T)
```

10.10.3 Beispielskript

In unserem Beispielskript stellen wir den Zusammenhang zwischen Haushaltsgröße (*v_col*) und Fernsehkonsum (*v_row*) in einem Mosaikplot dar. Der Titel unseres Plots „Zusammenhang zwischen Haushaltsgröße und TV-Nutzung" ist relativ lang und kann sich über das Diagramfenster hinausstrecken. Deshalb haben wir mit \n einen Zeilenumbruch eingefügt, sodass der Titel umgebrochen und auf zwei Zeilen verteilt dargestellt wird.

```r
116 ```{r mosaikplot}
117 #Installieren und Laden der Pakete
118 if(!require("pacman")) {install.packages("pacman");library(pacman)}
119 p_load(car, graphics)
120
121 #Laden und Auswahl der Daten und Variablen
122 load("daten_sauber.Rda")
123 daten <- daten_sauber
124 daten$v_row <- daten$soz_haushalt
125 daten$v_col <- daten$tv_konsum
126
127 #Labels
128 label_v_row <- "Haushaltsgröße"
129 label_v_col <- "TV-Konsum"
130 Titel <- "Zusammenhang zwischen \n Hauhaltsgröße und TV-Nutzung"
131
132 #Erstellung des Mosaikplots
133 mosaicplot(daten$v_row ~ daten$v_col,
134            shade = F, las = 1,
135            main = Titel,
136            ylab = label_v_col,
137            xlab = label_v_row,
138            color = T)
139 ```
```

10.10.4 Interpretation und Darstellung der Ergebnisse

Unser mit dem Beispielskript erstellter Mosaikplot sieht wie folgt aus (siehe Abb. 10.4).

Werte aus den Zellen der Kreuztabelle werden als Rechtecke dargestellt, wobei sich die Form der Kreuztabelle mit Spaltenprozent hier widerspiegelt. Auf der y-Achse stehen die Ausprägungen der Haushaltsgröße und auf der x-Achse die Ausprägungen des TV-Konsums. Die Farben kennzeichnen die Zeilen der Kreuztabelle und zeigen durch ihre Größe die einzelnen Zellen: Die Breite der Rechtecke richtet sich nach dem Anteil der Werte bezogen auf die Zeilenvariable Haushaltsgröße und die Höhe nach dem Anteil der Werte bezogen auf die Spaltenvariable TV-Konsum.

Die Unterschiede in der Breite und in der Höhe der Rechtecke weist auf einen Unterschied zwischen den Ausprägungen der Haushaltsgröße hin. Die Breite der Rechtecke weist darauf hin, dass der Anteil der 3–4-Personen-Haushalten am größten ist. Nur wenige der Befragten kommen aus einem Mehrpersonenhaushalt. Betrachten wir die Höhe der einzelnen Rechtecke, ist der Unterschied in der Fernsehnutzung sehr deutlich. Bei der Kategorie „kein TV-Konsum" ist die Höhe der Rechtecke bei Haushalten mit mehreren Personen deutlich geringer als

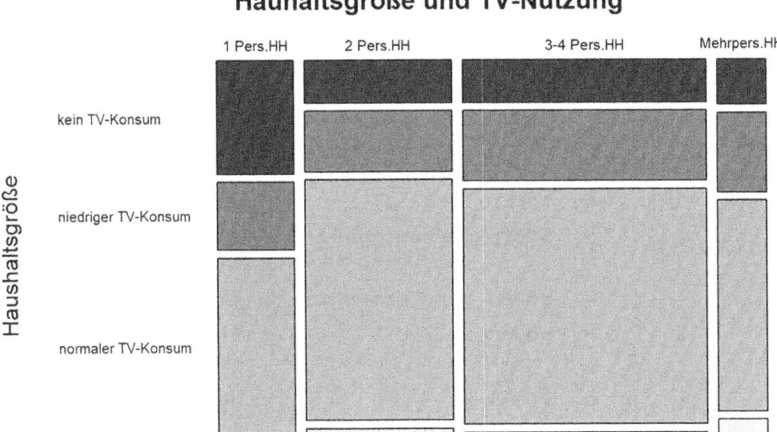

Abb. 10.4 Mosaikplot für den Zusammenhang zwischen der TV Nutzung und Haushaltsgröße

bei Haushalten mit einer Person. Bei niedrigem Fernsehkonsum ist kein Unterschied in der Höhe der Rechtecke zu erkennen. Die Unterschiede in der Höhe der Rechtecke sind bei den Kategorien „mittlerer TV-Konsum" und „hoher TV-Konsum" deutlicher. Es gibt im Vergleich zu Mehrpersonenhaushalten weniger Personen in Einpersonenhaushalten, die einen mittleren bis hohen TV-Konsum aufweisen. Insgesamt ist ersichtlich, dass in Einpersonenhaushalten weniger fern gesehen wird als in den Haushalten, in denen mehr als eine Person wohnt. Durch den Mosaikplot können Sie einen schnellen Überblick über Ihre Daten gewinnen.

10.11 Pakete und Funktionen des Kapitels Kreuztabellen

(Siehe Tab. 10.15)

Tab. 10.15 Übersicht über die Pakete und Funktionen des Kap. 10. (Eigene Darstellung)

Paket	Quelle	Funktion	Effekt
Base	R Core Team (2020)	`chisq.test()`	Chi-Quadrat-Test durchführen
		`load()`	Datensatz laden
Graphics	R Core Team (2020)	`mosaicplot()`	Einen Mosaikplot erstellen
Janitor	Firke (2020)	`adorn_totals()`	Totalprozent hinzufügen
		`adorn_percentages()`	Spalten-/Zeilenprozente hinzufügen
		`adorn_pct_formatting()`	Prozentwerte formatieren
		`adorn_ns()`	Absolute Häufigkeit hinzufügen
		`adorn_title()`	Namen der Variablen hinzufügen
		`tabyl()`	Eine Kreuztabelle erstellen
Knitr	Xie (2020)	`kable()`	Tabelle im korrekten Stil ausgeben
lsr	Navarro (2015)	`cramersV()`	CramersV berechnen
Tidyverse	Wickham et al. (2019)	`drop_na()`	NAs aus den verwendeten Variablen entfernen

Literatur

Backhaus, K., Erichson, B., Plinke, W., & Weiber, R. (2016). *Multivariate Analysemethoden: Eine anwendungsorientierte Einführung* (14., überarbeitete und aktualisierte Aufl.). Springer Gabler. http://www.springer.com/.

Cohen, J. (1992). A power primer. *Psychological Bulletin, 112*(1), 155–159. https://doi.org/10.1037/0033-2909.112.1.155.

Diekmann, A. (2007). *Empirische Sozialforschung: Grundlagen, Methoden, Anwendungen* (17. Aufl.). *Rororo Rowohlts Enzyklopädie: Bd. 55551.* Rowohlt-Taschenbuch-Verl.

Ellis, P. D. (2011). *The essential guide to effect sizes: Statistical power, meta-analysis, and the interpretation of research results (reprint).* Cambridge Univ.

Field, A., Miles, J., & Field, Z. (2012). *Discovering statistics using R.* Sage.

Firke, S. (2020). *janitor: Simple Tools for Examining and Cleaning Dirty Data. R package version 2.0.1.* https://CRAN.R-project.org/package=janitor.

Gehrau, V. (2014). Rezeption in Gruppe. In C. Wünsch, H. Schramm, V. Gehrau, & H. Bilandzic (Hrsg.), *Handbuch Medienrezeption* (S. 351–364). Nomos.

Kromrey, H. (1991). *Empirische Sozialforschung: Modelle und Methoden der Datenerhebung und Datenauswertung* (5. Aufl.). *UTB für Wissenschaft Uni-Taschenbücher Sozialwissenschaften: Bd. 1040.* Leske + Budrich. http://www.socialnet.de/rezensionen/isbn.php?isbn=978-3-8252-1040-3.

Navarro, D. J. (2015). *Learning statistics with R: A tutorial for psychology students and other beginners. (Version 0.5).* http://ua.edu.au/ccs/teaching/lsr.

Rahlf, T. (2014). *Datendesign mit R: 100 Visualisierungsbeispiele* (1. Aufl.). Open Source Press.

Rasch, B., Friese, M., Hofmann, W., & Naumann, E. (2014). Quantitative Methoden 2. *Springer.* https://doi.org/10.1007/978-3-662-43548-9.

R Core Team. (2020). *R: A Language and Environment for Statistical Computing.* https://www.R-project.org/.

Rinker, T. W. & Kurkiewicz, D. (2018). *pacman: Package Management for R. version 0.5.0.* http://github.com/trinker/pacman.

Wickham et al. (2019). Welcome to the tidyverse. *Journal of Open Source Software, 4*(43), 1686. https://doi.org/10.21105/joss.01686.

Xie, Y. (2020). knitr: A General-Purpose Package for Dynamic Report Generation in R: R package version 1.29.

Korrelationen

11

Zusammenfassung

In diesem Kapitel werden die Zusammenhangsmaße zwischen zwei metrischen Variablen, Kovarianz und Korrelation dargestellt. Die Korrelationskoeffizienten sind zugleich ein Maß für die Effektgröße, also für die Relevanz des Zusammenhangs. Sind die zugrunde liegenden Daten ordinal skaliert, dann kann statt der Messwerte ihre Rangfolge herangezogen werden, um die Rangreihenkorrelation Rho nach Spearman zu errechnen. Diese ist auch robust gegen Ausreißer. Zudem wird dargestellt, wie sich Korrelationen mittels Scatterplots und Korrelationsmatrizen visualisieren lassen.

Schlüsselwörter

Kovarianz • Korrelation • Pearson's r • Rangreihenkorrelation • Spearman's Rho • Korrelationsmatrix • Scatterplot

11.1 Grundlagen von Korrelationen

Korrelationen werden genutzt, um den Zusammenhang zwischen zwei metrisch oder zwei ordinal skalierten Variablen zu untersuchen. Der Wert einer Korrelation kann zwischen minus eins und 0 bzw. zwischen 0 und plus eins liegen. Dabei bedeuten Werte nahe eins oder minus eins eine sehr starke Korrelation und damit einen starken Zusammenhang zwischen den Variablen. Werte nahe null deuten auf eine schwache Korrelation hin bzw. besagen, dass kein systematischer

---

Ergänzende Information Die elektronische Version dieses Kapitels enthält Zusatzmaterial, auf das über folgenden Link zugegriffen werden kann https://doi.org/10.1007/978-3-658-34285-2_11.

Zusammenhang vorliegt. Die Vorzeichen von Korrelationen geben die Richtung des Zusammenhangs zwischen den Variablen wieder, wenn beide Variablen nach derselben Logik codiert sind. Positive Korrelationen deuten dann gleichförmige Zusammenhänge an: Wenn die Werte einer Variablen ansteigen, so steigen auch systematisch die Werte der anderen Variablen, bzw. wenn die einen Werte sinken, dann nehmen auch die anderen ab. Negative Korrelationswerte spiegeln hingegen gegenläufige Tendenzen zwischen den Variablen wider: Wenn die Werte einer Variablen steigen, nehmen die Werte der anderen Variablen systematisch ab und umgekehrt.

Mit Korrelationen lässt sich beispielsweise untersuchen, ob im Profisport ein systematischer Zusammenhang zwischen dem Erfolg eines Teams und den Sponsoringeinnahmen dieses Teams besteht. Das ließe sich z. B. anhand der ersten und der zweiten Fußballbundesliga der Männer untersuchen. Die erreichten Punkte könnten als Variable für den Erfolg herangezogen werden und die in den Geschäftsberichten veröffentlichten Einnahmen aus Sponsorenverträgen als Variable für die entsprechenden Einnahmen. Eine positive Korrelation zwischen beiden Variablen würde die Vermutung stützen, dass sportlicher Erfolg und Sponsoring Einnahmen zusammenhängen. Bei manchen Untersuchungen liegen aber keine metrischen Variablen vor. So könnte z. B. statt der metrischen Punktzahl auch der Tabellenplatz als Indikator für den Erfolg herangezogen werden. Tabellenplätze entsprechen keiner metrischen, sondern einer ordinalen Messung. Zudem könnten statt der genauen Sponsoreneinnahmen eine Rangfolge der Mannschaften nach ihren Sponsoreneinnahmen gebildet werden. Dann lässt sich die Frage nach dem Zusammenhang anhand der Korrelation zwischen den beiden Rangfolgen ermitteln. Wenn sich eine positive Korrelation ergibt, haben wir statistisch betrachtet einen gleichförmigen Zusammenhang. Möchten wir diesen inhaltlich deuten, könnte diese positive Korrelation im Beispiel sowohl andeuten, dass Sponsoren bei erfolgreicheren Teams bereit sind, größere Summen zu investieren, als auch, dass Teams durch Mehreinnahmen bessere Trainer und Spieler verpflichten können und so sportlich erfolgreicher werden. Im Zeitverlauf könnten auch beide Effekte parallel auftreten. Statistisch betrachtet dürfen wir hier keine Kausalität annehmen, da wir nicht wissen, welche Variable die andere beeinflusst und ob nicht eventuell weitere nicht berücksichtigte Variablen (sog. Drittvariablen) hinter dem Zusammenhang stehen. Die Korrelation belegt nur, dass ein systematischer linearer Zusammenhang vorhanden ist. Wenn die Studie eine Aussage über die Teams der ersten und zweiten Fußballbundesliga der Männer machen soll, liegt eine Vollerhebung vor, sodass weder geschätzt noch getestet werden muss, da die Korrelation den tatsächlichen Zusammenhang wiedergibt. Wenn aber Aussagen über alle Teams von Frauen und Männern im Profisport gemacht werden sollen, dann wären die untersuchten Teams nur eine nicht repräsentative Stichprobe, die zwar selbst beschrieben werden kann, aber keine Aussagen über die Grundgesamtheit erlaubt. Dazu müsste eine repräsentative Stichprobe aller Frauen- und Männer-Teams aller Profisportligen untersucht werden.

Statistisch können wir den Kennwert der Korrelation nach seiner Größe beurteilen, wobei größere Werte für eine stärkere Korrelation sprechen. Inhaltlich ist der Kennwert hingegen nur schwer interpretierbar, d. h. wir können keine Aussagen darüber treffen, wie stark die Variablen im Verhältnis zueinander variieren. Auch ist es oft nicht möglich genau anzugeben, ab welcher Größe ein Zusammenhang innerhalb eines bestimmten Themenfeldes als inhaltlich bedeutsam angesehen werden kann. Hier helfen Vergleiche zu ähnlichen Studien. Weitere Anhaltspunkte liefern allgemeine Konventionen für Effektgrößen oder Angaben zur Signifikanz, wenn Hypothesen getestet werden (siehe Kap. 9). In der Forschungspraxis werden häufig nicht einzelne Korrelationen betrachtet, sondern alle Korrelationen innerhalb eines Variablenblockes. Dabei wird untersucht, ob systematische Zusammenhänge zwischen den interessierenden Variablen in der untersuchten Stichprobe bestehen. Das ist für bestimmte statistische Operationen mit den betreffenden Variablen wichtig, z. B. wenn aus diesen ein reliabler Index gebildet werden soll. Bei einigen multivariaten Verfahren ist es demgegenüber entscheidend, dass die unabhängigen Variablen nicht zu stark untereinander korrelieren.

Bei repräsentativen Stichproben kann geschätzt werden, wie groß die Korrelation in der Grundgesamtheit ist. Hierzu testen wir die Nullhypothese. Dies bedeutet, wir testen ob in der Grundgesamtheit kein Zusammenhang zwischen den Variablen besteht. Können wir die Nullhypothese verwerfen, können wir stattdessen unsere vermutete Zusammenhangshypothese annehmen. In der Regel werden mit Korrelationen ungerichtete Zusammenhangshypothesen untersucht, die nur besagen, dass zwischen beiden Variablen ein Zusammenhang besteht. Statistisch betrachtet lassen sich auch gerichtete Zusammenhänge mit einseitigen Hypothesen testen. Diese vermuten einen bestimmten Zusammenhang, sprich z. B. eine positive Korrelation. Dann würden auch negative Korrelationen die Hypothese widerlegen. In der Forschungspraxis ist dies allerdings der Ausnahmefall. Wir konzentrieren uns bei der weiteren Darstellung daher auf den üblichen Fall der Untersuchung von ungerichteten Zusammenhangshypothesen. Zunächst schauen wir uns allerdings die Kovarianz an, da diese die Grundlage der Berechnung der Korrelationen darstellt.

11.1.1 Kovarianz

Ein systematischer Zusammenhang zweier metrischer Variablen wird Kovarianz genannt. Die Kovarianz ist die mittlere Abweichung des Produkts der Abweichung der Messwerte der ersten Variablen (x_i) von ihrem Mittelwert ($\overline{x}$) und der Abweichung der Werte der zweiten Variablen (y_i) von ihrem Mittelwert ($\overline{y}$). Die Formel für die Kovarianz lautet demnach:

$$cov_{xy} = \frac{1}{n} \sum_{i=1}^{n} (x_i - \overline{x}) \cdot (y_i - \overline{y})$$

Für die Berechnung der Kovarianz benötigen wir insofern fünf Schritte: Zuerst (1) berechnen wir den Mittelwert von zwei Variablen x und y, hier $\overline{x}$ und $\overline{y}$. Als nächstes (2) müssen wir diese Mittelwerte von jedem einzelnen Wert der beiden Variablen (x_i bzw. y_i) subtrahieren. So erhalten wir jeweils die Abweichung der einzelnen Werte vom Mittelwert. Sind die Werte geringer als der Mittelwert, sind die Abweichungen negativ. Sind hingegen die einzelnen Werte größer als der Mittelwert, so sind die Abweichungen positiv. Das Ergebnis aller Berechnungspaare müssen wir in einem weiteren Schritt (3) multiplizieren und aus allen einzelnen Ergebnissen dieser Multiplikation eine Summe bilden (4). Zuletzt (5) müssen wir wie bei der Berechnung des Mittelwertes unser aufsummiertes Ergebnis durch die Anzahl unserer Fälle (n) dividieren. Da aber zumeist die Größe der Grundgesamtheit (n) nicht bekannt ist, müssen wir diese schätzen. Jedoch handelt es sich beim Mittelwert um einen nicht erwartungstreuen Schätzer, insofern unterschätzen wir oftmals die Abweichung. Deshalb ergänzen wir die Formel für die Stichprobenkovarianz um $n - 1$ (So, 2008). Dieser Zusatz nennt sich Bessel-Korrektur. Die Formel für die geschätzte Kovarianz lautet somit:

$$cov_{xy} = \frac{1}{n-1} \sum_{i=1}^{n} (x_i - \overline{x}) \cdot (y_i - \overline{y})$$

Die zuvor geschilderten Schritte müssen wir demnach bei der Berechnung der Kovarianz berücksichtigen. Normalerweise würde man diese Berechnung nicht per Hand durchführen, da die Berechnung recht aufwendig ist. Zudem nutzen wir die Kovarianz als Grundlage der Berechnung der Korrelation, welche idealerweise eine Stichprobengröße von $n \geq 25$[1] aufweisen sollte (Holling & Gediga,

---

[1] Wahlweise je nach Berechnung auch erst $n \geq 30$ (siehe Kapitel Schätzen und Testen).

Tab. 11.1 Beispieldaten aus dem kleinen Datensatz. (Eigene Darstellung)

i	x_i (tv_minuten)	$x_i - \bar{x}$	y_i (tz_minuten)	$y_i - \bar{y}$	$(x_i - \bar{x}) *$ $(y_i - \bar{y})$
1	180		15		
2	30		0		
3	120		10		
4	240		20		
5	180		15		
6	0		5		
7	60		30		
8	90		15		
9	120		45		
10	30		30		
11	0		0		
$\bar{x}$	= 95,5	$\bar{y}$	= 16,8	Kovarianz$_{xy}$	

Eigene Darstellung

2016, S. 124). Wir berechnen hier Kovarianz und Korrelation (siehe unten) dennoch anhand unseres kleines Datensatzes mit 11 Fällen, um die Rechenschritte zu verdeutlichen. Dabei stellen wir die einzelnen Berechnungen als Tabelle dar. In dieser Tabelle benötigen wir insgesamt 6 Spalten (siehe Tab. 11.1). Wir können schon bevor wir mit der Berechnung beginnen, in der ersten Spalte unsere Fallnummer (i) eintragen. Zudem können wir in die zweite und vierte Spalte die Messwerte für unsere Variablen x und y eintragen. Alle anderen Spalten sind zum jetzigen Zeitpunkt noch leer, da wir diese für die späteren Berechnungsschritte benötigen (siehe Tab. 11.1).

In unserem Beispiel untersuchen wir für $n = 11$ Personen die Kovarianz zwischen den Variablen Fernsehkonsum (x_i) und Zeitungskonsum (y_i). Gemäß den oben dargestellten Schritten der Berechnung müssen wir zunächst den Mittelwert für die beiden Variablen berechnen (zur Berechnung siehe Kap. 8). Der durchschnittliche Fernsehkonsum unserer Stichprobe beträgt 95,5 min, der durchschnittliche Zeitungskonsum wiederum 16,8 min.

In einem nächsten Schritt müssen wir diese Mittelwerte von den Werten der Variablen subtrahieren. Dazu nutzen wir die beiden leeren Spalten $x_i - \bar{x}$ und $y_i - \bar{y}$. Innerhalb dieser Spalten subtrahieren wie den zuvor errechneten Mittelwert von den einzelnen Werten. Die dritte Spalte umfasst die Differenz zwischen dem Mittelwert von x und den einzelnen Werten der Spalte x_i. Im ersten Fall beträgt der Fernsehkonsum beispielsweise 180 min, sodass die Differenz $180 - 95,5 = 84,5$ beträgt.

Ebenso gehen wir bei der Spalte $y_i - \overline{y}$ vor, wobei wir hier den Mittelwert von y von den einzelnen Werten subtrahieren. Für den ersten Fall haben wir beispielsweise einen Zeitungsnutzungszeit von 15 min. Insofern beträgt die Differenz $15 - 16,8 = -1,8$. In unserer letzten freien Spalte bilden wir das Produkt unserer zuvor erstellten Spalten: $(x_i - \overline{x}) \cdot (y_i - \overline{y})$. Für unseren ersten Fall wäre die Rechnung demnach $84,5 \cdot -1,8 = -152,1$. Die Spalten drei, fünf und sechs müssen in jeder Zeile für jedes Untersuchungsobjekt berechnet werden (siehe Tab. 11.2).

Aus der Spalte sechs, also dem Produkt der Abweichungen vom Mittelwert, lässt sich in einem nächsten Schritt die Kovarianz $\left(cov_{xy}\right)$ berechnen. Dazu müssen wir zunächst die Summe aller Produkte bilden, also:

$$-152,1 + 1100,4 + -166,6 + -462,4 + -152,1 + 1126,9 + -468,6 + 9,9 +$$
$$690,9 + -846,6 + 1604,4 = 3190.9$$

Dieses Ergebnis teilen wir durch die Gesamtanzahl $n - 1$, also in unserem Fall durch $11 - 1 = 10$. Das Ergebnis unserer Kovarianz lautet demnach $\frac{3190.9}{10} = 319.1$.

Tab. 11.2 Berechnung der Kovarianz. (Eigene Darstellung)

i	x_i (tv_minuten)	$x_i - \overline{x}$	y_i (tz_minuten)	$y_i - \overline{y}$	$(x_i - \overline{x}) *$ $(y_i - \overline{y})$
1	180	84,5	15	-1,8	-152,1
2	30	-65,5	0	-16,8	1100,4
3	120	24,5	10	-6,8	-166,6
4	240	144,5	20	3,2	462,4
5	180	84,5	15	-1,8	-152,1
6	0	-95,5	5	-11,8	1126,9
7	60	-35,5	30	13,2	-468,6
8	90	-5,5	15	-1,8	9,9
9	120	24,5	45	28,2	690,9
10	30	-65,5	30	13,2	-864,6
11	0	-95,5	0	-16,8	1604,4
$\overline{x}$	= 95,5	$\overline{y}$	= 16,8	Kovarianz$_{xy}$	319,1

Eigene Darstellung

Das Ergebnis der Kovarianz kann anhand ihres Wertes und ihres Vorzeichens beurteilt werden. Wenn kein Zusammenhang zwischen den Variablen besteht, geht der Wert der Kovarianz gegen null. Kovariieren beide Variablen gleichförmig, so werden die Werte der Kovarianz positiv; kovariieren beide Variablen gegenläufig, so werden die Werte der Kovarianz negativ. Für unser Beispiel haben wir mit einem Wert von 319,1 einen positiven und damit gleichförmigen Zusammenhang. Dies bedeutet, wenn der Konsum der Variablen TV-Konsum steigt, so steigt gleichzeitig die Variable Tageszeitungskonsum. Das Ergebnis der Kovarianz gibt uns insofern wichtige Erkenntnisse bezüglich des Zusammenhangs unserer Variablen. Jedoch hängt die Größe der Kovarianz von der Größe und der Streuung der Messwerte und somit auch von der Art der Skalierung ab (Field et al., 2012, S. 208). Je größer die Messwerte werden können und je mehr diese streuen, umso größer wird auch der Wert der Kovarianz. So ist z. B. die Kovarianz zwischen TV-Konsum und Zeitungskonsum gemessen in Minuten deutlich größer als die entsprechende Kovarianz derselben Variablen gemessen in Stunden. Insofern lässt sich bei unterschiedlicher Skalierung die Kovarianz nur schwerlich interpretieren, da sie kein normiertes Maß darstellt und somit unterschiedlich groß ausfällt (Holling & Gediga, 2011, S. 166).

11.2 Pearson's (Produkt-Moment) Korrelation

Um die Vergleichbarkeit von unterschiedlich skalierten Variablen herzustellen, berechnen wir die Korrelation. Hierfür wird die Kovarianz an den Standardabweichungen der beiden Variablen standardisiert. Bleiben wir bei unserem vorherigen Beispiel mit dem TV-Konsum und dem Zeitungskonsum. Berechnen wir die Kovarianz zwischen TV-Konsum und Zeitungskonsum in Minuten, so fällt diese vermutlich vergleichsweise groß aus. Dementsprechend groß fällt aber vermutlich auch die Standardabweichung der beiden Variablen aus, da die Standardabweichung ebenfalls durch die Größe und Streuung der Messwerte beeinflusst wird (Holling & Gediga, 2011, S. 114).

Teilen wir daher die Kovarianz durch das Produkt der Standardabweichungen, erhalten wir ein standardisiertes Maß, die Korrelation. Die Werte der Korrelationen haben durch diese Standardisierung – unabhängig von ihrer Skalierung – einen Wertenbereich zwischen -1 und 1 (Holling & Gediga, 2011, S. 168).

Im Zähler der Berechnung der Korrelation steht die Formel für die Kovarianz der Variablen x und y. Im Nenner wiederum befindet sich das Produkt der Standardabweichung der Variablen x und y (siehe Kap. 8). In beiden Formeln

berechnen wir jeweils die Kennwerte für unsere Stichprobe, benutzen dementsprechend $\frac{1}{n-1}$. Nach Anwenden der Wurzelgesetze lässt sich dieser Quotient im
Zähler und Nenner kürzen (siehe Holling & Gediga, 2011, S. 168). Somit erhalten wir für die Berechnung der sogenannten Produkt-Moment-Korrelation nach
Pearson (Pearson, 1896) die folgende Formel:

$$cor_{xy} = \frac{cov_{xy}}{s_x \cdot s_y} = \frac{\frac{1}{n-1} \sum_{i=1}^{n}(x_i - \bar{x}) \cdot (y_i - \bar{y})}{\sqrt{\frac{1}{n-1} \sum_{i=1}^{n}(x_i - \bar{x})^2} \cdot \sqrt{\frac{1}{n-1} \sum_{i=1}^{n}(y_i - \bar{y})^2}}$$

$$= \frac{\sum_{i=1}^{n}(x_i - \bar{x}) \cdot (y_i - \bar{y})}{\sqrt{\sum_{i=1}^{n}(x_i - \bar{x})^2} \cdot \sqrt{\sum_{i=1}^{n}(y_i - \bar{y})^2}}$$

Bei dieser Berechnung der Korrelation ist wichtig, dass innerhalb der untersuchten Variablen keine fehlenden Werte vorliegen dürfen (Field et al., 2012,
S. 216). Dies ist darin begründet, dass bei fehlenden Angaben die Mittelwerte
nicht berechnet werden können. Untersuchungsobjekte, die bei einer Variablen
fehlende Werte aufweisen, gehen daher nicht in die Korrelationsschätzung mit
ein. Deshalb ist es nötig, bei Korrelationen immer auch die Anzahl der Untersuchungsobjekte (n), auf der die Korrelationsschätzung basiert, anzugeben, da
diese aufgrund des zuvor geschilderten Ausschlusses einzelner Fälle geringer als
die Gesamtanzahl der Untersuchungsobjekte ausfallen kann.

Im unserem Beispiel (siehe oben) haben wir keine fehlenden Werte. Wir müssen dies demnach nicht berücksichtigen. Des Weiteren haben wir bereits die
Werte der Kovarianz (siehe oben) und der Standardabweichungen (siehe Kap. 8)
vorliegen. Wir können demnach die erste Formel nutzen, in welcher wir den
Wert der Kovarianz durch das Produkt der Werte der Standardabweichung teilen.
Unser Ergebnis der Kovarianz lautet $cov_{xy} = 319,1$. Die Standardabweichung
für die Variablen `tv_minuten` und `tz_minuten` wiederum sind $s_x = 80,3$
und $s_y = 13,8$. Die Berechnung der Korrelation nach Pearson ist demnach
$\frac{319,1}{80,3 \cdot 13,8} = \frac{319,1}{1108.14} = 0,29$.

Bei unserer Berechnung haben wir die geschätzte Kovarianz und die geschät-
zen Standardabweichungen benutzt. Das ist nur sinnvoll, wenn repräsentative
Daten vorliegen. In vielen Fällen sollen aber die Zusammenhänge in den Stichprobendaten ermittelt werden. Dann wird bei der Berechnung (siehe oben) nicht
durch $n - 1$, sodern schlicht durch n geteilt. Bei größeren Fallzahlen führen
die Berechnungen zu nahezu identischen Ergebnissen. Wenn aber repräsentative
Stichproben vorliegen und Hypothesen getestet werden sollen, dann muss die
Korrelation zusätzlich anhand von Kennwerten weiter taxiert werden.

Möchten wir unser Korrelationsergebnis von 0,29 beurteilen, sind zwei Kennwerte besonders relevant: die statistische Signifikanz und die Relevanz. Die

statistische Signifikanz, welche oftmals auch verkürzt nur als Signifikanz bezeichnet wird, gibt an, inwieweit die Nullhypothese (H_0) oder eine Alternativhypothese (H_1) zutrifft (siehe Kap. 9). Wir prüfen also, ob in der Grundgesamtheit ein Zusammenhang zwischen unseren Variablen besteht. Dieser Zusammenhang ist unsere inhaltliche Alternativhypothese (Holling & Gediga, 2016, S. 26). Demgegenüber steht unsere Nullhypothese. Diese besagt, dass in der Grundgesamtheit kein systematischer Zusammenhang zwischen unseren Variablen besteht. Um unsere Alternativhypothese zu bestätigen, müssen wir gemäß der Logik der Falsifikation unsere Nullhypothese widerlegen. Da wir von der Stichprobe auf die Grundgesamtheit schätzen, müssen wir mögliche Fehler dieser Schätzung mitberücksichtigen (siehe Kap. 9). Wir müssen demnach zuvor eine Irrtumswahrscheinlichkeit und eine Sicherheitswahrscheinlichkeit unserer Schätzung festlegen. In unserem Fall haben wir eine in der Sozialwissenschaft übliche 95-%ige Sicherheitswahrscheinlichkeit gewählt. Unsere Irrtumswahrscheinlichkeit α beträgt dementsprechend 5 %.

Die Signifikanz wird über den p-Wert ausgegeben. Dieser gibt an, ob unser gefundener Zusammenhang statistisch signifikant ist. Bei unserem zuvor festgelegten Sicherheitsniveau von 95 % ist ein p-Wert, der kleiner als 0,05 ist, signifikant. Dieser Wert von 0,05 entspricht unserer fünf-prozentigen Irrtumswahrscheinlichkeit α. Möchten wir die Teststatistik per Hand berechnen, so benötigen wir für diese Berechnung verschiedene Schritte (Holling & Gediga, 2016, S. 31). Wir haben bereits unser Testverfahren (Produkt-Moment-Korrelation nach Pearson) sowie unsere Irrtumswahrscheinlichkeit ($\alpha = 0{,}05$) festgelegt. Im Anschluss müssen wir die Art des Testes wählen. Wir unterscheiden zwischen einseitigen Tests und zweiseitigen Tests.

Einseitige Tests nutzen wir bei gerichteten Hypothesen. Wir prüfen hier, basierend auf unserer Hypothese, ob die Teststatistik einen kritischen Wert überschreitet oder unterschreitet. Bei einem zweiseitigen Test haben wir hingegen zwei kritische Werte: Einen positiven kritischen Wert und einen negativen kritischen Wert. Wir prüfen demnach, ob die Teststatistik den Betrag des kritischen Wertes über- bzw. unterschreitet (siehe Kap. 9). Analog zu unserer Unterscheidung zwischen Nullhypothese $\left(r_{xy} = 0 \right)$ und Alternativhypothese $\left(r_{xy} \neq 0 \right)$ prüfen wir bei einem zweiseitigen Test, ob wir einen Zusammenhang oder keinen Zusammenhang finden[2].

---

[2] Der p-Wert, der im Statistik-Programm ausgegeben wird, prüft zumeist lediglich den zweiseitigen Test. Dieser kann jedoch in einen p-Wert für einen einseitigen Test umgerechnet werden (siehe Holling & Gediga, 2016, S. 38).

Der kritische Wert kennzeichnet demnach den Ablehnungsbereich der Nullhypothese. Dies bedeutet, dass wir von einer Signifikanz ausgehen können, wenn der kritische Wert überschritten wird. Wir müssen somit aus den Daten unseren empirischen Wert bzw. unsere Teststatistik berechnen, um diese mit dem kritischen Wert vergleichen zu können (Holling & Gediga, 2016, S. 128):

$$T = \frac{r \cdot \sqrt{n-2}}{\sqrt{1-r^2}}$$

r markiert unseren zuvor berechneten Pearson Korrelationskoeffizient. n wiederum ist unsere Stichprobengröße. Für unser Rechenbeispiel ergibt sich somit die folgende Teststatistik:

$$T = \frac{0,29 \cdot \sqrt{11-2}}{\sqrt{1-0,29^2}} = \frac{0,87}{0,96} = 0,91$$

Unsere Teststatistik beträgt demnach 0,91. Diesen Wert müssen wir anschließend mit dem kritischen Wert vergleichen. Dieser kann für die verschiedenen Freiheitsgrade in einer t-Tabelle abgelesen werden (siehe z. B. Field et al., 2012, S. 935). Die Freiheitsgrade (df) bestimmen wir durch $n-2$, da wir die Erwartungswerte durch die Mittelwerte der Stichproben schätzen müssen (siehe Kap. 9). Für unser Beispiel ergibt sich somit $df = 11-2 = 9$. Der kritische Wert (t) ergibt sich wiederum aus der Teststatistik t und unserem zuvor festgelegten Signifikanzniveau α (Holling & Gediga, 2016, S. 28). Ein einseitiger Test berechnet sich durch $t_{1-\alpha}$. Für einen zweiseitigen Test müssen wir α zusätzlich durch zwei teilen (siehe Kap. 9). Die gesamte Formel für den kritischen Wert eines zweiseitigen Tests lautet demnach:

$$|t| = t_{1-\frac{\alpha}{2}}(n-2) = t_{.975}(n-2)$$

Innerhalb der Tabelle wird für einen zweiseitigen Test bei neun Freiheitsgraden und einem α von 0,05 ein kritischer Wert von 2,26 ausgegeben. Den kritischen Wert müssen wir mit unserer zuvor berechneten Teststatistik vergleichen. Dabei gilt, dass für ein signifikantes Ergebnis unsere Teststatistik größer sein muss, als der Betrag des kritischen Werts ($T > |t|$). In unserem Beispiel ist die Teststatistik mit 0,91 kleiner als der kritische Wert von 2,26. Somit ist für unser Beispiel keine theoretische Signifikanz gegeben. Wir können also einen Effekt unserer Stichprobe nicht auf die Grundgesamtheit übertragen. Zwischen der Dauer des Fernsehkonsums und der Dauer des Zeitungskonsums besteht somit kein signifikanter linearer Zusammenhang.

Neben dieser statistischen Signifikanz müssen wir die Relevanz (auch bekannt als Effektstärke) beurteilen. Hier beurteilen wir nicht nur, ob wir den gefundenen Effekt auch auf die Grundgesamtheit übertragen können, sondern auch, ob unser gefundener Effekt so bedeutsam ist, dass er sich beurteilen lässt. Anders ausgedrückt fragen wir, ob unser gefundener Effekt trotz statistischer Signifikanz nicht so klein ist, dass er praktische keine Bedeutung mehr hat (Thompson, 1993). Für die Beurteilung der Relevanz hat Cohen Konventionen aufgestellt, anhand derer sich der Wert der Korrelation beurteilen lässt (Cohen, 1992, S. 157; Ellis, 2011, S. 41:

• $r < 0,1$ bzw. $r > -0,1$	Kein systematischer Zusammenhang
• $0,1 \leq r \leq 0,3$ bzw. $-0,3 \leq r \leq -0,1$	Schwacher Zusammenhang
• $0,3 \leq r \leq 0,5$ bzw. $-0,5 \leq r \leq -0,3$	Mittlerer Zusammenhang
• $r > 0,5$ bzw. $r < -0,5$	Starker Zusammenhang

Diese Einteilung bietet eine gute Orientierung, um den Zusammenhang zwischen zwei Variablen beurteilen zu können. Unsere Korrelation von $r = 0,29$ ($n = 11$) drückt demnach einen schwachen Zusammenhang zwischen dem Fernsehkonsum und dem Zeitungskonsum aus. Dieser Zusammenhang ist jedoch nicht signifikant. Bei der Beurteilung dieser Signifikanz müssen wir allerdings berücksichtigen, dass wir mit $n = 11$ eine sehr kleine Stichprobe haben. Da der p-Wert von der Größe der Stichprobe abhängt, wäre insofern unser Signifikanzwert auch auf die Stichprobengröße zurückzuführen (Holling & Gediga, 2016, S. 36).

11.3 Spearman's Rho (Rangreihen-Korrelation)

Der Korrelationskoeffizient nach Pearson ist an bestimmte Voraussetzungen gebunden: So sollten die Variablen für die Pearson-Korrelation und den Signifikanztest idealerweise normalverteilt und metrisch skaliert sein und einen linearen Zusammenhang abbilden (Field et al., 2012, S. 223). Liegen hingegen ordinale Daten vor, kann die Korrelation nach Pearson nicht verwendet werden. Eine Alternative bietet hier der Rangreihenkorrelationskoeffizient Spearman's Rho (Spearman, 1910), als sogenannter nicht-parametrischer Test.

Dieser basiert auf der Berechnung von Pearson, nutzt aber nicht die einzelnen Werte, sondern deren Rangplätze (Field et al., 2012, S. 223). Dies bedeutet, unsere einzelnen Werte müssen in Ränge übertragen werden. Diesen Vorgang nennen wir Rangtransformation. Dazu erhält der größte Wert den Rangplatz 1 (Holling & Gediga, 2011, S. 219). Nachfolgend erhalten alle Werte ihrer Größe nach geordnet den nächsthöheren Rang. Haben wir in unseren Daten mehrere Fälle mit demselben Wert, so liegt eine Rangbindung vor. In diesem Fall addieren wir die Werte der Ränge, welche sich ohne Rangbindung ergeben hätten, und teilen diese durch deren Anzahl (Holling & Gediga, 2011, S. 219).

Die Berechnung von Rangplätzen – im Gegensatz zur Berechnung von Pearson – bietet den Vorteil, dass diese Berechnung robust gegen Ausreißer ist (siehe Holling & Gediga, 2016, S. 131). Da sich extreme Werte stark auf die Berechnung der Pearson's Korrelation auswirken können und damit ggf. zu einer Überschätzung der Korrelation führen, ist es auch bei Messungen mit vielen Ausreißern ratsam, auf Rangreihenkorrelationen zurückzugreifen (de Winter et al., 2016).

Die Berechnung des Rangreihenkorrelationskoeffizienten Spearman's Rho erfolgt analog zur Berechnung von Pearson's r. Statt der einzelnen Werte der Variablen x und y verwenden wir nun deren Rangplätze rp:

$$\rho_{xy} = \frac{cov_{rp(x)rp(y)}}{s_{rp(x)} \cdot s_{rp(y)}} =$$

$$\frac{\frac{1}{n-1} \sum_{i=1}^{n} \left(rp(x_i) - \overline{rp(x)} \right) \cdot \left(rp(y_i) - \overline{rp(y)} \right)}{\sqrt{\frac{1}{n-1} \sum_{i=1}^{n} \left(rp(x_i) - \overline{rp(x)} \right)^2} \cdot \sqrt{\frac{1}{n-1} \sum_{i=1}^{n} \left(rp(y_i) - \overline{rp(y)} \right)^2}}$$

$$= \frac{\sum_{i=1}^{n} \left(rp(x_i) - \overline{rp(x)} \right) \cdot \left(rp(y_i) - rp(y) \right)}{\sqrt{\sum_{i=1}^{n} \left(rp(x_i) - \overline{rp(x)} \right)^2} \cdot \sqrt{\sum_{i=1}^{n} \left(rp(y_i) - \overline{rp(y)} \right)^2}}$$

Die Beurteilung der Rangreihenkorrelation ist ebenfalls analog zur Beurteilung der Produkt-Moment-Korrelation nach Pearson: Ein positiver Wert symbolisiert einen gleichförmigen Zusammenhang, wohingegen ein negativer Wert einen gegenläufigen Zusammenhang widerspiegelt (siehe oben; Holling & Gediga, 2016, S. 176). Das Maß ist zudem auf einen Bereich zwischen -1 und 1 normiert, wobei ein größerer Zusammenhang durch einen größeren (bzw. kleineren bei negativen Werten) Wert symbolisiert wird (siehe oben; Holling & Gediga, 2016, S. 178).

In unserem vorliegenden Beispiel der Variablen Fernsehkonsum und Zeitungskonsum handelt es sich um zwei metrische Variablen. Wir würden in diesem Fall auf die Produkt-Moment-Korrelation nach Pearson verweisen. Da jedoch die Variablen nicht perfekt normalverteilt sind (siehe Kap. 9), können wir stattdessen auch die Rangreihenkorrelation verwenden. Zunächst müssen wir die Kovarianz der Rangplätze berechnen.

Tab. 11.3 Anfangstabelle zur Berechnung der Rangreihenkorrelation. (Eigene Darstellung)

i	x_i (tv_minuten)	Rangplatz x_i	$x_i - \bar{x}$	y_i (tz_minuten)	Rangplatz y_i	$y_i - \bar{y}$	$(x_i - \bar{x})$ * $(y_i - \bar{y})$
1	180			15			
2	30			0			
3	120			10			
4	240			20			
5	180			15			
6	0			5			
7	60			30			
8	90			15			
9	120			45			
10	30			30			
11	0			0			
$\bar{x}$	= 95,5	= 6,0		$\bar{y}$	= 16,8	= 6,0	Kovarianz $_{xy}$

Eigene Darstellung

In einem ersten Schritt müssen wir für unsere Messwerte Rangplätze vergeben. Dafür nutzen wir erneut unsere Anfangstabelle (siehe oben), ergänzen diese
jedoch um zwei Spalten für die Bestimmung der Rangplätze (siehe Tab. 11.3).

Innerhalb der Spalten drei und sechs können wir nun die Rangplätze vergeben. Wir müssen insgesamt für $n = 11$ Untersuchungsobjekte Rangplätze
vergeben. Entsprechend den zuvor genannten Regeln für die Vergabe der Rangplätze, fangen wir mit dem größten Wert an und vergeben diesem den Rangplatz
1. Anschließend erfolgt die Vergabe für die anderen Plätze, wobei wir natürlich
die Rangbindungen in die Bestimmung der Ränge mit einbeziehen müssen (in
Tab. 11.4 durch * markiert). Aus unseren zuvor erstellten Rangplätzen müssen
wir anschließend die jeweiligen Rang-Mittelwerte bilden (siehe Tab. 11.4).

Nun können wir die Berechnung der Kovarianz nach dem bereits bekannten
Muster fortführen. Zunächst müssen wir unseren Rangmittelwert von den jewei-
ligen Rangplätzen subtrahieren. Das Ergebnis dieser Berechnung tragen wir in
Spalte vier und sechs unserer Tabelle ein (siehe Tab. 11.5). Anschließend müssen
wir in unserer letzten Spalte das Produkt unserer zuvor erstellten Spalten bilden.
Zuletzt addieren wir die Werte unserer letzten Spalte und teilen diese durch $n - 1$.
Die Berechnung unserer Kovarianz (siehe auch Tab. 11.5) lautet demnach:

Tab. 11.4 Erstellung der Rangplätze zur Berechnung der Rangreihenkorrelation. (Eigene Darstellung)

i	x_i (tv_minuten)	Rangplatz x_i	$x_i - \bar{x}$	y_i (tz_minuten)	Rangplatz y_i	$y_i - \bar{y}$	$(x_i - \bar{x}) \cdot (y_i - \bar{y})$
1	180	2,5*		15	6*		
2	30	8,5*		0	10,5*		
3	120	4,5*		10	8		
4	240	1		20	4		
5	180	2,5*		15	6*		
6	0	10,5*		5	9		
7	60	7		30	2,5*		
8	90	6		15	6*		
9	120	4,5*		45	1		
10	30	8,5*		30	2,5*		
11	0	10,5*		0	10,5*		
$\bar{x}$	= 95,5	= 6,0	$\bar{y}$	= 16,8	= 6,0	Kovarianz$_{xy}$	

Eigene Darstellung

Tab. 11.5 Berechnung der Rangreihenkorrelation. (Eigene Darstellung)

i	x_i (tv_minuten)	Rangplatz x_i	$x_i - \bar{x}$	y_i (tz_minuten)	Rangplatz y_i	$y_i - \bar{y}$	$(x_i - \bar{x}) \cdot (y_i - \bar{y})$
1	180	2,5	-3,5	15	6	0	0
2	30	8,5	2,5	0	10,5	4,5	11,25
3	120	4,5	-1,5	10	8	2	-3
4	240	1	-5	20	4	-2	10
5	180	2,5	-3,5	15	6	0	0
6	0	10,5	4,5	5	9	3	13,5
7	60	7	1	30	2,5	-3,5	-3,5
8	90	6	0	15	6	0	0
9	120	4,5	-1,5	45	1	-5	7,5
10	30	8,5	2,5	30	2,5	-3,5	-8,75
11	0	10,5	4,5	0	10,5	4,5	20,25
$\bar{x}$	= 95,5	= 6,0	$\bar{y}$	= 16,8	= 6,0	Kovarianz$_{xy}$	4,7

Eigene Darstellung

$$cov_{xy} = \frac{\frac{0+11,25-3+10+0+13,5-3,5+0+7,5-8,75+20,25}{11-1}}{} =$$
$$\frac{47,25}{10} = 4,73$$

Aus der Kovarianz lässt sich das normierte Maß der Rangreihenkorrelation berechnen, indem wir unsere Kovarianz durch das Produkt der Standardabweichungen der Rangplätze für unsere beiden Variablen berechnen. Für die Rangplatz-Variable x beträgt diese Standardabweichung 3,3 und für die Rangplatz-Variable y 3,3 (zur Berechnung siehe Kap. 8 Verteilungen). Unsere Rangreihenkorrelation beträgt somit:

$$\rho_{xy} = \frac{cov_{rp(x)rp(y)}}{s_{rp(x)} \cdot s_{rp(y)}} = \frac{4,73}{3,3 \cdot 3,3} = 0,43$$

Die Berechnung der statistischen Signifikanz erfolgt analog zur Berechnung der Produkt-Moment-Korrelation und wird daher hier nicht erneut aufgegriffen. Auch die Einschätzung der Relevanz erfolgt nach denselben Maßstäben. Nach Cohen (1992) haben wir einen mittleren Zusammenhang vorliegen. Demnach schätzt die Rangreihenkorrelation den Zusammenhang zwischen den beiden Variablen in unserem Beispiel etwas stärker ein als die Produkt-Moment-Korrelation (siehe auch Hauke & Kossowski, 2011).

Ob die Produkt-Moment- oder die Rangreihenkorrelation das angemessenere Verfahren darstellt, muss anhand von inhaltlichen Kriterien entschieden werden. Diese Kriterien umfassen die Skalierung der Variablen, die Stichprobengröße oder auch das Vorliegen von Ausreißern (siehe auch de Winter et al., 2016, S. 286). Wichtig ist jedoch, sich vorab für ein Verfahren zu entscheiden und nicht beide auszuprobieren, um dann den passenderen Wert zu nutzen.

11.4 Korrelation versus Kausalität

Sowohl die Produkt-Moment Korrelation nach Pearson als auch die Rangreihenkorrelation nach Spearman zeigen Zusammenhänge zwischen Variablen auf. Wichtig ist dabei, nicht von einem Zusammenhang auf Kausalität zu schließen, es gilt: Korrelation $\neq$ Kausalität.

Kausalität bedeutet, dass wir nicht nur einen Zusammenhang zwischen zwei Variablen haben, sondern eine Variable einen Einfluss auf eine andere Variable ausübt. Damit Kausalität gegeben ist, müssen bestimmte Bedingungen erfüllt sein (Hill, 1965). So sollte eine Beziehung zwischen zwei Variablen unter anderem eine gewisse Stärke aufweisen und konsistent über verschiedene Analysen hinweg sein. Des Weiteren muss für eine kausale Interpretation ein zeitlicher Zusammenhang gegeben sein (Einfluss muss vor dem Effekt stattfinden) und etwaige zusätzliche Einflüsse (Drittvariablen) müssen ausgeschlossen sein. Insofern können wir bei Korrelationen nicht von einem kausalen Zusammenhang ausgehen, wenn wir keine statistischen Aussagen zu einer eventuellen Richtung eines Einflusses oder zu etwaigen Drittvariablen machen können (Field et al., 2012, S. 112; Holling & Gediga, 2011, S. 173). Rein inhaltlich betracht gibt es einigen Konstellationen, bei welchen aufgrund der Plausibilität nur eine Variable die andere beeinflussen kann. Dies ist typischerweise bei soziodemografischen Variablen wie dem Alter gegeben. So kann das Alter zwar die Mediennutzung beeinflussen, aber die Mediennutzung nicht das Alter. Aufgrund des zuvor geschilderten Problems möglicher Drittvariablen, würden wir jedoch auch hier nicht von einer Kausalität ausgehen. Auf unser Beispiel bezogen können wir lediglich sagen, dass wir einen Zusammenhang zwischen Fernseh- und Zeitungskonsum vermuten. Ob die Zeitungslektüre Einfluss auf den Fernsehkonsum, der Fernsehkonsum Einfluss auf die Zeitungslektüre oder ein außenstehender Faktor Einfluss auf beide hat, lässt sich anhand der Korrelation jedoch nicht prüfen.

11.5 Scatterplots und Korrelationsmatrix

Für die Darstellung einzelner Korrelationen bietet sich ein Scatterplot an. Mehrere Korrelationen können als Korrelationsmatrix oder Scatterplotmatrix dargestellt werden.

11.5.1 Darstellung einzelner Korrelationen

Um einzelne Korrelationen und damit den Zusammenhang zwischen zwei Variablen zu visualisieren, bieten sich Scatterplots an (siehe auch Cleveland & McGill, 1984). Zudem haben diese den Vorteil, dass sich anhand der Darstellung die Linearität des Zusammenhangs sowie einzelne Ausreißer ablesen lassen (siehe auch Anscombe, 1973). Somit bieten sich Scatterplots sowohl zur Voraussetzungsprüfung als auch zur Visualisierung von Korrelationen im Forschungsbericht an. Scatterplots sind nach der Logik eines Koordinatensystems aufgebaut, wobei die Werte der einen Variablen der x-Achse und die der anderen Variablen der y-Achse zugeordnet werden. Für jedes Untersuchungsobjekt wird ein Punkt an der entsprechenden Stelle des Wertepaares in das Koordinatensystem eingetragen (zu den visuellen Anforderungen an einen Scatterplot siehe auch Doherty &

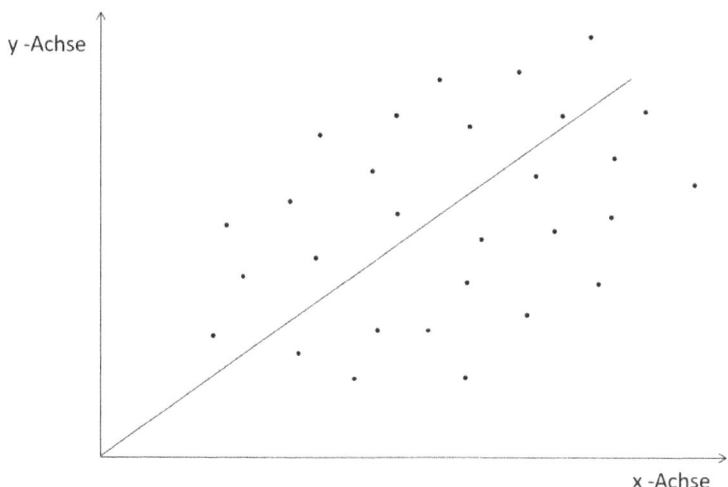

Eigene Darstellung

Abb. 11.1 Beispiel eines Scatterplots. (Eigene Darstellung)

Anderson, 2009). Durch diese Punktwolke lässt sich anschließend eine Gerade ziehen (siehe Abb. 11.1). Diese Gerade ist eine Regressionsgerade. Sie basiert auf der linearen Beziehung der Variablen zueinander und berechnet sich aus einem linearen Modell (Field et al., 2012, S. 138).

Anhand des Verhältnisses der Punkte zur Geraden kann die Stärke der Korrelation beurteilt werden: Je größer der Korrelationskoeffizient ausfällt, desto näher liegen die einzelnen Datenpunkte an der Geraden (Holling & Gediga, 2011, S. 170). Wenn kein Zusammenhang zwischen den Variablen besteht, verläuft die Gerade eher parallel zur x-Achse und die einzelnen Datenpunkte verteilen sich zufällig nach keinem erkennbaren Muster. Handelt es sich hingegen um einen perfekten positiven Zusammenhang, so liegen die Datenpunkte auf einer Gerade mit positiver Steigung. Handelt es sich demgegenüber um einen perfekten negativen Zusammenhang, so liegen die Datenpunkte auf einer Geraden mit negativer Steigung (siehe Abb. 11.2).

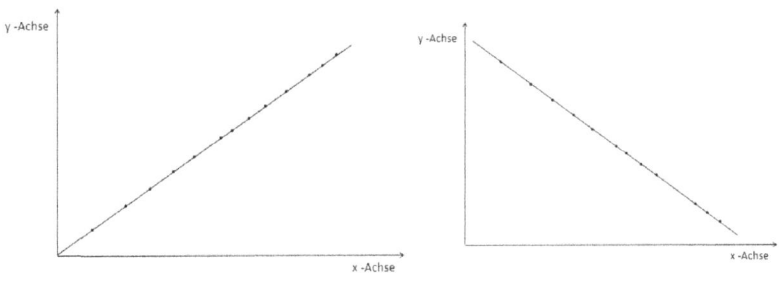

Eigene Darstellung

Abb. 11.2 Schematische Darstellung eines perfekten positiven (links) und negativen (rechts) Zusammenhangs. (Eigene Darstellung)

Scatterplots können sowohl mit den eigentlichen Messwerten als auch mit mathematischen Transformationen dieser erstellt werden. So ist es ebenfalls möglich, einen Scatterplot mit den jeweiligen Rangplätzen zu zeichnen, um eine Visualisierung von Rangreihenkorrelationen zu erhalten.

Anhand unseres Beispieldatensatzes möchten wir jedoch die Pearson's-Korrelation visualisieren. Wir nutzen dafür unsere zuvor berechnete Korrelation der Variablen Fernsehminuten (tv_minuten) und Zeitungsminuten (tz_minuten). Wir haben hier die Fernsehminuten auf der y-Achse und die Zeitungsminuten auf der x-Achse abgetragen. Diese Einteilung in x-Achse und y-Achse ist jedoch willkürlich, wir könnten demnach auch die Achsen vertauschen. Für jeden unserer elf Fälle haben wir die Koordinaten an der entsprechenden Stelle abgetragen. Anschließend haben wir eine Gerade durch unsere Daten gezogen. Eigentlich müssten wir diese Gerade anhand der Regressionsgleichung der beiden Variablen einzeichnen (Field et al., 2012, S. 138). Da wir dieses Thema noch nicht behandelt haben, zeichnen wir die Gerade in diesem Beispiel als Lesehilfe per Augenschein ein (siehe Abb. 11.3). Möchte man diese Grafik in einem Forschungsbericht veröffentlichen, empfehlen wir, diese mit R zu erstellen.

Wir erkennen anhand der Verteilung der Werte, dass es sich bei unserer Korrelation um einen positiven Zusammenhang handelt: Steigen die Werte unserer Variablen tv_minuten, so steigen auch die Werte unserer Variablen tz_minuten. Anhand der Streuung der Werte und deren Abstand zu unserer Geraden erkennen wir jedoch auch, dass keine große Korrelation vorliegen kann.

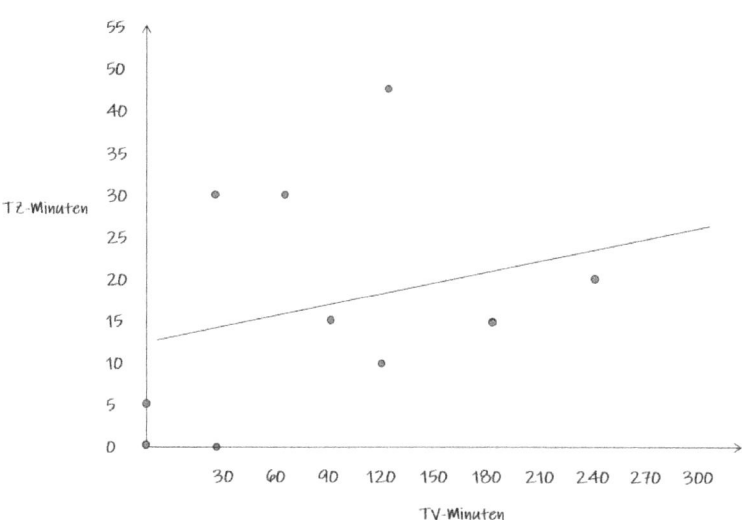

Eigene Darstellung

Abb. 11.3 Scatterplot der Fernseh- und Tageszeitungsnnutzung. (Eigene Darstellung)

11.5.2 Darstellung mehrerer Korrelationen

In Forschungsberichten müssen oft nicht nur Zusammenhänge zwischen zwei Variablen, sondern zwischen vielen Variablen dokumentiert werden. Diese werden dann typischerweise in einer Korrelationsmatrix dargestellt (Field et al., 2012, S. 241). Die Korrelationsmatrix ist eine Tabelle, in der die untersuchten Variablen sowohl Spalten als auch Zeilen bilden. In die Zellen werden jeweils die Korrelationswerte zwischen den entsprechenden Variablen eingetragen (siehe Tab. 11.6).

Der Aufbau der Tabelle bringt es mit sich, dass die Diagonale die Korrelationen der Variablen mit sich selbst aufführt. Da dies eine perfekte Korrelation darstellt, ist dieser Wert immer gleich eins. Des Weiteren entsprechen sich die Werte oberhalb und unterhalb der Diagonalen, da die Korrelation zwischen den Variablen x und y der Korrelation zwischen y und x entspricht (siehe Tab. 11.6).

Die visuelle Darstellung mehrerer Variablen erfolgt zumeist über eine Scatterplotmatrix (McKenna et al., 2016, S. 447). In dieser Matrix werden, der

Tab. 11.6 Prinzip der
Korrelationsmatrix. (Eigene
Darstellung)

	Variable x	Variable y	Variable z
Variable x	1	Korrelation y/x	Korrelation z/x
Variable y	Korrelation x/y	1	Korrelation z/y
Variable z	Korrelation x/z	Korrelation y/z	1

Logik der Korrelationsmatrix entsprechend, die verschiedenen Scatterplots der Variablenpaare abgebildet (Cook & Weisberg, 1994, S. 49). Auf der Diagonalen werden wahlweise die Namen der Variablen oder Histogramme der Verteilungen gezeigt (Cui et al., 2006). Auch können Korrelationsmatrizen und Scatterplot-Matrizen kombiniert werden. Dann werden unterhalb der Diagonalen die Scatterplots gezeigt und oberhalb der Diagonalen die Korrelationskoeffizienten. Eine solche Scatterplotmatrix ermöglicht es, einen umfassenden Überblick über die Verteilungen und Zusammenhänge zwischen den analysierten Variablen zu erhalten. Jedoch kann eine Scatterplotmatrix recht schnell sehr unübersichtlich werden. Daher wird diese Darstellung nur für eine begrenzte Anzahl an Variablen empfohlen (McKenna et al., 2016, S. 447).

11.6 Pearson r Korrelationen mit Markdown

Bei größeren Datensätzen lassen sich Korrelationen einfacher mit R berechnen. In diesem Kapitel zeigen wir Ihnen Schritt für Schritt, wie die Zusammenhangsmaße Pearson's *r* und Spearman Rho (ρ) mit R berechnet werden können. Anschließend visualisieren wir Korrelationen mittels Scatterplots und einer Scatterplotmatrix.

11.6.1 Schnelles Ergebnis

In unserem Musterskript müssen Sie zur Berechnung der Pearson's *r* Korrelation folgende Elemente ändern:

- Unter dem Punkt `#Laden und Auswahl der Daten und Variablen` muss statt `meine Daten` Ihr korrekter Dateiname verwendet werden. Zudem müssen statt `meineV1`, `meineV2`, `meineV3` und `meineV4` Ihre Variablennamen genutzt werden.
- Unter dem Punkt `#Labels` muss statt `Label V1`, `Label V2`, `Label V3`, `Label V4` die kurze Bezeichnung Ihrer Variablen genutzt werden.

```
15▾ ```{r pearsons r}
16  #Installieren und Laden der Pakete
17  if(!require("pacman")){install.packages("pacman");library(pacman)}
18  p_load(tidyverse, knitr, Hmisc)
19
20  #Laden und Auswahl der Daten und Variablen
21  load("meineDaten.Rda")
22  daten <- meineDaten
23  daten$v1 <- daten$meineV1
24  daten$v2 <- daten$meineV2
25  daten$v3 <- daten$meineV3
26  daten$v4 <- daten$meineV4
27
28  #Labels
29  label_v1 <- "Label V1"
30  label_v2 <- "Label V2"
31  label_v3 <- "Label V3"
32  label_v4 <- "Label V4"
33
34  #Datensatz erstellen
35  daten.cor <- select(daten, "v1","v2","v3","v4")
36  names(daten.cor) <- c(label_v1, label_v2,
37                        label_v3, label_v4)
38
39  #Korrelationsmatrix erstellen
40  r <- round(rcorr(as.matrix(daten.cor))$r,2)
41
42  #Signifikanzsternchen hinzufügen
43  p <- rcorr(as.matrix(daten.cor))$P
44  mystars <- ifelse(p < .001, "***",
45                    ifelse(p < .01, "** ",
46                          ifelse(p < .05, "* ", " ")))
47  r <- matrix(paste(r, mystars, sep=""), ncol=ncol(r))
48  r[upper.tri(r, diag = T)] <- ""
49  r <- as.data.frame(r)
50  r$Variable <- colnames(daten.cor)
51  r <- r[,c(5,1:3)]
52
53  #Korrelationsmatrix darstellen
54  kable(r, col.names = c("Variablen",
55                         label_v1,
56                         label_v2,
57                         label_v3))
58  ```
```

11.6.2 Vorgehen

Für die Berechnung der Pearson's Korrelation *r* sollten zunächst mit der Funktion `p_load()` des Pakets *pacman* (Rinker & Kurkiewicz, 2018) die benötigten Pakete installiert und geladen werden (Zeile 17–18). Für die Berechnung werden folgende Pakete benötigt (Zeile 18): *tidyverse* für die Selektion bestimmter Variablen aus dem Datensatz, um einen Subdatensatz und somit eine Datenmatrix zu erstellen (Wickham et al., 2019); *Hmisc* für die Berechnung der Korrelationen mit Signifikanzwert p (Frank, 2020) und *knitr* für die Erstellung einer präsentablen Ergebnistabelle (Xie, 2020).

Im nächsten Abschnitt sollten Sie den Datensatz und die Variablen laden. Wir gehen davon aus, dass Sie über einen R-Datensatz verfügen und schlagen den Befehl `load("meineDaten.Rda")` für den Import des Datensatzes vor (Zeile 21). Anstelle von `meine Daten` geben Sie den Namen Ihres Datensatzes ein. Um weitere Schritte der Berechnung zu vereinfachen, empfehlen wir Ihnen, den Datensatz als `daten` und die relevanten Variablen für Ihre Auswertung entsprechend als `v1`, `v2`, `v3` und `v4` sowie die deren Labels als `label_v1`, `label_v2`, `label_v3` und `label_v4` umzubenennen (Zeile 22–26 & 29–32). Falls Sie eine weitere Variable nutzen möchten, können Sie diese mit dem Befehl `daten$v5 <- daten$meineV5` hinzufügen und mit dem Befehl `label_v5 <- "Label V5"` die Bezeichnung dieser Variablen anpassen. Werden nur drei Variablen verwendet, sollten die Zeile `daten$v4 <- daten$meineV4` und das Label `label_v4 <- "Label V4"` entfernt werden.

Um die Pearson's *r* Korrelationen zu berechnen, müssen wir zunächst einen Datensatz bilden, wobei wir lediglich die Variablen auswählen, deren Korrelationen wir darstellen möchten. Wir nutzen dazu die Funktion `select()` aus dem Paket *tidyverse* und nennen diesen Datensatz `daten.cor` (Zeile 35). Da in der Korrelationsmatrix automatisch die kurzen Variablennamen verwendet werden (z. B. `sozial_haushalt`), empfehlen wir Ihnen, diesen Variablen mit dem Befehl `names()` konkrete Labels zu geben. Dieser ist zwar optional, macht die Darstellung des Ergebnisses jedoch übersichtlicher und für Externe, die Ihren Datensatz nicht so gut kennen, verständlicher (Zeile 36–37):

```
34  #Datensatz erstellen
35  daten.cor <- select(daten, "v1","v2","v3","v4")
36  names(daten.cor) <- c(label_v1, label_v2,
37                        label_v3, label_v4)
```

Mit wenigen Schritten können Sie danach eine Korrelationsmatrix für Ihre Variablen erstellen[3]. Zunächst erstellen Sie mit der Funktion `rcorr()` aus dem

---

[3] Mit der Funktion `cor.plot()` aus dem *psych* Paket (Revelle, 2020) haben Sie ebenfalls die Möglichkeit, eine Pearson's r- Korrelationsmatrix zu erstellen. Dazu müssen Sie lediglich

Paket *Hmisc* eine unformatierte Korrelationsmatrix namens r (Zeile 40). Um diese unformatierte Korrelationsmatrix zu erstellen, sollten Sie zunächst mit der Funktion as.matrix()eine Datenmatrix aus dem Datensatz daten.corr erstellen. Danach erzeugen Sie mit der Funktion rcorr() eine Korrelationsmatrix. Allerdings ergeben sich als Ergebnisse von rcorr() drei Matrizen: r für die Korrelation, n für die Anzahl der für die Berechnung berücksichtigten Fälle und p für die Signifikanz der Korrelation. Relevant für uns ist jedoch nur die r-Matrix. Um diese Matrix zu extrahieren, verwenden Sie das $-Zeichen. Mit dem Zusatz $r wählen wir also aus dem Gesamtergebnis von rcorr()die r-Matrix aus. Die einzelnen Korrelationen in dieser Matrix haben jedoch in ihrer unformatierten Form sehr viele Nachkommastellen. Mit der Funktion round(,2) haben wir diese Zahlen auf zwei Nachkommastellen aufgerundet. Sie können je nach Wunsch die Anzahl der Nachkommastellen anpassen:

```
39  #Korrelationsmatrix erstellen
40  r <- round(rcorr(as.matrix(daten.cor))$r,2)
```

Im nächsten Schritt wählen wir nach dem gleichen Prinzip die Signifikanz-Matrix p aus (Zeile 43). Im wissenschaftlichen Berichten sehen Sie öfter Sterne, welche die Signifikanz der Ergebnisse anhand des *p*-Wertes darstellen:

• $p < 0,05$	Die Irrtumswahrscheinlichkeit) liegt bei unter 5 % (*)
• $p < 0,01$	Die Irrtumswahrscheinlichkeit ist kleiner als 1 %, (**) oder
• $p < 0,001$	Die Irrtumswahrscheinlichkeit ist kleiner als 1 ‰ (***)

Nach diesen Regeln vergeben wir mit der ifelse()- Funktion den *p*-Werten aus unserer *p*-Matrix den entsprechenden Stern und speichern die Ergebnisse unter dem Namen mystar (Zeile 44–46). In unserem Fall haben wir drei ifelse-Funktionen gleichzeitig verwendet, um drei Bedingungen für den *p*-Wert zu überprüfen. In der ersten ifelse-Funktion überprüfen wir, ob der *p*-Wert kleiner ist als 0,001 (Zeile 44). Wenn es der Fall ist, sollte die Korrelation mit drei Sternen markiert werden. Wenn p nicht kleiner als 0,001 ist, dann sollte die zweite ifelse-Funktion eingesetzt werden (Zeile 45). Diese Funktion

---

innerhalb der Funktion Ihre Datenmatrix angeben. cor.plot() eignet sich gut, wenn Sie schnell eine Übersicht über die Korrelationen erhalten möchten. Allerdings wird hier statt einer Tabelle eine Korrelationsgrafik ausgegeben.

kontrolliert, ob der *p*-Wert kleiner ist als 0,01. Wenn es der Fall ist, sollte die Korrelation mit zwei Sternen markiert werden. Wenn *p* nicht kleiner als 0,01 ist, dann sollte die dritte `ifelse`-Funktion eingesetzt werden (Zeile 46). Diese Funktion kontrolliert, ob der *p*-Wert kleiner ist als 0,05. Wenn es der Fall ist, sollte die Korrelation mit einem Stern markiert werden. Wenn alle drei Bedingungen nicht erfüllt sind, dann sollte kein Stern vergeben werden:

```
43  p <- rcorr(as.matrix(daten.cor))$P
44  mystars <- ifelse(p < .001, "***",
45              ifelse(p < .01, "** ",
46              ifelse(p < .05, "* ", " ")))
```

Im nächsten Schritt markieren wir die Korrelationen mit ihren entsprechenden Signifikanzsternen, indem wir mit der Funktion `paste0()` die beiden Matrizen `r` und `mystar` zusammenfügen (Zeile 47). Als Ergebnis erhalten wir eine symmetrische Korrelationsmatrix mit zwei Identische Hälften, welche durch eine Hauptdiagonale getrennt werden. Auf der Hauptdiagonalen wird die Korrelation der Größen mit sich selbst berechnet. Diese ergibt immer eine Korrelation von 1. Aus diesen Gründen werden die Werte der Hauptdiagonalen sowie die doppelten Werte der oberen Hälfte der Korrelationsmatrix mit der Funktion `upper.tri(r, diag = T) <- ""` ausgeblendet, um die Darstellung übersichtlicher zu gestalten (Zeile 48). Mit den Argumenten `(r, diag = T)` wählen wir die obere Hälfte der Korrelationsmatrix r aus. Das Argument `diag = T` bedeutet, dass die Diagonale dieser Matrix mitausgewählt wird. Setzen Sie `diag = F`, wird nur die obere Hälfte der Matrix ohne die Diagonale ausgewählt. Unser Ziel ist es, diese Halfte auszublenden. Die Zuweisung `< - ""` löscht somit die ausgewählte obere Hälfte inklusiv der Diagonale. Nach diesem Schritt bekommen Sie als Ergebnis eine Korrelationsmatrix nur mit der unteren Hälfte:

```
47  r <- matrix(paste(r, mystars, sep=""), ncol=ncol(r))
48  r[upper.tri(r, diag = T)] <- ""
```

Folgende Schritte sind optional, dienen jedoch der Darstellung einer schönen Korrelationsmatrix. Wir bringen die Korrelationsmatrix r mit der Funktion `as.data.frame()` in das Format einer Datentabelle und fügen mit der Funktion `colnames(daten.cor)` eine Spalte mit den Namen der in der Datentabelle vorhandenen Variablen hinzu (Zeile 49–50). Diese Spalte steht am Ende der Datentabelle. Wir haben nun eine Datentabelle mit fünf Spalten, wobei die letzten Spalte mit den Variablennamen ganz am Ende steht. Im Kapitel Datenmanagement haben Sie die Auswahl von Spalten in einem Datensatz kennengelernt. Mit der Funktion `r[,c(5,1:3)]` sortieren wir die Spalten so, dass die Spalte mit den Namen an erster Stelle steht (Zeile 51). Mit `kable()` bekommen wir eine schöne Darstellung der Korrelationsmatrix (54–57):

```
49  r <- as.data.frame(r)
50  r$Variable <- colnames(daten.cor)
51  r <- r[,c(5,1:3)]
52
53  #Korrelationsmatrix darstellen
54  kable(r, col.names = c("Variablen",
55                         label_v1,
56                         label_v2,
57                         label_v3))
```

11.6.3 Beispielskript

In unserem Beispiel untersuchen wir die Zusammenhänge zwischen vier Variablen: dem Fernsehkonsum in Minuten (`tv_minuten`), dem Bücherkonsum in Minuten (`buch_minuten`), dem Tageszeitungskonsum in Minuten (`tz_minuten`) und der Anzahl der Personen im Haushalt (`soz_haushalt`). Unser Beispielskript für die Berechnung der Pearson's r Korrelation sieht wie folgt aus:

```
15 · ```{r pearsons r}
16  #Installieren und Laden der Pakete
17  if(!require("pacman")) {install.packages("pacman");library(pacman)}
18  p_load(tidyverse, knitr, psych)
19
20  #Laden und Auswahl der Daten und Variablen
21  load("daten_sauber.Rda")
22  daten <- daten_sauber
23  daten$v1 <- daten$tv_minuten
24  daten$v2 <- daten$buch_minuten
25  daten$v3 <- daten$tz_minuten
26  daten$v4 <- daten$soz_haushalt
27
28  #Labels
29  label_v1 <- "Fernsehkonsum"
30  label_v2 <- "Bücherkonsum"
31  label_v3 <- "Zeitungskonsum"
32  label_v4 <- "Haushaltsgröße"
33
34  #Datensatz erstellen
35  daten.cor <- select(daten, "v1","v2","v3","v4")
36  names(daten.cor) <- c(label_v1, label_v2,
37                        label_v3, label_v4)
38
39  #Korrelationsmatrix erstellen
40  r <- round(rcorr(as.matrix(daten.cor))$r,2)
41
42  #Signifikanzsternchen hinzufügen
43  p <- rcorr(as.matrix(daten.cor))$P
44  mystars <- ifelse(p < .001, "***",
45                    ifelse(p < .01, "** ",
46                           ifelse(p < .05, "* ", " ")))
47  r <- matrix(paste(r, mystars, sep=""), ncol=ncol(r))
48  r[upper.tri(r, diag = T)] <- ""
49  r <- as.data.frame(r)
50  r$Variable <- colnames(daten.cor)
51  r <- r[,c(5,1:3)]
52
53  #Korrelationsmatrix darstellen
54  kable(r, col.names = c("Variablen",
55                         label_v1,
56                         label_v2,
57                         label_v3))
58  ```
```

11.6.4 Interpretation und Darstellung der Ergebnisse

Als Ergebnis erhalten wir eine Korrelationsmatrix (siehe Tab. 11.7).

Die Zahlen stellen die Pearson's Korrelation zwischen dem jeweiligen Varia-blenpaar dar. Ein negatives Vorzeichen signalisiert eine negative Korrelation

Tab. 11.7 Pearson's r Korrelationsmatrix

Variablen	Fernsehkonsum	Bücherkonsum	Zeitungskonsum
Fernsehkonsum			
Bücherkonsum	-0.09**		
Zeitungskonsum	0.19***	0.09**	
Haushaltsgröße	0.03	-0.04	0

zwischen dem Variablenpaar. Die Signifikanzsternchen signalisieren, dass sich die Korrelation signifikant von 0 unterscheidet. Der Fernsehkonsum weist eine geringe, negative, signifikante Korrelation $r = -0,09 (p < 0,01)$ mit dem Bücherkonsum und einen ebenfalls signifikanten, jedoch schwach ausgeprägten positiven Zusammenhang $r = 0,19$ (p $< 0,001$) mit dem Zeitungskonsum auf. Das bedeutet, dass Personen, die täglich einen höheren Fernsehkonsum haben, einen geringeren Buchkonsum und einen höheren Zeitungskonsum aufweisen. Zwischen Bücherkonsum und Zeitungskonsum besteht auch eine geringe, positive signifikante Korrelation $r = 0,09$ (p $< 0,01$). Personen, die täglich länger Bücher lesen, lesen tendenziell täglich länger Zeitung. Die Anzahl der Personen im Haushalt weist keinen statistisch signifikanten Zusammenhang mit den anderen Variablen auf. D. h. die Dauer der Mediennutzung der einzelnen Formate hängt nicht signifikant mit der Anzahl der im Haushalt lebenden Personen zusammen.

Gemäß den üblichen Konventionen (Cohen, 1992, S. 157; Ellis, 2011, S. 41) handelt es sich bei der Korrelation zwischen Zeitungs- und Fernsehkonsum um einen schwachen Effekt. Die beiden anderen signifikanten Korrelationen liegen knapp unter der Grenze von 0,01 und können deshalb nur als Tendenzen, nicht als ausreichend große Effekte betrachtet werden. Im Text sollte der Wert der Korrelation sowie der dazugehörige p-Wert berichtet werden. Da in der Tabelle nicht die p-Werte, sondern die Sterne aufgeführt sind, würden im Text statt der Sterne die jeweiligen Grenzen angegeben werden, die diese Sterne verdeutlichen. Im Forschungsbericht wird die Korrelation zwischen Zeitungskonsum und Fernsehkonsum dementsprechend wie folgt berichtet: In den Daten zeigt sich ein schwacher positiver Zusammenhang zwischen der Zeitungs- und der Fernsehnutzung ($r = 0,19$, $p < 0,001$).

11.7 Spearmans Rho ρ Korrelation mit Markdown

11.7.1 Schnelles Ergebnis

Wie bei Pearson's r Korrelationen zeigen wir Ihnen eine schnelle Anleitung zur Berechnung der Spearmans ρ Korrelationen.

- Unter dem Punkt `#Laden und Auswahl der Daten und Variablen` muss statt `meine Daten` Ihr korrekter Dateiname verwendet werden. Zudem müssen statt `meineV1`, `meineV2`, `meineV3` und `meineV4` Ihre Variablennamen genutzt werden.
- Unter dem Punkt `#Labels` muss statt `Label V1`, `Label V2`, `Label V3`, `Label V4` die kurze Bezeichnung Ihrer Variablen genutzt werden.

```
62 ▾ ```{r spearmans rho}
63    #Installieren und Laden der Pakete
64    if(!require("pacman")) {install.packages("pacman");library(pacman)}
65    p_load(tidyverse, knitr, Hmisc)
66
67    #Laden und Auswahl der Daten und Variablen
68    load("meineDaten.Rda")
69    daten <- meineDaten
70    daten$v1 <- daten$meineV1
71    daten$v2 <- daten$meineV2
72    daten$v3 <- daten$meineV3
73    daten$v4 <- daten$meineV4
74
75    #Labels
76    label_v1 <- "Label V1"
77    label_v2 <- "Label V2"
78    label_v3 <- "Label V3"
79    label_v4 <- "Label V4"
80
81    #Datensatz erstellen
82    daten.cor <- select(daten, "v1","v2","v3","v4")
83    names(daten.cor) <- c(label_v1, label_v2,
84                          label_v3, label_v4)
85
86    #Korrelationsmatrix erstellen
87    r <- round(rcorr(as.matrix(daten.cor),
88                     type = c("spearman"))$r,2)
89
90    #Signifikanzsternchen hinzufügen
91    p <- rcorr(as.matrix(daten.cor))$P
92    mystars <- ifelse(p < .001, "***",
93                      ifelse(p < .01, "** ",
94                             ifelse(p < .05, "* ", " ")))
95    r <- matrix(paste(r, mystars, sep=""), ncol=ncol(r))
96    r[upper.tri(r, diag = T)] <- ""
97    r <- as.data.frame(r)
98    r$Variable <- colnames(daten.cor)
99    r <- r[,c(5,1:3)]
100
101   #Korrelationsmatrix darstellen
102   kable(r, col.names = c("Variablen",
103                          label_v1,
104                          label_v2,
105                          label_v3))
106   ```
```

11.7.2 Berechnung des Spearmans ρ

Die Funktionen für die Berechnung der Spearmans ρ Korrelation ähneln stark den Befehlen für die Berechnung der Pearson's r Korrelation. Der einzige Unterschied besteht in der Funktion `rcorr()`. Hier müssen wir für Spearmans ρ den Typ der Korrelation mit dem Argument `type = c(„spearman")` definieren (Zeile 88). Bei der Berechnung der Pearson's r Korrelationen müssen Sie dieses Argument nicht verwenden, da `type = c(„pearson")` die default-Option ist und nicht geändert werden muss. Der Rest des Codes stimmt mit den Codes für Pearson's r überein:

```
86   #Korrelationsmatrix erstellen
87   r <- round(rcorr(as.matrix(daten.cor),
88                    type = c("spearman"))$r,2)
```

11.7.3 Beispielskript

Wir testen die Rangreihenkorrelationen zwischen den vier Variablen Fernsehkonsum in Minuten (`tv_minuten`), Bücherkonsum in Minuten (`buch_minuten`), Tageszeitungskonsum in Minuten (`tz_minuten`) und Anzahl der Personen im Haushalt (`soz_haushalt`). Unser Beispielskript sieht wie folgt aus:

```r
62▾ ```{r spearmans rho}                                      ☉ ⊻ ▸
63  #Installieren und Laden der Pakete
64  if(!require("pacman")) {install.packages("pacman");library(pacman)}
65  p_load(tidyverse, knitr, Hmisc)
66
67  #Laden und Auswahl der Daten und Variablen
68  load("daten_sauber.Rda")
69  daten <- daten_sauber
70  daten$v1 <- daten$tv_minuten
71  daten$v2 <- daten$buch_minuten
72  daten$v3 <- daten$tz_minuten
73  daten$v4 <- daten$soz_haushalt_n
74
75  #Labels
76  label_v1 <- "Fernsehkonsum"
77  label_v2 <- "Bücherkonsum"
78  label_v3 <- "Zeitungskonsum"
79  label_v4 <- "Haushaltsgröße"
80
81  #Datensatz erstellen
82  daten.cor <- select(daten, "v1","v2","v3", "v4")
83  names(daten.cor) <- c(label_v1, label_v2,
84                        label_v3, label_v4)
85
86  #Korrelationsmatrix erstellen
87  r <- round(rcorr(as.matrix(daten.cor),
88                   type = c("spearman"))$r,2)
89
90  #Signifikanzsternchen hinzufügen
91  p <- rcorr(as.matrix(daten.cor))$P
92  mystars <- ifelse(p < .001, "***",
93                    ifelse(p < .01, "** ",
94                           ifelse(p < .05, "* ", " ")))
95  r <- matrix(paste(r, mystars, sep=""), ncol=ncol(r))
96  r[upper.tri(r, diag = T)] <- ""
97  r <- as.data.frame(r)
98  r$Variable <- colnames(daten.cor)
99  r <- r[,c(5,1:3)]
100
101 #Korrelationsmatrix darstellen
102 kable(r, col.names = c("Variablen",
103                        label_v1,
104                        label_v2,
105                        label_v3))
106 ```
```

11.7.4 Interpretation und Darstellung der Ergebnisse

Ähnlich wie bei der Berechnung der Pearson's Korrelation bekommen Sie für
Spearmans ρ eine Korrelationsmatrix mit nur der unteren Hälfte. Da wir nicht

den Zusammenhang der Messwerte der untersuchten Variablen, sondern deren Rangreihen untersuchen, unterscheidet sich die Interpretation der Spearmans ρ Korrelation von der Pearson's r Korrelation. Ein Zusammenhang zwischen zwei Rangreihen bedeutet, dass Ränge in der einen Rangreihe (tendenziell) zusammen mit bestimmten Rängen in der anderen Rangreihe auftreten (Holling & Gediga, 2011). Ein negatives Vorzeichen weist auf eine negative Korrelation zwischen beiden Rangreihen der untersuchten Variablen hin.

Aus der Korrelationsmatrix sehen wir, dass die Rangreihe des Fernsehkonsums mit der Rangreihe des Bücherkonsums ($\rho = -0{,}09$, $p < 0{,}01$) einen signifikanten gering ausgeprägten negativen Zusammenhang aufweist. Die Rangreihe des Fernsehkonsums weist mit der Rangreihe des Zeitungskonsums ($\rho = 0{,}23$, $p < 0{,}001$) einen signifikanten mittelstark ausgeprägten positiven Zusammenhang auf. Zwischen den Rangreihen des Bücherkonsums und des Zeitungskonsums gibt es eine signifikante, gering ausgeprägte positive Korrelation ($\rho = 0{,}1$, $p < 0{,}01$). Zwischen der Rangreihe der Haushaltsgröße und den Rangreihen der anderen Variablen bestehen keine signifikanten Korrelationen. Im Forschungsbericht wird das Ergebnis der Korrelationsmatrix beispielsweise so berichtet: „Die Daten weisen darauf hin, dass die Dauer der Mediennutzung nicht mit der Haushaltsgröße zusammenhängt. Die Korrelationen zwischen der Haushaltsgröße und der Nutzung der untersuchten Medien – Fernsehen ($r = .06$, $p > .05$),[4] Bücher ($r = -.04$, $p > .05$) und Zeitung ($r = .04$, $p > .05$) – sind jeweils nicht signifikant. Ein Zusammenhang zwischen der Nutzung der jeweiligen Medien ist jedoch zu erkennen. In den Daten zeigt sich ein schwacher positiver Zusammenhang zwischen der Zeitungs- und der Fernsehnutzung ($r = .23$, $p < .001$). Des Weiteren zeigt sich ein sehr schwacher, jedoch signifikanter Zusammenhang zwischen dem Bücher- und dem Fernsehkonsum ($r = -.09$, $p < .01$) und dem Bücher- und Zeitungskonsum ($r = .01$, $p < .01$) (Abb. 11.4)."

11.8 Scatterplots mit Markdown

Ein Scatterplot stellt die Korrelation zwischen zwei Variablen visuell dar. Dabei kann wahlweise der lineare Zusammenhang zwischen zwei metrischen Variablen (Scatterplot) oder zwischen mehreren metrischen Variablenpaaren (Scatterplotmatrix) dargestellt werden. Die Grafiken können Sie sowohl für Pearson's r als auch

---

[4] Die konkreten p-Werte sind in unserem Skript als Objekt p (Zeile 91) gespeichert. Wir können diese demnach ausgeben, indem wir das Objekt p ausführen.

Variablen	Fernsehkonsum	Bücherkonsum	Zeitungskonsum
Fernsehkonsum			
Bücherkonsum	-0.09**		
Zeitungskonsum	0.23***	0.1**	
Haushaltsgröße	0.06	-0.04	0.04

Abb. 11.4 Ergebnis der Pearson's r Korrelationsmatrix

für Spearmans Rho erstellen. Da sich die Vorgehensweise für die beiden Korrelationsmaße nicht voneinander unterscheiden, werden wir uns in unserer Erklärung auf die Pearson's r Korrelation konzentrieren.

11.8.1 Schnelles Ergebnis

Um in wenigen Schritten einen Scatterplot zu erstellen, müssen Sie folgende Angaben ändern:

- Unter dem Punkt `#Laden und Auswahl der Daten und Variablen` muss statt `meine Daten` Ihr korrekter Dateiname verwendet werden. Zudem müssen statt `meineV1, meineV2` Ihre Variablennamen genutzt werden.
- Unter dem Punkt `#Labels` muss statt `Label V1, Label V2` die kurze Bezeichnung Ihrer Variablen genutzt werden. Wenn Sie den numerischen Wert der Korrelation auf Ihrem Scatterplot einblenden möchten, sollten Sie statt `Px` und `Py` geeignete Koordinaten innerhalb ihres Scatterplots auswählen.

```
110 ⸱ ```{r scatter plot}
111   #Installieren und Laden der Pakete
112   if(!require("pacman")) {install.packages("pacman");library(pacman)}
113   p_load(psych, ggpubr, ggplot2)
114
115   #Laden und Auswahl der Daten und Variablen
116   load("meineDaten.Rda")
117   daten <- meineDaten
118   daten$v1 <- daten$meineV1
119   daten$v2 <- daten$meineV2
120
121   #Labels
122   label_v1 <- "Label V1"
123   label_v2 <- "Label V2"
124   position_x <- Px
125   position_y <- Py
126
127   #Scatterplot erstellen
128   p <- ggscatter(daten, x = "v1", y = "v2",
129       add = "reg.line",
130       add.params = list(color = "blue"),
131       ellipse = T)+
132     labs(x = label_v1, y = label_v2)
133   p + stat_cor(method = "pearson",
134                 label.x = position_x,
135                 label.y = position_y)
136   ```
```

11.8.2 Vorgehen

Für die Erstellung eines Scatterplots sollten die Pakete *ggplot2* (Wickham et al., 2019) und *ggpubr* (Kassambara, 2020) installiert und geladen werden (Zeile 112–113). Ähnlich wie bei der Berechnung der Pearson's *r* Korrelationen und Spearman *ρ* Korrelationen sollten der Datensatz und die relevanten Variablen geladen und entsprechend ausgewählt und benannt werden (Zeile 116–119). Für einen Scatterplot sollten Sie zwei Variablen auswählen und benennen, die für Ihre Analyse relevant sind. Dementsprechend können Sie unter dem Punkt #Labels zwei Labels für Ihre Variablen vergeben (Zeile 122–123).

Um einen Scatterplot zu erstellen, verwenden wir den Befehl ggscatter() aus dem Paket *ggpubr* (Kassambara, 2020):

```
127  #Scatterplot erstellen
128  p <- ggscatter(daten, x = "v1", y = "v2",
129     add = "reg.line",
130     add.params = list(color = "blue"),
131     ellipse = T)+
132     labs(x = label_v1, y = label_v2)
```

Dieser Befehl erstellt eine Punktwolke auf dem Koordinationssystem, die aus den Wertepaaren der beiden Variablen v1 und v2 besteht sowie eine Ellipse um diese Punktewolke. Somit müssen Sie die Elemente des Scatterplots nicht manuell erstellen. Der Scatterplot wird unter dem Namen p gespeichert. Folgende Argumente der `ggscatter`-Funktion haben wir eingesetzt.

- `daten`: Name des verwendeten Datensatzes
- `x = "v1"`, `y = "v2"`: für die Erstellung des Scatterplots relevante Variablen
- `add = "reg.line"`: eine lineare Regressionsgerade hinzufügen
- `add.params = list(color = "blue")`: blau als Farbe der Regressionsgerade
- `ellipse = T`: die Datenellipse soll angezeigt werden.
- `labs(x = label_v1, y = label_v2)`: Label der x- und y-Achse hinzufügen

Für die Interpretation des Scatterplots ist es oft praktischer, den nummerischen Wert der Korrelation und den p-Wert in der Grafik einzublenden. Mit der Funktion `stat_cor()` aus dem Paket *ggpubr* können Sie diese Werte in den Scatterplot mit aufnehmen (Zeile 133). Die Positionierung dieser Werte bestimmen Sie durch das Einsetzen der entsprechenden Werte für `Px` und `Py` (Zeile 124–125). Wenn Sie zum Beispiel die Korrelation und den p-Wert in Ihrer Grafik auf Position X = 100 und Y = 100 einblenden möchten, geben Sie `position_x = 100` und `position_y = 100` ein. Mit dem Argument `method = „pearson"` lassen wir Pearson's *r* anzeigen. Sie haben die ebenfalls die Möglichkeit, mit `method = „spearman"` Spearmans ρ einzublenden:

```
133  p + stat_cor(method = "pearson",
134              label.x = position_x,
135              label.y = position_y)
```

11.8.3 Beispielskript

Als Beispiel zeigen wir die Korrelation zwischen den Variablen *Fernsehkonsum* (tv_minuten) und *Zeitungkonsum* (tz_minuten). Unser Beispielskript sieht wie folgt aus:

```
110  ```{r sp signifikant}
111  #Installieren und Laden der Pakete
112  if(!require("pacman")) {install.packages("pacman");library(pacman)}
113  p_load(psych, ggpubr, ggplot2)
114
115  #Laden und Auswahl der Daten und Variablen
116  load("daten_sauber.Rda")
117  daten <- daten_sauber
118  daten$v1 <- daten$tz_minuten
119  daten$v2 <- daten$tv_minuten
120
121  #Labels
122  label_v1 <- "Zeitungskonsum"
123  label_v2 <- "Fernsehkonsum"
124  position_x <- 100
125  position_y <- 800
126
127  #Scatterplot erstellen
128  p <- ggscatter(daten, x = "v1", y = "v2",
129      add = "reg.line",
130      add.params = list(color = "blue"),
131      ellipse = T)+
132      labs(x = label_v1, y = label_v2)
133  p + stat_cor(method = "pearson",
134              label.x = position_x,
135              label.y = position_y)
136  ```
```

Bei der Beurteilung von Scatterplots ist insbesondere die Form der Datenellipse wichtig. Damit Sie den Unterschied zwischen einer signifikanten und nicht signifikanten Korrelation anhand der Form der Ellipse besser nachvollziehen können, zeigen wir Ihnen zusätzlich einen Scatterplot mit einer nicht signifikanten Korrelation zwischen den Variablen Haushaltsgröße (soz_partner) und Zeitungskonsum (tz_minuten).

11.8.4 Interpretation und Darstellung der Ergebnisse

In Abb. 11.5 sehen Sie zwei Scatterplots: Links haben wir einen Scatterplot mit

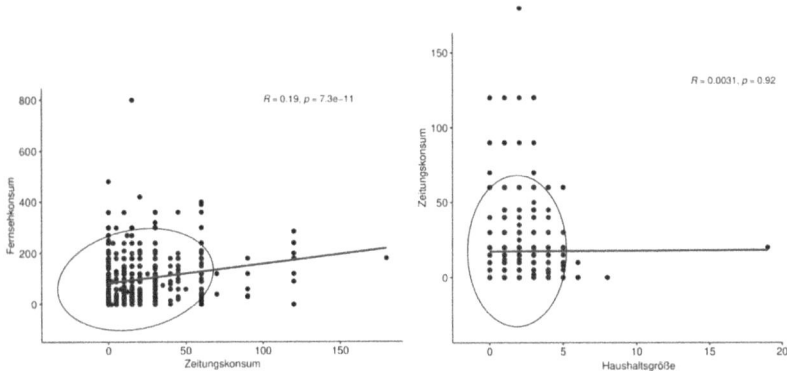

Abb. 11.5 Beispiele von Scatterplots. (Links: signifikante Korrelation, rechts: nicht signifikante Korrelation)

einer signifikanten Korrelation zwischen Fernsehkonsum und Zeitungskonsum, rechts findet sich zum Vergleich ein Scatterplot ohne signifikante Korrelation zwischen den Variablen Zeitungskonsum und Haushaltsgröße. Wie wir im Abschnitt *Interpretation der Pearson's r Korrelation mit Markdown* schon gesehen haben, besteht ein signifikanter schwach ausgeprägter positiver Zusammenhang zwischen dem Fernsehkonsum und Zeitungskonsum $r = 0,19$ ($p < 0,001$). Im Scatterplot sehen wir, dass nur ein kleiner Teil der Wertepaare (Datenpunkte) sich entlang der Geraden verteilt. Die restlichen Punkte verteilen sich nach keinem erkennbaren Muster. Das weist ebenfalls auf einen geringen Zusammenhang zwischen Fernsehkonsum und Zeitungskonsum hin. Beim Scatterplot ohne eine signifikante Korrelation zwischen Zeitungskonsum und Haushaltsgröße sehen wir, dass die Punkte sich nach einem zufälligen, nicht erkennbaren Muster verteilen. Die Gerade liegt außerdem parallel zur x-Achse, da keine optimale Gerade gezogen werden kann, die nahe aller Datenpunkte verläuft. Bei der Beurteilung von Scatterplots ist neben der Nähe der Datenpunkte zur Regressionsgerade die Form der Datenellipse wichtig. Je mehr Punkte innerhalb der Datenellipse liegen, umso höher ist die Korrelation zwischen beiden Variablen. Andersfalls besteht zwischen beiden Variablen kaum bis keine Korrelation, wenn sich die Ellipse einer kreisförmigen Form annähert. In unserem Scatterplot ohne signifikante Korrelation sehen wir, dass die Ellipse kreisförmig ist, was auf eine nicht signifikante Korrelation hinweist.

11.8.5 Scatterplot-Matrix

Eine Scatterplot-Matrix bietet die Möglichkeit, Korrelationen zwischen mehreren Variablenpaaren visuell darzustellen. Eine Scatterplot-Matrix ist dabei nichts anderes als eine Sammlung mehrerer Scatterplots, die in einer Matrix organisiert sind.

11.8.6 Schnelles Ergebnis

Für die schnelle und einfache Erstellung einer Scatterplot-Matrix müssen Sie im von uns zur Verfügung gestellten Skript folgende Angaben ändern:

- Unter dem Punkt `#Laden und Auswahl der Daten und Variablen` muss statt `meine Daten` Ihr korrekter Dateiname verwendet werden. Zudem müssen statt `meineV1`, `meineV2`, `meineV3` und `meineV4` Ihre Variablennamen genutzt werden.
- Unter dem Punkt `#Labels` muss statt `Label V1`, `Label V2`, `Label V3`, `Label V4` eine kurze Bezeichnung Ihrer Variablen genutzt werden.

```
142▾ ```{r scatterplot matrix, fig.width=10, fig.height=12}
143  #Installieren und Laden der Pakete
144  if(!require("pacman")) {install.packages("pacman");library(pacman)}
145  p_load(psych, tidyverse)
146
147  #Laden und Auswahl der Daten und Variablen
148  load("meineDaten.Rda")
149  daten <- meineDaten
150  daten$v1 <- daten$meineV1
151  daten$v2 <- daten$meineV2
152  daten$v3 <- daten$meineV3
153  daten$v4 <- daten$meineV4
154
155  #Labels
156  label_v1 <- "Label V1"
157  label_v2 <- "Label V2"
158  label_v3 <- "Label V3"
159  label_v4 <- "Label V4"
160
161  #Datensatz erstellen
162  daten.cor <- select(daten, "v1","v2","v3","v4")
163  names(daten.cor) <- c(label_v1, label_v2,
164                        label_v3, label_v4)
165  #Plot erstellen
166  pairs.panels(daten.cor,
167               method = "pearson",
168               hist.col = "#00AFBB",
169               lm =T,
170               density = F,
171               ellipse = T,
172               rug = F,
173               stars = T)
174  ```
```

11.8.7 Vorgehen

Ähnlich zur Erstellung eines Scatterplots sollten für die Scatterplotmatrix der Datensatz sowie die relevanten Variablen und deren Labels geladen werden (Zeile 148–153). Die benötigten Pakete (Zeile 144–145) sind *tidyverse* (Wickham et al., 2019) und *psych* (Revelle, 2020).

Mit der Funktion `select()` aus dem Paket *tidyverse* wählen Sie aus Ihrem Datensatz die relevanten Variablen aus und fassen diese in dem Objekt `daten.cor` zusammen (Zeile 162). Mit dem Befehl `pairs.panels()` aus dem Paket *psych* bekommen Sie zusätzlich zu den einzelnen Scatterplots die Histogramme und Pearson-Korrelationen zwischen den Variablen angezeigt (Zeile 166–173):

```
161  #Datensatz erstellen
162  daten.cor <- select(daten, "v1","v2","v3","v4")
163  names(daten.cor) <- c(label_v1, label_v2,
164                          label_v3, label_v4)
165  #Plot erstellen
166  pairs.panels(daten.cor,
167               method = "pearson",
168               hist.col = "#00AFBB",
169               lm =T,
170               density = F,
171               ellipse = T,
172               rug = F,
173               stars = T)
```

Somit haben Sie die Möglichkeit, die Verteilung der einzelnen Variablen und deren Zusammenhänge mit den anderen Variablen sowohl nummerisch als auch visuell auf einem Blick zusammenzufassen. Folgende Argumente dieser Funktion haben wir verwendet:

- daten.cor: Name der Datenmatrix
- method = „pearson": Festlegung der Berechnungsmethode der Korrelation auf *Pearson r.* Sie können die Berechnungsmethode auf „spearman" ändern.
- hist.col = „#00AFBB"/„blue": Die Farbe des Histogramms ändern (optional)
- lm = T: Die lineare Regression in jeden Scatterplot hinzufügen
- density = F und rug = F: Für Sie irrelevante Elemente des Scatterplots ausblenden
- ellipse = T: Eine Ellipse um die Wertepaare anzeigen lassen
- stars = T: Die Signifikanzsterne für die signifikanten Korrelationen anzeigen lassen

11.8.8 Beispielskript

In unserem Beispiel erstellen wir für die vier Variablen Dauer des Fernsehkonsums (tv_minuten), Dauer des Bücherkonsums (buch_minuten), Dauer des Tageszeitungskonsums (tz_minuten) und Anzahl der Personen im Haushalt (soz_haushalt) eine Scatterplot-Matrix. Unser Beispielskript sieht wie folgt aus:

```
170▾ ```{r scatterplotmatrix, fig.width=10, fig.height=12}
171  #Installieren und Laden der Pakete
172  if(!require("pacman")) {install.packages("pacman");library(pacman)}
173  p_load(psych, tidyverse)
174
175  #Laden und Auswahl der Daten und Variablen
176  load("daten_sauber.Rda")
177  daten <- daten_sauber
178  daten$v1 <- daten$tv_minuten
179  daten$v2 <- daten$buch_minuten
180  daten$v3 <- daten$tz_minuten
181  daten$v4 <- daten$soz_haushalt_n
182
183  #Labels
184  label_v1 <- "Fernsehkonsum"
185  label_v2 <- "Bücherkonsum"
186  label_v3 <- "Zeitungskonsum"
187  label_v4 <- "Haushaltsgröße"
188
189  #Datensatz erstellen
190  daten.cor <- select(daten, "v1","v2","v3", "v4")
191  names(daten.cor) <- c(label_v1, label_v2,
192                        label_v3, label_v4)
193
194  #Plot erstellen
195  pairs.panels(daten.cor,
196               method = "pearson",
197               hist.col = "blue",
198               lm =T,
199               density = F,
200               ellipse = T,
201               rug = F,
202               stars = T)
203  ```
```

11.8.9 Interpretation und Darstellung der Ergebnisse

Die Scatterplot-Matrix (Abb. 11.6) besteht aus drei Bestandteilen: Die Diagonale der Matrix zeigt die Histogramme. Unterhalb der Diagonalen finden sich die Scatterplots und oberhalb der Diagonalen die Pearson-Korrelationen. Innerhalb der Histogramme (siehe auch Kap. 8) auf der Diagonalen finden sich auch die Variablennamen. Der Logik einer Matrix folgend, wissen wir insofern, auf welches Variablenpaar sich die Scatterplots und Korrelationen beziehen. Die einzelnen Scatterplots stellen die Korrelation zwischen diesen Variablenpaaren visuell dar, wobei die Gerade die einfache lineare Regression zwischen den Variablen visualisiert. Je näher die Datenpunkte an der Geraden liegen, desto höher ist der lineare Zusammenhang beider Variablen. Je weiter die Punkte von der Geraden entfernt

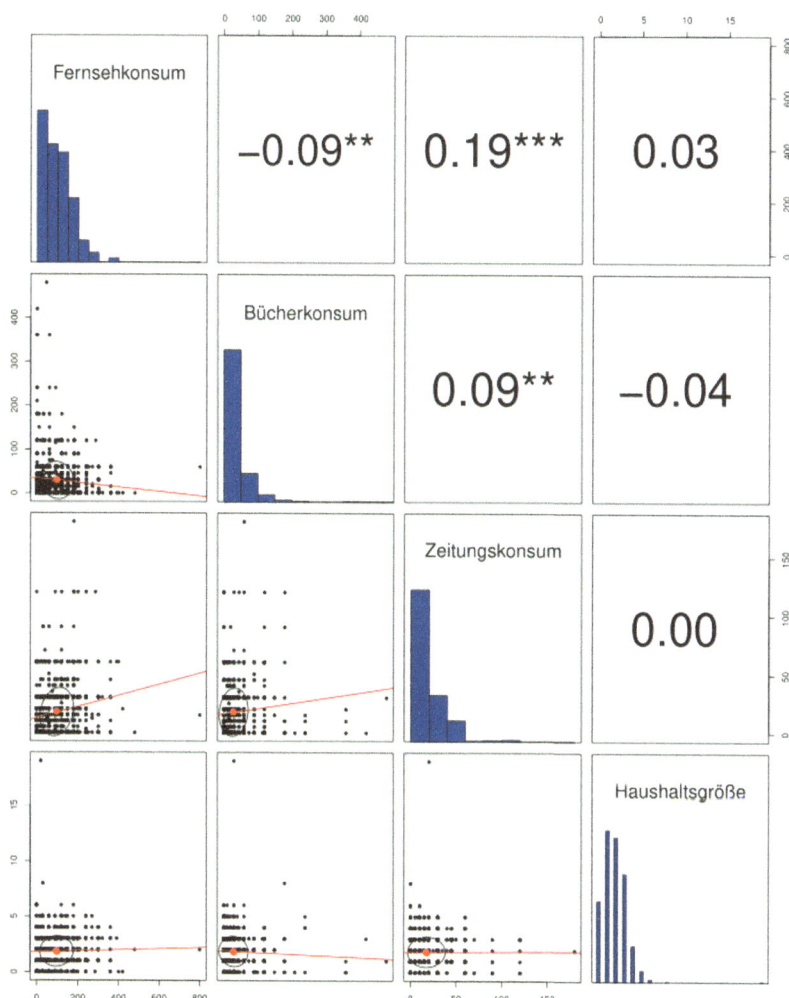

Abb. 11.6 Scatterplotmatrix

sind bzw. je kreisähnlicher die Punktwolke wird, umso geringer fällt der lineare Zusammenhang zwischen beiden Variablen aus. Die Scatterplots der Variablenpaare von Zeitungskonsum-Bücherkonsum und Fernsehkonsum-Zeitungskonsum zeigen Beispiele für positive, schwach ausgeprägte Korrelationen. Nur ein kleiner Teil der Punkte liegt in einer Ellipse. Die Scatterplots von Anzahl der Personen im Haushalt mit den anderen Variablen sind Beispiele für die Darstellung eines nicht signifikanten Zusammenhangs. Die Datenpunkte verteilen sich unsystematisch im Koordinatensystem und die Gerade liegt fasst parallel zur x-Achse. Dieser Zusammenhang wir auch anhand der Kennwerte der Pearson's r Korrelationen in der oberen Matrixhälfte deutlich.

11.9   Pakete und Funktionen des Kapitels Korrelationen

Siehe Tab. 11.8

Tab. 11.8 Übersicht über die Pakete und Befehle des Kapitels 11

Paket	Quelle	Funktion	Effekt
base	R Core Team, 2020	`as.data.frame()`	Ein R-Objekt in ein Datensatz-Format umwandeln
		`as.matrix()`	Eine Matrix erstellen
		`colnames()`	Spaltennamen einer Tabelle festlegen
		`ifelse()`	Bedingungen formulieren (Wenn-Dann-Befehl)
		`load()`	Datensatz laden
		`names()`	Benennt die Variablennamen in einem Datensatz um
		`paste()`	R-Objekte zusammenfügen
		`upper.tri()`	Obere Hälfte einer Matrix anzeigen
ggplot2	Wickham, 2016	`ggscatter()`	Einen Scatterplot erstellen
ggpubr	Kassambra, 2020	`stat_cor()`	Korrelation r/Rho und dessen Signifikanzwert anzeigen
Hmisc	Frank, 2020	`rcorr()`	Eine Korrelationsmatrix berechnen
psych	Revelle, 2020	`pairs.panels()`	Erstellt eine Scatterplot-Matrix
tidyverse	Wickham et al., 2019	`select()`	Datensatz erstellen

Eigene Darstellung

Literatur

Anscombe, F. J. (1973). Graphs in statistical analysis. *The American Statistician, 27*(1), 17. https://doi.org/10.2307/2682899.

Cleveland, W. S., & McGill, R. (1984). The many faces of a scatterplot. *Journal of the American Statistical Association, 79*(388), 807. https://doi.org/10.2307/2288711.

Cohen, J. (1992). A power primer. *Psychological Bulletin, 112*(1), 155–159. https://doi.org/ 10.1037/0033-2909.112.1.155.

Cook, R. D., & Weisberg, S. (1994). *An introduction to regression graphics. A Wiley-Interscience publication.* Wiley. http://site.ebrary.com/lib/alltitles/docDetail.act ion?docID=10344283. https://doi.org/10.1002/9780470316863.

Cui, Q., Ward, M. O., & Rundensteiner, E. A. (2006). Enhancing scatterplot matrices for data with ordering or spatial attributes. In R. F. Erbacher, J. C. Roberts, M. T. Gröhn, & K. Börner (Hrsg.), *SPIE Proceedings, Visualization and Data Analysis 2006* (60600R). SPIE. https://doi.org/10.1117/12.650409.

de Winter, J. C. F., Gosling, S. D., & Potter, J. (2016). Comparing the Pearson and Spearman correlation coefficients across distributions and sample sizes: A tutorial using simulations and empirical data. *Psychological methods, 21*(3), 273–290. https://doi.org/10.1037/met 0000079.

Doherty, M. E., & Anderson, R. B. (2009). Variation in scatterplot displays. *Behavior Research Methods, 41*(1), 55–60. https://doi.org/10.3758/BRM.41.1.55.

Ellis, P. D. (2011). *The essential guide to effect sizes: Statistical power, meta-analysis, and the interpretation of research results (reprint).* Cambridge Univ. Press.

Field, A., Miles, J., & Field, Z. (2012). *Discovering statistics using R.* Sage.

Frank, E. H., JR. (2020). *Hmisc: Harrell Miscellaneous. R package.* https://CRAN.R-project. org/package=Hmisc.

Hauke, J., & Kossowski, T. (2011). Comparison of values of Pearson's and Spearman's correlation coefficients on the same sets of data. *Quaestiones Geographicae, 30*(2), 87–93. https://doi.org/10.2478/v10117-011-0021-1.

Hill, A. B. (1965). The environment and disease: Association or causation? *Journal of the Royal Society of Medicine, 58*(5), 295–300.

Holling, H., & Gediga, G. (2011). *Statistik - deskriptive Verfahren* (1. Aufl.). Hogrefe. http:// elibrary.hogrefe.de/9783840921346/U1.

Holling, H., & Gediga, G. (2016). *Statistik - Testverfahren* (1. Aufl.). *Bachelorstudium Psychologie.* Hogrefe. http://elibrary.hogrefe.de/9783840923029.

Kassambara, A. (2020). *ggpubr: 'ggplot2' Based Publication Ready Plots. R package version 0.4.0.* https://CRAN.R-project.org/package=ggpubr.

McKenna, S., Meyer, M., Gregg, C., & Gerber, S. (2016). s-CorrPlot: An interactive scatterplot for exploring correlation. *Journal of Computational and Graphical Statistics, 25*(2), 445–463. https://doi.org/10.1080/10618600.2015.1021926.

Pearson, K. (1896). Mathematical contributions to the theory of evolution. III. Regression, heredity, and panmixia. *Philosophical Transactions of the Royal Society A: Mathematical, Physical and Engineering Sciences, 187,* 253–318.

R Core Team. (2020). *R: A language and environment for statistical computing.* https://www. R-project.org/.

Revelle, W. (2020). *psych: Procedures for Personality and Psychological Research.* Northwestern University, Evanston, Illinois, USA. https://CRAN.R-project.org/package= psych Version = 2.1.3.

Rinker, T. W., & Kurkiewicz, D. (2018). *pacman: Package Management for R. version 0.5.0.* http://github.com/trinker/pacman.

So, S. (2008). *Why is the sample variance a biased estimator?* https://www.marcovicentini. it/wp-content/uploads/2014/07/La-correlazione-di-Bessel.pdf.

Spearman, C. (1910). Correlation calculated with faulty data. *British Journal of Psychology, 3*, 271–295.

Thompson, B. (1993). The use of statistical significance tests in research: Bootstrap and other alternatives. *The Journal of Experimental Education, 61*(4), 361–377.

Wickham, H. (2016). *ggplot2: Elegant graphics for data analysis.* Springer.

Wickham, H., et al. (2019). Welcome to the tidyverse. *Journal of Open Source Software, 4*(43), 1686. https://doi.org/10.21105/joss.01686.

Xie, Y. (2020). *knitr: A General-Purpose Package for Dynamic Report Generation in R: R package version 1.29.*

Mittelwertvergleiche

12

Zusammenfassung

In diesem Kapitel wird das Vorgehen beim Vergleich von zwei oder mehreren Mittelwerten dargestellt. Mit t-Tests für unabhängige Stichproben können Mittelwerte zweier unabhängiger Gruppen verglichen werden. Mit t-Tests für abhängige Stichproben wird die Veränderung der Messwerte derselben Untersuchungsobjekte zu zwei Messzeitpunkten oder Unterschiede zwischen zwei Variablen bei denselben Untersuchungsobjekten untersucht. Sollen mehr als zwei Mittelwerte verglichen werden, wird auf eine einfaktorielle Varianzanalyse zurückgegriffen. Zudem wird die Visualisierung von Mittelwertvergleichen mit Fehlerbalken vorgestellt. Die Durchführung von t-Tests, Varianzanalysen sowie die Erstellung von Fehlerbalken und Boxplots mit Markdown wird im zweiten Teil des Kapitels dargestellt.

Schlüsselwörter

Mittelwertvergleiche • *t*-Tests • Varianzanalyse • ANOVA • *F*-Test • Fehlerbalken • Boxplots

12.1 Grundlagen

Mittelwertvergleiche werden genutzt, um zwei oder mehrere Mittelwerte in unterschiedlichen Konstellationen zu vergleichen. Um Mittelwerte berechnen zu

Ergänzende Information Die elektronische Version dieses Kapitels enthält Zusatzmaterial, auf das über folgenden Link zugegriffen werden kann https://doi.org/10.1007/978-3-658-34285-2_12.

können, werden metrisch skalierte Variablen vorausgesetzt. Vom Prinzip her lassen sich zwei Arten von Mittelwertvergleichen unterscheiden: zwischen Variablen und zwischen Gruppen. Bei Vergleichen zwischen Variablen werden in einer Stichprobe die Mittelwerte von zwei metrisch skalierten Variablen betrachtet, um zu untersuchen, welche der beiden Variablen im Durchschnitt die höheren Werte aufweist. Allerdings sind solche Vergleiche in der Forschungspraxis eher selten. Häufiger werden Mittelwertunterschiede zwischen zwei oder mehreren Vergleichsgruppen untersucht. Bei dieser Art des Mittelwertvergleichs muss die zu vergleichende Variable metrisch und die Variable der Gruppenbildung nominal skaliert sein. Neben den Mittelwerten sollten auch die Standardabweichung sowie gegebenenfalls weitere Kennwerte betrachtet werden. Des Weiteren ist es sinnvoll, sich die Unterschiede visuell in Fehlerbalkendiagrammen oder Boxplots ausgeben zu lassen.

Wenden wir uns zunächst dem Mittelwertvergleich zwischen Gruppen anhand eines Beispiels zu. So könnte sich ein Fachbereich überlegen, die Statistikausbildung von SPSS auf R umzustellen und sich fragen, ob diese Umstellung sinnvoll ist. Hintergrund könnte neben der Kostenersparnis die Hoffnung sein, dass die Studierenden durch die Arbeit mit R ein besseres Verständnis von Statistik bekommen und in der Abschlussklausur mehr Punkte erreichen. Daraus ergibt sich die folgende Fragestellung: Unterscheiden sich die Punkte, die Studierende in der Statistik-Klausur erreichen, je nachdem, ob die Studierenden im Tutorium mit SPSS oder R arbeiten? Als Vergleich könnte die mittlere Punktzahl der Abschlussklausur der letzten Kohorte mit SPSS mit der mittleren Punktzahl der Klausur der ersten R-Kohorte herangezogen werden. Sind beide Mittelwerte gleich, so hat die Einführung der Software R zu keinen Veränderungen geführt. Weichen sie voneinander ab, so hat R entweder zu Verbesserungen oder zu Verschlechterungen der Punktzahl geführt. In dem Fall wäre die erreichte Punktzahl in der Klausur die zu vergleichende Variable und das jeweilige Statistikprogramm die Gruppierungsvariable, deren Ausprägungen die Vergleichsgruppen bilden (R versus SPSS). Solche Analysen können nicht nur für zwei Vergleichsgruppen, sondern auch für mehrere Vergleichsgruppen durchgeführt werden.

Etwas anders wäre die Herangehensweise, wenn die Punktzahl bei der Statistik-Klausur mit der Punktzahl bei einer im selben Semester stattfindenden anderen Klausur, z. B. einer Einführung in die Inhalte des Studienfachs verglichen würde. Mithilfe eines solchen Vergleiches könnte z. B. untersucht werden, ob die Bearbeitung der Statistikklausur den Studierenden schwerer fällt, als die Bearbeitung einer fachlichen Einführungsklausur. Vordergründig mag der Vergleich der durchschnittlichen Punktzahl in den beiden Klausuren dem oben genannten Beispiel entsprechen. Bei diesem ist es aber nicht nur möglich, die mittlere Punktzahl der Statistik-Klausur mit der durchschnittlichen Punktzahl der Einführungsklausur zu vergleichen, sondern für jede einzelne Person die Differenz zwischen den Punktzahlen zu berechnen. Wenn dieser Vergleich zugunsten der Statistikklausur ausfällt, dann war diese entweder einfacher als die Einführungsklausur oder die Studierenden waren auf die Statistik-Klausur besser vorbereitet als auf die Einführungsklausur.

Die Beispiele machen aber bei näherer Betrachtung ein Problem deutlich: Es ist sehr unwahrscheinlich, dass die zu vergleichenden Mittelwerte genau gleich groß ausfallen. Sie werden sich mit großer Wahrscheinlichkeit leicht voneinander unterschieden. Dann stellt sich die Frage, ab welcher Abweichung zwischen den Mittelwerten wir diese als inhaltlich aussagekräftig einschätzen. Hier könnte auf Erfahrungen aus anderen Studien zurückgegriffen werden; in unserem Beispiel könnten die durchschnittlich erreichten Punkte der vergangenen Jahre als Indikator herangezogen werden. Als aussagekräftig könnte ein Mittelwertunterschied dann eingestuft werden, wenn er deutlich größer ausfällt, als die Differenz der durchschnittlichen Punkte in den Klausuren der vorhergehenden Jahre. Wenn kein Kriterium vorliegt, lässt sich die Mittelwertdifferenz als Effekt verstehen und in eine standardisierte Effektgröße umrechnen, zu der es Konventionen zur Einschätzung der Effektstärke gibt (siehe Kap. 9).

Am obigen Beispiel lässt sich ebenfalls der Einfluss von Stichproben nachvollziehen. Wenn die Studie durchgeführt wurde, um eine Aussage über den untersuchten Fachbereich zu machen, weil in diesem über Verwendung der Statistik-Programme entschieden werden soll, dann ist die Stichprobe eine Vollerhebung. In diesem Fall stehen die Werte für sich, dementsprechend müssen weder Parameter geschätzt noch Hypothesen getestet werden. Wurde der Fachbereich nur exemplarisch ausgewählt, so handelt es sich um eine nicht repräsentative Stichprobe, über die zwar Aussagen anhand der Mittelwerte und anderer deskriptiver Kennwerte gemacht, aber keine Schlüsse auf eine mögliche Grundgesamtheit (alle Fachbereiche der Universität) gezogen werden können. Deshalb sind solche Studien meist nur dann sinnvoll, wenn Kriterien für die Beurteilung der Mittelwertunterschiede vorliegen, z. B. eine Punktzahl, ab derer die Differenz Einfluss auf die Gesamtnote hat. Um solche Differenzen auch in der Grundgesamtheit schätzen und testen zu können sind repräsentative Stichproben nötig. Mit diesen lässt sich zum einen ungerichtet testen, ob signifikante Unterschiede bestehen. Zum anderen können wir auch gerichtet testen, ob ein bestimmter Mittelwert gemäß der Hypothese signifikant größer ausfällt als der andere Mittelwert. Alternativ können bei repräsentativen Stichproben Konfidenzintervalle um die zu vergleichenden Mittelwerte berechnet werden (siehe Kap. 9). Signifikante

Unterschiede zwischen den Mittelwerten liegen dann vor, wenn sich die Konfidenzintervalle der Mittelwerte nicht überschneiden. In diesem Fall können wir mit großer Wahrscheinlichkeit ausschließen, dass die beiden Mittelwerte gleich sind.

Experimentelle Studien stellen einen wichtigen Sonderfall von Mittelwertvergleichen dar. Bei Experimenten wird eine Kontrollgruppe mit einer oder mehreren Experimentalgruppen verglichen und eine experimentelle Bedingung geprüft. Bei unserem Beispiel wäre die Einführung des Statistikprogrammes R die experimentelle Bedingung. Im Experiment soll untersucht werden, ob dieses Programm zu einem signifikant besseren Lernerfolg führt, gemessen an einer im Durchschnitt höhere Punktzahl in der Statistikklausur. Die Studierenden werden per Zufall in zwei Gruppen aufgeteilt: in einigen Tutorien wird mit R (experimentelle Gruppe) und in andern wie bisher mit SPSS (Kontrollgruppe) gearbeitet. Dann werden die durchschnittlich erreichten Punkte der Studierenden, die mit R gearbeitet haben, mit den durchschnittlichen Punkten der Studierenden, die mit SPSS gearbeitet haben, verglichen. Unabhängig von der Art der Stichprobe lässt sich in solchen experimentellen Settings prüfen, ob die Mittelwertdifferenzen ausreichend sicher auf die experimentelle Bedingung und nicht auf Zufallseinflüsse zurückzuführen sind. Dafür ist es aber erforderlich, dass die Zuweisung zu den Gruppen, also Experimental- oder Kontrollgruppe, zufällig stattfindet. Nur bei repräsentativen Stichproben lässt sich zudem testen, ob die Hypothese auch in der Grundgesamtheit zutrifft.

12.2 Unterschiedliche Mittelwertvergleiche

12.2.1 Varianten von Mittelwertvergleichen und dazugehörige Testverfahren

Es gibt unterschiedliche Arten von Mittelwertvergleichen, die wir im Weiteren anhand der dazugehörigen Testverfahren systematisieren und vorstellen. Der einfachste Mittelwertvergleich findet zwischen zwei Variablen in einer Stichprobe statt. Bei dieser Art von Mittelwertvergleichen, liegen die zu vergleichenden Werte bei jedem Element der Stichprobe vor und können auf Individualebene verglichen werden. Bei experimentellen Studien handelt es sich bei den zu vergleichenden Variablen häufig um sogenannte Messwiederholungen, bei der eine Variable vor und nach einem Stimulus gemessen wird. Natürlich können all diese Vergleiche bei allen Arten vor Stichproben durchgeführt werden, wenn die zu vergleichenden Variablen metrisch skaliert vorliegen. Allerdings ist es oft schwierig abzuschätzen, ab welchem Unterschied zwischen den Mittelwerten die Differenzen relevant sind und oft auch das Ziel, Aussagen über die dazugehörige Grundgesamtheit zu machen. Dann benötigen wir repräsentative Stichproben und können damit testen, ob die Mittelwertunterschiede in der Stichprobe so groß und eindeutig sind, dass wir mit ausreichend großer Wahrscheinlichkeit davon ausgehen können, dass sich auch in der Grundgesamtheit die Mittelwerte der Variablen unterscheiden. Wenn nur zwei Variablen miteinander verglichen werden sollen, dann wird ein t-Test für abhängige Stichproben verwendet. Diese sind abhängig, weil die Messungen voneinander abhängig sind, da sie jeweils von denselben Messobjekten (z. B. Personen) stammen. Wenn mehr als zwei Mittelwerte von Messungen verglichen werden sollen, müssen die Unterschiede mit der einfaktoriellen Varianzanalyse mit Messwiederholung getestet werden. Da solche Tests aber eher selten sind, werden diese nicht im Buch vorgestellt, zumal sie streng genommen nicht zu den bivariaten, sondern zu den multivariaten Verfahren gehören, welche nicht Gegenstand des Buches sind.

Die häufiger vorkommende Variante von Mittelwertvergleichen sind Vergleiche einer metrischen Variablen zwischen zwei oder mehr Vergleichsgruppen. Dabei bildet eine nominal-skalierte Variable die Gruppen und dient als Gruppierungsvariable. Wir können zwei Gruppen (z. B. um Unterschiede zwischen verheirateten und unverheirateten Personen) oder mehrere Gruppen (z. B. wenn es Unterschiede zwischen Personen unterschiedlicher Religionsgruppen) vergleichen. Da wir untersuchen wollen, ob von der Gruppierungsvariablen ein Effekt auf eine andere Variable ausgeht, nennen wir die Gruppierungsvariable unabhängige Variable (UV). Im Gegensatz dazu bezeichnen wir die Variable, in der wir den Effekt vermuten, welcher von der unabhängigen Variablen abhängt, als abhängige Variable (AV). Da bei der abhängigen Variablen Mittelwerte berechnet werden, muss diese metrisch skaliert sein. So ließe sich das durchschnittliche Einkommen (AV) von Verheirateten und Unverheirateten (UV) vergleichen. Solche Vergleiche sind grundsätzlich bei allen Stichproben möglich. Bei Mittelwertvergleichen von repräsentativen Stichproben können wir zusätzlich auf die Grundgesamtheit schließen. Wenn es sich um zwei Vergleichsgruppen handelt, nutzen wir den t-Test für unabhängige Stichproben. Haben wir hingegen mehrere Vergleichsgruppen, nutzen wir die einfaktorielle Varianzanalyse (ANOVA) und den F-Test. Im Falle von zwei Vergleichsgruppen wird der Test t-Test für unabhängige Stichproben genannt, weil die Werte in der einen Vergleichsgruppe nicht von den Werten in der anderen Vergleichsgruppe beeinflusst werden (denn sie stammen nicht von denselben Untersuchungsobjekten). Solche Unabhängigkeit zwischen den Stichproben können wir durch Zufallsziehungen erzielen, indem beide Stichproben unabhängig voneinander separat aus ihren Grundgesamtheiten gezogen wurden (Holling & Gediga, 2016, S. 156). In diesem Fall überprüft der t-test für unabhängige Stichproben die Nullhypothese, dass beide Stichproben aus der gleichen Grundgesamtheit stammen (Bortz & Weber, 2005, S. 140). Praktisch sind solche unabhängigen Stichproben aus verschiedenen Grundgesamtheiten aber die Ausnahme. In der Regel wird jedoch eine repräsentative Stichprobe aus einer definierten Grundgesamtheit gezogen. Aus der Stichprobe werden dann zwei voneinander unabhängige Gruppen ausgewählt. Das wäre z. B. der Fall, wenn der durchschnittliche Fernsehkonsum pro Tag zwischen Männern und Frauen verglichen würde. Der Fall wäre aber anders, wenn wir zusammenlebende Paare analysieren, denn dann würde sich diese gegenseitig beeinflussen können. Solange aber nicht solche speziellen Konstellationen vorliegen, können wir unabhängige Vergleichsgruppen aus einer Stichprobe wie unabhängige Stichproben behandeln.

Testverfahren für Mittelwertvergleiche sind an Voraussetzungen gebunden. Bei den Mittelwertvergleichen wird vorausgesetzt, dass die metrischen Variablen normalverteilt sein müssen (Holling & Gediga, 2016, S. 159; Janczyk & Pfister, 2020, S. 54). Ist die jeweilige Stichprobengröße größer als 30, kann laut dem zentralen Grenzwertsatz von approximativer Normalverteilung ausgegangen (siehe Kap. 9) und auf eine weitere Prüfung dieses Kriteriums verzichtet werden. Beim Vergleich von Mittelwerten zwischen Gruppen ist Varianzhomogenität (d. h. die gleiche Varianz in den Vergleichsgruppen) eine weitere Voraussetzung, die erfüllt sein muss (Janczyk & Pfister, 2020). Die Varianzhomogenität lässt sich mit dem Levene-Test überprüfen (Levene, 1960).

Die Hypothesentests für Mittelwertvergleiche lassen sich also anhand von zwei Kriterien in vier Typen unterteilen. In Bezug auf die Anzahl der Mittelwerte unterscheiden wir zwischen zwei Testtypen: t-Test und einfaktorieller Varianzanalysen (engl. Analysis of Variance ANOVA). Mit t-Tests können wir zwei und mit der ANOVA mehr als zwei Mittelwerte vergleichen. Bezogen auf die Art der zu untersuchenden Stichproben können wir t-Tests und ANOVAs jeweils in zwei weitere untergeordnete Testtypen aufteilen. Sind die Vergleichsgruppen voneinander unabhängig, so haben die Messwerte von Untersuchungsobjekten der einen Gruppe keinen Einfluss auf Messwerte der Untersuchungsobjekte der anderen Gruppe. In diesem Fall verwenden wir den t-Test für unabhängige Stichproben oder eine ANOVA ohne Messwiederholung. Messen wir jedoch in derselben Personengruppe mehrfach, sprich wir vergleichen Messungen bzw. Variablen, dann sind diese Messwerte voneinander abhängig. In diesem Fall haben wir eine Messwiederholung und müssen zum Mittelwertvergleich den t-Test für abhängige Stichproben oder die ANOVA mit Messwiederholung heranziehen. In diesem

Kapitel widmen wir uns drei häufig angewendeten Verfahren: t-Tests für unabhängige Stichproben, t-Tests für abhängige Stichproben und der einfaktoriellen ANOVA ohne Messwiederholung (abgekürzt ANOVA).

12.2.2 Mittelwertvergleich zwichen zwei Gruppen: t-Tests für unabhängige Stichproben

Wir beginnen mit dem Mittelwertvergleich zwischen zwei unabhängigen Gruppen, weil dieser in der Forschungspraxis häufig vorkommt, insbesondere da er das übliche Vorgehen darstellt, wenn eine Experimentalgruppe mit einer Kontrollgruppe verglichen werden soll. Dazu wird der t-Test für unabhängige Stichproben herangezogen.

Bei t-Tests für unabhängige Stichproben soll die Differenz der Erwartungswerte anhand der Mittelwertdifferenz zwischen zwei unabhängigen Gruppen überprüft werden. Der interessierende Parameter ist deshalb die Differenz zwischen den Erwartungswerten $\mu_X - \mu_Y$, wobei μ_X den Erwartungswert der ersten Gruppe X und μ_Y den Erwartungswert der zweiten Gruppe Y darstellt. In diesem Abschnitt möchten wir herausfinden, ob ein Unterschied zwischen diesen Erwartungswerten überhaupt vorhanden ist. Eine Differenz wird als vorhanden betrachtet, wenn sie negativ oder positiv ist, daher akzeptieren wir zur Ablehnung der Nullhypothese beide Richtungen der Erwartungswertdifferenz. Wir können die Nullhypothese ablehnen, sowohl wenn die Mittelwertdifferenz negativ, als auch wenn diese Differenz positiv ausfällt. Aus diesem Grund verwenden wir zur Überprüfung des Vorhandenseins einer Mittelwertdifferenz ungerichtete Unterschiedshypothesen und somit einen zweiseitigen Hypothesentest (siehe Kap. 9).

Damit Sie sich die Durchführung eines t-Tests für unabhängige Stichproben besser vorstellen können, zeigen wir anhand unseres kleinen Datensatzes mit elf Fällen eine Beispielrechnung. Für einen tatsächlichen Mittelwertvergleich ist diese Stichprobe zu klein. Hier soll sie demnach nur zur Illustration des Vorgehens dienen. In diesem Beispiel möchten wir prüfen, ob die Dauer der Fernsehnutzung zwischen verschiedenen Haushaltsgrößen variiert. Das interessierende Merkmal (AV) in unserer Untersuchung ist die Dauer des täglichen Fernsehkonsums in Minuten. Die zwei zu vergleichenden Stichproben (UV) sind die Gruppe der Einpersonenhaushalte (X) und die Gruppe der Mehrpersonenhaushalte (Y). Die in Tab. 12.1 aufgeführten Stichprobenkennwerte sind uns bereits bekannt.

Tab. 12.1
Stichprobenkennwerte aus
dem Beispiel

EPH	MHP
• $\overline{X} = 150$ min	• $\overline{Y} = 50$
• $s_X^2 = 6300$ min $\rightarrow s_X =$ 79,37	• $s_Y^2 = 2400$ min $\rightarrow s_Y =$ 49
• $n_X = 5$ Personen	• $n_Y = 6$ Personen

Eigene Darstellung

Tab. 12.2 Hypothesen für den t-Test für unabhängige Stichproben aus dem Beispiel

Inhaltliche Hypothesen		Statistische Hypothesen
Nullhypothese	Einpersonenhaushalte (EPH) und Mehrpersonenhaushalte (MPH) unterscheiden sich nicht in der Dauer ihres täglichen Fernsehkonsums	H0: $\mu_X - \mu_Y = 0$
Alternativhypothese	Einpersonenhaushalte (EPH) und Mehrpersonenhaushalte (MPH) unterscheiden sich in der Dauer ihres täglichen Fernsehkonsums	HA: $\mu_X - \mu_Y \neq 0$

Eigene Darstellung

Im ersten Schritt formulieren wir die Hypothesen, die wir mit dem t-Test überprüfen möchten. Für unser Beispiel werden diese wie folgt formuliert (siehe Tab. 12.2).

Nachdem die Hypothesen formuliert wurden, müssen wir die Voraussetzungen des Tests überprüfen:

- *Stichprobe und Unabhängigkeit der Gruppen:* Die Daten stammen aus einer repräsentativen Stichprobe, in der die beiden voneinander unabhängigen Gruppen Einpersonenhaushalte und Mehrpersonenhaushalte verglichen werden.
- *Normalverteilung der AV:* Da wir die Normalverteilung per Hand nicht leicht überprüfen können, nehmen wir in diesem Beispiel an, dass die AV in jeder Gruppe normalverteilt ist.
- *Varianzhomogenität:* Zum illustrativen Zweck nehmen wir für die Varianzhomogenität in unserem Beispiel an, dass es zwischen der Varianz des Fernsehkonsums für EPH und MPH keinen signifikanten Unterschied gibt. Die genaue Überprüfung der Varianzhomogenität mit dem Levene Test zeigen wir Ihnen in Abschn. 12.3.

Im nächsten Schritt sollte der kritische Wert auf Basis des Signifikanzniveaus α festgelegt werden. Damit definieren wir vorab eine theoretische Grenze, ab wann die Nullhypothese abgelehnt werden muss. Der kritische Wert trennt also die Ablehnungs- und Annahmebereiche der Nullhypothese (siehe Kap. 9). Beim t-Test ist der kritische Wert das p-Quantil der t-Verteilung, wobei p der Sicherheitswahrscheinlichkeit $1 - \alpha$ entspricht (siehe Kap. 9). In den Sozialwissenschaften wird das Signifikanzniveau α meist auf 5 % oder 1 % gesetzt. Für unsere weitere Testung verwenden wir $\alpha = 5\ \%\ (= 0{,}05)$. Da wir ungerichtete Hypothesen und somit einen zweiseitigen Test überprüfen, akzeptieren wir zur Ablehnung der Nullhypothese beide Richtungen der Mittelwertdifferenz. Deshalb haben wir zwei Ablehnungsbereiche der Nullhypothese, welche durch zwei kritische Werte markiert sind. Das Signifikanzniveau α wird deshalb halbiert und entspricht dem Wert $\frac{\alpha}{2} = \frac{0{,}05}{2} = 0{,}025$. Die beiden kritischen Werte sind identisch und unterscheiden sich nur durch das Vorzeichen, da die t-Verteilung symmetrisch ist (siehe Kap. 9). Aus diesem Grund wird für die Berechnung des kritischen Wertes der Betrag des 95 %-Quantils gezogen und wird mit $t_{1-\frac{\alpha}{2}}(n_X + n_Y - 2)$ bezeichnet, wobei $n_X + n_Y - 2$ die Anzahl der Freiheitsgrade df ist. Der Verlust von zwei df ist darauf zurückzuführen, dass wir die beiden Erwartungswerte durch die Mittelwerte der Stichproben schätzen müssen. Der kritische Wert für einen zweiseitigen t-Test für unabhängige Stichproben wird somit folgendermaßen berechnet:

$$|t| = t_{1-\frac{\alpha}{2}}(n_X + n_Y - 2) = t_{0{,}975}(n_X + n_Y - 2)$$

Der kritische Wert mit $(n_X + n_Y - 2)$ Freiheitsgraden kann in der t-Tabelle in vielen Statistikbüchern abgelesen werden (z. B. Backhaus et al., 2016, S. 630; Holling & Gediga, 2013, S. 314). Für unser Beispiel ergibt sich der folgende kritische Wert mit $n_X = 5$ und $n_Y = 6$

$$|t| = t_{0{,}975}(n_X + n_Y - 2) = t_{0{,}975}(5 + 6 - 2) = 2{,}262$$

Anschließend wird die Teststatistik T aus den Daten berechnet. In unserer vorherigen Berechnung haben wir mit dem kritischen Wert $|t|$ die theoretische Grenze zur Ablehnung der Nullhypothese definiert. Die Teststatistik kann als eine empirische Grenze betrachtet werden, die mit dem kritischen Wert verglichen wird. Ist der Wert unserer Teststatistik kleiner als der Betrag des kritischen Werts, liefern unsere Daten nicht ausreichend Evidenzen für die Alternativhypothese, dass zwischen den Erwartungswerten tatsächlich ein Unterschied besteht. Deshalb müssen wir in diesem Fall die Nullhypothese beibehalten. Überschreitet jedoch der Wert der Teststatistik den Betrag des kritischen Wertes, lehnen wir die Nullhypothese ab und interpretieren das Ergebnis zugunsten der Alternativhypothese.

Die Teststatistik T ergibt sich aus dem Quotienten der Erwartungswertdifferenz $\mu_X - \mu_Y$ dividiert durch die Standardabweichung der Erwartungswertdifferenz σ_{X-Y}.

$$T = \frac{\mu_X - \mu_Y}{\sigma_{X-Y}}$$

Da die Erwartungswerte der jeweiligen Gruppen μ_X und μ_Y unbekannt sind, ist die Erwartungswertdifferenz $\mu_X - \mu_Y$ ebenfalls unbekannt und muss durch die Mittelwertdifferenz zwischen den Stichproben $\overline{X} - \overline{Y}$ geschätzt werden, wobei $\overline{X}$ der Mittelwert der ersten Stichprobe und $\overline{Y}$ der Mittelwert der zweiten Stichproben ist.

Die Standardabweichung der Erwartungswertdifferenz σ_{X-Y} berechnet sich aus der Wurzel der Varianz der Erwartungswertdifferenz σ_{X-Y}^2. Die Varianz der Erwartungswertdifferenz wird durch den Quotienten der Varianz der jeweiligen Gruppe dividiert durch den Stichprobenumfang berechnet mit n_X als Größe der ersten Stichprobe und n_Y als Größe der zweiten Stichprobe (Janczyk & Pfister, 2020, S. 46).

$$\sigma_{X-Y}^2 = \frac{\sigma_X^2}{n_X} + \frac{\sigma_Y^2}{n_Y}$$

Im Fall der Varianzhomogenität bzw. homogenen Varianzen wird die Varianz der Erwartungswertdifferenz und somit die Teststatistik T wie folgt berechnet. Wir gehen davon aus, dass die Varianzen in den beiden Grunppen identisch sind und deshalb als ein Parameter behandelt werden sollten $\sigma_X^2 = \sigma_Y^2 = \sigma^2$. Die Berechnung der Varianz der Erwartungswertdifferenz sieht daher wie folgt aus (Janczyk & Pfister, 2020, S. 46):

$$\sigma_{X-Y}^2 = \frac{\sigma_X^2}{n_X} + \frac{\sigma_Y^2}{n_Y} = \sigma^2 \left(\frac{1}{n_X} + \frac{1}{n_Y} \right)$$

Jedoch ist die Varianz der Gruppe σ^2 unbekannt und muss durch die Stichprobenvarianz $\hat{\sigma}$ geschätzt werden, welche mit der folgenden Formel geschätzt wird:

$$\hat{\sigma}^2 = \frac{(n_X - 1)s_X^2 + (n_Y - 1)s_Y^2}{(n_X - 1) + (n_Y - 1)}$$

Aus diesem Grunde ergibt sich die Varianz der Erwartungswerte als:

$$\sigma_{\overline{X}-\overline{Y}}^2 = \hat{\sigma}^2 \left(\frac{1}{n_X} + \frac{1}{n_Y} \right) = \frac{(n_X - 1)s_X^2 + (n_Y - 1)s_Y^2}{(n_X - 1) + (n_Y - 1)} \left(\frac{1}{n_X} + \frac{1}{n_Y} \right)$$

Die Standardabweichung der Erwartungswertdifferenz berechnet sich durch die Wurzel der Varianz der Erwartungswertdifferenz:

$$\sigma_{\overline{X}-\overline{Y}} = \sqrt{\sigma_{\overline{X}-\overline{Y}}^2} = \sqrt{\frac{(n_X - 1)s_X^2 + (n_Y - 1)s_Y^2}{(n_X - 1) + (n_Y - 1)} \left(\frac{1}{n_X} + \frac{1}{n_Y} \right)}$$

Zusammengenommen wird die Teststatistik im Fall der Varianzhomogenität wie folgt berechnet:

$$T = \frac{\overline{X} - \overline{Y}}{\sqrt{\frac{(n_X-1)s_X^2+(n_Y-1)s_Y^2}{(n_X-1)+(n_Y-1)} \left(\frac{1}{n_X} + \frac{1}{n_Y} \right)}}$$

Im Fall der Varianzheterogenität, d. h. die Varianzen beider Gruppen unterscheiden sich, wird die Varianz der Erwartungswertdifferenz und somit die Teststatistik T abweichend berechnet (mehr dazu unter Janczyk & Pfister, 2020). In unserem Beispiel wurden die Varianzen der Stichproben als homogen angenommen (siehe oben). Deshalb wird die Teststatistik T durch den Quotienten der Mittelwertdifferenz $\overline{X} - \overline{Y}$ dividiert durch die Standardfehler für homogene Varianzen berechnet:

$$T = \frac{\overline{X} - \overline{Y}}{\sqrt{\frac{(n_X-1)s_X^2+(n_Y-1)s_Y^2}{(n_X-1)+(n_Y-1)} \left(\frac{1}{n_X} + \frac{1}{n_Y} \right)}}$$

$$= \frac{150 - 50}{\sqrt{\frac{(5-1)*6300+(6-1)*2400}{(5-1)+(6-1)} \left(\frac{1}{5} + \frac{1}{6} \right)}} = \frac{100}{38{,}93} = 2{,}56$$

Der Teststatistik T ist größer als den Betrag des kritischen Werts ($2{,}56 > 2{,}262$). Der t-Test ist somit statistisch signifikant und die Nullhypothese kann verworfen werden. Insofern können wir mit 95 % Sicherheit davon ausgehen, dass ein statistisch signifikanter Unterschied zwischen den Einpersonenhaushalten (EHP) und den Mehrpersonenhaushalten (MPH) bezüglich der Dauer ihres Fernsehkonsums besteht.

Im Kapitel Schätzen und Testen haben wir die Wirkung der Stichprobengrößen auf die statistische Signifikanz diskutiert. Mit genügend großen Stichproben erhalten wir selbst bei einem sehr kleinen Effekt oft ein statistisch signifikantes Ergebnis (Janczyk & Pfister, 2020, S. 84). Auch die Mittelwertdifferenz ist von der Stichprobengröße sowie Einheit des untersuchten Merkmals abhängig (Janczyk & Pfister, 2020). Deshalb sollte neben der statistischen Signifikanz die Effektstärke berechnet werden, um ein standardisiertes und vergleichbares Maß für die Mittelwertdifferenz zu erhalten. Dies erleichtert den Vergleich von Testergebnissen aus unterschiedlichen Analysen. Ein häufig verwendetes Maß der Effektstärke für die Mittelwertdifferenz ist Cohens d, welches sich durch die Standardisierung der Mittelwertdifferenz ergibt (Cohen, 1992, S. 157; Ellis, 2011, S. 41):

$$d = \frac{\overline{X} - \overline{Y}}{\hat{\sigma}} = \frac{\overline{X} - \overline{Y}}{\sqrt{\frac{(n_X - 1)s_X^2 + (n_Y - 1)s_Y^2}{(n_X - 1) + (n_Y - 1)}}}$$

Aus der Berechnung der Teststatistik T im Fall der Varianzhomogenität wissen wir, dass die geschätzte Standardabweichung der Population mit folgender Formel berechnet wird (siehe oben):

$$\hat{\sigma} = \sqrt{\hat{\sigma}^2} = \sqrt{\frac{(n_X - 1)s_X^2 + (n_Y - 1)s_Y^2}{(n_X - 1) + (n_Y - 1)}}$$

Bei der Varianzhomogenität ist die Berechnung von Cohens d fast identisch zu der Berechnung der Teststatistik T. Aus diesem Grund kann man Cohens d in diesem Fall mit der folgenden verkürzten Formel berechnen, indem der Faktor $\sqrt{\left(\frac{1}{n_X} + \frac{1}{n_Y}\right)}$ zu der Teststatistik T multipliziert wird:

$$d = \frac{\overline{X} - \overline{Y}}{\sqrt{\frac{(n_X - 1)s_X^2 + (n_Y - 1)s_Y^2}{(n_X - 1) + (n_Y - 1)}}} = T * \sqrt{\left(\frac{1}{n_X} + \frac{1}{n_Y}\right)}$$

Cohens d kann einen Wertebereich von $-\infty$ bis $+\infty$ annehmen (Cohen, 1988). Durch das Vorzeichen der Werte können wir zwar die Richtung des Effekts erkennen (positiv vs. negativ), allerdings spielt das Vorzeichen für die Interpretation der Stärke des Effekts keine Rolle. Ein positiver d Wert weist darauf hin, dass der Erwartungswert der ersten Gruppe größer ist als der der Erwartungswert der zweiten Gruppe. Beim negativen *d* Wert ist hingegen das Gegenteil der Fall. Bezogen auf die Größe des Effekts gelten die folgenden Konventionen (Cohen, 1988, 1992):

- $|d|$ ab 0,2 entspricht einem kleinen Effekt
- $|d|$ ab 0,5 entspricht einem mittleren Effekt
- $|d|$ ab 0,8 entspricht einem großen Effekt

In unserem Beispiel wissen wir, dass der *t*-Test signifikant ist und wir mit 95 % Sicherheit davon ausgehen können, dass ein statistisch signifikanter Unterschied zwischen den Einpersonenhaushalten (EHP) und den Mehrpersonenhaushalten (MPH) bezüglich der Dauer ihres Fernsehkonsums besteht. Um die Relevanz des gefundenen Unterschiedes festzustellen, berechnen wir im Anschluss die Effekt-stärke Cohens d. Da die Varianzen beider Gruppen homogen sind, berechnen wir Cohens d mit der oben dargestellten, verkürzten Formel:

$$d = \frac{\overline{X} - \overline{Y}}{\hat{\sigma}} = T * \sqrt{\frac{1}{n_X} + \frac{1}{n_Y}} = 2{,}56 * \sqrt{\frac{1}{5} + \frac{1}{6}} = 1{,}55$$

Cohens *d* von 1,55 entspricht einem starken Effekt und bedeutet, dass der standardisierte Mittelwertunterschied in der Dauer des Fernsehkonsums zwischen den Einpersonenhaushalten (EHP) und den Mehrpersonenhaushalten (MPH) 1,55 Standardabweichung beträgt (Cohen, 1988). Da Cohens d positiv ausfällt, können wir dies so interpretieren, dass in den Einpersonenhaushalten, im Gegensatz zu den Mehrpersonenhaushalten, deutlich mehr ferngesehen wird.

12.2.3 Mittelwertevergleiche zwischen zwei Variablen: t-Tests für abhängige Stichproben

Bei *t*-Tests für abhängige Stichproben wird die Differenz der Messwerte aus zwei Messungen *X* und *Y* bei denselben Untersuchungsobjekten (z. B. Personen) untersucht. Da dieselben Untersuchungsobjekte die Daten liefern, sind die Messwerte voneinander abhängig (Holling & Gediga, 2016, S. 191). Bei *t* - Tests für abhängige Stichproben handelt es sich insofern zumeist um Messungen mit Messwiederholungen, wo Daten zu mehreren Messzeitpunkten bei denselben Untersuchungsobjekten erhoben werden (Cleff, 2019, S. 157; Holling & Gediga,

2016, S. 190). Daneben kann auch die Messung verschiedener Variablen bei derselben Person analysiert werden. Wir nutzen diese Methode beispielsweise um die Nutzungsdauer der Medien *Fernsehen vs. Tageszeitung* zu vergleichen. In der Untersuchung sollten dieselben Befragten sowohl die Dauer ihres täglichen Fernsehkonsums als auch die Dauer ihres täglichen Zeitungskonsums angeben (siehe Tab. 12.3). Diese Tabelle umfasst lediglich elf Messwerte. Für einen tatsächlichen Mittelwertvergleich ist diese Stichprobe zu klein. Hier soll sie demnach nur zur Illustration des Vorgehens dienen.

Im Unterschied zu *t*-Tests für zwei unabhängige Stichproben stehen X und Y nicht für Gruppen unterschiedlicher Personen, sondern für zwei verschiedene Messungen bei denselben Personen (Janczyk & Pfister, 2020, S. 59). Wir sind

Tab. 12.3 Beispieldaten für den t-Test für abhängige Stichproben

i	X_i Fernsehkonsum	Y_i Zeitungskonsum	Differenz $D_i = X_i - Y_i$
1	180	15	165
2	30	0	30
3	120	10	110
4	240	20	220
5	180	15	165
6	0	5	-5
7	60	30	30
8	90	15	75
9	120	45	75
10	30	30	0
11	0	0	0
Stichprobengröße n			11
Mittelwert $\bar{D}$			78,64
Standardabweichung s_{Diff}			77,46
Standardfehler $s_{Diff}/\sqrt{n}$			23,36

Eigene Darstellung

also anstelle der Differenz zwischen zwei Erwartungswerten vielmehr an den Veränderungen der Messwerte der einzelnen Personen interessiert. Deshalb bilden wir einen neuen, zu prüfenden Parameter D_i für die Differenzen der Messwerte der jeweiligen Personen $i (i = 1, 2, \dots$ bis n). Dieser Parameter wird durch die Differenz der Messwerte zwischen zwei Messungen $X_i - Y_i$ berechnet und ist normalverteilt mit dem Erwartungswert $\overline{D} = \mu_X - \mu_Y$ und der Standardabweichung σ_D (Holling & Gediga, 2016, S. 190). $\overline{D}$ wird durch den Mittewert der Differenzen zwischen den Messwerten beider Messungen geschätzt. Die Standardabweichung der Differenzen σ_{Diff} ist unbekannt und wird durch den Standardfehler der Differenzen zwischen Messwerten der zwei Stichproben $s_{Diff}/\sqrt{n}$ geschätzt.

Wir möchten mit dem t-Test für abhängige Stichproben überprüfen, ob eine Mittelwertdifferenz zwischen zwei Messungen bzw. zwischen zwei abhängigen Stichproben vorhanden ist, also ob der Unterschied signifikant von 0 abweicht. Wir verwenden demnach erneut ungerichtete Hypothesen und somit einen zweiseitigen Hypothesentest (siehe Kap. 9). Unsere statistischen Hypothesen für die Differenz zwischen zwei Messungen können wie folgt (siehe Tab. 12.4) formuliert werden, wobei μ_X der Erwartungswert der ersten Messung X für den Fernsehkonsum und μ_Y der Erwartungswert der zweiten Messung Y für den Zeitungskonsum ist.

Nachdem die Hypothesen formuliert wurden, müssen wir die Voraussetzungen für den t-Test überprüfen.

- *Unabhängigkeit der Differenzen:* Da die Personen in unserer Stichprobe voneinander unabhängig sind, sind die Differenzen der Messwerte der jeweiligen Personen ebenfalls voneinander unabhängig.
- *Normalverteilung der Differenzen:* Wir nehmen zum illustrativen Zweck in unserem Beispiel an, dass die Differenzen D_i einer Normalverteilung folgen.

Tab. 12.4 Hypothesen für den t-Test für abhängige Stichproben aus dem Beispiel

Inhaltliche Hypothesen		Statistische Hypothesen
Nullhypothese	Die Dauer des täglichen Fernsehkonsums unterscheidet sich nicht von der Dauer des täglichen Zeitungskonsums	H0: $\mu_X - \mu_Y = 0$
Alternativhypothese	Die Dauer des täglichen Fernsehkonsums unterscheidet sich von der Dauer des täglichen Zeitungskonsums	HA: $\mu_X - \mu_Y \neq 0$

Eigene Darstellung

Im nächsten Schritt sollte der kritische Wert auf Basis des Signifikanzniveaus α = 5 % (= 0,05) festgelegt werden. Da wir ähnlich wie bei t-Tests für unabhängige Stichproben ungerichtete Hypothesen und somit einen zweiseitigen Test überprüfen, haben wir zwei Ablehnungsbereiche der Nullhypothese und somit zwei kritische Werte, welche sich nur in den Vorzeichen unterscheiden. Für die Berechnung des kritischen Wertes wird deshalb das Signifikanzniveau α halbiert ($\frac{\alpha}{2} = \frac{0,05}{2} = 0,025$) und der Betrag des 95 %-Quantils gezogen (siehe auch Abschn. 12.2.2). Dieses wird mit $t_{1-\frac{\alpha}{2}}(n-1)$ bezeichnet, wobei $n-1$ die Anzahl der Freiheitsgrade df ist. Der Verlust von einem df ist darauf zurückzuführen, dass wir den Erwartungswert der Differenzen durch den Stichprobenmittelwert der Differenzen schätzen müssen. Der entsprechende kritische Wert des t-Tests für abhängige Stichproben wird zusammengenommen wie folgt berechnet:

$$|t| = t_{1-\frac{\alpha}{2}}(n-1) = t_{0,975}(n-1)$$

Wenden wir uns wieder unserem Beispiel zu. Für unsere Stichprobe mit $n = 11$ beträgt der kritische Wert:

$$|t| = t_{1-\frac{\alpha}{2}}(11-1) = t_{0,975}(10) = 2,228$$

Anschließend berechnen wir aus unseren Daten die Teststatistik T, welche mit dem Betrag des kritischen Wertes verglichen wird, um eine Entscheidung über unsere Nullhypothese zu treffen. Diese wird durch den Quotienten des Mittelwerts der Differenzen $\overline{D}$ dividiert durch den Standardfehler der Differenzen $s_{Diff}/\sqrt{n}$ berechnet:

$$T = \frac{\overline{D}}{s_{Diff}/\sqrt{n}}$$

Aus unseren Daten haben wir folgende Teststatistik bekommen:

$$T = \frac{\overline{D}}{s_{Diff}/\sqrt{n}} = \frac{78,64}{77,46/\sqrt{11}} = 3,37$$

Der Wert unserer Teststatistik ist größer als der Betrag des kritischen Werts (3,37 > 2,228). Das bedeutet, dass wir ausreichend sicher die Nullhypothese ablehnen können. Mit 95 % Sicherheit können wir davon ausgehen, dass zwischen beiden Messungen ein Unterschied besteht, der t-Test ist somit statistisch signifikant. Um die Bedeutung des gefundenen Unterschiedes bzw. des

Effekts festzustellen, berechnen wir anschließend die Effektstärke. Für den t-Test für abhängige Stichproben ist Cohens d_z ein bekanntes Maß, welches einem ähnlichen Berechnungsprinzip wie Cohens d für den t-Test für unabhängige Stichproben folgt. Cohens d_z wird durch den Quotienten des Mittelwertes der Messwertdifferenzen dividiert durch dessen Standardfehler berechnet (Lakens, 2013):

$$d_z = \frac{\overline{D}}{s_{Diff}}$$

Für unser Beispiel ergibt sich der folgende Cohens d_z Wert:

$$d_z = \frac{\overline{D}}{s_{Diff}} = \frac{78{,}64}{77{,}46} = 1{,}01$$

Der standardisierte Unterschied zwischen der Dauer des Fernsehkonsums und der Dauer des Zeitungskonsums beträgt 1,01 Standardabweichungen und entspricht einem starken Effekt (Cohen, 1992). Zusammengenommen können wir aussagen, dass in unserer Grundgesamtheit mehr ferngesehen als Zeitung gelesen wird.

12.2.4 Mittelwertvergleich zwischen mehreren Gruppen: Einfaktorielle Varianzanalyse (One-way ANOVA)

Mit t-Tests für unabhängige Stichproben können wir die Unterschiede zwischen zwei Erwartungswerten überprüfen. Dabei betrachten wir zwei zu vergleichende Stichproben, welche die Ausprägungen unserer unabhängigen Variablen UV bilden. Mit der Varianzanalyse können wir hingegen Unterschiede zwischen mehr als zwei Erwartungswerten überprüfen. Insofern wird bei einer Varianzanalyse (engl. *Analysis of Variance,* ANOVA) der Einfluss einer oder mehrerer nominalskalierter Variablen (UV) auf eine metrisch skalierte abhängige Variable (AV) überprüft (Holling & Gediga, 2016, S. 223). Dabei werden die UV auch als *Faktoren* bezeichnet, welche mehr als zwei Ausprägungen aufweisen. Diese Ausprägungen bilden die zu vergleichenden Gruppen. Hat die UV drei Ausprägungen, haben wir entsprechend drei zu vergleichende Gruppen.

Je nach Anzahl der untersuchten Faktoren wird zwischen einfaktorieller (one-way ANOVA), zweifaktorieller (two-way ANOVA) und mehrfaktorieller ANOVA unterschieden. In diesem Kapitel beschäftigen wir uns mit der einfaktoriellen ANOVA. Das heißt, wir analysieren den Einfluss eines einzigen Faktors (UV)

auf eine abhängige Variable (*AV*). Eine einfaktorielle ANOVA ist somit eine Erweiterung der *t*-Tests für unabhängige Stichproben. Der Signifikanztest in der einfaktoriellen ANOVA wird als *F*-Test bezeichnet. Da in der einfaktoriellen ANOVA mehrere Stichproben behandelt werden, werden beim *F*-Test mehrere Arten von Mittelwerten berücksichtigt. Wir müssen für jede Ausprägung des Faktors, also für jede Gruppe einen Mittelwert ermitteln, welcher als *Gruppenmittelwert* bezeichnet wird. Demgegenüber wird über die Gruppen hinweg und unabhängig von den Stichproben ein Gesamtmittelwert gebildet. In Tab. 12.5 finden Sie eine Übersicht über die relevanten Arten von Erwartungswerten und deren Mittelwerte sowie deren Berechnungsformeln.

Die Berechnung der einfaktoriellen ANOVA lässt sich durch das folgende Beispiel (siehe Tab. 12.6) näher veranschaulichen: Wir möchten prüfen, ob die Haushaltsgröße einen Einfluss auf die Dauer der Fernsehnutzung hat. Deshalb teilen wir unseren kleinen Datensatz in drei Gruppen, entsprechend der drei Haushaltsgrößen: Einpersonenhaushalte (EPH), Zweipersonenhaushalte (ZPH) und Mehrpersonenhaushalte (MPH). Jedoch sind diese Gruppen unterschiedlich

Tab. 12.5 Mittelwertarten in der einfaktoriellen Varianzanalyse

	Parameter	Schätzer
Gruppenmittelwerte	μ_j	$\hat{\mu}_j = \overline{X}_{\blacksquare j}$
Gesamtmittelwert	μ	$\hat{\mu} = \overline{X} = \frac{1}{j} \sum_{j=1}^{j} \overline{X}_{\blacksquare j}$

Eigene Darstellung in Anlehnung an Holling und Gediga (2016)

Tab. 12.6 Beispieldatensatz für die einfaktorielle ANOVA

i	Gruppe 1 EPH	Gruppe 2 ZPH	Gruppe 3 MPH	
1	$X_{11} = 180$	$X_{12} = 120$	$X_{13} = 30$	
2	$X_{21} = 240$	$X_{22} = 90$	$X_{23} = 0$	
3	$X_{31} = 180$	$X_{32} = 100$	$X_{33} = 60$	
4	$X_{41} = 120$	$X_{42} = 150$	$X_{43} = 0$	
5	$X_{51} = 30$			
Stichprobengröße	$n_1 = 5$	$n_2 = 4$	$n_3 = 4$	$n = 13$
Mittelwert $\overline{Y}_{\blacksquare j}$	$\overline{X}_{\blacksquare 1} = 150$	$\overline{X}_{\blacksquare 2} = 115$	$\overline{X}_{\blacksquare 3} = 22{,}5$	Gesamtmittelwert $\overline{X} = 100$

Eigene Darstellung

groß. Deshalb nehmen wir in die Gruppe ZPH zwei weitere Fälle auf. In unserer Untersuchung ist die AV der Fernsehkonsum in Minuten und die UV die Haushaltsgröße mit drei Ausprägungen entsprechend drei Gruppen.
Innerhalb von Tab. 12.5 und 12.6 haben wir die folgenden Annotationen in den Berechnungsformeln der Mittelwerte verwendet:

- i steht für die ID des Untersuchungsobjekts und kann deshalb ganzzahlige Werte zwischen 1 und n annehmen, mit n als Gesamtstichprobengröße. In einer Gruppe kann i nur Werte zwischen 1 und n_j annehmen, wobei n_j für die Stichprobegröße der Gruppe j steht. Beträgt die Stichprobegröße für EPH fünf, kann i Werte zwischen eins und fünf annehmen.
- j steht für die Position der Gruppen bzw. Ausprägung des Faktors und kann Werte zwischen 1 und j annehmen. In unserem Beispiel haben wir drei Gruppen, dann steht $j = 1$ für EPH, $j = 2$ für ZPH und $j = 3$ für MPH
- X_{ij} steht für den Messwert eines Untersuchungsobjekts. Der Messwert der ersten Person in der ersten Gruppe wird mit X_{11} bezeichnet.
- $X_{\blacksquare j}$ steht für alle Messwerte der Gruppe j. $X_{\blacksquare 1}$ bedeutet, alle Messwerte der EPH.
- $\overline{X}_{\blacksquare j}$ steht für den Mittelwert der Gruppe j. $\overline{X}_{\blacksquare 1}$ steht für den Mittelwert der EPH.

Um die Berechnungen verständlich und einfach darzustellen, beschränken wir uns in unserem Beispiel auf eine sehr kleine Anzahl von Untersuchungsobjekten: in jeder der drei Gruppen befinden sich lediglich fünf Messwerte. Für einen inferenzstatistischen Test wären diese Gruppengrößen zu klein, wir nutzen die Daten hier lediglich zur Illustration des Vorgehens.

Im ersten Schritt formulieren wir die Hypothesen, die wir mit der einfaktoriellen ANOVA überprüfen möchten. Bei der einfaktoriellen ANOVA ist unter der Nullhypothese die Annahme formuliert, dass die Erwartungswerte gleich sind, während unter der Alternativhypothese die Annahme gilt, dass sich mindestens zwei Erwartungswerte voneinander unterscheiden. Für unser Beispiel werden diese wie folgt formuliert (siehe Tab. 12.7).

Im nächsten Schritt überprüfen wir, ob unsere Daten die Voraussetzungen für die einfaktorielle ANOVA erfüllen (Holling & Gediga, 2016, S. 236; Rasch et al., 2014, S. 30). Da die einfaktorielle ANOVA eine Generalisierung des t-Tests für unabhängige Stichproben ist, stimmen deren Voraussetzungen für die Daten überein (siehe Abschn. 12.2.2).

Tab. 12.7 Hypothesen für die ANOVA aus dem Beispiel

Inhaltliche Hypothesen		Statistische Hypothesen
Nullhypothese	Einpersonenhaushalte (EPH), Zweipersonenhaushalte (ZPH) und Mehrpersonenhaushalte (MPH) unterscheiden sich nicht in der Dauer ihres täglichen Fernsehkonsums	H0: $\mu_{EPH} = \mu_{ZPH} = \mu_{MPH}$
Alternativhypothese	Mindestens zwei der Haushaltsgrößen unterscheiden sich in der Dauer ihres täglichen Fernsehkonsums	HA: $\mu_A \neq \mu_B$ für mindestens zwei Haushaltsgrößen

Eigene Darstellung

- *Stichprobe und Unabhängigkeit der Gruppen:* Die Daten müssen aus einer repräsentativen Stichprobe stammen und die Vergleichsgruppen müssen voreinander unabhängig sein. In unserem Beispiel werden Personen, die allein wohnen, der Gruppe EPH zugeordnet und Personen, die mit einer Person Gruppe ZPH und mit mehreren Personen zusammenwohnen, Gruppe MPH zugeordnet. Insofern sind die Messwerte der Personen in den jeweiligen Gruppen voneinander unabhängig.
- *Normalverteilung der AV:* Da wir die Normalverteilung per Hand nicht leicht überprüfen können, nehmen wir in diesem Beispiel an, dass die AV in jeder Gruppe normalverteilt ist.
- *Varianzhomogenität:* Die Überprüfung der Varianzhomogenität ergibt keinen signifikanten Unterschied zwischen der Varianz der jeweiligen Gruppen. Die genaue Überprüfung der Varianzhomogenität mit dem Levene Test (Levene, 1960) zeigen wir Ihnen im Abschn. 12.5.

Alternativ könnte man natürlich statt einer ANOVA auch mehrere t-Tests für unabhängige Stichproben durchführen. Dies ist jedoch nicht empfehlenswert, da mit der Anzahl der Ausprägungen jeweils die Anzahl der t-Tests steigt. Insofern müssten hier relativ viele Tests durchgeführt werden. Das wichtigste Gegenargument ist jedoch die α-Inflation, welche auftritt, wenn mehrere einzelne Hypothesentests auf dem gleichen Signifikanzniveau durchgeführt werden, wobei eigentlich die Nullhypothese gelten würde (Janczyk & Pfister, 2020, S. 100). Die Wahrscheinlichkeit, dass einer dieser t-Tests „zufällig" signifikant wird und somit die Wahrscheinlichkeit für eine falsche Ablehnung der Nullhypothese, wird somit erhöht. Die Varianzanalyse bietet eine effektive Lösung um die α-Inflation gering zu halten (Janczyk & Pfister, 2020, S. 101). Mit der Varianzanalyse können wir mit einem einzigen Test mehrere Erwartungswerte simultan miteinander vergleichen, welche durch die Mittelwerte der jeweiligen Stichproben geschätzt werden.

Da wir in der Varianzanalyse mehrere Mittelwerte betrachten und somit keine einfache Differenz mehr zwischen diesen Mittelwerten berechnen können, müssen wir eine vermittelnde Größe verwenden, welche den simultanen Mittelwertvergleich dennoch ermöglicht. Deshalb werden in der einfaktoriellen ANOVA statt Mittelwertdifferenzen deren Varianzen verwendet, um indirekt die Mittelwerte untereinander zu vergleichen (Rasch et al., 2014, S. 4). Die Varianz beschreibt die mittlere Abweichung jedes einzelnen Messwerts vom Erwartungswert bzw. Mittelwert einer Verteilung (siehe Kap. 8). In der einfaktoriellen ANOVA werden drei Arten von Varianzen heranzogen, um die Teststatistik F zu berechnen: Die Gesamtvarianz, die systematische Varianz und die unsystematische Varianz bzw. Fehlervarianz.

Als Gesamtvarianz wird die Variation aller Messwerte der AV, ohne deren Unterteilung in unterschiedliche Gruppen zu berücksichtigen, bezeichnet (Rasch et al., 2014, S. 6). Die Gesamtvarianz gibt an, wie stark sich die Untersuchungsobjekte in Bezug auf die AV insgesamt voneinander unterscheiden.

Bei der Varianzanalyse möchten wir herausfinden, ob die UV einen systematischen Einfluss auf die AV hat, d. h. ob die UV-Gruppen die Variation der Messwerte der AV erklären können. Die Gruppen sind also eine Quelle der Varianz der AV und werden als *systematische Varianz* bezeichnet (Rasch et al., 2014, S. 8). Je größer die systematische Varianz ist, umso größer sind die Unterschiede zwischen den Gruppen (Janczyk & Pfister, 2020, S. 105). Die systematische Varianz wird durch das mittlere Abweichungsquadrat (*Mean Square between* MS_B) geschätzt. MS_B basiert auf der Differenz zwischen den Gruppenmittelwerten und dem Gesamtmittelwert (Holling & Gediga, 2016, S. 230). Je weiter die Gruppenmittelwerte auseinander liegen, desto weiter liegen sie auch vom Gesamtmittelwert entfernt und desto größer ist MS_B und umgekehrt (Rasch et al., 2014, S. 12). Das mittlere Abweichungsquadrat MS_B wird demzufolge folgendermaßen berechnet:

$$MS_B = \frac{\sum_{j=1}^{j} n_j (\overline{X}_{\blacksquare j} - \overline{X})^2}{(j-1)}$$

Im Zähler wird die Summe der quadrierten Abweichungen des Mittelwerts der jeweiligen Gruppen $\overline{X}_{\blacksquare j}$ vom Gesamtmittelwert $\overline{X}$ gebildet. Diese Summe wird auch als *Quadratsumme zwischen den Gruppen* (SS_B) bezeichnet. Die einzelnen quadrierten Abweichungen werden die durch die Stichprobengröße n_j der jeweiligen Stichproben gewichtet, um den Einfluss der unterschiedlichen Größe der Stichproben zu berücksichtigen (Janczyk & Pfister, 2020, S. 107). Je größer SS_B ist, umso größer sind die Unterschiede zwischen den Gruppen. Um das mittlere Abweichungsquadrat MS_B zu bekommen, teilen wir SS_B durch die Anzahl der Freiheitsgrade df, welche sich durch die Anzahl der Stichprobe j minus 1 berechnen lässt. Diese Berechnung weist darauf hin, dass MS_B einer χ^2-Verteilung mit $j - 1$ Freiheitsgraden folgt (siehe Kap. 9). Der Verlust eines df ist darauf zurückzuführen, dass wir durch den Gesamtmittelwert nur $j - 1$ Mittelwerte schätzen müssen. Für unser Beispiel wird zunächst SS_B folgendermaßen berechnet:

$$SS_B = \sum_{j=1}^{j} n_j (\overline{X}_{\blacksquare j} - \overline{X})^2$$

$$= 5 \cdot (150 - 100)^2 + 4 \cdot (115 - 100)^2 + 4 \cdot (22{,}5 - 100)^2 = 37425$$

Teilen wir SS_B durch die Anzahl der df, bekommen wir den folgenden Wert für MS_B:

$$MS_B = \frac{SS_B}{j - 1} = \frac{37425}{3 - 1} = 18172{,}5$$

Für uns bedeutet dieser Wert, dass die systematische Varianz zwischen den drei Haushaltsgruppen EPH, ZPH und MPH 18.172,5 beträgt. Das deutet darauf hin, dass Unterschiede zwischen den Haushaltsgrößen bzgl. Ihres Fernsehkonsums vorhanden sind. Jedoch können wir allein mit der systematischen Varianz noch nicht feststellen, ob die Unterschiede der Stichprobenmittelwerte tatsächlich durch die Unterschiede zwischen den Haushaltsgrößen zustande kommen oder zufällig entstanden sind.

Deshalb betrachten wir als Referenz für die systematische Varianz die unsystematische Varianz, welche wir auch als Fehlervarianz bzw. Residualvarianz bezeichnen. Die Fehlervarianz beschreibt die Variation der Messwerte der AV, die sich nicht durch die UV, also nicht durch die Unterschiede zwischen den Haushaltsgrößen erklären lässt. Wenn die systematische Varianz im Verhältnis zur Fehlervarianz deutlich größer ist, können wir mit größerer Wahrscheinlichkeit von Unterschieden zwischen den Stichproben ausgehen. Eine Fehlervarianz der Messwerte der AV könnte zunächst dadurch erklärt werden, dass nicht alle Menschen gleich sind und sich deshalb in ihrem Verhalten unterscheiden (Rasch et al., 2014, S. 8). Des Weiteren können andere Faktoren, wie z. B. situative Einflüsse (bspw. Motivation oder Stimmung der Untersuchungsobjekte) oder Messfehler einen Einfluss auf die Variation der Messwerte der AV haben (Rasch et al., 2014, S. 8). Die Fehlervarianz wird durch das mittlere Abweichungsquadrat innerhalb der Gruppe (Mean Square within MS_W) geschätzt (Janczyk & Pfister, 2020, S. 109). Das mittlere Abweichungsquadrat innerhalb der Stichprobe basiert auf der Differenz zwischen den Messwerten der jeweiligen Untersuchungsobjekte und dem entsprechenden Stichprobenmittelwert. Das mittlere Abweichungsquadrat MS_W wird wie folgt berechnet:

$$MS_W = \frac{\sum_{j=1}^{j} \sum_{i=1}^{n_j} (X_{ij} - \overline{X}_{\blacksquare j})^2}{n - j}$$

Im Zähler wird die Summe der quadrierten Abweichungen der Messwerte der jeweiligen Stichproben X_{ij} von deren Gruppenmittelwert $\overline{X}_{\blacksquare j}$ gebildet. Diese Summe wird auch als *Quadratsumme innerhalb der Gruppen* (SS_W) bezeichnet. Je größer SS_W ist, umso größer sind die Unterschiede zwischen den Untersuchungsobjekten und umso größer ist auch die Fehlervarianz. Um das mittlere Abweichungsquadrat MS_W zu erhalten, teilen wir SS_W durch die Anzahl der df, welche sich durch die Anzahl der Untersuchungsobjekte n minus der Anzahl der Gruppen j berechnen lässt. Diese Berechnung weist darauf hin, dass MS_W einer χ^2-Verteilung mit $n - j$ Freiheitsgraden folgt (siehe Kap. 9). Der Verlust von j Freiheitsgraden ist darauf zurückzuführen, dass wir j Gruppenmittelwerte schätzen müssen. Aus der Summe der Abweichungsquadratsumme innerhalb der Gruppen und der Abweichungsquadratsumme zwischen den Gruppen ergibt sich die totale Abweichungsquadratsumme (SS_T). Für die Berechnung der Effektstärke der einfaktoriellen ANOVA spielt die SS_T eine wichtige Rolle.

$$SS_T = SS_B + SS_W$$

Für unser Beispiel wird zunächst die SS_W folgendermaßen berechnet:

$$SS_W = \sum_{j=1}^{j} \sum_{i=1}^{n_j} (X_{ij} - \overline{X}_{\blacksquare j})^2$$

$$= (180 - 150)^2 + (240 - 150)^2 + (180 - 150)^2 + (120 - 150)^2$$
$$+ (30 - 150)^2 + (120 - 115)^2 + (90 - 115)^2 + (100 - 115)^2 + (150 - 115)^2 +$$

$$(30 - 22,5)^2 + (0 - 22,5)^2 + (60 - 22,5)^2 + (0 - 22,5)^2 = 29775$$

Teilen wir die SS_W durch die Anzahl der df, bekommen wir den folgenden Wert für die MS_W

$$MS_W = \frac{SS_W}{n - j} = \frac{29775}{13 - 3} = 2977,5$$

Die Fehlervarianz für unser Beispiel beträgt 2977,5 und ist kleiner als die systematische Varianz (18172,5 > 2977,5). Setzen wir die systematische Varianz MS_B und die Fehlervarianz MS_W ins Verhältnis, bekommen wir die Teststatistik F für die einfaktorielle ANOVA. Da MS_B und MS_W χ^2-verteilte Variablen mit jeweils $j - 1$ und $n - j$ Freiheitsgraden sind, folgt die F-Teststatistik einer F-Verteilung mit $j - 1$ Zähler- und $n - j$ Nennerfreiheitsgraden (Holling & Gediga, 2016, S. 231):

$$F = \frac{MS_B}{MS_W}$$

Je größer die systematische Varianz im Verhältnis zur Fehlervarianz ausfällt, umso größer ist die F-Teststatistik. Dementsprechend vergrößern sich die Unterschiede zwischen den Gruppenmittelwerten und die Ablehnung der Nullhypothese wird wahrscheinlicher (Holling & Gediga, 2016, S. 231). Bei Abwesenheit von Effekten, d. h. die systematische Varianz MS_B besteht nur aus Fehlervarianz ($MS_B = MS_W$), gilt $F \leq 1$ (Rasch et al., 2014, S. 15). In diesem Fall gibt es keinen systematischen Einfluss des Faktors auf die Variation der Messwerte der AV. Die Unterschiede der Gruppenmittelwerte sind zufällig zustande gekommen. Wenn $F > 1$, dann ist die systematische Varianz MS_B größer als die Fehlervarianz MS_W. Die Mittelwertunterschiede zwischen den Gruppen sind eher auf den untersuchten Faktor zurückzuführen (Rasch et al., 2014, S. 15). Für unser Beispiel ergibt sich die folgende F-Teststatistik:

$$F = \frac{MS_B}{MS_W} = \frac{18172,5}{2977,5} = 6,1$$

In diesem Fall haben wir eine F-Teststatistik größer als 1, welche darauf hinweist, dass die systematische Varianz größer ist als die Fehlervarianz. Demnach muss die Nullhypothese mit hoher Wahrscheinlichkeit abgelehnt werden. Um eine Entscheidung über die Nullhypothese zu treffen, werden wir ähnlich wie bei den t-Tests den kritischen Wert f berechnen, welcher mit der F-Teststatik verglichen wird. Der kritische Wert f entspricht dem 95 %-Quantil in der F-Verteilung, welches mit $f_{0,95}(j-1, n-j)$ bezeichnet wird, mit $j-1$ als Zähler- und $n-j$ als Nennerfreiheitsgrade (siehe Kap. 9). Da die F-Verteilung nicht symmetrisch ist und nur positive Werte annehmen kann, haben wir trotz eines zweiseitigen Tests nur einen Ablehnungsbereich der Nullhypothese und somit nur einen kritischen Wert f (siehe Kap. 9). Das Signifikanzniveau α wird aus diesem Grunde nicht halbiert. Der kritische Wert wird wie folgt bestimmt:

$$f = f_{1-\alpha}(j-1, n-j) = f_{,95}(j-1, n-j)$$

Für unser Beispiel haben wir den folgenden kritischen Wert mit $j = 3$ und $n = 13$:

$$f = f_{1-\alpha}(j-1, n-j) = f_{,95}(3-1, 13-3) = f_{,95}(2, 10) = 4,1$$

Die Teststatistik F ist größer als der kritische Wert f ($6,1 < 4,1$). Der F-Test ist somit statistisch signifikant und die Nullhypothese sollte abgelehnt werden. Es gibt zwischen den Haushaltsgrößen statistische Unterschiede bezüglich der Dauer ihres Fernsehkonsums. Der Mittelwertunterschied lässt sich auf die Haushaltsgröße zurückzuführen.

Um die Relevanz der gefundenen Unterschiede zwischen den Gruppenmittelwerten zu ermitteln, berechnen wir nach dem Signifikanztest die Effektstärke. Ein häufig eingesetztes Maß, welches mit dem partiellen η^2 (sprich Partielles Eta Quadrat) bezeichnet wird, stellt der Anteil der aufgeklärten Variation der AV durch die UV dar (Holling & Gediga, 2016, S. 233). Partielles η^2 bezeichnet das Verhältnis zwischen der systematischen Varianz und der Gesamtvarianz, also den durch den Faktor erklärten Varianzanteil der AV (Holling & Gediga, 2016, S. 234). Aus diesem Grund kann partielles η^2 nur Werte zwischen 0 und 1 annehmen. Folgende Konvention gilt für η^2 (Cohen, 1992, S. 157; Ellis, 2011, S. 41):

- Ab 0,01 sprechen wir von kleinen Effekten
- ab 0,06 sprechen wir von mittleren Effekten und
- ab 0,14 sprechen wir von großen Effekten.

Partielles η^2 wird wie folgt berechnet, wobei SS_B die Summe der Abweichungsquadrate zwischen den Gruppen und SS_T die gesamte Abweichungsquadrate ist (siehe oben).

$$\eta^2 = \frac{SS_B}{SS_T} = \frac{SS_B}{SS_B + SS_W}$$

Für unser Beispiel bekomme wir den folgenden Wert:

$$\eta^2 = \frac{SS_B}{SS_T} = \frac{SS_B}{SS_B + SS_W} = \frac{37425}{37425 + 29775} = 0{,}55$$

$\eta^2 = 0{,}55$ entspricht einem großen Effekt (Cohen, 1992, S. 157). 55 % der Variation der Messwerte der Dauer des Fernsehkonsums können in unserem fiktiven Beispiel durch die Größe des Haushalts erklärt werden.

Der F-Test prüft jedoch nur, ob Mittelwertunterschiede zwischen den Gruppen vorhanden sind. Unklar ist dabei, zwischen welchen Gruppen die Unterschiede bestehen (Holling & Gediga, 2016, S. 239; Rasch et al., 2014, S. 28). Bei unseren drei Ausprägungen der Haushaltsgröße wissen wir beispielsweise nicht, ob zwischen allen Gruppen Unterschiede bestehen, oder nur zwischen einzelnen Gruppen. Zur genaueren Feststellung der Unterschiede werden nach der ANOVA paarweise Vergleiche der Gruppenmittelwerte über t-Tests bzw. Post-hoc-Te*sts* eingesetzt (Holling & Gediga, 2016, S. 240). Im ersten Abschnitt haben wir bereits das Problem der α-Inflation bei der Durchführung multipler t-Tests angeführt. Die Post-hoc-Test beheben mit der der α-Fehler-Adjustierung dieses Problem (Rasch et al., 2014, S. 29). Diese sorgt dafür, dass die Wahrscheinlichkeit für die fälschliche Ablehnung der Nullhypothese (also die Wahrscheinlichkeit des α-Fehlers) bei der Durchführung mehrerer Paarvergleiche insgesamt durch ein bestimmtes Signifikanzniveau α' beschränkt ist, welches nie größer als α ausfallen darf (Holling & Gediga, 2016, S. 240). Es gibt mehrere Arten von Post-hoc-Tests, bei denen jeweils eine spezifische Adjustierungsmethode verwendet wird. In diesem Kapitel beschränken wir uns auf den Post-hoc-Test mit der Bonferroni-Adjustierung (Dunn, 1961). Die Bonferroni-Methode ist ein häufig eingesetztes Verfahren für multiple Paarvergleiche (Janczyk & Pfister, 2020, S. 100). Dazu müssen wir zunächst ein Fehlerniveau für α festlegen. Danach müssen wir die Anzahl k der Paarvergleiche mit folgender Formel berechnen, wobei j die Anzahl der zu vergleichenden Gruppen ist (Rasch et al., 2014, S. 3):

$$k = \frac{j(j-1)}{2}$$

In unserem Beispiel haben wir drei Gruppen. Um festzustellen, zwischen welchen dieser Gruppen Mittelwertunterschiede bestehen, müssen wir $k = 3$ Paarvergleiche durchführen:

$$k = \frac{j(j-1)}{2} = \frac{3*(3-1)}{2} = 3$$

So wird bei jedem einzelnen Paarvergleich ein reduziertes, adjustiertes Signifikanzniveau α' verwendet. Dieses wird durch den Quotienten des Signifikanzniveaus α dividiert durch die Anzahl der durchzuführenden Paarvergleiche k bestimmt:

$$\alpha' = \frac{\alpha}{k}$$

Für unser Beispiel verwenden wir ein Signifikanzniveau von $\alpha = 0{,}05$:

$$\alpha' = \frac{\alpha}{k} = \frac{0{,}05}{3} = 0{,}017$$

Danach können Sie den Post-hoc-test wie einen gewöhnlichen t-Test für unabhängige Stichproben durchführen, um die Unterschiede zwischen den Gruppenmittelwerten herauszufinden. In Abschn. 12.5 zeigen wir Ihnen eine Beispielrechnung des Post-hoc-Tests mit der Bonferroni Korrektur.

12.3 t-Test für unabhängige Stichproben mit Markdown

12.3.1 Schnelles Ergebnis

Das Musterskript ermöglicht es Ihnen, mit wenigen Veränderungen die nötigen Parameter, Tabellen und Grafiken zur Darstellung von t-Tests zu erstellen. Bei dem Markdown für t-Tests für unabhängige Stichproben müssen lediglich folgende Dinge geändert werden:

- Unter dem Punkt `#Laden und Auswahl der Daten und Variablen` muss statt `meine Daten` Ihr korrekter Dateiname verwendet werden. Zudem müssen statt `meineUV` und `meineAV` Ihre Variablennamen genutzt werden.
- Unter dem Punkt `#Labels` muss statt `Label AV` eine kurze Bezeichnung Ihrer abhängigen Variablen angegeben werden.

```r
15 * ```{r ttest unabhängig}
16 #Installieren und Laden der Pakete
17 if(!require("pacman")) {install.packages("pacman");library(pacman)}
18 p_load(mosaic, knitr,  tidyverse,effectsize, car, broom)
19
20 #Laden und Auswahl der Daten und Variablen
21 load("meineDaten.Rda")
22 daten <- meineDaten
23 daten$av <- daten$meineAV
24 daten$uv <- daten$meineUV
25
26 #Labels
27 label_uv <- "Label AV"
28
29 #Deskriptive Statistiken der av
30 des_stat <- favstats(daten$av ~ daten$uv)
31 kable (des_stat,
32       col.names = c(label_uv,"Minimum", "1.Quartil",
33                     "Median", "3.Quartil",
34                     "Maximum", "M", "SD", "N",
35                     "Fehlend"),
36       digits = 2)
37
38 #Normalverteilung der AV
39 daten %>%
40   group_by(uv) %>%
41   do(tidy(shapiro.test(.$av)))
42
43 #Varianzhomogenität
44 daten %>%
45   drop_na(uv, av) %>%
46   leveneTest(av~uv, data = .)
47
48 #t-Test durchführen
49 daten %>%
50   drop_na(uv, av) %>%
51   t.test(av~uv,
52         alternative = "two.sided",
53         var.equal = T,
54         data = .)
55
56 #Effektstärke cohens d berechnen
57 daten %>%
58   drop_na(uv, av) %>%
59   cohens_d(av~uv, data = .)
60 ```
```

12.3.2 Vorgehen

Für die Berechnung des *t*-Tests für unabhängige Stichproben mit Markdown werden zunächst mit der Funktion `p_load()` des Pakets *pacman* (Rinker & Kurkiewicz, 2018) die benötigten Pakete installiert und geladen (Zeile 17–18). Für die Analyse werden folgende Pakete benötigt: 1) *mosaic* (Pruim et al., 2017) für die Berechnung der deskriptiven Statistiken, 2) *knitr* (Xie, 2020) für die Darstellung der Tabellen der deskriptiven Statistiken, 3) *tidyverse* (Wickham et al., 2019) für die Entfernung von *NAs*, 4) *effectsize* (Ben-Shachar et al., 2020) zur Berechnung der Effektstärke, 5) *car* (Fox & Weisberg, 2019) zur Berechnung des Levene-Tests zur Überprüfung der Varianzhomogenität und 6) *broom* (Robinson et al., 2020) zur Berechnung des Shapiro–Wilk-Tests zur Überprüfung der Normalverteilung der *AV*. Anschließend müssen der Datensatz und die Variablen geladen werden (Zeile 21–24). Anstelle von `meine Daten` müssen Sie den Namen Ihres Datensatzes angeben, für *UV* Ihre Gruppierungsvariable sowie für *AV* die Variable, deren Mittelwerte verglichen werden sollen. Zuletzt sollte die *AV* mit einem Label benannt werden (Zeile 27).

Zunächst interessieren uns die Mittelwerte und Standardabweichungen unserer Stichprobe. Deshalb empfehlen wir Ihnen, sich zunächst einen Überblick über die deskriptiven Statistiken Ihrer Daten zu verschaffen und die relevanten Resultate zu berichten (Zeile 30–36). Mit der Funktion `favstats` aus dem Paket *mosaic* berechnen Sie die wichtigsten deskriptiven Statistiken Ihrer *AV*: Minium, 1. Quartil, Median. 3. Quartil, Maximum, Mittelwert, Standardabweichung, Anzahl der Fälle pro Gruppe der *UV* und die Anzahl der fehlenden Werte für jede Gruppe. Das Ergebnis speichern wir als Objekt `dcs_stat`. Anders als im Kapitel Vertcilungen nutzen wir innerhalb von favstats unsere beiden Variablen und verbinden diese durch eine Tilde (~). Vor der Tilde sollte dabei unsere abhängige Variable und nach der Tilde unsere unabhängige Variable stehen. Im Ergebnisoutput werden somit die deskriptiven Statistiken unserer AV jeweils für die einzelnen Ausprägungen unserer UV ausgegeben. Das Paket *knitr* nutzen wir zusätzlich für eine elegantere Darstellung des Ergebnisses. Sie haben damit die Möglichkeit, die Parameter konkreter zu benennen und die Tabelle in ein schönes Format zu bringen. Folgende Argumente der Funktion `kable()` haben wir verwendet: 1) `col.names` (column names): Hier ändern Sie die Spaltennamen in der Ergebnistabelle und 2) `digits = 2`: Die Ergebnisse sollen auf zwei Nachkommastellen gerundet werden:

```
29  #Deskriptive Statistiken der av
30  des_stat <- favstats(daten$av ~ daten$uv)
31  kable (des_stat,
32       col.names = c(label_uv,"Minimum", "1.Quartil",
33                     "Median", "3.Quartil",
34                     "Maximum", "M", "SD", "N",
35                     "Fehlend"),
36       digits = 2)
```

Um den *t*-Test durchführen zu können, müssen wir zunächst die Voraussetzungen überprüfen (siehe Abschn. 12.2.2). Die Befehle für die Voraussetzungsprüfung und für die Durchführung des *t*-Tests sind nach dem tidyverse-Codestil aufbaut (siehe auch Exkurs tidyverse).

Für den *t*-Test für unabhängige Stichproben muss die *UV* zwingend nominalskaliert bzw. ein Faktor sein und über zwei Ausprägungen verfügen. Ist die *UV* dies nicht, können Sie diese Variable dichotomisieren, d. h. die Ausprägungen dieser *UV* werden in zwei neue Ausprägungen zusammengefasst (siehe auch Kap. 4). Für die Überprüfung der Normalverteilung der *AV* in den beiden Stichproben verwenden wir den Shapiro–Wilk-Test (Shapiro & Wilk, 1965):

```
38  #Normalverteilung der AV
39  daten %>%
40    group_by(uv) %>%
41    do(tidy(shapiro.test(.$av)))
```

Innerhalb des Shapiro–Wilk-Tests möchten wir ein nicht signifikantes Ergebnis erhalten, da dieses bedeutet, dass wir keine signifikanten Abweichungen von der Normalverteilung haben. Zunächst definieren wir den Datensatz `daten` mit dem wir arbeiten (Zeile 39). Mit der Funktion `group_by()` auch aus dem *tidyverse*-Paket geben wir an, dass die Normalverteilungsprüfung mit dem Shapiro–Wilk-Test für jede Ausprägung der *UV* durchgeführt werden sollte (Zeile 40). Abschließend wird der Shapiro–Wilk-Test mit der Funktionskombination `do(tidy(shapiro.test(.$AV)))` durchgeführt (Zeile 41). Mit der Funktion `do(tidy())` aus dem Paket *broom* werden die Ergebnisse der Shapiro–Wilk-Tests in einer Tabellenform dargestellt. Mit der Funktion `shapiro.test(.$AV)` wird der Shapiro–Wilk-Test durchgeführt, wobei das Argument `.$AV` die Variable definiert, bei der die Prüfung der Normalverteilung durchgeführt werden soll.

Zur Überprüfung der Varianzhomogenität verwenden wir die Funktion `leveneTest()` aus dem Paket *car*. Innerhalb des Levene-Tests streben wir ebenfalls ein nicht signifikantes Ergebnis an, da wir in diesem Fall keinen signifikanten Unterschied zwischen den Varianzen erwarten.

```
43  #Varianzhomogenität
44  daten %>%
45    drop_na(uv, av) %>%
46    leveneTest(av~uv, data = .)
```

Zunächst definieren wir den Datensatz `daten` mit dem wir arbeiten (Zeile 44). Danach werden die NAs aus UV und AV mit der Funktion `drop_na()` aus dem *tidyverse*-Paket entfernt (Zeile 45). Abschließend führen wir den Levene-Test durch. Wir definieren mit dem Argument `AV ~ UV` die Variablen, für die die Varianzhomogenität geprüft werden soll (Zeile 46). Da wir zuvor (Zeile 44) bereits unseren Datensatz definiert haben, nutzen wir das Argument `data = .` um auf diesen zu verweisen. Falls der Levene-Test signifikant ausfällt, das heißt die Varianzen der Grundgesamtheiten sind ungleich, müssen wir statt dem t-test für unabhängige Stichproben den Welch-Test (Welch, 1947) verwenden (zur Durchführung siehe unten).

Im nächsten Schritt führen wir den *t*-Test für unabhängig Stichproben durch:

```
48  #t-Test durchführen
49  daten %>%
50    drop_na(uv, av) %>%
51    t.test(av~uv,
52          alternative = "two.sided",
53          var.equal = T,
54          data = .)
```

Dazu definieren wir zunächst den Datensatz `daten`, mit dem wir arbeiten (Zeile 49). Danach werden die NAs aus UV und AV mit der Funktion `drop_na()` aus dem *tidyverse*-Paket entfernt, da die Mittelwerte der jeweiligen Variablen sonst nicht berechnet werden können (Zeile 50). Mit der Funktion `t.test` aus dem Paket *stats* werden *t*-Tests für unabhängige Stichproben berechnet. In einem ersten Schritt (Zeile 50) müssen wir die AV und UV definieren, wobei die AV unbedingt vor und die UV nach der Tilde stehen müssen. Anschließend (Zeile 52) wählen wir mit `alternative = "two.sided"` aus, dass wir eine ungerichtete Hypothese testen. Testen Sie eine gerichtete Hypothese, ändern Sie dies je nach Richtung der Hypothese in `alternative = "less"` oder `alternative = "greater"`. Alternative `"less"` nutzen Sie bei einem einseitigen *t*-Test, wenn Sie davon ausgehen, dass der Mittelwert der ersten Gruppe

kleiner ist als der Mittelwert der zweiten Gruppe. Alternative "greater" ver-
wenden Sie auch bei einem einseitigen t-Test, wenn Sie davon ausgehen, dass der
Mittelwert der ersten Gruppe größer ist als der Mittelwert der zweiten Gruppe.
Anschließend (Zeile 53) geben wir an, welchen Test wir berechnen. var.equal
= T wird genutzt, wenn der Levene-Test nicht signifikant ist und somit Varianz-
homogenität vorliegt. Ansonsten müssen wir var.equal = F nutzen, damit der
Welch-Test anstelle des normalen t-Tests für unabhängige Stichproben durch-
geführt wird. Zuletzt müssen wir auf unseren Datensatz verweisen (Zeile 54).
Mit data = . signalisieren wir, dass wir den Datensatz zuvor (Zeile 49) schon
definiert haben.

Für die Berechnung der Effektstärke verwenden wir die Funktion cohens_d
aus dem Paket *effectsize*. Wie gewohnt definieren wir den Datensatz daten mit
dem wir arbeiten (Zeile 57). Danach werden die NAs aus UV und AV mit der
Funktion drop_na() aus dem *tidyverse*-Paket entfernt (Zeile 58). Innerhalb des
Befehls müssen wir erneut unsere AV und UV sowie den Datensatz mit einem
Punkt spezifizieren (Zeile 59):

```
56   #Effektstärke cohens d berechnen
57   daten %>%
58     drop_na(uv, av) %>%
59     cohens_d(av~uv, data = .)
```

12.3.3 Beispielskript

In unserem Beispiel untersuchen wir, ob sich in unserem Beispieldatensatz
(daten_sauber.Rda) die Fernsehnutzungszeiten (AV tv_minuten) zwischen Singles und liierten Personen (UV soz_partner) unterscheiden:

```r
15 ```{r ttest unabhängig}
16 #Installieren und Laden der Pakete
17 if(!require("pacman")) {install.packages("pacman");library(pacman)}
18 p_load(mosaic, knitr, effectsize, tidyverse, car, broom)
19
20 #Laden und Auswahl der Daten und Variablen
21 load("daten_sauber.Rda")
22 daten <- daten_sauber
23 daten$av <- daten$tv_minuten
24 daten$uv <- daten$soz_partner
25
26 #Labels
27 label_uv <- "Personenstand"
28
29 #Deskriptive Statistiken der av
30 des_stat <- favstats(daten$av ~ daten$uv)
31 kable (des_stat,
32        col.names = c(label_uv,"Minimum", "1.Quartil",
33                      "Median", "3.Quartil",
34                      "Maximum", "M", "SD", "N",
35                      "Fehlend"),
36        digits = 2)
37
38 #Normalverteilung der AV
39 daten %>%
40   group_by(uv) %>%
41   do(tidy(shapiro.test(.$av)))
42
43 #Varianzhomogenität
44 daten %>%
45   drop_na(uv, av) %>%
46   leveneTest(av~uv, data = .)
47
48 #t-Test durchführen
49 daten %>%
50   drop_na(uv, av) %>%
51   t.test(av~uv,
52          alternative = "two.sided",
53          var.equal = T,
54          data = .)
55
56 #Effektstärke cohens d berechnen
57 daten %>%
58   drop_na(uv, av) %>%
59   cohens_d(av~uv, data = .)
60 ```
```

12.3.4 Interpretation und Darstellung der Ergebnisse

Der Output gliedert sich in vier Teile: die deskriptiven Statistiken (siehe Tab. 12.8), die Überprüfung der Voraussetzungen (siehe Abb. 12.2 und 12.3), das Ergebnis des t-Tests für unabhängige Stichproben (siehe Abb. 12.4) und die Effektstärke Cohens d (siehe Abb. 12.5). Durch die Zusammenfassung der deskriptiven Statistiken sehen wir, wie sich die untersuchten Vergleichs-gruppen in Bezug auf ihren täglichen Fernsehkonsum unterscheiden. Für die Gruppe „Single" beträgt die durchschnittliche Länge des täglichen Fernsehkon-sums 75,5 min mit einer Standardabweichung von 78,3 min und für die Gruppe „Partnerschaft" 104,7 min mit einer Standardabweichung von 79,6 min. Durch diese Mittelwerte kann ein augenscheinlicher Unterschied in der Länge des täg-lichen Fernsehkonsums zwischen beiden Stichproben festgestellt werden. Die deskriptiven Statistiken liefern zudem Hinweise darauf, dass die Verteilung beider Gruppen relativ heterogen ist. Das zeigt sich beispielsweise anhand der auffal-lend großen Standardabweichung und des großen Interquartilsabstandes (siehe auch Kap. 8).

Das Ergebnis der Überprüfung der Normalverteilung zeigt, dass für beide Stichproben Single ($p < 0{,}01$) und Partnerschaft ($p < 0{,}01$) der Shapiro–Wilk-Test signifikant ausfällt (siehe Abb. 12.1). Jedoch ist die Größe der beiden Stichproben (Single 282, Partnerschaft 871) größer als 30. Wir können daher laut

Tab. 12.8 Deskriptive Statistiken aus dem Beispiel

Personenstand	Minimum	1.Quartil	Median	3.Quartil	Maximum	M	SD	N	Fehlend
Single	0	0	60	120	360	75.52	78.31	282	2
Partnerschaft	0	45	90	150	800	104.74	79.60	871	4

```
# A tibble: 2 x 4
# Groups:   UV [2]
  UV            statistic  p.value method
  <fct>             <dbl>    <dbl> <chr>
1 Single            0.859 2.42e-15 Shapiro-Wilk normality test
2 Partnerschaft     0.905 8.42e-23 Shapiro-Wilk normality test
```

Abb. 12.1 Ergebnis des Shapiro–Wilk-Tests für die Überprüfung der Normalverteilung der AV

```
Levene's Test for Homogeneity of Variance (center = median)
        Df F value Pr(>F)
group    1  0.0695 0.7921
      1151
```

Abb. 12.2 Ergebnis des Levene-Tests für die Überprüfung der Varianzhomogenität

dem zentralen Grenzwertsatz (siehe Kap. 9) davon ausgehen, dass in den beiden Stichproben die AV annähernd normalverteilt ist.

Der Levene-Test ist nicht signifikant ($F(1,1151) = 0,07$, $p = 0,79$) (siehe Abb. 12.3) Somit wird die Nullhypothese beibehalten und wir können von Varianzhomogenität ausgehen.

Die Voraussetzungen des t-Tests für unabhängige Stichproben sind somit erfüllt. Im nächsten Schritt können wir den t-Test durchführen. Der t-Test prüft, ob ein Unterschied zwischen den Mittelwerten mit einer ausreichenden Sicherheit nicht durch den Zufall entstanden ist. An der Überschrift „Two Sample t-test" zeigt sich, dass hier ein t-Test für zwei unabhängige Stichproben mit Varianzhomogenität berechnet wurde (siehe Abb. 12.3). Das wichtigste Ergebnis des t-Tests findet sich dabei in dem Signifikanzwert p-Wert, welcher in unserem Fall kleiner als 0,001 ist (9.136e-08 bedeutet $9136 \cdot 10^{-8} = 0,00000009136$). Dieser Wert gibt die Wahrscheinlichkeit an, mit welcher ein Mittelwertunterschied zwischen unseren Gruppen (von 29,2 min) bei fast 0 % liegt, wenn es in der Grundgesamtheit keinen Mittelwertunterschied zwischen diesen Gruppen gäbe.

Der p-Wert stellt einen der wichtigsten Kennwerte unseres Outputs dar. Natürlich sind die weiteren Elemente des Outputs ebenfalls von Interesse und werden in Tab. 12.9 im Detail erläutert.

```
Two Sample t-test

data:  AV by UV
t = -5.3776, df = 1151, p-value = 9.136e-08
alternative hypothesis: true difference in means is not equal to 0
95 percent confidence interval:
 -39.87040 -18.55412
sample estimates:
    mean in group Single mean in group Partnerschaft
              75.52482                    104.73708
```

Abb. 12.3 Ergebnis des t-Tests für unabhängige Stichproben

Tab. 12.9 Elemente des R-Outputs des Beispiel-t-Tests für unabhängige Stichproben

Elemente des Outputs	Bedeutung
`data: AV by UV`	Es wird hier angezeigt, für welche AV und UV der t-Test berechnet wurde
`t = -5.3776, df = 1151, p-value = 9.136e-08`	Hier finden Sie das wichtigste Ergebnis des t-Tests: `t = -5.3776, df = 1151` Die T-Teststatistik beträgt $-5{,}4225$ und die Freiheitsgrade betragen 1151. Die negative t-Teststatistik weist darauf hin, dass der Mittelwert der Gruppe Single kleiner ist als der der Gruppe Partnerschaft `p-value = 9.136e-08` Der Signifikanzwert beträgt $p < 0{,}001$. Der Mittelwertunterschied zwischen beiden Stichproben ist bei einem Sicherheitsniveau von 95 % statistisch signifikant
`95 percent confidence interval:` `-39.79761 -18.62692`	Das 95 %-Konfidenzintervall bestätigt nochmals die Signifikanz des t-Testes. Dieses Konfidenzintervall erhält die 0 nicht. D. h. mit 95 % Wahrscheinlichkeit kann davon ausgegangen werden, dass der Mittelwertunterschied signifikant von 0 verschieden ist. Die tatsächliche Differenz liegt zwischen 18,63 und 39,80 min. Anders formuliert unterscheidet sich die durchschnittliche Fernsehnutzungsnutzungszeit der Single signifikant von der der liierten Personen
`sample estimates:` `mean in group Single` `75.52482` `mean in group Partnerschaft` `104.73708`	Hier werden die Mittelwerte beider Stichproben eingeblendet

Eigene Darstellung

Die Effektstärke Cohens d für den Mittelwertunterschied zwischen den beiden Gruppen hat einen Wert von $-0{,}37$ (siehe Abb. 12.4). Dieser Wert bedeutet, dass sich die beiden Mittelwerte um 0,37 Standardabweichungen unterscheiden und entspricht einem kleinen Effekt (Cohen, 1988, 1992). Das Vorzeichen gibt die Richtung des Effekts an, spielt allerdings für die Interpretation der Stärke des Effekts keine Rolle. Hier bedeutet das negative Vorzeichen, dass der Mittelwert

Abb. 12.4 Effektstärke
Cohens d, t-Test für
unabhängige Stichproben

```
Cohen's d |        95% CI
------------------------------
   -0.37 | [-0.50, -0.23]
```

der Gruppe Single kleiner ist als der Mittelwert der Gruppe Partnerschaft. Zusätzlich zu einem Wert für Cohens *d* wird auch ein 95 % Konfidenzintervall (siehe Kap. 9) um diesen Wert ausgegeben. Dieses besagt, dass wir uns zu 95 % sicher sind, dass der wahre Effekt in einem Wertebereich zwischen $-0{,}50$ und $-0{,}23$ liegt. Dies bedeutet, dass die wahre Mittelwertdifferenz zwischen 0,23 und 0,5 Standardabweichungen beträgt.

Bei Darstellung des Ergebnisses von Mittelwertunterschieden im Text gilt die Grundlogik: Zunächst werden die Vergleichsgruppen anhand ihrer Mittelwerte und der Standardabweichung charakterisiert. Anschließend werden die Ergebnisse des *t*-Tests vorgestellt. Hier müssen die Parameter berichtet werden, die eine Einschätzung der Ergebnisse ermöglichen, also die T-Teststatistik, Freiheitsgrade df, p-Werte und Effektgröße. Abschließend wird erörtert, ob die Nullhypothese damit widerlegt wird. Dabei gibt APA (2020) vor, im Text Mittelwerte und geschätzte Standardabweichungen zu berichten, in der Regel in Klammern mit M für Mittelwerte und SD für die Standardabweichung. Zur Einschätzung der Ergebnisse werden der *t*-Wert mit den dazugehörigen Freiheitsgraden in Klammern, dem p-Wert sowie der Effektstärke im Text angegeben (American Psychological Association, 2020, S. 182). Wir zeigen Ihnen hier ein Beispiel der Darstellung der Ergebnisse, welches sich an den Vorgaben aus dem APA Publication Manual 7 Edition orientiert (2020).

Die Länge des Fernsehkonsums variiert danach, ob Menschen in einer Partnerschaft oder als Single leben. Singles sehen im Durchschnitt täglich ca. 75 min ($SD = 78{,}3$) fern, Menschen, die in Partnerschaft leben hingegen ca. 105 min ($SD = 79{,}6$). Der Unterschied ist signifikant und nach (Cohen, 1992) als kleiner Effekt einzustufen ($t(1151) = -5{,}42$, $\mathrm{p} < 0{,}001$, $d = -0{,}37$, $95\%\mathrm{CI}[-0{,}50, -0{,}23]$). Dies stützt unsere Hypothese, dass der Umfang des Fernsehkonsums von der sozialen Situation beeinflusst wird und sich deshalb die Länge des täglichen Fernsehkonsums zwischen Singles und Personen in Partnerschaft unterscheiden.

12.4   t-Test für abhängige Stichproben mit Markdown

12.4.1 Schnelles Ergebnis

Zur Berechnung eines t-Test für abhängige Stichproben müssen folgende Veränderungen am Musterskript vorgenommen werden:

- Unter dem Punkt `#Laden und Auswahl der Daten und Variablen` muss statt `meine Daten` Ihr korrekter Dateiname verwendet werden. Zudem sollten statt `meineUV` und `meineAV` Ihre Variablennamen genutzt werden.
- Unter dem Punkt `#Labels` geben Sie statt `Label V1` und `Label V2` den Namen Ihrer v1 und v2 ein.

```r
64 ```{r ttest abhängig}
65 #Installieren und Laden der Pakete
66 if(!require("pacman")) {install.packages("pacman");library(pacman)}
67 p_load(mosaic, knitr, tidyverse, effectsize)
68
69 #Laden und Auswahl der Daten und Variablen
70 load("meineDaten.Rda")
71 daten <- meineDaten
72 daten$v1 <- daten$meineV1
73 daten$v2 <- daten$meineV2
74 daten$D <- daten$v1-daten$v2
75
76 #Deskriptive Statistiken der Variablen
77 des_stat <- rbind("Label V1" =
78                         favstats(daten$v1),
79                   "Label V2" =
80                         favstats(daten$v2))
81 kable(des_stat,
82      col.names = c("Minimum", "1.Quartil",
83                    "Median", "3.Quartil",
84                    "Maximum", "M", "SD", "N", "Fehlend"),
85      digits = 2)
86
87 #Normalverteilung der Differenz
88 shapiro.test(daten$D)
89
90 #t-test durchführen
91 daten <- drop_na(daten, v1, v2)
92 t.test(daten$v1,
93        daten$v2,
94        paired = T)
95
96 #Effektstärke
97 cohens_d("v1","v2", data = daten, paired = T)
98 ```
```

12.4.2 Vorgehen

Für die Berechnung eines t-Tests für abhängige Stichproben werden zunächst mit der Funktion `p_load()` des Pakets *pacman* (Rinker & Kurkiewicz, 2018) die benötigten Pakete installiert und geladen (Zeile 66–67). Für die Berechnung werden dieselben Pakete benötigt wie beim t-Test für unabhängige Stichproben: 1) *mosaic* (Pruim et al., 2017) für die Berechnung der deskriptiven Statistiken, 2) *knitr* (Xie, 2020) für die Darstellung der Tabellen der deskriptiven Statistiken, 3) *tidyverse* (Wickham et al., 2019) für die Entfernung von $N As$ und 4) *effectsize* (Ben-Shachar et al., 2020) zur Berechnung der Effektstärke. Die Berechnung des t-Tests für abhängige Stichproben ähnelt sehr der Berechnung des t-Tests für unabhängige Stichproben. Der einzige Unterschied besteht darin, dass wir hier keine *UV* haben, also keine Gruppierungsvariable, sondern zwei Variablen, die zwei Messungen entsprechen und gleichwertig sind. Wir betrachten zwei abhängige Stichproben, da die Messungen an denselben Untersuchungsobjekten erfolgen. Sie können diese Variablen entsprechend in v1 und v2 umbenennen (Zeile 72–73). Da wir uns bei den *t*-Tests für abhängige Stichproben für die Differenz der Messwerte interessieren, bilden wir für die Überprüfung der Voraussetzungen eine neue Variable *D* für die Differenz der Messwerte (Zeile 74).

Mit der Funktion favstats aus dem Paket *mosaic* berechnen Sie die wichtigsten deskriptiven Statistiken für jede Ihrer untersuchten Variablen: Minimum, 1. Quartil, Median. 3. Quartil, Maximum, Mittelwert, Standardabweichung, Anzahl der Fälle pro Ausprägung/Gruppe der *UV* und die Anzahl der fehlenden Werte (siehe auch Kap. 8). Die Ergebnisse werden als Objekt des_stat gespeichert und mit kable() in einer Ergebnistabelle dargestellt:

```
76  #Deskriptive Statistiken der Variablen
77  des_stat <- rbind("Label V1" =
78                       favstats(daten$v1),
79                    "Label V2" =
80                       favstats(daten$v2))
81  kable(des_stat,
82       col.names = c("Minimum", "1.Quartil",
83                     "Median", "3.Quartil",
84                     "Maximum", "M", "SD", "N", "Fehlend"),
85       digits = 2)
```

Bevor wir den *t*-Test berechnen, müssen wir die Voraussetzungen dafür überprüfen (für eine ausführliche Erklärung der Befehle siehe Abschn. 12.2.3). Mit der Funktion shapiro.test() kann die Normalverteilung der Differenz überprüft werden (Zeile 88). Ist der Shapiro–Wilk-Test nicht signifikant, können wir von einer Normalverteilung ausgehen:

```
87  #Normalverteilung der Differenz
88  shapiro.test(daten$D)
```

Mit der Funktion drop.na aus dem Paket *tidyverse* werden die *NAs* aus v1 und v2 entfernt, da die Differenz der Messwerte sonst nicht berechnet werden kann (Zeile 91). Für die Berechnung eines *t*-Tests für abhängige Stichproben können Sie erneut die Funktion t.test() aus dem *stats*-Paket verwenden (R Core

Team, 2020). Zunächst werden innerhalb des *t*-Test die Variablen definiert, deren Messwerte verglichen werden sollen (Zeile 92–93). Jedoch trennen wir die beiden Variablen lediglich durch ein Komma und nicht wie zuvor durch eine Tilde, da wir keine Gruppierungsvariable und keine abhängigen Variablen betrachten. Anschließend erfolgt der Zusatz `paired = T` (Zeile 94). Hier signalisieren Sie R, dass Sie einen *t*-Tests für abhängige Stichproben berechnen möchten:

```
90  #t-test durchführen
91  daten <- drop_na(daten, v1, v2)
92  t.test(daten$v1,
93         daten$v2,
94         paired = T)
```

Für die Berechnung der Effektstärke verwenden wir erneut die Funktion `cohens_d` aus dem Paket *effectsize*. Das Argument `paired = T` müssen wir zusätzlich spezifizieren, damit Cohens *d* für gepaarte Stichproben berechnet wird (Zeile 97). Ähnlich wie beim *t*-Test verwenden wir ein Komma, um die beiden Variablen zu trennen. Wir legen damit fest, dass bei der Berechnung der Effektstärke zwei gleichwertige Variablen berücksichtigt werden sollen:

```
96  #Effektstärke
97  cohens_d("v1","v2", data = daten, paired = T)
```

12.4.3 Beispielskript

In unserem Beispiel untersuchen wir, ob sich die Dauer des Fernsehkonsums (v1 `tv_minuten`) von der Dauer des Zeitungskonsums (v2 `tz_minuten`) bei unseren Befragten unterscheidet. Dies stellt einen *t*-Test für abhängige Stichproben dar, da wir Nutzungszeiten bei denselben Personen abfragen.

```r
64 ``` {r ttest abhängig}                                    ⊑ ▶
65 #Installieren und Laden der Pakete
66 if(!require("pacman")) {install.packages("pacman");library(pacman)}
67 p_load(mosaic, knitr, tidyverse, effectsize)
68
69 #Laden und Auswahl der Daten und Variablen
70 load("daten_sauber.Rda")
71 daten <- daten_sauber
72 daten$v1 <- daten$tv_minuten
73 daten$v2 <- daten$tz_minuten
74 daten$D <- daten$v1-daten$v2
75
76 #Deskriptive Statistiken der Variablen
77 des_stat <- rbind("TV-Konsum in min" =
78                   favstats(daten$v1),
79                   "Zeitungkonsum in min" =
80                   favstats(daten$v2))
81 kable(des_stat,
82       col.names = c("Minimum", "1.Quartil",
83                     "Median", "3.Quartil",
84                     "Maximum", "M", "SD", "N", "Fehlend"),
85       digits = 2)
86
87 #Normalverteilung der Differenz
88 shapiro.test(daten$D)
89
90 #t-test durchführen
91 daten <- drop_na(daten, v1, v2)
92 t.test(daten$v1,
93        daten$v2,
94        paired = T)
95
96 #Effektstärke
97 cohens_d("v1","v2", data = daten, paired = T)
98 ```
```

12.4.4 Interpretation und Darstellung der Ergebnisse

Der Output gliedert sich in die deskriptiven Statistiken (siehe Tab. 12.10), die
Überprüfung der Voraussetzungen (siehe Abb. 12.5), das Ergebnis des t-Tests für
abhängige Stichproben (siehe Abb. 12.6) und die Berechnung der Effektstärke

Tab. 12.10 Deskriptive Statistiken der im Beispiel untersuchten Variablen

	Minimum	1.Quartil	Median	3.Quartil	Maximum	M	SD	N	Fehlend
TV-Konsum in min	0	30	90	140	800	97.43	81.32	1185	8
Zeitungkonsum in min	0	0	15	30	180	17.52	20.64	1168	25

```
##
## Shapiro-Wilk normality test
##
## data:  daten$D
## W = 0.91795, p-value < 2.2e-16
```

Abb. 12.5 Ergebnis der Voraussetzungsprüfung

Cohens d (siehe Abb. 12.7). Die Mittelwerte zeigen einen großen Unterschied zwischen der Dauer der täglichen Fernsehnutzungszeiten (M = 97,4 min, SD = 81,3 min) und Tageszeitungsnutzungszeiten (M = 17,5 min, SD = 20,6 min). Die Untersuchten in der Stichprobe sehen also mit täglich über eineinhalb Stunden deutlich länger fern als sie mit gut einer Viertelstunde täglich Zeitung lesen. Die deskriptiven Statistiken zeigen auch, dass die Verteilung der Fernsehnutzungszeiten sehr heterogen ist, die Dauer der Zeitungslektüre demgegenüber vergleichsweise homogen. Dies erkennt man an der jeweiligen Standardabweichung und Spannweite.

Die Überprüfung der Voraussetzung der Normalverteilung (siehe Abb. 12.5) zeigt, dass gemäß dem Shapiro–Wilk-Tests die Differenz der Variablen nicht normalverteilt (W = 0,92, p < 0,001) ist. Jedoch ist unsere Stichprobengröße größer als 30. Laut dem zentralen Grenzwertsatz (siehe Kap. 9) können wir von einer approximativen Normalverteilung der Differenz ausgehen.

Nach der Überprüfung der Voraussetzung können wir den t-Test für abhängige Stichproben berechnen. An der Überschrift „Paired t - Test" erkennen wir (siehe Abb. 12.6), dass hier ein t-Test für abhängige Stichproben berechnet wurde.

Alle Elemente des Outputs und deren Bedeutung beschreiben wir in Tab. 12.11.

```
Paired t-test

data:  daten$V1 and daten$V2
t = 33.928, df = 1163, p-value < 2.2e-16
alternative hypothesis: true difference in means is not equal to 0
95 percent confidence interval:
 75.19567 84.42632
sample estimates:
mean of the differences
                79.811
```

Abb. 12.6 Ergebnis des t-Tests für abhängige Stichproben

Tab. 12.11 Elemente des R-Outputs für den Beispiel t-Test für abhängige Stichproben

Elemente des Outputs	Bedeutung
`data: daten$v1 and` `daten$v2`	Es wird hier angezeigt, für welche Variablen der t-Test berechnet werden soll

`t = 33.928, df = 1163,`
`p-value < 2.2e-16`
	Hier finden Sie das wichtigste Ergebnis des t-Tests:
	`t = 33.928, df = 1163`
	die t-Teststatistik beträgt 33.928 und die Freiheitsgrade betragen 1163. Die positive t-Teststatistik weist darauf hin, dass der Mittelwert der Variable 1 (Fernsehnutzungszeiten) größer ist als der der Variablen 2 (Tageszeitungsnutzung)
	`p-value < 2.2e-16`
	Der Signifikanzwert beträgt $p < 0{,}001$. Die Mittelwertdifferenz zwischen beiden Variablen ist bei einem Sicherheitsniveau von 95 % statistisch signifikant

`95 percent confidence`
`interval:`
`75.19567 84.42632`
	Das 95 %-Konfidenzintervall bestätigt nochmals die Signifikanz des t-Testes. Dieses Werteintervall erhält die 0 nicht. D. h. wir sind uns zu 95 % sicher, dass der wahre Mittelwertunterschied signifikant von 0 unterschieden ist und zwischen 75,2 und 84,4 min liegt. Anders formuliert ist die durchschnittliche Fernsehnutzungszeit zwischen 75,2 und 84,4 min länger als die durchschnittliche Tageszeitungnutzungszeit. Dieser Unterschied ist statistisch signifikant

`sample estimates:`
`mean of the differences`
`79.811`
	Hier wird die Mittelwertdifferenz zwischen beiden Variablen angezeigt. Diese beträgt 79,8 min

Eigene Darstellung

Die Effektstärke Cohens d (siehe Abb. 12.7) beträgt 0,99 und entspricht damit einem starken Effekt (Cohen, 1988, 1992). Unser Wert ist positiv, dies bedeutet in unserer Stichprobe wird länger ferngesehen, als Tageszeitung gelesen. Zusätzlich

Abb. 12.7 Effektstärke Cohens d, t-Test für abhängige Stichproben

```
Cohen's d |      95% CI
--------------------------
  0.99 |  [0.92, 1.07]
```

zu einem Wert für Cohens d wird auch ein 95 % Konfidenzintervall (siehe Kap. 9) um diesen Wert ausgegeben. Dieses besagt, dass wir uns zu 95 % sicher sind, dass der wahre Effekt bezüglich der Differenz zwischen der Fernsehnutzung und der Tageszeitungsnutzung in einem Wertebereich zwischen 0,92 und 1,07 liegt.

Das Ergebnis unseres t-Tests bei abhängigen Stichproben würden wir im Forschungsbericht wie folgt berichten:

In unserer Untersuchung wird im Durchschnitt täglich 97,43 min ferngesehen ($SD = 81,32$). Demgegenüber wird im Durchschnitt nur 17,52 min Zeitung gelesen ($SD = 20,64$). Es zeigt sich, dass sich die Dauer des Fernsehkonsums und die Dauer des Zeitungskonsums signifikant voneinander unterscheiden, $t(1163) = 33,928$, $p < 0,05$. Dies bedeutet, es wir länger ferngesehen als Zeitung gelesen. Die Effektstärke nach Cohen (1988, 1992) liegt bei $d = 0,99$, 95% CI[0,92, 1,07] und entspricht damit einem starken Effekt.

12.5 Einfaktorielle Varianzanalyse mit Markdown

12.5.1 Schnelles Ergebnis

Die einfaktorielle Varianzanalyse ist eine Erweiterung des t-Tests für unabhängige Stichproben. Eine einfaktorielle Varianzanalyse (einfaktorielle ANOVA) einer UV mit zwei Ausprägungen entspricht einem t-Test für unabhängige Stichproben. Bei der einfaktoriellen ANOVA vergleichen wir jedoch üblicherweise mehr als zwei Gruppen und deren Mittelwerte miteinander.

Aus diesem Grund ähnelt die Berechnung der einfaktoriellen ANOVA sehr der Berechnung des t-Tests für unabhängige Stichproben. Wir haben hier ebenfalls eine Gruppierungsvariable UV und eine AV. Mit den folgenden Anweisungen können Sie mit wenigen Änderungen unseres Musterskripts einfaktorielle Varianzanalyse berechnen.

- Unter dem Punkt `#Laden und Auswahl der Daten und Variablen` muss statt `meine Daten` Ihr korrekter Dateiname verwendet werden. Zudem müssen statt `meineUV` und `meineAV` Ihre Variablennamen genutzt werden.
- Unter dem Punkt `#Labels` muss statt `Label UV` die Bezeichung der unabhängigen Variablen benutzt werden.

```r
102 ```{r anova}
103 #Installieren und Laden der Pakete
104 if(!require("pacman")) {install.packages("pacman");library(pacman)}
105 p_load(mosaic, knitr, tidyverse, effectsize, broom, car)
106
107 #Laden und Auswahl der Daten und Variablen
108 load("meineDaten.Rda")
109 daten <- meineDaten
110 daten$av <- daten$meineAV
111 daten$uv <- daten$meineUV
112
113 #Labels
114 label_uv <- "Label UV"
115
116 #Deskriptive Statistiken der av
117 des_stat <- favstats(daten$av ~ daten$uv)
118 kable(des_stat,
119     col.names = c(label_uv, "1.Quartil",
120                   "Median", "3.Quartil",
121                   "Maximum", "M", "SD", "N", "Fehlend"),
122     digits = 2)
123
124 #Normalverteilung der av
125 daten %>%
126   drop_na(uv, av) %>%
127   group_by(uv) %>%
128   do(tidy(shapiro.test(.$av)))
129
130 #Varianzhomogenität
131 daten %>%
132   drop_na(uv, av) %>%
133   leveneTest(av~uv, data = .)
134
135 #Einfaktorielle ANOVA
136 daten <- drop_na(daten, uv, av)
137 fit <- aov(av ~ uv, data = daten)
138 summary(fit)
139
140 #Effektstärke
141 eta_squared(fit, ci = 0.95)
142
143 #Posthoc-Test
144 daten %>%
145   drop_na(uv, av) %>%
146   do(tidy(pairwise.t.test(.$av, .$uv, p.adj = "bonf")))
147 ```
```

12.5.2 Vorgehen

Für die Durchführung einer einfaktoriellen ANOVA sollten wie bei *t*-Tests zunächst mit der Funktion p_load() des Pakets *pacman* (Rinker & Kurkiewicz, 2018) die benötigten Pakete installiert und geladen werden (Zeile 104–105). Für die Berechnung werden dieselben Pakete benötigt wie beim *t*-Test für unabhängige Stichproben. Für die Berechnung der einfaktoriellen Varianzanalyse müssen Sie nur nach dem Laden des Datensatzes (Zeile 108–109) die *U V* und *A V* definieren (Zeile 110–111). Es ist zu empfehlen, für die weiteren Schritte ein Label für die *U V* festzulegen (Zeile 114) und die deskriptiven Statistiken mit den bereits bekannten favstats() Befehlen zu berechnen (für eine Erläuterung siehe Abschn. 12.3.2):

```
116  #Deskriptive Statistiken der av
117  des_stat <- favstats(daten$av ~ daten$uv)
118  kable(des_stat,
119       col.names = c(label_uv, "1.Quartil",
120                     "Median", "3.Quartil",
121                     "Maximum", "M", "SD", "N", "Fehlend"),
122       digits = 2)
```

Bevor die eigentliche Berechnung der einfaktoriellen ANOVA durchgeführt wird, sollten die Voraussetzungen dafür überprüft werden (Zeile 124–133). Da die einfaktorielle ANOVA eine Generalisierung des *t*-Tests für unabhängige Stichproben ist, handelt es sich hierbei um die gleichen Voraussetzungen. Für das Vorgehen bei der Überprüfung dieser Voraussetzungen verweisen wir daher auf den Abschn. 12.3.

```
124  #Normalverteilung der av
125  daten %>%
126    drop_na(uv, av) %>%
127    group_by(uv) %>%
128    do(tidy(shapiro.test(.$av)))
129
130  #Varianzhomogenität
131  daten %>%
132    drop_na(uv, av) %>%
133    leveneTest(av~uv, data = .)
```

Nachdem wir die Voraussetzungen geprüft haben, können wir die einfaktorielle ANOVA berechnen. Zunächst werden mit der Funktion drop_na aus dem Paket *tidyverse* *N As* aus *A V* und *U V* entfernt, da die Mittelwerte sonst nicht berechnet werden können (Zeile 136). Mit der Funktion `aov` aus dem Standardpaket *stats* wird anschließend die einfaktorielle ANOVA berechnet. Zunächst wird mit der `aov()`- Funktion ein *F*-Test berechnet, dessen Ergebnis unter einem ANOVA-Objekt `fit` gespeichert wird. Der *F*-Test prüft, ob zwischen mindestens zwei der Gruppenmittelwerte ein signifikanter Unterschied besteht (Zeile 137). Um dieses Ergebnis anzeigen zu lassen, verwenden wir die Funktion `summary` aus dem Standardpaket *base* (Zeile 138):

```
135  #Einfaktorielle ANOVA
136  daten <- drop_na(daten, uv, av)
137  fit <- aov(av ~ uv, data = daten)
138  summary(fit)
```

Mit der Funktion `eta_squared` aus dem Paket *effectsize* wird die Effektstärke für die einfaktorielle Varianzanalyse berechnet. Mit dem ersten Argument dieser Funktion `fit` verweisen wir auf das zuvor erstellte ANOVA Objekt. Da ein Konfidenzintervall des wahren Effekts mit einer Sicherheitswahrscheinlichkeit von 90 % als Default berechnet wird, sollten Sie außerdem ein zusätzliches Argument „`ci = 0.95`" hinzufügen, damit ein 95 %-Konfidenzintervall berechnet wird (Zeile 141):

```
140  #Effektstärke
141  eta_squared(fit, ci = 0.95)
```

Jedoch erklärt der *F*-Test nicht, zwischen welchen Gruppen signifikante Unterschiede bestehen. Dazu benötigen wir die sogenannten Post-hoc-Tests. Wir verwenden die Bonferronie-Adjustierungsmethode. Zunächst definieren wir den Datensatz `daten` mit dem wir arbeiten (Zeile 144). Danach werden die *N As* aus *U V* und *A V* mit der Funktion `drop_na()` aus dem *tidyverse*-Paket entfernt (Zeile 145). Abschließend wird der Shapiro–Wilk-Test mit der Funktionskombination `do(tidy(pairwise.t.test(.$AV,.$UV,` `p.adj = „bonf")))` durchgeführt. Mit der Funktion `do(tidy())` aus dem Paket *broom* werden die Ergebnisse der *t*-Tests für die Paarvergleiche in einer Tabellenform dargestellt (Zeile 146). Mit der Funktion `pairwise.t.test(.$AV,.$UV, p.adj = „bonf")` werden die *t*-Tests durchgeführt, wobei das Argument `.$AV` die *A V* und `.$UV` die *U V* definiert

(Zeile 146). Die Adjustierungsmethode wird durch das Argument `p.adj =` „`bonf`" festgelegt:

```
143  #Posthoc-Test
144  daten %>%
145    drop_na(uv, av) %>%
146    do(tidy(pairwise.t.test(.$av, .$uv, p.adj = "bonf")))
```

12.5.3 Beispielskript

Für die Darstellung der Berechnung einer einfaktoriellen ANOVA verwenden wir erneut das Beispiel mit den Variablen Fernsehnutzungszeiten (*AV* `tv_minuten`) und Haushaltsgröße (*UV* `soz_haushalt`).

```r
102 ```{r anova}
103 #Installieren und Laden der Pakete
104 if(!require("pacman")) {install.packages("pacman");library(pacman)}
105 p_load(mosaic, knitr, tidyverse, effectsize, broom, car)
106
107 #Laden und Auswahl der Daten und Variablen
108 load("daten_sauber.Rda")
109 daten <- daten_sauber
110 daten$av <- daten$tv_minuten
111 daten$uv <- daten$soz_haushalt
112
113 #Labels
114 label_uv <- "Haushaltsgröße"
115
116 #Deskriptive Statistiken der av
117 des_stat <- favstats(daten$av ~ daten$uv)
118 kable(des_stat,
119     col.names = c(label_uv,"Minimum", "1.Quartil",
120                   "Median", "3.Quartil",
121                   "Maximum", "M", "SD", "N", "Fehlend"),
122     digits = 2)
123
124 #Normalverteilung der av
125 daten %>%
126   drop_na(uv, av) %>%
127   group_by(uv) %>%
128   do(tidy(shapiro.test(.$av)))
129
130 #Varianzhomogenität
131 daten %>%
132   drop_na(uv, av) %>%
133   leveneTest(av~uv, data = .)
134
135 #Einfaktorielle ANOVA
136 daten <- drop_na(daten, uv, av)
137 fit <- aov(av ~ uv, data = daten)
138 summary(fit)
139
140 #Effektstärke
141 eta_squared(fit,ci = 0.95)
142
143 #Post-hoc-Test
144 daten %>%
145   drop_na(uv, av) %>%
146   do(tidy(pairwise.t.test(.$av, .$uv, p.adj = "bonf")))
147 ```
```

12.5.4 Interpretation und Darstellung der Ergebnisse

Der Output gliedert sich in vier Teile: die deskriptiven Statistiken (siehe Tab. 12.12), die Voraussetzungsüberprüfung (siehe Abb. 12.8 und 12.9), das Ergebnis der einfaktoriellen ANOVA (siehe Abb. 12.10 und 12.11) und das Ergebnis des Post-hoc-Tests (siehe Abb. 12.12). Die Zusammenfassung der deskriptiven Statistiken gibt die Ergebnisse in Bezug auf den Fernsehkonsum nach Haushaltsgröße wieder (siehe Tab. 12.12).

Für Gruppe der 1-Personen-Haushalte beträgt die durchschnittliche Länge des täglichen Fernsehkonsums 73,4 min mit einer Standardabweichung von 82,8 min, für die Gruppe der 2-Personen-Haushalte 105,2 min mit einer Standardabweichung von 77,6 min, für die Gruppe der 3 bis 4-Personen-Haushalte 100,2 min mit einer Standardabweichung von 81,9 min und für die Gruppe der Mehrpersonen-Haushalte 98,2 min mit einer Standardabweichung von 82,3 min. Durch die Mittelwerte kann ein augenscheinlicher Unterschied in der Dauer des täglichen Fernsehkonsums zwischen mindestens zwei Gruppen festgestellt werden. Zudem ergeben sich Hinweise dafür, dass die Verteilung in allen Gruppen relativ heterogen ist, da in allen Gruppen die Standardabweichung vergleichsweise große Werte aufweist.

Die Voraussetzungsprüfung der Normalverteilung der AV zeigt, dass für alle vier Gruppen der Shapiro–Wilk-Test signifikant ausfällt (siehe Abb. 12.8).

Tab. 12.12 Deskriptive Statistiken der untersuchten Variablen

Haushaltsgröße	Minimum	1.Quartil	Median	3.Quartil	Maximum	M	SD	N	Fehlend
1 Pers.HH	0	0.0	60	120	420	73.43	82.84	176	2
2 Pers.HH	0	42.5	100	180	360	105.23	77.58	335	1
3-4 Pers.HH	0	30.0	90	145	800	100.25	81.85	555	3
Mehrpers.HH	0	30.0	90	120	360	98.29	82.25	111	1

```
# A tibble: 4 x 4
# Groups:   UV [4]
  UV          statistic p.value method
  <fct>           <dbl>   <dbl> <chr>
1 1 Pers.HH       0.822 2.15e-13 Shapiro-Wilk normality test
2 2 Pers.HH       0.941 2.60e-10 Shapiro-Wilk normality test
3 3-4 Pers.HH     0.875 1.06e-20 Shapiro-Wilk normality test
4 Mehrpers.HH     0.902 6.21e- 7 Shapiro-Wilk normality test
```

Abb. 12.8 Ergebnis des Shapiro–Wilk-Tests zur Überprüfung der Normalverteilung der AV

```
Levene's Test for Homogeneity of Variance (center = median)
        Df F value Pr(>F)
group    3   0.176 0.9127
      1173
```

Abb. 12.9 Ergebnis des Levene-Tests zur Überprüfung der Varianzhomogenität

```
          Df  Sum Sq Mean Sq F value    Pr(>F)
UV         3  126284   42095   6.441 0.000252 ***
Residuals 1173 7666525    6536
---
Signif. codes:  0 '***' 0.001 '**' 0.01 '*' 0.05 '.' 0.1 ' ' 1
```

Abb. 12.10 Ergebnis der ANOVA

Jedoch ist die Größe aller Gruppen (1-Personen-Haushalte $n = 167$, 2-Personen-Haushalte $n = 335$, 3–4 Personen-Haushalte $n = 555$ und Mehrpersonen-Haushalte $n = 111$) größer als 30. Wir können laut dem zentralen Grenzwertsatz (siehe Kap. 9) somit davon ausgehen, dass in allen Gruppen die AV annähernd normalverteilt ist.

Die Überprüfung der Varianzhomogenität zeigt, dass der Levene-Test nicht signifikant ($F(3,1173) = 0,176, p = 0,91$) ausfällt. Somit können wir von Varianzhomogenität ausgehen (siehe Abb. 12.9).

Damit sind die Voraussetzungen der einfaktoriellen ANOVA erfüllt. Im nächsten Schritt können wir die eigentliche Berechnung der ANOVA durchführen (siehe Abb. 12.10).

Unser Hauptoutput hat zwei Zeilen: UV und Residuals. Die Zeile UV präsentiert den Faktor, welcher die AV erklärt. Hier testen wir, inwiefern die Varianz der AV (Fernsehnutzungszeiten) durch die UV (Haushaltsgröße) erklärt werden kann. Zusätzlich wird die Zeile Residuals ausgegeben. Die UV kann nicht allein die komplette Varianz der AV erklären. Der Anteil der Varianz der AV, die nicht durch UV erklärt werden kann, wird Residuals genannt.

Im letzten Teil des Ergebnisses sehen Sie die Erklärung für die Notationen, die im Signifikanztest verwendet wurden. Signif. codes steht für Signifikanzcodes und lässt sich wie folgt übersetzen: *** steht für höchst signifikant, also $p < 0,001$; ** bedeutet signifikant, also $p < 0,01$ und * steht für gerade signifikant, also $p < 0,05$.

Der F-Wert (F-value) und der p-Wert (p-value) stellen die wichtigsten Ergebnisse der einfaktoriellen ANOVA dar. Der F-Wert beträgt 6,4 und weist darauf hin, dass die Variation zwischen den Gruppen fast sieben Mal größer ist als die Variation innerhalb der Gruppen. Der p-Wert wiederum gibt die Signifikanz aus. In unserem Beispiel ist der Wert kleiner als 0,001 und damit höchst signifikant. In Tab. 12.13 erklären wir Ihnen Schritt für Schritt, wie Sie den Output der einfaktoriellen ANOVA ablesen und interpretieren können.

In einem nächsten Schritt (siehe Abb. 12.11) betrachten wir die Effektstärke η^2 (sprich Eta Quadrat)

Die Effektstärke η^2 beträgt 0,02 und entspricht einem kleinen Effekt (Cohen, 1988, 1992). η^2 gibt den Anteil der erklärten Varianz der abhängigen Variablen durch die unabhängige Variable wieder. In unserem Beispiel bedeutet dies, dass lediglich 0,02 (2 %) der Varianz der Fernsehnutzung durch die Haushaltsgröße erklärt werden kann. Zusätzlich zu dem Wert für η^2 erhalten wir das 95 % Konfidenzintervall (siehe Kap. 9). Dieses besagt, dass wir uns zu 95 % sicher sind, dass der wahre Wert der erklärten Varianz zwischen 0,00 (0 %) und 0,03 (3 %) liegt.

Anschließend müssen wir noch die sogenannten Post-hoc Tests berechnen. Die ist notwendig, da der F-Test zwar zeigt, dass wir signifikante Unterschiede haben, nicht jedoch zwischen welchen Gruppen diese bestehen. Die ersten zwei Spalten des Ergebnisoutputs (siehe Abb. 12.12) stellen dar, welche Gruppen verglichen werden. In der dritten Spalte steht das Ergebnis des Signifikanztests, wobei der p-Wert den eines t-Tests für die Paarvergleiche widerspiegelt. Dem Ergebnis zufolge unterscheiden sich 2-Personen-Hauhaltee signifikant von 1-Personen-Haushalten ($p < 0,001$) und 3-4 Personen-Hauhalte signifikant vom 1 Personen-Haushalten ($p < 0,001$). In den anderen Paaren ist der Vergleich jeweils nicht signifikant ($p > 0,05$).

Im Forschungsbericht würden wir die Ergebnisse der ANOVA wie folgt berichten:

In unserer Untersuchung wird in Einpersonenhaushalten im Durchschnitt täglich nur 73,43 min ferngesehen (SD = 82,84, n = 176). In den Zweipersonenhaushalten wird im Durchschnitt hingegen 105,23 min ferngesehen (SD = 77,58, n = 335). In den 3 bis 4 Personenhaushalten sind es im Durchschnitt 100,25 min (SD = 81,85, n = 555) und in den Mehrpersonenhaushalten 98,29 min (SD = 82,25, n = 111). Die Größe des Haushaltes hat einen signifikanten Einfluss auf die Dauer des täglichen Fernsehkonsums, F(3,1173) = 6,441, p < 0,05. Die Effektstärke nach Cohen (1992) liegt bei $\eta^2 = 0,02$, 95 %CI[0.00, 0.03] und entspricht einem kleinen Effekt. Post-Hoc Paarvergleiche mit der Bonferroni-Methode ergaben, dass sich der Mittelwert für die

Tab. 12.13 Elemente des R-Outputs für die Beispiel-ANOVA

	UV	Residuals
df Anzahl der Freiheitsgrade	Unsere UV hat vier Ausprägungen, entsprechend der vier Gruppen, deren Mittelwerte verglichen werden sollten. Deshalb beträgt die Anzahl der df für UV: $df = 4 - 1 = 3$	$df = N - k - Fehlend$ wobei k = Anzahl der Ausprägungen der UV $= 1193 - 4 - 16 = 1173$
$SumSq$ (Sum of Square) Quadratsumme	Quadratsumme zwischen den Gruppen SS_B $SS_B = 126284$	Quadratsumme innerhalb der Gruppen SS_W. $SS_W = 7666525$
$MeanSq$ Mittlere Abweichungsquadratsumme	Die mittlere Abweichungsquadratsumme MS_B, welche die systematische Varianz darstellt $MS_B = \frac{126284}{3} = 42095$	Das mittlere Abweichungsquadrat MS_W, welche die Fehlervarianz darstellt $MS_W = \frac{7666525}{1173} = 6536$
$F - value$ Teststatistik des F-Tests	Die F-Teststatistik ist der Quotient aus den mittleren Abweichungsquadraten und findet sich in der letzten Spalte der Tabelle $F = \frac{MS_B}{MS_W} = \frac{42095}{6536} = 6,441$ Je größer die F-Statistik ist, umso größer ist die systematische Varianz und umso wahrscheinlicher ist es, dass die gefunden Unterschiede durch die Gruppenunterschiede erklärt werden und nicht durch Zufall entstanden sind. Die systematische Varianz ist hier fast siebenmal so groß wie die Fehlervarianz	
$Pr(> F)$ p-Wert	Der $p - Wert = 0,000252$ ist kleiner als 0.001. Der F-Test ist somit höchst signifikant. Das deutet darauf hin, dass zwischen mindestens zwei Haushaltsgrößen signifikante Unterschiede in der Dauer der täglichen Fernsehnutzung bestehen	

Eigene Darstellung

```
Parameter |  Eta2 (partial) |        95% CI
---------------------------------------------
   UV     |            0.02 |  [0.00, 0.03]
```

Abb. 12.11 Effektstärke η^2 (Output erzeugt mit dem oben angegebenen Skript)

Abb. 12.12 Ergebnis des Post-hoc Tests (Output erzeugt mit dem oben angegebenen Skript)

```
# A tibble: 6 x 3
  group1        group2       p.value
  <chr>         <chr>          <dbl>
1 2 Pers.HH     1 Pers.HH   0.000154
2 3-4 Pers.HH   1 Pers.HH   0.000792
3 3-4 Pers.HH   2 Pers.HH   1
4 Mehrpers.HH   1 Pers.HH   0.0678
5 Mehrpers.HH   2 Pers.HH   1
6 Mehrpers.HH   3-4 Pers.HH 1
```

1-Personen-Haushalte signifikant von den 2-Personen-Haushalten ($p < 0{,}001$) und den 3–4-Personen-Haushalten ($p < 0{,}001$) unterscheidet. Die anderen Haushaltsgruppen unterscheiden sich hingegen nicht signifikant voneinander.

12.6 Fehlerbalken mit Markdown

Zur Visualisierung des Mittelwertvergleichs zwischen zwei oder mehreren unabhängigen Gruppen werden sogenannte Fehlerbalken herangezogen. Sie basieren auf einem Koordinatensystem, in welchem die Gruppen auf der x- und die Mittelwerte auf der y-Achse abgetragen werden. Für die Mittelwerte werden Punkte eingetragen, um welche die jeweiligen Konfidenzintervalle als vertikaler Strich eingezeichnet werden (siehe Kap. 9). Oft werden die einzelnen Mittelwerte zusätzlich durch eine Linie verbunden. Wenn diese Linie horizontal verläuft, gibt es keinen Mittelwertunterschied; je steiler sie verläuft, umso größer ist der Unterschied. Dieser ist signifikant, wenn sich die Bereiche der Konfidenzintervalle nicht überschneiden (Bühner & Ziegler, 2009, S. 263).

12.6.1 Schnelles Ergebnis

Sie können mit folgenden Änderungen des Musterskripts in wenigen Schritten die Fehlerbalken erstellen, um das Ergebnis einer einfaktoriellen Varianzanalyse zu visualisieren.

- Unter dem Punkt `#Laden und Auswahl der Daten und Variablen` muss statt `meine Daten` Ihr korrekter Dateiname verwendet werden. Zudem müssen statt `meineUV` und `meineAV` Ihre Variablennamen genutzt werden.
- Unter dem Punkt `#Labels` geben Sie statt `Label UV` und `Label AV` den Namen Ihrer *UV* und *AV* ein.

```
151▾ ```{r fehlerbalken anova}                                          ⚡ ▶
152  #Installieren und Laden der Pakete
153  if(!require("pacman")) {install.packages("pacman");library(pacman)}
154  p_load(tidyverse, ggpubr)
155
156  #Laden und Auswahl der Daten und Variablen
157  load("meineDaten.Rda")
158  daten <- meineDaten
159  daten$av <- daten$meineAV
160  daten$uv <- daten$meineUV
161
162  #Labels
163  label_x <- "Label UV"
164  label_y <- "Label AV"
165  Titel <- "Titel der Grafik"
166
167  #Erstellung der Fehlerbalken
168  ggline(daten %>% drop_na(av, uv),
169        x = "uv", y = "av",
170        titel = Titel,
171        add = "mean_ci",
172        xlab = label_uv,
173        ylab = label_av)
174  ```
```

12.6.2 Vorgehen

Das Vorgehen bei der Erstellung der Fehlerbalken für den *t*-Test für unabhängige Stichprobe und für die ANOVA ist identisch und wird hier deshalb gemeinsam behandelt. Für die Erstellung der Fehlerbalken benötigen wir das Paket *ggpubr* (Kassambara, 2020). Anschließend müssen der Datensatz sowie die relevanten Variablen und deren Labels angegeben werden (Zeile 157–160 & 163–165). Die Funktion ggline aus dem Paket *ggpubr* erstellt Fehlerbalken-Diagramme (Zeile 168–173):

```
167  #Erstellung der Fehlerbalken
168  ggline(daten %>% drop_na(av, uv),
169        x = "uv", y = "av",
170        titel = Titel,
171        add = "mean_ci",
172        xlab = label_uv,
173        ylab = label_av)
```

Innerhalb von ggline müssen wir zunächst unseren Datensatz (daten) und unsere Variablen definieren. Zusätzlich nutzen wir das Argument drop_na(av, uv) um die fehlenden Werte aus unseren Variablen zu entfernen. Im nächsten Schritt (Zeile 169) definieren wir unsere Variablen für die x-Achse x = "uv" und die y-Achse y = "av". Zudem legen wir mit titel = Titel unseren Grafik- titel fest (Zeile 170), wobei wir auf unser zuvor erstelltes Objekt (Zeile 165) verweisen. Anschließend fügen wir mit add = "mean_ci" die Fehlerbalken, welche das 95 %-Konfidenzintervall des Mittelwerts jeder Gruppe präsentieren, hinzu (Zeile171). Zuletzt definieren wir mit xlab = label_uv und ylab = label_av die Beschriftung der Grafikachsen, wobei wir erneut auf unsere zuvor erstellten Beschriftungen (Zeile 163–164) verweisen.

12.6.3 Beispielskript

Um die Fehlerbalken für unser Beispiel mit den Variablen Fernsehnutzungszeiten (*AV* tv_minuten) und Haushaltsgrößen (*UV* soz_haushalt) zu erstellen haben wir die folgenden Codes verwendet:

```
151  ```{r fehlerbalken anova}
152  #Installieren und Laden der Pakete
153  if(!require("pacman")) {install.packages("pacman");library(pacman)}
154  p_load(tidyverse, ggpubr)
155
156  #Laden und Auswahl der Daten und Variablen
157  load("daten_sauber.Rda")
158  daten <- daten_sauber
159  daten$av <- daten$tv_minuten
160  daten$uv <- daten$soz_haushalt
161
162  #Labels
163  label_uv <- "Haushaltsgröße"
164  label_av <- "TV-Konsum in Minuten"
165  Titel <- "Fehlerbalken für Fernsehkonsum nach Haushaltsgröße"
166
167  #Erstellung der Fehlerbalken
168  ggline(daten %>% drop_na(av, uv),
169         x = "uv", y = "av",
170         title = Titel,
171         add = "mean_ci",
172         xlab = label_uv,
173         ylab = label_uv)
174  ```
```

12.6.4 Interpretation und Darstellung der Ergebnisse

Die Fehlerbalken präsentieren die 95 %-Konfidenzintervalle um die jeweiligen Gruppenmittelwerte, welche als Punkte dargestellt sind (siehe Abb. 12.13). Die Konfidenzintervalle von 2-Personen-Haushalten und 3–4-Personen-Haushalten sind ähnlich groß. Das lässt sich dadurch erklären, dass sich ihre Mittelwerte, Standardabweichungen und Stichprobengrößen wenig voneinander unterscheiden. Bei Mehrpersonenhaushalten ist das Konfidenzintervall deutlich breiter im Vergleich zu 2-Personen-Haushalten und 3–4-Personen-Haushalten, da die Stichprobengröße deutlich kleiner ist. Allerdings unterscheiden sich der Mittelwert und die Standardabweichung kaum von den der beiden genannten Gruppen. Deshalb überlappen sich auch ihre Fehlerbalken. Zwischen diesen Gruppen lassen sich keine Mittelwertsunterschiede erkennen. Im Gegensatz dazu weicht das Konfidenzintervall der 1-Personen-Haushalte stark von denen der anderen Haushaltsgrößen ab. Dieses ist etwas breiter, da die Stichprobengröße etwas geringer ist. Die Schätzung des Grundgesamtheitsmittelwerts liegt in einem deutlich geringerem Wertebereich. Es ist keine Überlappung des Fehlerbalkens der 1 Personen-Haushalte mit den 2-Personen-Haushalten und 3–4-Personen-Haushalten erkennbar. Insofern lassen sich Mittelwertunterschiede zwischen diesen Gruppen vermuten.

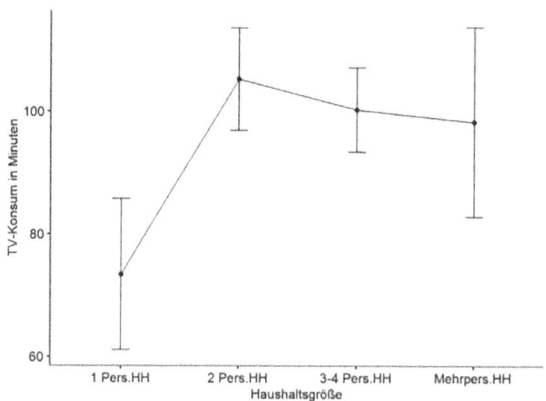

Abb. 12.13 Fehlerbalken in der ANOVA

12.7 Boxplots mit Markdown

12.7.1 Schnelles Ergebnis

- Unter dem Punkt #Laden und Auswahl der Daten und Variablen muss anstatt meine Daten der korrekte Dateiname verwendet werden und anstatt meineAV und meineUV die korrekte Variablenbezeichnung genutzt werden.
- Unter dem Punkt #Labels muss statt Label UV eine korrekte x-Achsenbezeichnung, statt Label AV eine korrekte y-Achsenbezeichnung und statt Titel der Grafik ein korrekter Titel gewählt werden.

```r
178  ```{r Boxplot}
179  #Installieren und Laden der Pakete
180  if (!require(pacman)) {install.packages("pacman"); library(pacman)}
181  p_load(ggplot2, tidyverse)
182
183  #Laden und Auswahl der Daten und Variablen
184  load("meineDaten.Rda")
185  daten <- meineDaten
186  daten$av <- daten$meineAV
187  daten$uv <- daten$meineUV
188
189  #Labels
190  label_x <- "Label UV"
191  label_y <- "Label AV"
192  Titel <- "Titel der Grafik"
193
194  #Erstellen eines Boxplots
195  ggplot(daten %>% drop_na(uv), aes(x = uv, y = av)) +
196    geom_boxplot() +
197    labs(title = Titel, x = label_x, y = label_y)
198  ```
```

12.7.2 Vorgehen

Um einen Boxplot zu erstellen benötigen wir das Paket *ggplot2*. Zusätzlich laden wir das Paket *tidyverse,* da wir innerhalb des Boxplot eine Datenmodifikation (siehe unten) vornehmen. Da ggplot2 zu tidyverse gehört, müsste dieses hier streng genommen nicht extra geladen werden. Die beiden Pakete laden wir mit dem Paketmanager *pacman* (Zeile 180–181). Anschließend laden wir unsere Daten und Variablen (Zeile 184–187). Die x-Variable ist unsere kategorisierende Variable (hier `uv`, Zeile 187), also die Variable deren Ausprägungen als Boxplots dargestellt werden. Diese liegt typischerweise als Faktor vor. Die y-Variable (hier `av`, Zeile 186) wiederum ist unsere zu kategorisierende Variable, also die Variable, welche innerhalb der Boxplots dargestellt wird. Diese liegt typischerweise als Vektor vor. Anschließend legen wir die Label unserer Grafik fest. Unter „`Label UV`" speichern wir die Bezeichnung der x-Achse, also der kategorisierenden Variablen (Zeile 190). Unter „`Label AV`" wiederum speichern wir den Namen unserer zu kategorisierenden Variablen (Zeile 191). Unter „`Titel der Grafik`" wiederum geben wir den gewünschten Titel unserer Grafik ein (Zeile 192).

Nachfolgend können wir unseren Boxplot erstellen:

```
194  #Erstellen eines Boxplots
195  ggplot(daten %>% drop_na(uv), aes(x = uv, y = av)) +
196    geom_boxplot() +
197    labs(title = Titel, x = label_x, y = label_y)
```

Die erste Ebene bildet dabei die Beschreibung der Daten, das heißt unabhängig von der eigentlichen Darstellung auf welchen Daten diese beruht. Dies geschieht mit dem Befehl `ggplot(daten %>% drop.na(v2), aes(x = v2, y = v1))`.

`ggplot` gibt dabei an, dass ein Befehl aus dem Paket ggplot2 genutzt werden soll (Zeile 195). Anschließend erfolgt in der Klammer zunächst die Spezifikation auf welchen Daten die Grafik beruhen soll. Eigentlich könnten wir hier lediglich auf `daten` verweisen und den bereits bekannten Datensatz nutzen. Beim Boxplot kann es jedoch mitunter auftreten, dass die darzustellende Variable fehlende Werte, also sogenannte NA's beinhaltet. Würden wir hier einfach auf `daten` verweisen, würde für die NA's ein eigener Boxplot dargestellt werden. Dies möchten wir nicht, da der Fokus dann nicht mehr auf unserer eigentlichen Darstellung liegt. Um dies zu verhindern, nutzen wir hier den `drop.na` Befehl aus dem Paket *tidyverse* (siehe auch Exkurs tidyverse). Der gesamte Befehl lautet dabei `daten %>% drop.na(v2)`. Dieser Befehl sagt aus, dass wir auf den Datensatz daten zugreifen, daraus jedoch bei der Variablen v2 die NA's entfernt werden sollen. Somit werden in diesem Befehl lediglich die fehlenden Fälle unserer Variablen auf der x-Achse aus dem Datensatz herausgefiltert. Im Anschluss an diese etwas komplexere Bestimmung des Datensatzes müssen wir innerhalb von unseren aesthetics die Variablen bestimmen, auf welche wir zurückgreifen möchten. Bei der Darstellung eines Boxplots benötigen wir zwei Variablen: auf der x-Achse findet sich unsere Gruppierungsvariable, diese ist typischerweise nominal skaliert. Auf der y-Achse wiederum befindet sich die Variable, welche wir in Abhängigkeit von der anderen Variablen darstellen wollen. Diese Variable ist zumeist metrisch skaliert. In einem nächsten Schritt, bzw. auf der nächsten Ebene legen wir fest, welchen Plot wir genau darstellen möchten (Zeile 196). Der Befehl für einen Boxplot lautet `geom_boxplot()`. Verbunden werden die einzelnen Ebenen jeweils durch ein + Zeichen.

In einem letzten Schritt legen wir die Bezeichnung unserer Grafik(achsen) mit dem Befehl `labs()` fest (Zeile 197). Da wir bereits zuvor bei Labels die Benennung festgelegt haben, müssen wir hier nichts mehr ändern.

12.7.3 Beispielskript

```
178 ` ```{r Boxplot}
179   #Installieren und Laden der Pakete
180   if (!require(pacman)) {install.packages("pacman"); library(pacman)}
181   p_load(ggplot2, tidyverse)
182
183   #Laden und Auswahl der Daten und Variablen
184   load("daten_sauber.Rda")
185   daten <- daten_sauber
186   daten$av <- daten$tv_minuten
187   daten$uv <- daten$soz_haushalt
188
189   #Labels
190   label_x <- ""
191   label_y <- "TV-Konsum in Minuten"
192   Titel <- "Fernsehkonsum nach Haushaltsgröße"
193
194   #Erstellen eines Boxplots
195   ggplot(daten %>% drop_na(uv), aes(x = uv, y = av)) +
196     geom_boxplot() +
197     labs(title = Titel, x = label_x, y = label_y)
198 ` ```
```

In unserem Beispiel möchten wir einen Boxplot erstellen, der den TV-Konsum (`tv_minuten`) in Abhängigkeit von der Haushaltsgröße (`soz_haushalt`) darstellt: Dementsprechend wurde als `av` der TV-Konsum und als `uv` die Haushaltsgröße gewählt:

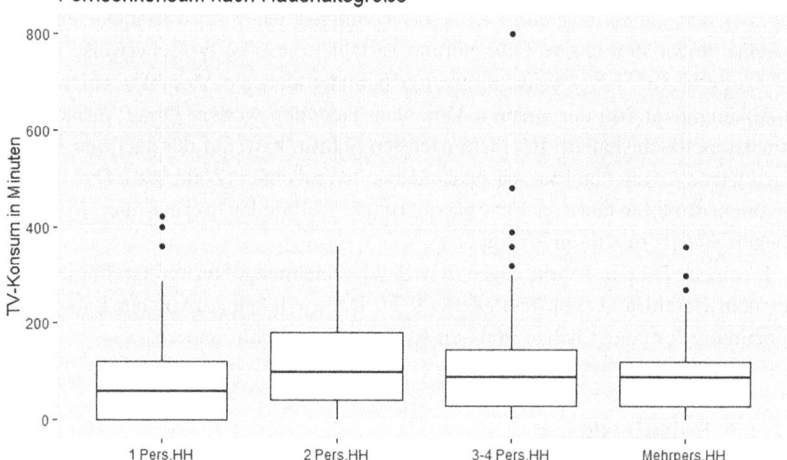

Abb. 12.14 R Output Boxplot

12.7.4 Interpretation und Darstellung der Ergebnisse

Unsere zuvor erstellte Boxplot-Grafik sieht wie folgt aus (siehe Abb. 12.14).

Auf der x-Achse sind die einzelnen Ausprägungen der Variablen Haushalts-größe dargestellt und auf der y-Achse findet sich die Verteilung der TV-Minuten verteilt auf die Ausprägungen der Variablen Haushaltsgröße (siehe Abb. 12.14).

Die weiße Box gibt für unsere einzelnen Ausprägungen jeweils die mittleren 50 % an. Dementsprechend wird die Box nach oben durch das 75 %-Quartil und nach unten durch das 25 %-Quartil begrenzt. Der Strich in der Mitte der Box stellt den Median dar. Wir erkennen anhand der Boxplots, dass der durchschnittliche TV-Konsum anscheinend am größten in den 2-Personen-Haushalten ausfällt.

Die schwarzen Punkte außerhalb der Boxen zeigen unsere Ausreißer an. Den größten Ausreißer finden wir bei der Gruppe der 3–4-Personen-Haushalte. Der Wert der TV-Nutzung von 800 min ist weit außerhalb unserer Boxen. Anhand dieser grafischen Darstellung können wir somit auch optisch Ausreißer identifizieren.

Tab. 12.14 Übersicht über die Pakete und Befehle des Kap. 12

Paket	Quelle	Funktion	Effekt
base	R Core Team, 2020	aov()	Einfaktorielle Varianzanalyse (ANOVA) berechnen
		load()	Datensatz laden
		t.test()	t-Test berechnen
effectsize	Ben-Shachar et al., 2020	cohens_d()	Effektstärke für den t-Test berechnen
		eta_squared()	Effektstärke für die einfaktorielle Varianzanalyse berechnen
ggplot2	Wickham, 2016	geom_boxplot()	Erstellt innerhalb von ggplot2 einen Boxplot
ggpubr	Kassambara, 2020	ggline()	Fehlerbalken erstellen
knitr	Xie, 2020	kable()	verschönerte Tabelle erstellen
mosaic	Pruim et al., 2017	favstats()	deskriptive Statistiken berechnen
tidyverse	Wickham et al., 2019	drop_na()	NAs aus den Variablen entfernen

Eigene Darstellung

12.8 Pakete und Funktionen des Kapitels Mittelwertvergleiche

Siehe Tab. 12.14

Literatur

American Psychological Association. (2020). *Publication manual of the American psychological association: The official guide to APA style* (7. Aufl.). American Psychological Association.

Backhaus, K., Erichson, B., Plinke, W., & Weiber, R. (2016). *Multivariate Analysemethoden: Eine anwendungsorientierte Einführung* (14., überarbeitete und aktualisierte Auflage). Springer Gabler. http://www.springer.com/.

Ben-Shachar M. S., Lüdecke, D., & Makowski, D. (2020). *Compute and interpret indices of effect size.* https://github.com/easystats/effectsize.

Bortz, J., & Weber, R. (2005). *Statistik für Human- und Sozialwissenschaftler: Mit 242 Tabellen* (6. Aufl.). Springer-Lehrbuch, Springer Medizin.

Bühner, M., & Ziegler, M. (2009). *Statistik für Psychologen und Sozialwissenschaftler. Always learning.* Pearson - Higher Education. http://www.socialnet.de/rezensionen/isbn. php?isbn=978-3-8273-7274-1.

Cleff, T. (2019). *Angewandte Induktive Statistik und Statistische Testverfahren.* Springer Fachmedien Wiesbaden. https://doi.org/10.1007/978-3-8349-6973-6.

Cohen, J. (1988). *Statistical power analysis for the behavioral sciences* (Bd. 2). Erlbaum. http://www.loc.gov/catdir/enhancements/fy0731/88012110-d.html.

Cohen, J. (1992). A power primer. *Psychological Bulletin, 112*(1), 155–159. https://doi.org/10.1037/0033-2909.112.1.155.

Dunn, O. J. (1961). Multiple comparisons among means. *Journal of the American Statistical Association, 56*(293), 52. https://doi.org/10.2307/2282330.

Ellis, P. D. (2011). *The essential guide to effect sizes: Statistical power, meta-analysis, and the interpretation of research results (reprint).* Cambridge Univ.

Fox, J., & Weisberg, S. (2019). *An r companion to applied regression* (3. Aufl.). Sage. https://socialsciences.mcmaster.ca/jfox/Books/Companion/.

Holling, H., & Gediga, G. (2013). *Statistik- Wahrscheinlichkeitstheorie und Schätzverfahren. Reihe: „Bachelorstudium, Psychologie".* Hogrefe.

Holling, H., & Gediga, G. (2016). *Statistik - Testverfahren* (1. Aufl.). Bachelorstudium Psychologie. Hogrefe. http://elibrary.hogrefe.de/9783840923029.

Janczyk, M., & Pfister, R. (2020). *Inferenzstatistik verstehen: Von A wie Signifikanztest bis Z wie Konfidenzintervall* (Bd. 3). Springer Berlin Heidelberg. (Imprint: Springer Spektrum).

Kassambara, A. (2020). *ggpubr: 'ggplot2' based publication ready plots. R package version 0.4.0.* https://CRAN.R-project.org/package=ggpubr.

Lakens, D. (2013). Calculating and reporting effect sizes to facilitate cumulative science: A practical primer for t-tests and ANOVAs. *Frontiers in psychology, 4,* 863. https://doi.org/10.3389/fpsyg.2013.00863.

Levene, H. (1960). Robust Tests for Equality of Variances. In I. Olkin (Hrsg.), *Contributions to Probability and Statistics* (S. 278–292). Stanford University Press.

Pruim, R., Kaplan, D. T., & Horton, N. J. (2017). The mosaic package: Helping students to 'Think with Data' Using R. *The R Journal, 9,* 77–102.

R Core Team. (2020). *R: A language and environment for statistical. Vienna, Austria. R Foundation for Statistical Computing.* https://www.R-project.org/.

Rasch, B., Friese, M., Hofmann, W., & Naumann, E. (2014). *Quantitative Methoden 2.* Springer, Berlin Heidelberg. https://doi.org/10.1007/978-3-662-43548-9.

Rinker, T. W., & Kurkiewicz, D. (2018). *Pacman: Package Management for R. version 0.5.0.* http://github.com/trinker/pacman.

Robinson, D., Hayes, A., & Couch, S. (2020). *broom: Convert statistical objects into tidy tibbles: R package version 0.7.0.* https://CRAN.R-project.org/package=broom.

Shapiro, S. S., & Wilk, M. B. (1965). An analysis of variance test for normality (complete samples). *Biometrika, 52*(3–4), 591–611. https://doi.org/10.1093/biomet/52.3-4.591.

Welch, B. L. (1947). The generalisation of student's problems when several different population variances are involved. *Biometrika, 34*(1–2), 28–35. https://doi.org/10.1093/biomet/34.1-2.28.

Wickham, H. (2016). *ggplot2: Elegant Graphics for Data Analysis.* Springer.

Wickham et al. (2019). Welcome to the tidyverse. *Journal of Open Source Software, 4*(43), 1686. https://doi.org/10.21105/joss.01686..

Xie, Y. (2020). *knitr: A general-purpose package for dynamic report generation in R: R package version 1.29.*

Forschungsbericht 13

Zusammenfassung

Das Kapitel erklärt, wozu Forschungsberichte dienen, wie sie aufgebaut sind, was bei ihrer Erstellung zu beachten ist und wie die Erstellung mit Hilfe von Markdown bewerkstelligt werden kann.

Schlüsselwörter

Forschungsbericht • Forschungsprozess • Markdown • APA Manual

13.1 Arten von Forschungsberichten

Zum Abschluss wenden wir uns dem Endprodukt unserer Arbeit zu, dem (Forschungs-)Bericht oder Artikel. In diesem werden alle Teilschritte der wissenschaftlichen Arbeit dargelegt. Die Darstellung der Forschungsberichte variiert, die meisten lassen sich jedoch grob in zwei Kategorien einordnen:

- Bei *Projektberichten* handelt es sich um die Gesamtdokumentation eines empirischen Forschungsprojektes. Typische Formen umfassen beispielsweise Abschlussarbeiten (American Psychological Association, 2020, S. 9–10) oder Abschlussberichte eines Forschungsprojektes. Diese sind zumeist relativ ausführlich und umfassen alle wichtigen Aspekte des Projektes, sodass Personen, welche die Studie nur über den Bericht kennenlernen, das Vorgehen, die Resultate und die daraus gezogenen Schlüsse nachvollziehen und die Studie selbst replizieren können. Zu Projektberichten gehörten früher lange Anhänge

© Der/die Autor(en), exklusiv lizenziert durch Springer Fachmedien Wiesbaden GmbH, ein Teil von Springer Nature 2022
V. Gehrau et al., *Einfache Datenauswertung mit R*,
https://doi.org/10.1007/978-3-658-34285-2_13

mit Ergebnistabellen, um einen Überblick über die gesamten Daten zu bieten. Heutzutage können hingegen Datensätze und Auswertungsskripte über Repositorien im Internet bereitgestellt werden.

• Beiträge für wissenschaftliche Fachzeitschriften zeichnen sich hingegen durch ihre Kürze aus. Sie umfassen selten mehr als 15–20 Zeitschriftenseiten. In diesen Artikeln werden daher die Theorie, Methoden und Ergebnisse sehr komprimiert und auf die Forschungsfrage und Hypothesen bezogen dargestellt. Für solche Beiträge werden von den jeweiligen Zeitschriften genaue Vorgaben bezüglich der Aufmachung und Formatierung gemacht. Viele Zeitschriften orientieren sich dabei an den APA-Standards für Artikel (American Psychological Association, 2020, S. 4–9, 71–108).

Trotz der Unterschiede zwischen den verschiedenen Varianten bei der Darstellung der Ergebnisse folgen Forschungsberichte fast immer demselben Aufbau bzw. umfassen dieselben Komponenten.

13.2 Gliederung von Forschungsberichten

Forschungsberichte sind an den Forschungsprozess angelehnt. Der Forschungsprozess gliedert sich in einzelne Schritte (siehe Kap. 1), die sich weitgehend in den Abschnitten des Forschungsberichtes wiederfinden (siehe American Psychological Association, 2020, S. 71–88). Folgende Abschnitte sind üblicherweise Teile des Forschungsberichtes und werden in der Regel in der folgenden Reihenfolge dargestellt:

1. *Deckblatt und Zusammenfassung*
   Dem eigentlichen Projektbericht ist ein Deckblatt vorangestellt. Darauf sollten Angaben wie z. B. der Titel, die Autoren*innen, die beteiligten Institutionen sowie das Datum der Veröffentlichung vermerkt sein. Oft folgt auf der nächsten Seite ein Abstract. Dies ist eine kurze Zusammenfassung der Studie.
2. *Einleitung*
   Projektberichte ebenso wie Beiträge in wissenschaftlichen Fachzeitschriften beginnen mit einer Einleitung. In dieser wird kurz skizziert, welchen gesellschaftlichen Bereich die Studie untersucht, was dabei die zentrale Fragestellung ist und inwiefern die Beantwortung dieser Fragestellung für die Gesellschaft relevant ist. Die Einleitung sollte zwar kurz ausfallen, aber trotzdem den Kern des Forschungsprojektes wiedergeben.

3. *Theoretische Einordnung und Forschungsstand*
Im zweiten Abschnitt des Forschungsberichtes erfolgt die theoretische Einordnung sowie die Aufbereitung des aktuellen Forschungsstandes. Zu diesem Abschnitt gehören sowohl Theorien und theoretische Ansätze als auch empirische Resultate der durchgeführten Studien. Ziel des Abschnittes ist es, den bereits vorhandenen Wissensstand zur untersuchten Fragestellung zusammenzufassen, um in der eigentlichen Studie auf dieses vorhandene Wissen verweisen zu können. Darüber hinaus ist es wichtig, ein theoretisches und empirisches Fundament zu haben, um Forschungsfragen und Hypothesen daraus ableiten zu können. Nicht selten werden im ersten Teilabschnitt alle Theorien und Ansätze referiert, die die untersuchte Fragestellung betreffen und anschließend in einem zweiten Teilabschnitt alle dazugehörigen Ergebnisse. Gängiger ist aber eine inhaltliche Sortierung, bei der zu allen inhaltlichen Punkten zunächst die theoretischen Ansätze und danach die empirischen Ergebnisse zusammengefasst werden.

4. *Forschungsfragen und Hypothesen*
Forschungsfragen und Hypothesen gehören zum kürzesten Abschnitt eines Forschungsberichtes. In diesem Abschnitt werden basierend auf den theoretischen und empirischen Erkenntnissen die Forschungsfragen und Forschungshypothesen abgeleitet. In vielen Forschungsberichten ist dies kein eigener Absatz, sondern erfolgt innerhalb der theoretischen und empirischen Einordnung im Fließtext.

5. *Methode*
Unter der Methode werden all diejenigen Aspekte berichtet, die nötig sind, um das empirische Vorgehen zu verstehen und gegebenenfalls die Studie replizieren zu können. Dies umfasst Angaben zur Stichprobe und Stichprobenziehung sowie gegebenenfalls zur definierten Grundgesamtheit. Des Weiteren muss die Wahl des Erhebungsverfahrens begründet und ausgeführt werden. Hier erfolgen Angaben zur Operationalisierung, sprich Angaben zu den Variablen, deren Ausprägungen sowie möglicherweise darauf basierenden Skalen. Wenn für die Untersuchung Materialien z. B. experimentelle Stimuli erstellt wurden, müssen auch diese dargestellt werden. Hinzu kommen Angaben zur Durchführung der Studie sowie zur Datenqualität und zur Datenanalyse. Bei komplexen Studien kann der Abschnitt zur Anlage der Studie relativ lang ausfallen. Er sollte aber auf die zum Verständnis nötigen Angaben beschränkt werden (siehe American Psychological Association, 2020, S. 78–80).

6. *Ergebnisse*

Der meist größte Abschnitt des Forschungsberichtes widmet sich den Ergebnissen der Studie. Hier werden die Kennwerte, Tabellen und Diagramme eingefügt, die sich mit den Befehlen aus den vorhergehenden Kapiteln erzeugen lassen. Oft beginnt dieser Abschnitt mit deskriptiven Stichprobenstatistiken, die im Zentrum der Auswertung stehen. Gegebenenfalls werden zudem die zuvor aufgestellten Hypothesen empirisch durch ein geeignetes Testverfahren (siehe Kapitel Einführung) überprüft. Dabei interessiert zunächst, ob sich die erwarteten Effekte in den Daten zeigen. Darüber hinaus sollte aber auch die Relevanz der Ergebnisse diskutiert und geprüft werden, ob die Ergebnisse statistisch signifikant sind. Da die Datenauswertung einen zentralen Bestandteil des vorliegenden Buches darstellt, werden wir auf den Ergebnisteil im nächsten Abschnitt noch vertiefender eingehen.

7. *Diskussion*

In diesem Absatz werden die zuvor dargestellten Ergebnisse interpretiert und mit Bezug auf die theoretische Einordnung diskutiert. Dies bedeutet, die Ergebnisse werden in ihrem Kontext beurteilt und im Hinblick auf die Fragestellung interpretiert.

8. *Fazit*

Ein kurzes Fazit schließt den Forschungsbericht ab. Im Fazit werden noch einmal die Prämissen der Studie ausgeführt und die wichtigsten Ergebnisse zusammengefasst. Anschließend folgt – insbesondere bei Beiträgen für Fachzeitschriften – eine Diskussion der Limitationen der Studie. Sie bieten eine Aufbereitung der Einschränkungen und Probleme der Studie sowie Verbesserungsvorschläge für zukünftige Arbeiten. Aus den Ergebnissen und Limitationen ergeben sich weitere Forschungsfragen und methodische Überlegungen. Diese stellen den Ausblick dar, welcher typischerweise das Fazit abschließt.

9. *Literatur*

In Anschluss an den eigentlichen Forschungsbericht muss die verwendete Literatur aufgeführt werden. Im Literaturverzeichnis werden alle zuvor im Text verwendeten Quellen mit ihren vollständigen bibliografischen Angaben in alphabetischer Reihenfolge aufgelistet. Für die genaue Gestaltung der Zitation und des Literaturverzeichnisses gibt es verschiedene Vorgaben und Stile. Ein weit verbreiteter Stil ist der APA-Stil (2020), an welchem wir uns auch in diesem Lehrbuch orientiert haben. Zur einfacheren und automatisierten Verwaltung der Literaturangaben gibt es verschiedene Programme wie beispielsweise Citavi, EndNote, Mendely, RefWorks oder Zotero.

10. *Anhang (falls notwendig)*
Bei einigen Forschungsberichten empfiehlt es sich, einen Anhang anzufügen. Ein Anhang hat den Zweck, wichtige Zusatzinformationen außerhalb des Textes zur Verfügung zu stellen. Es handelt sich hierbei um Informationen, die zum eigentlichen Verständnis des Forschungsprojektes nicht direkt nötig sind. Sie sind aber hilfreich, um das Projekt vollumfassend nachvollziehen und replizieren zu können. So findet sich im Anhang oft eine vollständige Dokumentation der in der Untersuchung verwendeten Materialien wie beispielsweise Fragebögen, Codebögen oder Stimuli. Darüber hinaus werden im Anhang oft über die eigentliche Forschungsfrage hinausgehende statistische Angaben und Analysen bereitgestellt. Heutzutage finden sich auch oftmals digitale Anhänge welche online bereitgestellt werden.

Natürlich muss nicht jeder Projektbericht alle diese Punkte nach dem vorgegebenen Muster und in der vorgegebenen Reihenfolge behandeln. Es ist jedoch zu empfehlen, um die Anforderungen an gutes wissenschaftliches Arbeiten zu erfüllen, die oben beschriebenen Teile im Projektbericht darzustellen.

13.3 Komponenten des Ergebnisteils

Im Zentrum des Forschungsberichtes steht der Ergebnisteil. Für diesen gibt es keine fachübergreifenden Standards. Stattdessen sind sowohl Fachtraditionen, als auch spezielle Anforderungen des jeweiligen Forschungsprojektes zu beachten. In Anlehnung an das Manual, welches von der American Psychological Association im Jahr 2020 (kurz APA-Manual) verfasst wurde, möchten wir Ihnen für eine wissenschaftlich angemessene und gut verständliche Aufbereitung wissenschaftlicher Daten und Erkenntnisse Anregungen geben. In Bezug auf den Ergebnisteil sind vor allem die Kap. 3 *Journal Article Reporting Standards* (American Psychological Association, 2020, S. 71–108) und Kap. 7 *Tables and Figures* (American Psychological Association, 2020, S. 153–250) relevant. Allerdings beziehen sich beide auf methodisch und statistisch komplexere Analysen als im vorliegenden Fall. Deshalb sind die Beispiele aus dem APA-Manual, auf die in den nachfolgenden Punkten hingewiesen wird, oft umfassender als hier nötig. So beinhalten einige Beispieltabellen zusätzliche Parameter, die im vorliegenden Buch nicht besprochen wurden. In Übereinstimmung mit den APA Richtlinien sollten Angaben zur Darstellung der untersuchten Variablen, zu den durchgeführten bivariaten Hypothesentests sowie zu den daraus zu ziehenden Schlussfolgerungen enthalten sein:

- *Univariate Deskription der untersuchten Variablen*

Die univariaten deskriptiven Statistiken befinden sich am Anfang des Ergeb-
nisteils, um einen Überblick über die untersuchten Daten zu geben. Solche
Darstellungen sind bei allen Arten von Stichproben und Variablen sinnvoll. Sie
liefern wichtige Grundlagen für die zu untersuchende Fragestellung. Bei nominal
skalierten Daten werden zur Darstellung Häufigkeitstabellen benutzt und wenn
mehrere Variablen mit denselben Ausprägungen vorliegen auch Häufigkeitsübersichten (siehe Kapitel Häufigkeiten und American Psychological Association,
2020, S. 211). Für metrische Variablen werden häufig Maße der zentralen Tendenz, u. a. Mittelwert, Median, Minimum und Maximum sowie Streuungsmaße,
u. a. Varianz/Standardabweichung in Tabellenform berichtet (siehe Kap. 8 und
American Psychological Association, 2020, S. 211). Insbesondere wenn spezielle
Skalen gebildet wurden, ist es üblich, diese anhand ihrer univariaten Kennwerte
zu charakterisieren. Neben der Übersicht in Zahlen und Tabellen werden die
Ergebnisse auch in Worten dargestellt. Dieser Text sollte aber nicht alle Zahlen
einzeln berichten, sondern die wichtigen Werte und Tendenzen herausarbeiten.
Auch wenn es von der jeweiligen Forschungsfrage abhängt, was berichtenswert
ist, sind in der Regel Merkmale oder Konstellationen relevant, die entweder häufig vorkommen oder wider Erwarten nur selten auftreten. Oft ist es angeraten, die
interessanten Ergebnisse zusätzlich zu visualisieren.

- *Analytische Darstellung von Zusammenhängen bzw. Unterschieden*

In vielen Forschungsprojekten sollen analytische Fragestellungen, sprich Hypothesen über Zusammenhänge zwischen zwei Variablen oder die Unterschiede
zwischen Gruppen oder Variablen geprüft werden. Bei Zusammenhangshypothesen ist das Skalenniveau der untersuchten Variablen entscheidend. Bei nominal
skalieren Variablen werden Anzahl oder Prozentwerte in Kreuztabellen dargestellt. Bei metrisch skalierten Variablen (S. 178–181, 214–217, American
Psychological Association, 2020) werden hingegen mehrere bivariate Korrelationen in Korrelationstabellen aufgeführt (siehe Kapitel Kreuztabellen und
Korrelationen, sowie American Psychological Association, 2020, S. 214–215).
Unterschiedshypothesen beziehen sich auf metrische Variablen und werden
mit Mittelwerten und den dazugehörigen Standardabweichungen nach den Vergleichsgruppen dargestellt (siehe Kapitel Mittelwertvergleiche und American
Psychological Association, 2020, S. 215–217). Liegen repräsentative Stichproben vor, dann können auch Hypothesen inferenzstatistisch geprüft werden. Dabei
müssen die Teststatistiken und ihre Signifikanz sowie idealtypisch auch die

Angaben zur Effektstärke berichtet werden (American Psychological Association, 2020, S. 178–181, 214–217).

13.4 Erstellung von Forschungsberichten

Bei traditionellen Statistikprogrammen muss der Forschungsbericht mit einem Textverarbeitungsprogramm erstellt werden. Anschließend können die einzelnen Ergebnisteile mittels Copy und Paste in diesen eingefügt werden. R Markdown bietet zusätzlich durch die Integration von Text und Codeelementen die Möglichkeit, den gesamten Forschungsbericht in einem Dokument zu erstellen.

• Wir empfehlen Ihnen, diese Möglichkeit zu nutzen. Alle dafür nötigen Funktionen stellt Markdown bereit (siehe Kap. 2). Die Erstellung des kompletten Forschungsberichtes mit Markdown bringt unterschiedliche Vorteile mit sich. So integriert Markdown alle notwendigen Funktionen in einem Dokument und umfasst alle Texte, statistischen Berechnungen, Programmierungen, Tabellen und Grafiken. Dies dient dazu den Forschungsbericht transparent und nachvollziehbar zu gestalten, da die Studie jederzeit replizierbar ist. Des Weiteren existieren für Markdown im Internet frei herunterladbare Formatvorlagen die den international üblichen Standards für Einreichungen und Publikationen bei Fachzeitschriften und Fachverlagen entsprechen. Diese Formatvorlagen können heruntergeladen und in die Markdowns integriert werden (siehe Kap. 8).

• Die Erstellung der Forschungsberichte mit Markdown hat jedoch den Nachteil, dass Sie sich einmalig mit der Textsyntax vertraut machen müssen. Falls Sie dies nicht möchten, so können sie natürlich Ihre Markdown-Ergebnisse als Word-Output ausgeben lassen um anschließend das Dokument weiter zu bearbeiten.

Dieses Kapitel stellt nicht nur das Ende Ihres Forschungsprozesses, sondern auch das Ende unseres Buches dar. Gemäß den zuvor vorgestellten Angaben eines Forschungsberichtes möchten wir uns hier Zeit für ein kurzes Fazit nehmen.

Wir hoffen, wir haben mit dem vorliegenden Buch dazu beigetragen, die Auswertung Ihrer Daten etwas zu erleichtern. Ferner hoffen wir, dass sowohl Sie als auch Ihre Leser*innen so viel Freude wie möglich haben Ihren erstellten Forschungsbericht zu lesen. Nicht zuletzt hoffen wir, mit dem Buch einen Beitrag zur größeren Verbreitung und einfacheren Nutzung von R und RStudio sowie den dazugehörigen Paketen zu leisten. Und hat es – auch wenn es nicht immer leicht war – jedenfalls viel Spaß gemacht, das vorliegende Buch zu schreiben.

Literatur

American Psychological Association. (2020). *Publication manual of the American Psychological Association: The official guide to APA style* (7. Aufl.). American Psychological Association.

The manufacturer's authorised representative in the EU is Springer
Nature Customer Service Centre GmbH, Europaplatz 3, 69115 Heidelberg,
Germany. If you have any concerns regarding our products, please
contact ProductSafety@springernature.com

Printed and bound by CPI Group (UK) Ltd, Croydon, CR0 4YY

24/04/2026

02096340-0006